四川省社科规划项目（普及项目）
四川十大历史名人专项

千古第一文人

蘇東坡

熊朝东 著

巴蜀书社

图书在版编目（CIP）数据

千古第一文人——苏东坡 / 熊朝东著. —成都：巴蜀书社，2019.4（2024.1 重印）
ISBN 978-7-5531-1128-5

Ⅰ.①千… Ⅱ.①熊… Ⅲ.①苏东坡（1036—1101）—生平事迹 Ⅳ.①K825.6

中国版本图书馆 CIP 数据核字（2019）第 049270 号

QIANGU DIYI WENREN——SUDONGPO
千古第一文人——苏东坡 熊朝东 著

责任编辑	李小依
出　　版	巴蜀书社
	成都市锦江区三色路 238 号新华之星 A 座 36 层　邮编：610023
	总编室电话：（028）86361843
网　　址	www.bsbook.com.cn
发　　行	巴蜀书社
	发行科电话（028）86361852
照　　排	四川胜翔数码印务设计有限公司
印　　刷	成都蜀通印务有限责任公司
版　　次	2019 年 5 月第 1 版
印　　次	2024 年 1 月第 3 次印刷
成品尺寸	170mm×240mm
印　　张	29.25
字　　数	560 千
书　　号	ISBN 978-7-5531-1128-5
定　　价	88.00 元

目　录

为学日益　为道日损

张志烈

2016 年 4 月，三苏祠修缮后新开馆，我曾以一首小词《蝶恋花》致贺：

奕奕纱縠容岂小。坡颍而还，文化光芒绕。千载读书人未少，华章飞舞芬芳草。　世界仰瞻人满道，堂殿新辉，万紫千红笑。霄汉惊雷声不悄，振聋发聩驱烦恼。

因为 2005 年中国苏轼研究学会迁址眉山三苏祠时，我曾喜赋《蝶恋花》并用坡词“花褪残红青杏小”韵，故此词复用前韵；而在 2017 年 11 月贺眉山第八届东坡文化节时又再用前韵。

这首词的上片几句话，是我近年来积压于心的一点情愫，忍不住冲口而出。清代后期一位名声很大的书法家，在乐山留下一副对联，其上联以轻蔑的口气问道：“江上此台高，自坡颍而还，千载读书人几个?”对嘉眉地区从宋至今的文化状态这么看，在当时就不够全面，在今天就更不符合事实了。所以，我大声地回答：“千载读书人未少，华章飞舞芬芳草。”

远的不说，我相信会有人研究的。自从 1980 年 9 月中国苏轼研究学会在眉山成立并召开首届学术研讨会以来，在眉山市委市政府的领导关怀下，由眉山与全国各地协同组办的大型苏学研讨会已有数十次。在此过程中，眉山的文化学者研究队伍稳步地充实壮大，研究领域与时俱进地扩展拓新，研究成果量与质都不断提高。特别是2017年1月26日中共中央办公厅、国务院办公厅公布了《关于实施中华优秀传统文化传承发展工程的意见》之后，眉山人在弘扬三苏文化以推进中国特色社会主义文化建设的方向、目标、任务、方法等方面，都有着新的认识和体会，随之更有新的举措和努力。我说“华章飞舞芬芳草”，当然首先是指眉山学人的琳琅满目的著作，我曾对一些媒体说：眉山是全国三苏文化研究的重镇之一。想灵活一点，这句话的意象，也是我对嘉眉地区当代文化建设成就的感受。

与眉山文化界的朋友交往快四十年了。我的总体感受是如坐春风，获益匪浅。这是一个朝气蓬勃的群体，各有鲜明个性，又各有独特文风。但使我最感亲切的是他们那由眉山地理历史文化的熏陶积淀而来的东坡式的灵气与情韵。王勃说“人杰地灵”，孔子说“里仁为美”。人与他所处的环境不可分。现代传记学研究明确认为：天才只诞生于各自的特定环境，其中最重要的是他们无一例外都是在美的事物包围中长大的。东坡故里的美的濡染，体现在他们学习钻研三苏文化遗产中那种昂扬的传承乡邦文化的激情、勇于担当的时代责任感和文化自觉性，尤为使我钦佩。

几个月前，熊朝东先生告诉我，他的这本新书已完稿，希望我能为之作序。虽然我年过八旬，身体有各种毛病，家里和社会上又还有些推脱不掉的事务，但我几乎不假思索就同意了。其一，是他执着的钻研精神和勤奋作风确实使我感动；其二，是我心存愧疚。他已经出版了有关三苏文化的著作十余部，现在还马不停蹄地投入新时期东坡研究的项目，献上新的成果，真使我油然生敬。在多年的接触中，出于他的诚恳心意所希望于我的事，皆未如约。比如：很久以前，他想约我共治苏词，因我在学校的教学科研任务繁重，处境困难，无法应允。他把百万字的《大写三苏》巨著赠我，希望我写点评议文字，而我因老伴癌症手术加上其他病，诸事干扰，后来竟未能执笔。凡此，我都一直愧疚于心。《论语·学而》：“曾子曰：‘吾日三省吾身——为人谋而不忠乎？与朋友交而不信乎？传不习乎？’”想到这些便觉得此事既是我义不容辞应当做的，也是历史提供给我的绝好的学习机会，没有理由不同意。

近十年来，我在各种场合都爱引用王水照先生在三苏祠题的辞：“说不全、说不完、说不透，永远的苏东坡。”改革开放四十年来，研究、弘扬东坡文化精神的著作，不断涌现。万紫千红总是春。牡丹的富丽，不会掩盖海棠的浓艳；玫瑰的鲜娇，也不能取代紫罗兰的幽芳。从整个文化生态看，各类著作都有其存在的需要和不可替代的价值。与此同时，文化的发展传播还有一条深层次的规律，就是永远要立足于当下的认知和社会现实需求去探寻那更具揭示性、更简便、更灵巧、更有创意、更富吸引力、更能激发受众心志的新的传导方式。这是时代摆在文化工作者面前的任务。借用前面引用王水照先生话来说，就是当下的研究与传播，应该朝争取说得“更全”“更完”“更透”的方向努力。

全、完、透之间，是什么关系呢？

就在我思索这个问题的时候，看到了一篇有关爱因斯坦“名言”的文章。其中说爱因斯坦是被引用其名言最多的科学家，但在流传中有些话是走了样的，甚至是误传的。该文举证说有一条流传颇广的话：“事情应当力求简单，不过不能过于简单。”该文考证说，这并非爱氏原话，而是从他另外一句的确说过的话断章取义而来。他的那句原话是：“不应否认任何理论的终极目标都是尽可能让基本元素变得更加简单且更少，但也不能放弃对任何一个简单数据的合理阐释。”（见2018年5月5日《参考消息·西媒盘点·那些爱因斯坦没说过的“名言”》）比爱因斯坦早两千多年的老子说：“为学日益，为道日损。”其根本精神与爱因斯坦所言完全相合。人类认识史上，凡是符合客观实际的正确认知，总会超越时空而打通联系起来。苏辙《老子解》释“为学日益”四字时说：“不知道而务学，闻见日多，而无以一之，未免为累也。孔子曰：‘多闻，择其善者而从之，知之次也。’”《老子解》释“为道日损”四字时说：“苟一日知道，顾视万物，无一非妄。去妄以求复性，是谓之损。孔子谓子贡曰：‘女以予为多学而识之者与？’曰：‘然。非与？’曰：‘非也。予以一以贯之。’”后来，苏辙晚年所作《藏书室记》中也说：“《老子》曰：‘为学日益，为道日损’。以日益之学，求日损之道，而后一以贯之者，可得而见也。”

结合老子的话、苏辙的话、爱因斯坦的话来理解，我们可以体会到，任何学识之进步，都首先要博闻广见，积累真知，多多益善。在此基础上，更要不断审问明辨，概括归纳，精思提炼，推断打通，总结升华。孔子说的“予一以贯之”的“一”，老子说的“为道日损”的“道”，司马谈《论六家要旨》说的

“儒者多闻而寡要”的“要”，韩愈讲治学“提要钩玄”的“玄”，陆象山言“学苟知本则六经皆我注脚”的“本”，这些概念，与爱因斯坦讲的“基本元素”可以看成是同一等级的范畴。老子说“损”，爱因斯坦说“简单”，是因为自然的真理和人生的真理从本质上看都是深刻而简单的。以体悟东坡文化精神为例，我曾提出要在三个领域不停地深入探究下去：其一，是东坡的全部著述。这是我国优秀传统文化的重要载体之一。其二，他一生投入生活实践而成就的全部事功，其中蕴含着我们民族的优秀道德、深邃智慧和崇高精神。其三，他的强大的人格魅力、生命形迹（含遗址、遗迹、遗物等）在历史时空中的投射延展、振荡回响。今天的研究者和广大读者，应能以自己精细的感官、敏锐的才智、活跃的心灵，游走在这三大领域中去感受和体验“苏海”的无穷的美，则“更全”“更完”“更透”的妙悟自在其中了。

我怀着如是的期待，断断续续地拜读完书稿，于是产生了下面几点想说出来话。

我感到朝东这本新作，有如下四个特点：

其一，博学贯通，集中归一。

作者多年勤恳攻治苏学。举凡三苏著述，前贤论说，当代研究，无不虚心研读，思考体会。故在本书叙述中，对每一具体时段，具体事件，都能集中有关史料，鲜活地还原情景。更能将分散的感人之点，串联集中，以加强对人物内心的深度理解。如第十一章《丧亲之痛》中，叙到王弗逝世时，先叙说苏轼与王弗共同生活期间各种生动情事，引出《亡妻王氏墓志铭》全文，又对《江城子·乙卯正月二十日夜记梦》详细解说，并引陈师道评赞语“有声当彻天，有泪当彻泉”为结语，又引十六年后在黄州时，苏子明之子来省，苏轼送侄安节归十四首短诗中之一：“东阡在何许，寒食江头路。哀哉魏城君，宿草荒新墓。”水到渠成，作者总结一句：“可以说，王弗一直活在苏轼心里，一生不曾相忘。”作者有此精到体会，方有此感人之语。又如第二十九章《山雨欲来》，写到苏轼从扬州回朝时之心态：“苏轼接到朝廷诏令，只能苦笑。两年时间，转了一大圈，又要回到朝廷那个政治旋涡中。而这次回京，已非往昔，朝廷局势已是山雨欲来风满楼之状：主持‘元祐政事’的高太后，病体缠身，常常数日不临朝；已经成人的哲宗皇帝端坐龙庭，他表面恭顺，而内心对高太后极为不满。窥伺已久的熙丰旧臣，见时机已到，便乘机构造言语，挑起事端，在哲宗面前诬奏元祐大臣诋毁神宗，尽变神宗法度，以离间皇帝与高太后的关系。”类似的叙说，穿透每一时期的政治风云，看清矛盾的实质，使人物所处环境了如棋局，而内心的忧伤得以鲜明呈现。再如第二十一章《五日登州》，先写途经密州的种种情事，展现苏轼与老百姓的真挚情谊。到登州首写“巡视登州边防设施与水军”情况，详细译解了《登州召还议水军状》的内容。复写调查所见，再绎解《乞罢登莱榷盐状》的生动事例和苏轼的坚定主张及其德政延至清末之事实。到此，引录清代盐政碑中记载：“有宋时，苏文忠公莅任五日即上榷盐书，为民图休息，世人至今祀之，盖非以文章祀，实以治绩也。”又引清人王文诰评云：“公无不言事之官，兹以五日之京兆，而两状所陈若此，足见其规模宏远矣。在高密时，深以议京东榷盐为非，逮一过文登，就便动手，亦见其机警而手辣也。”这一切都集中凸显出苏轼在任何时候都关怀国计民生！这种博学贯通、集中归一的叙述方式，全书到处都呈现。如写密州任上，议罢手实法的前前后后，详研史实，还原事状。又写这时期精神特点，从《后杞菊赋》入笔，联系《书刘庭式事》《戒右铭》，张耒《杞菊赋并序》，直到《超然台记》的详析，展示了苏轼当时的生存状态、心理活动、思想发展、精神风貌，以及对后世的巨大影响。又如第二十九章写到王闰之去世，在一般容易忽略处，聚积了众多材料（参阅第三十二章最末自然段），深入展示人物美好心灵。此类例多，不再枚举。

其二，详明背景，深探因果。

宇宙中一切事物的变化发展，都不是偶然的，而产生在真真实实的因果链条之中。苏轼的“黄州惠州儋州”，并非他的“宿命”，而是他思想、精神、性格与历史演化的某些力量碰撞的结果。要深入理解苏轼一生，首先应理解这场碰撞的必然性。本书第十二章《悲剧序幕》就叙说了这个最大的背景和最深的因果关系。文章从宋初的财政、国防说起，讲清“岁币”的由来、“三冗”的产生、国穷民贫的残酷现实、庆历新政的失败、王安石的变革主张及其受神宗的任用以及他用人的必然失误等，作者以广博的观察和精细的思考提出自己的评论：“最终，变法逐渐演变成激烈的权力之争，由此便产生了新党与旧党。新旧党争所形成一股巨大的政治涡流，必然冲撞、淹没变法的实质内容。到后来，变法的实质已彻底变异。事实跟神宗和王安石开了个天大的玩笑，他们誓欲改变王朝积贫积弱局面的雄心，却被一帮寅缘求进的‘勇锐’小人变成了政治上的投机工具。对历史而言，王安石变法没有错，这是历史运行的必然，历史给予了他充分的肯定。而其‘党争’余祸历神宗、哲宗、徽宗三朝不绝，这是历史的悲剧、王安石的悲剧，也是苏轼的个人悲剧。”下文简要地分析了苏与王在变革主张上的“三不同”：一是变法目的不同。王只为“富国”，而苏则处处“为民”。二是任法与任人。王走极端，重任法而不注重任人。苏则深知任人不任法和任法不任人皆有大弊病，主张“人法并用，轻重相持”。三是渐变与急进。王明知不能“急进”而在实际行动中完全走向反面。苏则对欲速则不达有深刻的哲理认知和实践体会。这“三不同”注定了双方不可调和的对立。作者说：“在王安石变法的整个过程中，苏轼既不属于‘旧党’，也不属于‘新党’，他是一个具有独立见解的坚持原则的个体。”本书中叙说每一事实，绎解每一诗词都注重说明背景，探究原因。如第十四章讲到《江城子·密州出猎》之写作时，既说明他一贯“忧国忧民”之初心，又详叙了当时宋辽在边界上军事、外交的复杂斗争，使读者体会其重大历史意义。又如第十四章叙述苏轼初到密州，写《论河北京东盗贼状》，将密州蝗灾旱灾严重性上奏朝廷时，将苏轼自为官以来所见蝗灾之重、官吏之不作为、人民之苦难，详细描述，使人如见其状，如闻其声，深刻展示他在天灾人祸、民不聊生现实面前忧心如焚的心境。又如第十六章《湖州惊魂》中，写乌台诗案苏轼被逮之前，先对李定、何正臣、舒亶诸人的卑鄙行迹做具体的揭示，纵深用笔，展露事件之来龙去脉，有引人入胜之效。全书类此处亦多，兹不赘列。

其三，精到解析，思彻古今。

全书讲东坡，讲宋代，但眼光却专注于民族优秀传统文化在今天的重要意义。如第十四章《万古超然》中，由苏辙《超然台赋》引出苏轼《超然台记》，对全文精神重点绎解后，总结说：“这篇《超然台记》……标志着苏轼一生整个思想发展历程的一次重要转折和飞跃。这也是他于生命运行的过程中，通过对生活的磨炼，尤其经受新党派人物的排挤打击，被迫离开朝廷‘补外’，急于舍身报国壮志难酬的深刻反思，对自身个性的把握，总结经验教训，深刻认识福与祸、物与欲、喜与忧的对立转化关系，从而较系统地提出的正确处理人与物关系的哲学思想。这一哲学思想的确立，标志苏轼思想的成熟——迈向‘超然物外’的旷达处世态度。是他以后战胜整个生命运行中所遇到大大小小劫难的思想武器。”下文以开阔的笔墨，历叙司马光、文彦博、文同、张耒、李清臣等与超然台的文字关系，元明诸人的题咏，历代对超然台的重修（只清代就有七次），2009年的最新一次重建。最后叙写当代密州人著名诗人臧克家先生与苏东坡《超然台》的“特别情分”，引用臧先生《仰望苏轼》文中那特别亲切、特别崇敬的话语作结，最后几个字是“苏东坡，他的业绩，他的声名，却万古超然！”整个这节文字，集中精粹资料，详叙历史事实，分析文情，神思飞越，读来真有观古今于须臾，抚四海于一瞬的感受。又如第三十章《定州戍边》中，写到苏轼在定州所作大盆景“雪浪石”时，先引《雪浪斋铭并引》，交代基础事实。复引《次韵滕大夫三首》中之《雪浪石》全文，见此诗之雄姿奇横，语语挺拔，大气鼓荡。于是作者分析说：“苏轼一生对石头情有独钟。他最早的诗作中就有一首著名的《咏怪石》，以‘怪石’高风亮节的品德和不畏权势的铮铮铁骨之气自喻，其‘怪石’‘震霆凛霜我不迁’的‘节概’是苏轼一生的写照。当他在定州又得此奇石，回视自己当前的处境，虽然仕途危艰，命运有不测之忧，但其胸襟如雪浪之无垢，其精神似雪浪飞空，不为命运所折困。这才是苏轼钟爱雪浪石的原因。”简短数语，说明了东坡喜爱雪浪石的深刻含蕴。据《墨庄漫录》载：东坡南迁北归时，张芸叟守中山，葺治雪浪斋，重安盆石。后闻东坡逝世，曾作哀词：“石与人俱贬，人亡石尚存。却怜坚重质，不减浪花痕。满酌山中酒，重添丈八盆。公兮不归北，万里一招魂。”本书又补充交代：明万历八年（1580），真定令郭衢阶在定州发现原盆，万历十年原石也为知州唐祥兴发现，清康熙四十一年（1702）定州知州韩逢庥将盆石移至众春园内。清代乾隆皇帝是宋以后历代帝王中最崇敬苏轼的，曾六次驻跸定州，对东坡雪浪石咏诗达三十余首，还命画家绘制了四幅《雪浪石图》。这一切说明什么呢？东坡无与伦比的人格魅力在漫长的历史时空中投射延展，对中华文化有着巨大的影响。东坡平生的遗址、遗踪、遗物，也和他的宏伟著述、光明事功一样，提示我们看到东坡文化精神在历史天空中的飞腾变化，气象万千。雪浪石是其中一个典型。

其四，片言居要，警句生辉。

陆机《文赋》说：“立片言而居要，乃一篇之警策。”片言居要则众词效绩。凡文章必有一段或数语为一篇精神所团聚处。所谓警策，乃是通过辛勤的观察阅读、研究、思考、贯通，对所论事情能抓住根本点，说到要害处的很简洁很精要而很有力量的语言。如第十八章《躬耕东坡》，在写完黄州生活，将其特定生存环境的状况、成因、影响做了分析之后，激情称赞说：“我们似乎看到历史在这里停步，时间在这里凝结，是要让苏轼在这段令人动容的岁月里，升华他生命中最完美的诗篇。黄州五年，是苏轼享受生命乐趣的五年。这是历史赋予的五年，也是留于后世百读不厌的五年。”又如第十九章《一路行吟》，写苏轼离黄后的吟唱时说：“苏轼激越的情怀与祖国的大好河山一旦相融，便佳句迭出，传诵千古。……每一座山峰、每一条小溪、每一块石头，都会激发他的灵感，都会让他有创作的冲动，都会使他对生命有更深的感悟。”又如第二十四章《高风亮节》中，讲到苏轼与司马光在“尽废新法”问题上的争执，引用了《与杨元素书》：“昔之君子，惟荆是师。今之君子，惟温是随，所随不同，其为随一也。老弟与温相知至深，始终无间，然多不随耳。”作者赞云：“苏轼就是‘不随’，因为这个‘不随’，他在政治上付出了惨痛的代价；因为这个‘不随’，他的人品高洁才光耀千秋!”读到这里，真有掷地有声之感。又如第二十八章《烟花三月》中，写到苏轼由颍州调任扬州时的心态，作者分析说：“他面对变幻莫测的仕宦险境而‘不自惜’，虽然‘团团如磨牛，步步踏陈迹’，可一个彻底的民本主义者的胸襟包容了所有对命运不测的担忧，牢固的民本思想使他昂然阔步，使他跨越人生旅程中的不幸，他一如既往，为民解困鼓与呼。民本思想使他内心世界无比敞亮，为国计民生而终生努力不息。像苏轼这样的人，是决不会轻易放弃自己‘致君尧舜’‘奋厉有当世志’的初心。”苏轼被打不倒是因为他心中装着人民，这是走进苏轼内心世界的关键。再如第三十二章《痛失朝云》的最后一个自然段，作者情不自禁地写下精警的结语：“对王弗的情感侧重于‘其言多可听’，一曲‘十年生死两茫茫’，尽诉心曲，恻然动人。对王闰之的情感侧重于夫妻风雨同舟、相濡以沫的患难之情。苏轼在贬居黄州时所作《菩萨蛮·新月》《菩萨蛮·七夕》两词，尤为感人：‘佳人言语好，不愿求新巧。此恨固应知，愿人无别离。’‘相逢虽草草，长共天难老。终不羡人间，人间日似年。’无不充满对王闰之的感激和赞赏。对王朝云的情感侧重于精神上的慰藉与交流。虽然三种情感侧重不同，但仅以一个‘情’字是无法包容苏轼伟大的‘人性美’，无法包容‘两妻一妾’在苏轼生命运行中的无私付出。苏轼为她们付出一腔挚爱真情，她们完美了苏轼人生意义的真谛。”全书类似的警策语还多，不再枚举。

以上四点，是我在阅读书稿中对本书行文特色的粗浅感受，自己都觉得说得“不全”“不完”“不透”，我还将继续学习、思考。

就全书而言，用一句话来说，就是一幅背景鲜活清晰而形神真切丰满光辉的东坡画像。

作者在绘画时，每一笔都深挖道理，饱蘸感悟；一切叙述描写都在显示东坡的精神风貌；全书的出发点和落脚点就是走进苏轼的内心世界！

《论语》开篇就说：“子曰：学而时习之，不亦说乎？有朋自远方来，不亦乐乎？人不知，而不愠，不亦君子乎？”我抱着这个态度，读东坡的著作六十多年，总是心存感激。感谢伟大的乡贤苏东坡先生。感谢今天我们这个学习弘扬中华优秀传统文化最好的时代。感谢朝东先生提供给我的这一特殊学习的机会。是为序。

2018 年 7 月 28 日于成都市锦江区橡树林路碧鸡书屋

引

苏轼，字子瞻，一字和仲，号东坡居士。世家眉山。

宋仁宗赵祯景祐三年（1036），腊月十九日卯时苏轼生；宋徽宗赵佶建中靖国元年（1101）七月二十八日，病逝于常州。

苏轼一生经历了北宋仁宗、英宗、神宗、哲宗、徽宗五个朝代，这正是北宋王朝走向积贫积弱，社会危机滋长，朝廷权利争斗日趋复杂险恶的时代，无疑使苏轼人生之路坎坷不平，一生多遭磨难。

苏轼——世称千古第一文人，国人无不耳熟能详，其诗词对于世界，犹如天籁之音。

2000年，法国《世界报》出于对历史人杰的景仰与崇敬，对人类发展的伟大历史追溯，以严谨的科学态度，进行了一次从1000年至2000年世界级杰出人物的评选活动，共评出了十二名杰出人物，称为“千年英雄”，苏轼是唯一一名入选的中国古人。《人民日报》为此专门发表了《西方人眼中的苏东坡》的评论文章，予以全面介绍。同时，英国一所大学的中文研究所列出了中国历史长河中的四大名人：秦始皇、康熙、毛泽东、苏轼。四人中，有两位皇帝，一位杰出的政治家，唯有苏轼是一个文学家。可见苏轼在世界人民心目中的声望与地位。

2017年11月，在眉山举办的首届东坡文化国际学术高峰论坛上，参与世界“千年英雄”评选活动者之一的让·皮埃尔·朗日里耶，应邀在大会上作了《千年英雄苏东坡》的专题演讲。演讲中，专门介绍了他在《世界报》上发表了关于苏东坡的文章之后，法兰西共和国总统雅克·希拉克特意打电话与他探讨苏东坡诗文写作技巧。他说：“我惊讶地发现苏东坡在千年之后，居然在法国，我们的国家元首都对他如此了解。”

“大江东去，浪淘尽，千古风流人物。”历经历史长河的大浪淘沙，苏轼以他卓尔不群的伟大人格魅力、千古绝唱的伟大文学成就、终生不渝的民本主义思想和实际行为，获得崇高的历史地位，光耀于中国乃至世界千年杰出人物的圣殿。

苏轼是一位世人公认的伟大历史人杰。他具有伟大的人品德性、伟大的人格魅力、伟大的治政思想、伟大的人生价值观，是一个开创性的文化先行者；而他在日常生活中所表现出的却是一个很生活化、现代化、人情化、平民化的率真形象，是一个不仅活在历史的长河，同时也活在当下的人见人爱的鲜活人物，是一个最接地气的古人。所以，国学大师林语堂先生有句话说得最为恰当：中国人说到苏东坡，都会会心地一笑！

苏轼是一个在历史上少有人可比拟的全能文学大师。首先，他在诗、词、文、赋、书法、绘画等领域的成就，都是一流的，具有开创性，“虽嬉笑危苦之词皆可书而诵之”。一生所作诗二千七百六十多首、词三百多首、文四千五百篇，其所表现出的豪迈气象和优美情致，丰富的思想内容和独特的艺术风格，将宋代文学推向巅峰，史称“苏海”，于其死后彪炳后世，“其体浑涵光芒，雄世百代”，苏轼因此被奉为天下文宗，在当时就倾倒世人。南宋大诗人陆游在《老学庵笔记》中，就记录了社会上广为传颂的一句民谚：“苏文熟，吃羊肉；苏文生，吃菜根。”意思是只要读透“苏文”，便可中举做官，改变人生。苏轼的学生李廌在《师友谈记》中，便记载了一件实事：

> 章元弼顷娶中表陈氏，甚端丽。元弼貌寝陋，嗜学。初，《眉山集》有雕本，元弼得之也，观忘寐。陈氏有言，遂求去，元弼出之。元弼每以此说为朋友言之，且曰，缘吾读《眉山集》而致也。

这个章元弼长得貌丑，却娶了个如花似玉的老婆。但他却对苏轼的作品爱不释手，整日畅游于“苏海”，结果冷落了娇妻。本来妻子陈氏就不满章元弼貌丑，现在就更不能忍受了。于是，陈氏便提出了离婚。章元弼说起离婚之事，还沾沾自喜，经常跟朋友吹嘘说：你知道吗？因为我废寝忘食读苏子瞻的大作，老婆才跟我离的婚。当时的士林学子追捧苏文由此可见一斑。

同时，苏轼又是一个在农耕、水利、药理、养生、美食等方面具有独特建树的专家：他首创了中国古代第一个孤儿院，第一个公费医院“安药坊”，第一个自来水工程，第一个设计制造推广先进农具插秧机；他任职八州太守，无一处不留下千古称颂的民生业绩。因此，历史上没有一个文人能与他相比拟。更无法与他相比拟的是，苏轼是一个最平民化的文豪和最平民化的官员。他除了当过八个州的知州外，还做过三次皇帝的老师，任职朝廷礼部尚书、兵部尚书，同时有着翰林学士、端明殿大学士、龙图阁大学士的头衔。这些光环从未淹没他“我是识字耕田夫”的本来面目，反而映照了他高尚的人品风范。

苏轼的伟大，不像历史上有的人是在死后才被后人认知而发现其伟大，而是在他活着时便已伟大，其伟大不仅限于华夏大地，而且伟大到国际上，这是中国古代文人难能有二的。有史为证：

一是苏轼的伟大是历史上最接地气的伟大，其伟大存于百姓的心中。《宋史·苏轼传》载：在他活着时，杭州百姓为感激他的造福，为他立生祠，上香祈福，每饭必祝。

二是最高统治者认可苏轼的伟大。宋史有载：神宗皇帝每饭必读苏轼诗文，读到精彩处，往往举筷不下，忘了吃饭，连声称叹奇才，天下奇才。宋孝宗赵睿这样评价苏轼：“忠言谠论，立朝大节，一时廷臣，无出其右。负其豪气，志在行其所学。放浪岭海，文不少衰；力斡造化，元气淋漓。穷理尽性，贯通天人。山川风云，自作一家，浑涵光芒，至是而大成矣。”故而：“孝宗置其文左右，读之终日忘倦，谓为文章之宗，亲制集赞，赐其孙峤。遂崇赠太师，谥文忠。”宋孝宗《赠太师敕》云：“人传元祐之学，家有眉山之书。朕三复遗编，久钦高躅。”

三是苏轼具有影响国际的伟大。据苏辙《神水馆寄子瞻兄》云：“谁将家集过幽都，逢见胡人问大苏。”又据《渑水燕谈录》载：“张芸叟奉使大辽，宿幽州馆中，有题苏子瞻《老人行》于壁者。闻范阳书肆亦刻子瞻诗数十篇，谓

《大苏小集》。子瞻名重当代，外至夷虏，亦爱服如此；芸叟题其后：‘谁传佳句到燕都，逢者胡儿问大苏。’”可见苏轼在世时，其文集有多种版本刊行于世，而且远行于高丽、日本。“苏门四学士”之一的秦观有诗曰：“文章异域有知音，鸭绿差池一醉吟，颖士声名动倭国。”说苏轼的声望名号震动日本。因此，当代日本苏学研究专家池田幸子在其研究论文中，根据日本各种史料记载，苏轼活着时，其著述已经流行于日本了。特别是到南宋理宗嘉熙四年(1240)，日本圣一国师从中国带回日本图书千卷，藏于京都东福寺普门院，其中就有《东坡词》两册，《东坡长短句》一册。在日本镰仓、室町时代（14世纪—16世纪)，即元、明时代，苏轼著作在日本已经流行开了，且研究苏诗成风，出现许多具有代表性的苏学研究家。其中日本四僧的苏诗注《四河入海》二十五卷，很有影响。这是日本高僧五山禅僧笑云清三编的苏诗讲义录集。到日本的明治、太正时代，就有数十种研究苏轼的单行本刊行，出现了一大批“东坡迷”文人，他们还为苏轼的生日举行了五次“寿苏会”，为纪念苏轼《前赤壁赋》举行过十四次研讨会。同时，苏轼在国际上的影响远不止于高丽、日本，它还远及泰国、新加坡、越南等东南亚各国及欧美地区，他的著述在这些国家大量刊印，其影响早已超越时空与地域，成为中国古代文人的杰出代表。

当然，苏轼的伟大、崇高、杰出，不仅在于他是一位集文学、书法、绘画、音乐、医药、水利、酿造、烹饪、养生等于一身的全能大家，更为重要的是，他是一个忧国忧民、终身为之践行的民本主义者；一个倡导变革的伟大政治家、思想家；一个对社会事物发展规律充满认知的哲学家；一个朋友遍天下的社会活动家。尤其治国为政的理念和思想，与社会现实的紧密相连，价值超乎历史。正如林语堂先生所说：“苏东坡的人品，具有一个多才多艺的天才的深厚、广博、诙谐，有高度的智力，有天真烂漫的赤子之心。”“他的肉体虽然会死，他的精神在下一辈子，则可成为天空的星、地上的河，可以闪亮照明，可以滋润营养，因而维持众生万物。”朱熹曰：“东坡老人，英秀后凋之操，坚确不移之姿，竹君石友，庶几似之。百世之下，观此画者尚可想见也。”

苏轼给世人留下了极其丰富而宝贵的文学艺术作品，同时留下了伟大的人格形象、积极进取的人生榜样、高尚的精神品质。在他身上集中体现了中华民族的优秀品质。如近人王国维所说：“三代以下诗人，无过屈子、渊明、子美、子瞻者。此四子者，若无文学之天才，其人格亦自足千古。故无高尚伟大之人格，而有高尚伟大之文章者，殆未之有也。”苏轼一生所完美表现出的高尚脱俗的人格，爱国爱民的思想，求真求实、开拓创新的认知追求，奋发有为的志向，宁折不弯的气节，清正廉洁的风范，就是东坡精神。这种精神使苏轼的生命放射出的光芒照耀千秋，因为它是中华民族传统文化和中华民族优秀品质相熔炼铸而成的。故而，他被世人赞为千古第一文人。

随着历史演变的进程，社会高速发展的今天，物质文明和精神文明极大丰富，我们仍要响亮地提出东坡精神，研究东坡精神，倡导东坡精神，吸取东坡精神，为社会物质文明建设和精神文明建设所用。

历史永远不会湮没东坡精神。

第一章

苏轼之名

家有粗险石，植之疏竹轩。

子今我得岂无益，震霆凛霜我不迁，

雕不加文磨不莹，子盍节概如我坚。

姓氏，中国人历来十分看重。姓氏的由来、延续和发展，与民族的兴旺、国家的强盛有着相当的联系。一个姓氏，就是一部厚重的家族发展史。

据苏轼之父苏洵所撰《苏氏族谱》说："苏氏出于高阳，而蔓延于天下。"所谓"高阳"，是指传说中的古帝颛顼，因其辅佐少昊有功，国于高阳，故称高阳氏。当然，苏洵的这种说法可靠性不大。古代很多文人士大夫为提高自己的出身门第，故意攀附高门大姓，以示显耀。苏洵亦难免俗。他自己都说他的族谱仅仅限于"上至吾之高祖，下至吾之昆弟。高祖以上不可详矣"。

姓氏是如此，一个人如何取其名字，则尤为讲究。不管是官宦人家，还是书香门第，或不识字的普通百姓人家，在为子女取名字时，都十分讲究。中国人命名重取义、重内涵的做法，几千年来一直不变。因为它包含着做父母的某种期望和祝愿。父母的这种期望值往往都很高。古人取名，还要有字、号。字往往是名的解释和补充；号，则是本人长大后，根据自己的人生阅历和喜好而自己取的，非父母所为。如：苏轼，字子瞻，自号东坡居士；苏辙，字子由，晚年自号颍滨遗老。当然，取字、号，大都是官宦有钱人家和读书人所为。现代人已不看重字、号，只有名而已。不管怎样，这可是一个很有趣的现象。我们从古今伟人或名人的名字上还真能看出许多"玄机"来呢！如具有开端性的诗人屈原，名平，字原。他这样解释自己的名和字："名余曰正则兮，字余曰灵均。纷吾既有此内美兮，又重之以修能"，意即正直而有原则，品德高尚而丰富，有不同凡响的才能。屈原一生的行为处世无不是一种印证。又如欧阳修，字永叔，号醉翁。晚年又自号"六一居士"。据他自我介绍说："吾集古录一千卷，藏书一万卷，有琴一张，有棋一局，而常置酒一壶，吾老于其间，是为六一。”后人评说：“欧公一代儒宗，风流自命。词章幼眇，世所矜式。”当然，即便是普通人，如果稍加留意，亦可从其名字中看出此人性情特征和作为来，其准确性十之不离八九。如有兴趣者，不妨一试。

苏轼之名的由来同样是一个有趣例证。

宋仁宗景祐三年腊月十九日（1036年1月8日），苏轼降生于四川眉山城内纱縠行的苏家老宅。他的降生给这个清寒的家庭带来无比的欢乐。时已二十七岁的苏洵才得贵子，更是乐得合不拢嘴。在这之前，苏洵已有一儿两女，但却先后夭亡。于是，苏洵开始进庙烧香求子。有一次，他去成都，在玉局观见一个算命瞎子拿着一幅张仙图像，他想：世人都说张远霄仙人善解人意，专门为人间驱邪免灾，何不求张仙降子于我呢？于是，苏洵解下腰间玉佩从算命瞎子手中换回张仙图像，挂在书房内，早晚拜祭，终得如愿。故苏洵特意《题张仙画像》以记：“洵尝于天圣庚午重九日，至玉局观无碍子卦肆中，见一画像，笔法清奇，乃云：‘张仙也，有感必应。’因解玉环易之，洵尚无子，每旦必露香以告。逮数年，既得轼，又得辙，性皆嗜书，乃知真人急于接物，而‘无碍子’之言不妄矣。”故苏轼因玉局观而生，仕途又因提举玉局观而结局，岂非天意也！

据民间传说，在苏轼降生的那个夜晚，虽时至冬日，却是满天繁星，皓月当空。就在这风和清丽、万籁寂静的时刻，夜空中突然出现一颗巨星，光亮如炬，射透半个夜空，群星顿然失色。这颗星在夜空中划了一道长长的弧光后，便径直射向苏宅，随之便是一声婴儿的啼哭之声逼空而下，响彻四野，清脆嘹亮，如洪钟大吕。婴儿天庭饱满，鼻如悬胆，双耳坠如金叶。更为奇特的是，其背上有七颗黑痣，状如太空星斗，此兆其当应才华横溢。由此，苏轼是文曲星下凡之说，便在民间流传千年。

苏洵端详着妻子怀中婴儿的面相，给这孩子取个什么名字呢？苏洵陷入沉思之中。

时已二十七岁的苏洵，却一事无成。苏洵本来生性聪明，从小就有“怀揣日月，袖统乾坤”之大志，少时却“不喜读书”，几次应试，均名落孙山，是何缘由呢？苏洵并非“不喜读书”，而是不读他不喜欢的“书”。古人读书是为了求取功名；而要想求取功名，就得严格按照朝廷的科考制度去读书。这种为求取功名而读书的方式是很束缚人的思想的。宋代的科考主要是以诗赋取士，那就得要学习“属对声律”，而苏洵恰恰生性就厌恶“声律”之学。苏洵特别喜欢读的书是“四书”“五经”，老子、庄子、荀子之学，然而这些无助于科考。因此他屡试不第。如今妻子生了个面相聪慧的儿子，便暗下决心要将其培养成才。他把自己几经科场、求取功名不成的失败变成一种强烈的愿望，希望自己的儿子将来能一举中第、建功立业、名扬青史。于是，苏洵在给儿子取什么名字上，苦下一番思索。

该取什么名字，才能表达自己的这一美好心愿呢？苏洵冥思苦想，仍不得要诀，便又俯身仔细观察其子面相，但见婴儿双眼如一泓清澈见底的山泉，不免心中一沉：这孩子的性格将来必定豪放不羁，心底藏不住事，锋芒毕露，日后必有口舌之灾，一生恐多遭磨难，这名字可得要认真考究啊！突然，苏洵心中一亮，《左传·庄公十年》云：曹刿“下视其辙，登轼而望之，曰：‘可矣’”。就取名为轼，字子瞻可矣！“轼”为车前的横木，是登高望远的依托；而“瞻”即望之意。苏洵既希望儿子从小就能立下大志，又担忧其外露而不饰，其情之切切，可见用心良苦。在苏轼三岁时，苏辙出世。苏洵观其面相，喜多于忧，感觉此子虽不及长子明敏可爱，但亦沉稳，于是，取名为“辙”，字子由。“辙”即车行印迹，“由”即顺其自然矣，意思是虽无车之功，却无祸事。

为此，苏洵特作《名二子说》：

> 轮辐盖轸，皆有职乎车。而轼独若无所为者，虽然，去轼则吾未见其为完车也。轼乎，吾惧汝之不外饰也。天下之车，莫不由辙。而言车之功者，辙不与焉。虽然，车仆马毙，而患亦不及辙。是辙者，善处乎祸福之间也。辙乎，吾知免矣。

足可见一个父亲为儿子取的名字，包含着多么复杂的心理和深厚的情感。

而苏轼本人成年后，对自家院子中的一块怪石尤为钟爱，作了一首《咏怪石》的长诗，极力称颂怪石有其他物不可争与的“节概”，以其“震霆凛霜我不迁”，“雕不加文磨不莹，子盍节概如我坚”的铮铮骨气自喻。这性情正是其父苏洵所担心的。

事情的发展还真是这样。苏轼一生，虽然在文学上取得了巨大成就，但仕途坎坷，宦海沉浮，多遭磨难，且有牢狱之灾，险些丧命于狱中。晚年贬谪荒远的海南岛儋州，据说政敌章惇就因为他的“瞻”字与“儋”字形相近、音相谐，而开了一个天大的“政治玩笑”，让苏轼在海岛上饱受了整整三年苦难。但他至始保持着“震霆凌霜我不迁”的节概。

而苏辙呢，文学上虽不及苏轼，但他比苏轼“谨重”。苏辙一生处于新旧党争的政治斗争漩涡中，虽多次受到其兄的政治牵连，亦作《御试制策》题，批评朝廷苟且敷衍之政，其言辞相当尖锐激烈，得罪于有司，故而“自是流落凡二十余年”。这是一段不短的岁月，对才学并重、志向远大、勇于建功立业的苏辙来说，未免太残酷了。但是，苏辙却能独善其身，位至尚书右丞、门下侍郎，官比苏轼做得大，做到副宰相。晚年儿孙绕膝，颐养天年，活到七十四岁，这在古代已是高寿了。

而到苏轼兄弟这一代，为子孙取名亦是相当的考究。苏轼有三子，长子取名“迈”，意出《左传·庄公八年》：“皋陶迈种德。”孔颖达疏：“言皋陶能勉力种树功德。”次子取名“迨”，意出《诗·召南·摽有梅》：“求我庶士，迨其吉兮。”幼子取名“过”，意出于李商隐《韩碑》诗：“愿书万本通万过。”同时，苏轼还为诸孙以“竹”字头命名，取其竹之节概之义也。可见用心何其良苦。

苏辙同样，连孙子的名字都亲自考究取之，并作《六孙名字说》：

> 予三子：伯曰迟，仲曰适，叔曰逊，各一子耳。予年六十有五，而三人各复二子，于是予始六孙。昔予兄子瞻命其诸孙皆以竹名，故名迟之子长曰简，幼曰策。《易》曰：“《乾》以易知，《坤》以简能。易则易知，简则易从。易知则有亲，易从则有功。有亲则可久，有功则可大。可久则贤人之德，可大则贤人之业。”故简之字曰业。《乾》之策二百一十有六，《坤》之策一百四十有四。《易》之始未有策也，文王演而重之，然后策可见。故策之字曰演。适之子长曰籀，幼曰范。书起于篆，而究于隶。史籀始篆，篆隶皆成于滋也。故籀之字曰滋。范，法也。王良与嬖奚乘，不获一禽，曰：“我为之范，驰驱终日不获一。为之诡遇，一朝而获十。我不贯与小人乘，请辞。”故范之字曰御。逊之子长曰筠，幼曰筑。始予得罪于朝，而放于筠，逊从而筠生。传曰：“礼之于人，如松柏之有心也，如竹箭之有筠也。皆其坚者也。”故筠之字曰坚。孔子曰：“譬如为山，未成一篑，止，吾止也；譬如平地，虽复一篑，进，吾往也。”为山者必筑，前无所见，则未成一篑而止；苟有见矣，则虽复一篑而进。进而不止，虽山可成也。故筑之字曰进。予盖老矣，而三子方壮，将复有子，而予不及见乎则已矣，如犹及见焉，则又将名之，俟其长而示之，使知名之之意焉可也。

由此看出，为子孙取名，包容着父辈们多么厚重深邃的情感和殷切的期望啊！

第二章
家风传承

公讳序，字仲先，眉州眉山人，其先盖赵郡栾城人也。曾祖讳釿，祖讳祐，父讳杲，三世不仕，皆有隐德。自皇考行义好施，始有闻于乡里，至公而益著，然皆自以为不及其父祖矣。……公幼疏达不羁……谦而好施，急人患难，甚于为己。衣食稍有余，辄费用，或以予人，立尽。以此穷困厄于饥寒者数矣，然终不悔……

苏轼之名，能够响彻环宇，被世人公认为千古第一文人，伟大历史人杰，其人品风范辉煌千秋，百代尊崇，为后世学习与效仿的榜样，根本原因是他正确的人格定向。

人格，是指一个人的尊严、价值和道德品质的总和，是人在一定社会中的地位和作用的统一。它是一个人的思想情感与精神风貌在现实社会生活中的一种表现。正如苏轼所说，但凡人格高尚的人，即有能做到“毁誉不动，得丧若一”的超迈情怀。

苏轼人格定向，充分体现的是一种中华民族传统文化与中华民族优秀品质相融一体的民族精神。这种民族精神是永恒的，不灭的。他一生的行为处事，正是这种人格定向的完美展示。其主要表现在真诚坦率，至善亲和，与民为伍；高风亮节，是非分明，实事求是，无私无畏；随缘自适，乐观旷达，勇于面对。

苏轼人格定向的正确形成，并非与生俱来，也不仅仅是他后天自我努力修身养性的结果，而是由于其从小就生长在一个有着中华传统文化浓厚氛围的家庭。这个家庭有着为善、为人、为事、为学、为父、为子、为夫、为妻的优良传统家风。这种家风最充分地体现了中华传统文化与儒家伦理道德的相融，其自然地在家庭生活中表现出来，并一代一代地传承发扬光大。可以说，良好的家风浸润，是苏轼人格定向正确形成的重要因素。

马克思主义的哲学观点认为，一个人的人格物质并不直接来自机体本身因素。人的本性不是抽象的自然性和生物性，而是人类历史中形成的社会性。人的生物性（包括遗传的各种特点）并不能直接决定人的心理特点。人的人格物质，只有在社会关系中才能决定。如一个有先天缺陷的人，不一定就产生自卑的感觉，只有在遇到周围人的贬低和排斥时，才有可能形成自卑的心理。因此，个性，必然显示社会生活的缩影。那么，苏轼从小生活的家庭又有着怎样的历史与现实背景呢？

一个家庭良好家风的形成，自然有着历史的延续——传承。古人非常重视家族史，把家族声誉看得比生命都重要。而族谱则是家族声誉与家风传承的工具，要将续修当成一件大事来做。苏轼父亲苏洵曾花费了相当的时间和精力来续修苏氏族谱。并先作《苏氏族谱亭记》勒石，告诫族人要“相与尽其欢欣爱洽”，互相走动，团结友爱，崇敬祖先；对于败坏乡俗民风、道德沦丧的外族人，族人要引以为戒，乡人当共诛之。又作《苏氏族谱》，再作《族谱后录上篇》《族谱后录下篇》。其上篇开句直言苏氏祖先出于远古时颛顼帝，以证“苏氏出于高阳，而蔓延于天下”之实。下篇开句自豪地说，苏氏的祖先，自昆吾以来，最为出名的是周武王时司寇忿生，忿生有后代苏公见于《诗》《书》。自汉初高祖刘邦引天下豪杰入关时，将苏氏家族引入陕西秦地。这时，苏氏家族出了两个显赫人物，即平陵侯苏建和典属国苏武。特别是“苏武牧羊”成为中国历史上的一个经典。汉武帝天汉元年（前100），苏武奉命出使匈奴被扣，匈奴贵族多方威胁诱降不成，便把他放逐到北海（今贝加尔湖）牧羊。苏武持节十九年不屈，汉昭帝始元六年（前81），因匈奴与汉和好，才得以获救回朝，其气节为世人所敬佩。苏武为陕西武功县人，至今海内外苏武一脉的苏姓后代，每年都要聚集到武功祭祖，场面很壮观。还有一个叫苏章的，在东汉时任刺史，其子孙官于邯郸，遂家于赵郡栾城，形成赵郡苏氏支派。到唐代时，这一支派便出了一个大人物苏味道。此公“九岁能属文，与里人李峤以辞翰显，时号‘苏李’”。苏味道是个文学家、诗人，二十岁举进士。据《旧唐书》记载：武则天时，官居凤阁侍郎。神龙元年（705），唐中宗复位，苏味道被贬眉州（即眉山）刺史，不久又迁为益州（今成都）大都督府长史，未及赴任便病逝于眉山。苏味道有一子廷宪未回栾城，留居眉山。于是，眉山始有苏姓一支。

苏洵考证的结论是：眉山苏氏的先祖是益州的长史苏味道；河北赵郡苏氏的先祖是并州刺史苏章；陕西扶风平陵侯苏建、河南河内苏氏的先祖是周司寇忿生。

很明显，苏洵续修族谱的目的在于弘扬苏氏家族史的荣誉，以激励苏氏后代发扬光大。他在《族谱后录下篇》中，重点记录了他所悉知而亲身受教的两个人物，其思想品质、道德观念、为人处事等，无不将苏家良好的家风传承与发扬光大。

这两个人便是苏洵的祖父苏杲和父亲苏序。

苏杲生于后晋出帝开运元年（944），他性情温善聪慧，服侍父母极为孝顺，与兄弟极其和爱，与人仗义，讲信用。乡间邻里，不论亲疏远近，都非常敬重他，信赖他。

苏杲有个族弟叫苏玩，犯了官司，案情较重，差役前来逮捕时，苏玩将后事全部托付与苏杲说："如果我死于狱中，妻儿就有劳你照顾了。"后来官司了结，苏玩获释出狱，对苏杲说了心里话："我不是没有别的兄弟，但是可以托付生死大事的，唯有你最可信。"

苏杲善于生产经营，家庭生活过得较富裕，但他从不聚敛财富。当时，后蜀被宋朝所灭，原后蜀的达官显贵为讨好新的王朝，纷纷争相将其土地庄宅低价变卖，涌往京城，找门路以求一官半职。许多人趁机廉价收买，发财致富，而苏杲却不为所动。有人很不理解，问他：你怎么不抓住这个发财的机会呢？苏杲却笑道：这可不是好事啊！置业太多会害了子孙。

面对这个发财致富的机会，苏杲却置身事外，因为他深谙庄子福祸相依的哲理，懂得财富是一把双刃剑，既能福及子孙，又能祸及子孙。

其实，许多人都懂得这个哲理，但要做到却是难上难，这需要一种大智慧，一种对人间世事、生活理念的大境界。苏杲做到了，他一直到死，家里的田地不满两顷，房屋破旧了也不修葺，始终过着简朴的生活。可他帮助别人毫不吝啬，经常拿出粮食、衣物救济贫困乡邻，而且做了好事从不张扬留名，以免别人说他是图虚名。

苏杲兄弟共五人，他排行老四。宋太宗淳化五年（994），苏杲病卧不起，临终前，妻子拉着他的手哭泣道："你若走了，我一个妇道人家咋办？你为什么不把孩子托付给你的兄弟呢？"苏杲不在意地笑道："你的儿子要是有才能，即使不是我的兄弟，也会喜爱照应他；如果不贤，哪怕是我的兄弟，也会扔下他不管。有必要托付吗？你只须尽到做母亲的职责，善于教育他就对了。"

苏杲夫妇共生了九个儿子，却只养活了一个，那就是苏洵的父亲苏序。对只剩的这棵"独苗"，苏杲从不溺爱，管教甚严。苏杲逝世时，苏序二十二岁，从此，侍奉母亲、操持家业的重担就落在了苏序年轻的肩上。

苏序同样有颗慈悲善良之心，为人仗义，只是在性情上比苏杲多了点疏放不羁的豪侠之气。遇到灾年，他常变卖其田地之物救济贫困乡邻，等到丰收后，别人还他时，他却爽朗大笑说：这些东西本来就是多余的，哪用还呢？

因为乐善好施，家道多次中落，他却从不感到后悔。还有一件事值得一说，苏序每年种粟比种水稻多，有时还用稻米换粟，将粟放在仓库里储存起来。几年后，他的粟已经储备到三四千石，这时遇到眉山饥荒，他立即拿出来无偿地救济饥民，使他们免除饥饿之苦。这时，人们才明白苏序种粟的目的，粟能保持长久不坏，防患于未然，这是有远见的人才能想得到的。因为为人豪爽、待人真诚，苏序受到乡民的称赞，说古代的圣人君子也不过如此。

苏序的豪侠之气还表现在不迷信。天禧五年（1021），盛传有神茅将军者降于眉山，人人惊恐不安，畏惧神灵，有人借机从中渔利，募资修庙，塑一茅将军像，让人烧香敬神，从中骗取香火钱。苏序知道后，带领二十多个村民，毁了神像，拆了庙屋，当众揭穿了这种骗人骗钱的把戏。

苏序少年时喜欢做好事，虽不喜欢读书，却很喜欢作诗，其诗的内容极为广泛，上至朝廷官府之事，下至乡里子孙打猎、捕鱼谋生之事，都入其诗。用今天的文学概念可称作记叙诗，或叫“打油诗”。他一生作了数千首诗，大诗人也不过如此。苏洵评价说观他的诗，虽不工整，但深求其表里洞然，豁达明快，很像伟人之作。

苏序娶的夫人是眉山大户史姓人家的千金，但他为人低调，不摆架子，从不张扬。与人相交也不分贵贱亲疏，无论田中农夫、山中野老、官府差役，还是路边乞丐，他都与之相谈甚欢。他胸怀宽广，有自己的是非标准，在心中对人、对事的品评非常严格，只是从不显露于外，有小人欺骗侮辱他，他也从不报复。后来，这种可贵秉性被遗传给了孙子苏轼，并被苏轼展现得淋漓尽致。

苏序出门办事或寻亲访友，只步行，不骑马。不是他买不起马，而是他认为比他年纪大的长者都在步行，自己骑着马在路上走来走去，还有什么脸面见他们？

当然，苏洵在《族谱后录下篇》中除了重点记叙其祖父、父亲外，还高度赞赏其高祖父、曾祖父。苏洵高祖苏釿“以侠气闻于乡间”，喜欢助人为乐，好打抱不平；曾祖父苏祐“以才干精敏见称”，据说他有一次到成都，有位道士想传授给他一种能用药变出各种物品的法术，他谢绝了，此举最终受到了道士的称赞。

从苏釿到苏序，一代一代地传承，形成了苏家良好的家风和乐善好施的美德。这种美德的核心旨在无意于聚集财富，视钱财为身外物。这是一般人家难以达到的一种精神境界，当然，其中无穷的奥妙他人就更难理解了。只有苏钎与他的子孙们这样豁达豪爽的人，才能解读物我之间的正负关系。苏家这种超乎物外的精神境界，不但深刻影响着后代子孙，而且受到眉山士族民众的高度称颂。

在宋代，眉山是州郡治地，又称眉州，所辖大约为青神、丹棱、彭山三县。当时在眉州地界有四大家族：程家、石家、史家、苏家。程家为首富，石家、史家次之。

苏家虽无可言富，但仍为当时人公认为眉州四大家族之一。有三个原因：一是苏氏先祖苏味道，在唐武则天时任过宰相，后贬为眉州刺史。苏味道后，苏氏家族虽无大作为者，但在眉州地界也是有根有底的名门望族，套用一句俗语：瘦死的骆驼比马大，是同样的道理。二是苏家从苏钎"以侠气闻于乡间"起，重视家族家法礼制教育，族人多忠信孝友，乐善好施，代代相承，形成苏氏家族良好家风，这种家族美德人人称颂，有口皆碑。三是从苏洵《苏氏族谱》看，苏氏从苏钎到苏序皆与眉山大族联姻。苏洵高祖苏钎娶黄氏，系唐僖宗时入蜀的北方士族；曾祖苏祐娶李氏，李氏系没落的宗室大家；苏序娶史氏，"史氏夫人，眉之大家"。《眉山县志》（民国版）有这样一段记叙："蜀眉州史氏由唐吏部侍郎俨从僖宗幸蜀，因家焉。其先墓在青神。将二十世，宋世号名族。"苏序之幼女嫁与石家大公子石扬言。石氏系衣冠旧族，唐时祖辈曾任兵部郎中、右御林大将军等职。石氏祖先本江都人氏，认为天下有变，而蜀为最安处，又多佳山秀水，适宜人居，唐末宋初战乱过后，便定居于眉。苏洵十九岁结婚，娶眉州四大家族之首程文应之女为妻。程氏原本北方士族，亦随唐僖宗入蜀而定居眉山。程文应之父程仁霸，曾摄录事参军，程文应官居大理寺丞。在苏序那一辈中，程家既是首富，又是官宦人家。说明苏家虽贫，大户人家亦愿与之通婚。故苏辙曰："苏自栾城，西宅于眉。世有潜德，而人莫知。"

曾祖、祖父乐善好施，视钱财为身外物的美德，苏轼从小受到其深刻的影响。他后来还特意撰文，写了《苏廷评行状》，不但对祖父"谦而好施，急人患难，甚于为己"的美德进行赞美，而且明志自己亦效仿祖父乐善好施的高尚品行。

到苏洵这一辈，更是把苏家传统道德思想与耕读传家的良好家风发扬光大。

苏洵（1009—1066），字明允。青少年时喜交游，他自语："少年喜奇迹，落拓鞍马间。"苏洵素有大志："纵目视天下，爱此宇宙宽。"他数度举进士，应制策，皆不第，思维来个惊天大逆转，毅然绝意于功名，另辟蹊径，尽焚所作应时之文，闭户十年，用心于诸子百家学说，大究六经，待"胸中之言日益多，不能自制"，开笔作文辞，把脉时弊，切中要害，考古今治乱成败，纵横议论，"语不徒发""务一出己见”，文章与孟子、贾谊、刘向、韩愈等辈抗衡，为当世“有用之言”。他一生留存于世的主要著作有《嘉祐集》二十卷、《嘉祐谥法》三卷、《皇祐谥录》二十卷、《洪范图记》《易传》（未完稿，后苏轼、苏辙补著而成书）和《太常因革礼》一百卷（与姚辟合编）。

苏洵在文学上的成就主要在散文。他的论辩文最具特色，其文格调高古，笔力雄健，气势磅礴，纵横恣肆，逻辑严密，穷尽事理。欧阳修评价苏洵的文章“博辩宏伟”“纵横上下，出入驰骋，必造于深微而后止”；张方平说他的文章“如大云之出于山，忽布四方，倏散无余，如大川之滔滔，东至于海源”；曾巩说苏洵“好为策谋，务一出己见，不肯故迹”，评价其文“少或百字，多或千字，其指事析理，引物托喻，侈能尽之约，远能见之近；大能使之微，小能使之著，烦能不乱，肆能不流。其雄壮俊伟，若决江河而下也；其辉光明白，若引星辰而上也”，此说颇能概括苏洵论辩文的艺术特点。

苏洵的书、记、序和诗，亦有佳作，大抵迂回婉转，曲折多变，语不徒发，多言外之意。

历代对苏洵的散文评价都很高。明代初，学者朱右精选编辑了唐宋八位散文大家的作品，名为《八先生文集》，即精辑唐代的韩愈、柳宗元，宋代的欧阳修、曾巩、王安石、苏洵、苏轼和苏辙的作品。它定义了唐宋散文写作的最高成就者。“唐宋八大家”之说由此成为中国古代文学史上一个特定的文学符号。

八大家中，苏洵以独树一帜、自成一家的文章风格跻身其列，占据了中国古代文学史上的重要地位，成为名副其实的一代布衣鸿儒。其散文为历代选家所选编，成为“家习而户眇”的学习典范。

作为一介儒生、草泽之民的苏洵，却喜谈论军事。他的《权书》十篇，《几策》中的《审敌》，《衡论》中的《御将》《兵制》，以及《上韩枢密书》《制敌》等，都是专门论说军事的。其《权书》则是一部具有权威性的兵书。

苏洵专论军事的文章占了他整个政论文的三分之一还多，这与他忧国忧民的思想有着密不可分的关系。

自宋朝开国以来，宋太祖赵匡胤为吸取唐末和五代十国时期的分裂割据教训，制订实施“强干弱枝”和“内外相维”的军事制度，确立了“以文治国”的立国大法，由此带来“武力废弛”“将寡兵弱”的副作用，而使得外敌经常入侵，边境烽烟不断。宋真宗时，为平息与辽国的战事，与之签订屈辱条约，以每年向辽输银十万两、绢二十万匹，买得边境一时的安宁。到庆历年间，宋又答应每年向西夏交纳大量的银、绢、茶等。

宋王朝的软弱无能和苟且偷安，不仅使国家蒙羞，而且让百姓赋税增加，苦不堪言。凡是有识之士无不痛心疾首。苏洵就是在这种背景之下而言兵的。

苏洵深受儒家思想影响，为人处世正气凛然，不失文士品节。“读是书，内以治身，外以治人”“穷则独善其身，达则兼济天下”。他把这看作人生理想，行为准则。

他自比贾谊，要为国家、社会的治理贡献力量。实现人生价值，必得求取官职，搭建一个施展才能抱负的平台。科考求仕走不通，就向王公贵人毛遂自荐，求得举荐。

在宋代，政治环境相对宽松，用人机制也较灵活。除了科举取士外，还有推荐制，只要是人才，经朝廷重臣举荐，亦可入仕为官。用现在的话说，这叫“双轨制”。

为了能求得他人举荐，苏洵连续不断地写出一封封求见信，向人毛遂自荐。他除了向地方行政长官吴照邻、张方平写了求见信外，还向韩琦、欧阳修、富弼、文彦博、田况等当朝权臣写了求见信。

按常理，求人办事，须得态度谦卑，言语恭顺，博人欢心，可苏洵不是，他的求见信写得很另类。求见信中全无低三下四、阿谀乞怜之语，而是以展示其才华学识博取认可，求官求得光明磊落，直言不讳。

这些求见信，旨在阐述政治主张，治国方略；针对时弊，批评政务失缺。其内容丰富，思想精深，用笔流畅，文辞简严，风骨傲然，俨如篇篇血脉相承、骨肉相连的精美华章，读之如见其人。

鉴于苏洵的求官信，清代学者储欣这样评定苏洵：“向宰相求官，不放倒自己一句。”足见苏洵虽然一介布衣，却另类，独具风骨。

就是这样一介布衣的苏洵，在晚年，为了反对朝廷铺张浪费，加重百姓负担，还直言上书。嘉祐八年（1063）三月，在位四十年的宋仁宗驾崩，英宗即位。当时，宰相韩琦任山陵使，主持为仁宗修陵园。韩琦不顾国家财政紧张，反而大兴土木，厚葬先皇，一时闹得民间鸡犬不宁，朝臣议论纷起，但却无人敢秉公直言。唯苏洵这个当时的九品小官，不顾位卑言轻，直言上书韩琦，批评韩琦这种做法，既不符合仁宗皇帝生前素以节俭的美德，又劳民伤财，其负担势必转嫁到百姓身上，从而结怨于民。敬重先帝在内心“诚信”，而不在于厚葬与否。

对于苏洵的批评，韩琦虽心里不痛快，但还是部分采纳了苏洵的意见，削减了开支。

苏洵的二哥苏涣，字公群，晚字文父。此公虽聪慧过人，但在学习上却更加勤奋专一，读书非常刻苦。为了增强记忆，他采取抄书的办法，司马迁的《史记》、班固的《汉书》，不惜费时费力抄写。这对苏轼的影响相当大，苏轼自发蒙读书后，仍采用伯父这一读书方法。苏涣好学，成为当时乡间间士子效仿的榜样。他二十四岁进士及第，官至凤翔宝鸡主簿，凤州司法，后通判阆州、知祥符县，后升为提点利州路刑狱，是一位清廉的好官。苏涣于绍兴三十二年（1062）逝去，安葬于眉山县（今眉山东坡区）永寿乡高迁里。著有《南庵退翁》《苏氏怀章记》。

天圣元年（1023），苏涣赴成都参加乡试。当年乡试时，考生试卷还未施行糊名制。通判蒋公在堂上翻阅到苏涣的试卷，被苏涣的妙文所折服，忍不住对苏涣说，本场考试“子为第一”。苏涣谦虚地回答说，杨异、宋辅与我为友，他俩像我父兄，我不愿意名列在他俩之上。蒋公听后，对苏涣的谦卑礼让越发喜爱，说，好吧，假如他二人的试题做得好，就按你的要求，将你的名次列在第三，成就你的美名。第二年，苏涣考中礼部进士。回乡的时候，许多乡人听说他要回乡，出迎一百多里。

一个人的人格特征不是自发产生的。它是在潜移默化中，逐步吸收内化的一种特殊文化的道德信念和价值观念，被组合成为“自我”，形成人格定向。也就是说，良好家风传承对儿童的道德心理的影响，具有重要意义。苏洵、苏涣兄弟的成才，更说明苏氏良好家风对后代的影响。而苏轼不仅从小浸润其间，潜移默化，吸收内化，秉承精神，而且更直接受教于父亲苏洵、伯父苏涣的教诲与影响，使其正确人格在他出川之前便已形成。

第三章

受教父母

公生十年，而先君宦学四方，太夫人亲授以书。闻古今成败，辄能语其要。太夫人尝读《东汉史》，至《范滂传》，慨然太息。公侍侧，曰："轼若为滂，夫人亦许之否乎？"太夫人曰："汝能为滂，吾顾不能为滂母耶？"公亦奋厉有当世志。太夫人喜曰："吾有子矣！"比冠，学通经史，属文日数千言。

受教父母，是苏轼人格定向形成的又一重要因素。

我们说，父母是孩子的第一任老师，这是绝对的真理。苏轼成才离不开一位言传身教的好父亲，一位好母亲。

苏洵是一位非常称职的父亲，一位教子育才的光辉典范。他是一个内心情感丰富的人，对子女有一种大爱无疆的父爱。这种父爱不是对子女的迁就、溺爱，而是做到如侍弄树苗那样悉心培土、修枝、浇灌、灭虫，以使其茁壮成长为参天大树、栋梁之材。

苏洵教子有方，主要表现在以下几个方面：

一是把道德教育放在首位。他深知古训修身齐家、治国平天下重在“修身”的道理，不但自己身体力行，秉承父亲苏序善事父母极于孝，与兄弟笃于爱，与朋友笃于信，敬重乡邻无亲疏远近的美德，处世“质直忠信，与人交。共其忧患，死则收恤其子孙”。他还亲修《苏氏族谱》，对族人进行孝悌教育，其言传身教使苏轼、苏辙从小受到深刻影响和教育，成为道德品行高尚的人。

二是励志教育。苏洵本人就是一个素有大志之人，他懂得从小立志对于一个人成长的重要性。苏辙曾记载，兄弟少时，“先公、先夫人皆曰：‘吾尝有志兹世，今老矣，二子其尚成吾志乎！’”当然，立志不是一个抽象的话题，是在潜移默化中树立起来的。为了培养苏轼、苏辙从小树立远大志向，苏洵颇费了一番心思。他认真听取程氏夫人“读书明理，学史明志”的建议，在传授文化知识的同时引导二子熟读史书，了解历史英雄人物，探究古今治乱之道，使其二子从中感悟人生意义和价值，从小就立下“奋厉有当世志”的人生抱负。多年后，苏辙仍铭记着父亲的教诲："予少而力学。先君，予师也，亡兄子瞻，予师友也。父兄之学，皆以古今成败得失为议论之要。以为士生于世，治气养心，无恶于身。推是以施之人，不为苟生也，不幸不用，犹当以其所知，著之翰墨，使人有闻焉。"从苏辙的追忆中不难看出，苏氏兄弟一生所取得的巨大成就，与从小受父亲励志教育，树立远大志向是分不开的。

三是开明教育。苏洵是个喜欢游历山川的人，他有切身的体会，有许多知识是书本上学不到的，社会生活是一个知识的大课堂，因此他对二子的教育不是整日封闭在书斋里死读书、读死书，而是经常将苏轼、苏辙兄弟放出书斋，参与生产劳动。苏轼后来追忆说："我昔少年日，种松满东冈。""我昔在田间，但知羊与牛。"待年岁稍长，苏洵还让苏轼、苏辙兄弟出门游历山川，亲近大自然，强健体魄，涵养身心。苏辙曾忆："昔余少年，从子瞻游，有山可登，有水可浮，子瞻未始不褰裳先之。"

四是教子治学为文"得乎吾心"。苏洵针对当时文坛盛行"好奇而务深""虚浮不实"的文风，指导苏轼、苏辙认真阅读大量的古代文献，了解真正的古圣贤文风。他首先教导二子治学不能浮躁，教以手抄司马迁的《史记》、班固的《汉书》来磨炼毅力，打下扎实的文史功底。苏轼竟将一部《汉书》抄了三遍。在为文上，力戒浮华空洞，要"得乎吾心"，有感而发，言之有物，文贵有用。要力戒因袭前人，应形成自己独特的文章风格。苏轼晚年回忆父亲对自己作文的教育时说："昔吾先君适京师，与卿士大夫游，归以语轼曰：'自今以往，文章其日工，而道将散矣。士慕远而忽近，贵华而贱实，吾已见其兆矣。'以鲁人凫绎先生之诗文十余篇示轼曰：'小子识之，后数十年，天下无复为斯文者也。'"

五是以刻苦自励的榜样影响苏轼兄弟。说千道万，不如身体力行，这是苏洵育子成功的关键。苏洵经过对科举考试制度的重新审视和剖析，得出一个结论："此不足为学也！"他在《广士》一文中说："人固有才智奇绝，而不能为章句、名数、声律之学者，又有不幸而不为者。苟一之以进士，制策，是使奇才绝智有时而穷也。"这样的科考制度，即便有奇才绝智也难能发挥，也就用不着去为这样的科考失败而悲伤痛苦，更用不着为这样的科考再去空费时日，耗费精力。

一个叫阿尼斯特的英国人说过这样一句话："一个敏感的人，即使在最痛苦的时候也能找到美的因素。"苏洵不仅是个对事物极敏感的人，而且具有极高的智慧。他在科场失败的痛苦中找回自信，找到另一种获取成功的"美的因素"。这个"美的因素"就是学术。他后来在写给韩琦的信中如是说："及长，知取士之难，遂绝意于功名，而自托于学术。”这是苏洵于二十年应制举的接连失败的痛苦中总结出的，通过反思后，他决定彻底放弃科考这条路，另辟蹊径，走出一条适合自己的路。他为此感到欣然。

一般人遇到苏洵这种境况，大多会自暴自弃，意志消沉；或者还原于普通人的角色，虚度光阴，苟活一生。

苏洵却能在失败中站起来，坚定自己的人生理想、生存价值，从科考的死胡同中跳出来，从经验教训中来个大转身，以实际行动为两个聪明的儿子做出榜样。

苏洵的榜样作用还在于他治学的执着和严谨。

绝意于功名，不再为科考而读书，不再为应付科考为文，精神包袱彻底放下后，苏洵感到浑身轻松，精神自由，思想活跃，仿佛原来的自己已经不存在，坐在书桌前的是一个脱胎换骨后，充满活力的新的苏洵。

没了功名的羁绊，读书的自由让苏洵十分愉快。他重新取出《论语》《孟子》、韩愈的作品，静心品读，越读越觉得与过去阅读时大不相同，现在才真正读出书中百味，进入一种豁然开朗的境界。苏洵为之“骇然以惊”，放下手中的书，细细分析究理：过去为应付科考死记硬背章句，根本没有读进去；现在是用心去读，用脑去思考，钻得进去，跳得出来，反复咀嚼品读，自觉书中妙处无穷。

苏洵找出原因，开心极了，重新拿起书来与二子一同研读。突然，他惶恐起来，急忙起身从书橱中取出过去所作数百篇文章来，重新展读一遍，这都是些什么文章呀！尽是无话找话说，枯燥乏味，一堆文字垃圾，难道是自己的大作吗？这能是传世之作吗？惭愧呀！苏洵面对自己那些年在“饥寒穷困乱其心，而声律记问又从而破坏其体”的情况下所作“浅狭可笑”之文，慢慢从惶恐与惭愧中平静下来，端出火盆，尽将所作文章投入火盆焚烧殆尽。

苏洵将花费二十余年的时间和精力所作之文付之一炬，心情并未感到轻松，他端坐于书案前，面对圣人贤人文集，重新作了一次对自己才智和能力的审视：“声律记问”之学是短处，长于思辨是长处、是固有的天赋。只要做到扬长避短，刻苦研读圣贤之文，从中汲取智慧，专以学术走出一条适合自己的路，自信有这个获取成功的智能。

经过一番审视，苏洵更坚定了自己的理想信念，他的心情才完全轻松起来。

面对圣贤文集，苏洵做出了一个惊人之举，将笔砚封存于箱箧里，不读懂、读熟、读透诸子百家之文，不到“读书破万卷，下笔如有神”的境界，决不动笔作文。

苏洵说到做到，“到家不再出，一顿俄十年”，这是他在《忆山送人》诗中的真实记录。苏洵再次痛下决心，“十年磨一剑”。当然，这次磨“剑”不是为了科考，而是学术。仅此而论，说苏洵是个奇人不为过，即便有奇才绝智的人，未必有这等毅力和耐心。

十年时间苦读圣贤书，苏洵不但有自己明确的目的和志向，同时以此来要求苏轼兄弟俩，这是他的动力源泉。苏辙在《历代论》中就记录了苏洵为啥要苦读圣贤书的原话：“士生于世，治气养心，无恶于身。推是以施之人，不为苟生；不幸不用，犹当以其所知，著之翰墨，使人有闻焉。”苏辙还在《藏书室记》中记下苏洵要求他兄弟二人：“读是书，内以治身，外以治人，足矣！”这两则记录都表明了同一个目的和志向：即读书的目的是为了提高对事物的认识的理论水平，增强自身思想品质修养，所学知识要为治国安民效力；即便不为当世所用，也要著书立言，以传之后世。这正是苏洵对儒家“穷则独善其身，达则兼济天下”和“进则立功，退则立言”的思想的充分发挥。

从苏辙《藏书室记》得知，苏洵存书多达数千册，足见藏书之丰富。十年间，苏洵用了近六年时间来与两个儿子共同潜心研读这些书。有人会认为长时间读书，一定会很苦很累，很寂寞，一般人是不会有此毅力和耐心的。是的，一般人会这样，但苏洵和他聪明的两个儿子不会，他们是用脑在读书，用心在与圣贤先哲对话。六年不急不躁，耐心苦读经史百家之书，深研细究“古今成败得失”。正如柏拉图所说：“耐心是一切聪明才智的基础。”一个崭新的苏洵携其二子即将破茧而出。

欧阳修在《苏君墓志铭》中描述了苏洵“到家不再出，一顿俄十年”的经历过程：

> （苏洵）益闭户读书，绝笔不为文辞者五六年，乃大究六经，百家之说，以考质古今治乱成败，圣贤穷达出处之际，得其精粹，涵蓄充溢，抑而不发。

经过五六年的苦读，苏洵感觉胸中之言越积越多，犹如一股清泉涌流，到了不能自制、必吐为快的地步。一种从未有过的作文冲动让他取出封存已久的笔砚，铺纸研墨，开笔为文。这一开笔，不得了，文思如江河决堤，直泻笔端，真有下笔如有神的快感。

几年间，苏洵作文辞近百篇，与过去相比，自是天壤之别，不可同日而语，其中最具代表性的有《几策》《权书》《衡书》《六经论》《洪范论》《史论》等，皆为传世佳作，为让苏洵位列“唐宋八大家”的扛鼎之作。

十年时间，从大究六经百家之说，到开笔作文，苏洵经历了一次重要的大转身，成为一只经过涅槃站立于中国古代文坛的金凤凰。而其榜样的作用亦使二子崭露于文坛。

十年时间，对人生来说不是一个短日子。苏洵不仅为后人留下了不朽之作，更多的是为后人留下了一份精神财富，留下了一段对人生的思考。更是这种十年间的无形榜样作用，将年少的苏轼兄弟导向一条辉煌的人生大道。

苏洵不仅生养了苏轼、苏辙两个天才儿子，而且精心培育了他们成才。特别是苏轼最终成为中国古代历史上“第一文人”，成为“人间不可无一，难能有二”的旷世奇才，苏洵为父为师功不可没。

程夫人，是苏轼的母亲。她对苏轼的成才，同样功不可没。

母亲，是人类最神圣的称呼。美国著名心理学家沙利文说，人格化开始于婴儿认识到自己身体的存在，良好养育和爱护会使婴儿产生好妈妈的人格化。

程夫人从苏轼生命运行的起点，便能正确把握教育方向，成为铸就苏轼人生正确运行轨道的奠基人。

关于程夫人的生平事迹，史学家司马光于所作《程夫人墓志铭》中，给予了详细的介绍和很高的评价：“夫人姓程氏，眉山人，大理寺丞文应之女。生十八年归苏氏。程氏富而苏氏极贫。夫人入门，执妇职，孝恭勤俭。族人环视之，无丝毫鞅鞅骄倨可讥诃状。由是共贤之。”司马光还高度评价她“喜读书”，且“皆识其大义”。这是很了不得的。此“大义”者，乃安邦济世、治国平天下之理也；知忠孝节义，挺挺大节之概也。“妇人柔顺足以睦其族，智能足以齐其家，斯已贤矣”，作为有德的妇人，已经难能可贵，非常值得称颂了，然“夫人能开发辅导成就其夫、子，使皆以文学显重于天下，非识虑高绝，能如是乎？”在程夫人身上显现出一种非凡的才智和远见。故而，司马光再次赞美她是一位“勉夫教子，底于光大”的伟大妻子和母亲，堪称中国古代历史上的一位了不起的杰出女性。

在我们面前展现了这样一位集中体现了中国妇女善良、正直、宽厚、仁爱、勤俭美德，且才学双全、卓识远见的杰出女性，可以毫不夸张地说，是这位才德兼备的贤妻良母精心辅佐照料了“一门三父子，都是大文豪，诗赋传千古，峨眉共比高”的苏洵、苏轼、苏辙三父子。至少，三苏父子名重千古，她功不可没。

程夫人疼爱儿女，但不娇惯。她共生育了六个子女，大儿景山出世不久便夭亡，大女儿和二女也不幸先后死去，存活下来的有幼女八娘，儿子苏轼、苏辙。正如后来苏辙在《次韵子瞻》诗中说：“兄弟本三人，怀抱丧其一。”

古人云：“小而为之。”就是说，孩童具有极强的可塑性，只要根基扎得正，自然能成才。程夫人是位具有政治远见的知识女性，她深明此理。要使儿子成才，培养教育必须从小开始。这实际上就是现代教育家们提出的早期教育模式。

年幼的苏轼，心境犹如一张白纸。这张白纸能被绘成一幅清新脱俗、气韵高雅的绝美画图，是程夫人落下定格的关键一笔。从苏轼人生运行的轨迹中，清晰地折射出程夫人对苏轼开发辅导教育的一番良苦用心，其教育思想的明确和教育方式、方法、步骤的科学性，着实令人钦佩赞赏。苏轼满五岁时，程夫人决定亲自教育其发蒙读书。她深知要培养儿子成才，必须先打下坚实的文化基础。苏轼在童年时期就表露出极高的天赋，他聪慧灵敏，但和一般孩童一样都有贪玩好动的天性。程夫人非常明白这样一个道理，兴趣爱好往往是一个人成就事业的内在原始动力。要教育好孩子，关键在于正确的引导，而引导的重点又在于培养其对某一事物的兴趣。程夫人对苏轼进行有目的的“定向”培养，首先培养他的读书兴趣。她以多种形式循循善诱，以讲故事、朗读文章、吟唱诗歌等方式，慢慢地培养起苏轼读书的兴趣，使之从小就做到自觉读书，热爱读书，刻苦读书，这样苏轼才能持之以恒，广览博学，成其大才。

程夫人培养苏轼的读书兴趣，很善于利用一切有利时机。在一个皓月当空的夜晚，银亮的月色洒满整个苏宅，竹树重影，秀色朦胧，室内生辉。这美丽的月夜使年幼的苏轼毫无睡意，他趴在窗前久久地仰望着那轮悬挂中天的明月。程夫人看着天真可爱的儿子那双充满着童趣的眼睛，轻轻地抚着苏轼的头，吟唱道：“床前明月光，疑是地上霜。举头望明月，低头思故乡。”吟罢问道：“轼儿，你知道这是谁写的诗吗?”“不知道。”苏轼摇摇小脑袋，“你当然不知道啦!”程夫人开心地笑了。

“那是谁呢?”

“是李白。”

“李白是什么人?”

程夫人最喜欢的就是儿子这种“打破沙锅纹（问）到底”的执着。她回答苏轼说：“李白是唐代的大诗人。”将李白的生平事迹连同这首诗的蕴意，用苏轼能接受的语言讲述出来。从此，李白的名字和诗的美妙便深深地印在了苏轼年幼的心灵里。可以肯定地说，苏轼爱诗、写诗和在诗歌上的巨大成就，是与程夫人从小开发他的“兴趣”分不开的。

程夫人的心血没有白费，苏轼到七岁时，已经对读书表现出极大的兴趣。每当天空微明，他就起床进入“来风轩”书房，开始一天的学习。苏轼读书总是专心致志，纵然室外有人嬉笑打闹，他都视而不见，充耳不闻，整个身心都浸在书本里。一天的功课不做完，便不出去玩耍。家中藏书大有“处则充栋宇，出则汗牛马”之多，程夫人总是有选择地指导苏轼读书。年幼的苏轼不但掌握了基本的文化知识，而且已经能够作诗了。有一次，张易简与史经臣兄弟等人，在苏宅来风轩书房内，高吟国子监直讲石介的《庆历盛德诗》，阔论朝廷宰相晏殊，副相贾昌，枢密使杜衍，副枢密使范仲淹、韩琦、富弼，谏官欧阳修等人力主矫偏革弊，改变积贫积弱，挽救国家经济、政治危机的壮举；宏论欧阳修、范仲淹、韩琦等辈倡导的文学革新运动。苏轼挤进大人堆里旁听，这些新鲜事在他幼小的心灵里烙下了深刻的印记。特别是第一次听到欧阳修、范仲淹的名字，苏轼便想象着他们一定是如孟轲、韩愈一样杰出的人，他暗下决心，立志长大要学他们的做人和作文。从父亲和他的朋友们的谈论中，这时的苏轼已经能够感觉到作诗的有趣，诗能言志，在其年幼的心灵里进一步加深了对诗歌的美好印象，他常常晃着小脑袋学着吟起诗来，有时在睡梦中都在构思诗句。他后来曾回忆说：“予少年有诗云‘清吟杂梦寐，得句旋已忘’。固已奇矣。”苏轼不仅爱吟诗，还能品评别人的诗。他在《题李伯祥诗》里说：“眉山矮道士李伯祥好为诗，诗格亦不甚高，往往有奇语。如‘夜过修竹寺，醉打老僧门’之句，皆可爱也。余幼时学于道士张易简观中，伯祥与易简往来，尝叹曰：‘此郎君贵人也’。不知其何以知之。”

苏轼的博学多才，是赖于坚实的文化基础，是与他博览群书、勤奋苦读密不可分的。这就是母亲程夫人从小培养了他读书爱书的兴趣，使他终生受用的结果。

程夫人教子还与众不同，在苏轼掌握了基础文化知识后，她又把重点转入品德教育上，重在以史为镜，明理义，树雄心，立志向，堂堂正正做人。其教学方式与私塾先生大相径庭，她把教识字断句与教字义文意并举。庆历五年（1045），苏轼在眉山天庆观北极书院治小学三年后，其父苏洵准备东游京师，决定将苏轼留于家中，由夫人程氏亲授以书。此时，苏轼已年满十岁，苏辙七岁。就教育内容问题，苏洵提出先教《诗经》，后学《孟子》《庄子》等，继而择史以授之。而程夫人则认为读书明理，学史明志，教子先教德，有德才能成大器，故而先从史书传记开始。夫人棋高一着，使苏洵敬佩而赞同。故而司马光称赞说：“夫人喜读书，皆识其大义。轼、辙之幼也，夫人亲教之，常戒曰：‘汝读书，勿效曹耦止欲以书自名而已。'”程夫人这种以史育人的早期教育方式，使苏轼从小时，就对古今圣贤英杰的高尚品格、精神境界无限崇拜，对他世界观的形成起着直接的影响。他在《上梅直讲书》中说：“轼七八岁时，始知读书，闻今天下有欧阳公者，其为人如古孟轲、韩愈之徒。而又有梅公者从之游，而与之上下其议论。其后益壮，始能读其文词，想见其为人。”这些都是苏轼人生观和人生价值观形成的重要基础，是他人格定向的关键所在。苏辙在《亡兄子瞻端明墓志铭》中说得更确切：“公生十年，而先君宦学四方，太夫人亲授以书。闻古今成败，辄能语其要。太夫人尝读《东汉史》，至《范滂传》，慨然太息。公侍侧，曰：‘轼若为滂，夫人亦许之否乎？’太夫人曰：‘汝能为滂，吾顾不能为滂母耶？’公亦奋厉有当世志。太夫人喜曰：‘吾有子矣！’比冠，学通经史，属文日数千言。”

从这段话中，我们清晰地看出这位见识不凡的母亲是怎样有目的地向苏轼灌输一种正气，培育他的高尚品德和气节。她根据孩子的特点，以讲故事的形式，生动、具体、形象地讲解范滂这位忠孝仁义、正直节概俱备的历史人杰。范滂，字孟博，汝南征羌（今河南郾城）人。他既是个有学问才干的人，又是个清正严明，敢于伸张正义、鞭挞贪官污吏，为百姓疾苦呼吁的好官，很受百姓的爱戴和尊敬，在官吏中威信很高。东汉末年，昏君桓帝刘志和灵帝刘宏时代，宦官把持朝政，导致政治腐败，百姓苦不堪言。凡是反对他们的官吏，都遭到残酷迫害和打击，轻者下狱，重者杀头。范滂向朝廷呈诉百姓疾苦，宦官奸臣牢修等人就诬告他“为首结党”，将其下狱治罪，他惨遭毒打，死也不认“罪”。昏君刘志又派中常侍官王甫去劝他承认“罪过”。范滂则正气凛然地说：“古人循善，自求多福；今我循善，身陷大戮。若我死后，愿将我埋在首阳山侧（今河南洛阳东北），上不负皇天，下不愧夷齐（伯夷、叔齐，因耻食周粟，隐于首阳山，采薇而食，遂饿死。《史记》：‘夷齐饿死首阳山’）。”王甫听了范滂一番慷慨陈词，深感惭愧，便多方设法释放了他。

汉灵帝建宁二年（169），刘宏又以莫须有的罪名大肆逮捕谋杀忠良臣子。范滂再次被昏君刘宏亲自下令逮捕入狱，并被处死刑。临刑前，范滂的母亲到监狱与他诀别。他对母亲说：“弟弟仲博很好，完全可以供养母亲。我跟从父亲死于黄泉之下，生存和死亡也是各得其所。唯有母亲要割掉对我不可忍受的恩爱，请求母亲不要为儿增添更多的伤感。”范母深明大义，对儿子说：“你今天得到的是同李膺、杜密一样的好名誉，虽死犹生，没啥可悔恨的！既要获得好名誉，又要希望长寿（当时范滂年仅三十三岁），这二者岂能同时获得呢？”

苏轼幼小的心灵被范滂的人品气节所浸润感染，被烙下深深的印记。他以稚嫩的口气说："母亲，我长大了做范滂那样的人，你允许我这样吗？"母亲听了十分欣慰地说："假如你能做范滂那样的人，难道我就不能做范滂的母亲那样的人吗？"于是，苏轼立下安邦济世的雄心壮志，决心做一个品格高尚的仁义君子，从此更加勤奋读书。程夫人倍感欣慰自豪，她从内心喜悦地说："我算有一个好儿子了！"

程夫人教子，并不满足于书本知识的教育，她从不放过生活中一切对子女教育有利的事情，并自身做到言行一致，率先垂范，起到潜移默化的作用。

有两件寓意深刻的事，可以说它们影响了苏轼一生。这两件事，苏轼都有记载：一是《记先夫人不残鸟雀》：

> 少时所居书堂前，有竹柏、杂花丛生满庭，众鸟巢其上。武阳君恶杀生，儿童婢仆皆不得捕鸟雀。数年间，皆巢于低枝，其鷇可俯而窥。又有桐花凤，四五日翔集其间。此鸟羽毛至为珍异难见，而能驯扰，殊不畏人。闾里间见之，以为异事。此无他，不忮之诚信于异类也。有野老言，鸟雀巢去人太远，则其子有蛇鼠狐狸鸱鸢之忧，人既不杀，则自近人者，欲免此患也。由是观之，异时鸟雀巢不敢近人者，以人为甚于蛇鼠之类也，苛政猛于虎，信哉！

从这段记叙中，我们推断出年幼苏轼与一般孩童一样，有着爬树捉鸟玩的童趣。当母亲发现小苏轼做出掏鸟窝捉小鸟的举动时，便及时地教育他说：做人不能像动物那样，人要有仁爱、宽厚之心，要爱惜一切有生命之物。无辜杀生，他的行为与禽兽就没有两样了。母亲"恶杀生"的教育在苏轼年幼的心灵中必然会烙下了深深的印记。

这件事确实极其深刻地影响了苏轼一生的为人行事。在他以后的仕途中所表现出的仁爱、宽厚、勤政爱民、为人民办好事的思想本质和一生提倡"爱民""仁政"的治国政治主张，与从小所受这方面的教育是有着密切联系的。因为，从心理学上讲，人的幼年，其思想、行为的相对纯洁使之极具可塑性。若干年后的元祐四年(1089)，苏轼已五十四岁，仍深刻地记着这件事，并由此引申出鸟雀的窝离人太远，雏鸟就会被蛇鼠等动物伤害，人如果不伤害鸟雀，鸟雀自然就接近人，就能避免其他动物的伤害。由此看来，鸟雀不敢在离人近的地方筑窝，是因为它们认为人比蛇鼠之类的动物更可怕。苛刻的政令比老虎还凶猛，确实如此啊！

他为此又写了一首名为《异鹊》的诗：

熙宁中，柯侯仲常通守漳州，以救饥得民。有二鹊栖其厅事，讫侯之去，鹊亦送之。漳人异焉。为赋此诗。

昔我先君子，仁孝行于家。
家有五亩园，么凤集桐花。
是时乌与鹊，巢彀可俯拏。
忆我与诸儿，饲食观群呀。
里人惊瑞异，野老笑而嗟。
云此方乳哺，甚畏鸢与蛇。
手足之所及，二物不敢加。
主人若可信，众鸟不我遐。
故知中孚化，可及鱼与猳。
柯侯古循吏，悃愊真无华。
临漳所全活，数等江干沙。
仁心格异族，两鹊栖其衙。
但恨不能言，相对空楂楂。
善恶以类应，古语良非夸。
君看彼酷吏，所至号鬼车。

苏轼在诗中描写了自家庭园桐花开放时，美丽无比的幺凤鸟三三两两飞聚于桐树上，与宅屋主人和睦相处，邻里乡亲见状，惊叹不已。同时，从诗人升华的理性认识中，我们看到全诗皆在阐明当官应广施仁政的道理。

二是《记先夫人不发宿藏》：

先夫人僦居于眉之纱縠行。一日，二婢子熨帛，足陷于地。视之，深数尺，有一瓮，覆以乌木板。夫人命以土塞之，瓮中有物，如人咳声，凡一年而已。人以为有宿藏物，欲出也。夫人之侄之问闻之，欲发焉。会吾迁居，之问遂僦此宅，掘丈余，不见瓮所在。其后吾官于岐下，所居古柳下，雪，方尺不积雪，晴，地坟起数寸。吾疑是古人藏丹药处，欲发之。亡妻崇德君曰："使先姑在，必不发也。"吾愧而止。

苏轼记叙这件事，说他家搬进纱縠行新居不久，便意外地发现前人窖藏在地下的一个大坛子，估计是金银财宝，这对一般人来说是一个发财的好机会，可程夫人却不让发掘，叫人把土夯得严严实实。程夫人这种以不取非分之财的身教，来启发教育苏轼，使他明白君子爱财，取之有道。凡非分之财，一分一文也不能妄取，这是做人准则的道理，这无疑是给苏轼上了一堂极深刻的思想品德教育课，苏轼从中所受的教育和启发是无法估量的，对他高尚品德的形成和达到超然物外的境界有着直接的影响作用。程夫人这种“不发宿藏”，严于律己的道德感召力还影响到儿媳王弗。苏轼在凤翔为官时，遇到下大雪，居室的大柳树下，一尺见方的地方却不见积雪。雪晴之后，地上如坟地般凸起数寸高。苏轼怀疑是古人藏丹药的地方，想发掘。妻子王弗便劝阻说：“假如婆婆还在，必定不许挖掘。”苏轼听后觉得惭愧，于是打消了挖掘的念头。因此，苏轼一生为官清正廉明，即使到“穷到骨”的地步，也不以权势和声望谋求一钱一物，受到世人的敬重。难怪苏轼在过去很多年后，要如实地详细记载这件事。

读书明理，学史明志，做事先学做人。正是程夫人有效的教育，奠定了苏轼的人格定向，孕育了他的高尚情操和风骨节概的品格，使他思想得到升华，人格具备魅力，作诗作文自然达到“文理相通”“文如其人”的高深境界。“门前万竿竹，堂上四库书。”（《答任师中家汉公》）实践证明，苏轼一生作文与做人，有如竹一样，清幽高雅，一生正气，刚直不阿，挺挺大节之概，诗文与人格具有同等魅力，流传千古不朽。这都是程夫人教导的结果，正如苏轼应试由皇帝亲自主持直谏科入等后，苏辙说：“此是先夫人之所教也。”

当然，苏轼小时候与别的孩童并无两样，同样调皮贪玩。一天，苏轼与几个小朋友在苏宅院子里挖泥巴玩，从土里刨出一块异石，色如鱼皮肤那样温莹浅碧，表里光滑细润，微微现出道道脉络，随即用手轻轻一叩，顿时发出铿锵悦耳的声音来。苏轼高兴极了，喜不自胜地呈给父亲苏洵。苏洵认真看后，竟惊异地对苏轼说：“此乃天石，文字之祥也！适吾儿之造化！”当即请工匠琢磨成一方砚台。这砚台用起来效果奇妙，能吸收湿气，保留湿气，端溪砚亦不能比及。

苏洵又特意亲手雕刻了一个砚盒，并刻上“天石砚”三字，然后郑重地交到苏轼手上，说：“轼儿，这是天砚啊，是上苍赐予你的，你以后写的字会得到‘神力’之助的。”程夫人在一旁因势利导教诲说：“有了好的砚，不等于就能写出好的字，还要靠勤学苦练哩！”并由此向年幼的苏轼讲了唐代书法家怀素的故事：怀素家境贫寒，无钱买纸练字，就在房屋周围种上许多绿茵茵的芭蕉，然后取芭蕉叶练字。

怀素还想了一个办法，用一块木板漆上黑油漆，每天在黑板上练字。随写随擦，日子久了，把木板都擦穿了。怀素写秃了很多笔，日积月累，越积越多。他把秃笔用土埋起来，堆得像座坟，人称“笔冢”，可见用功之深，用意之专。后来，怀素的狂草独成一家，超凡脱俗，成为世人学习的楷模。程夫人深情地告诉苏轼说：“吾儿可不要辜负上苍赐予你的这方天砚啊!”

苏轼没有辜负父母的教诲，每天将砚台端端正正地放在自己的书桌上，勤奋地练字。后来终于成为宋代苏（轼）、黄（庭坚）、米（芾）、蔡（襄）四大书法家之首，其书法自成一体。

到元丰二年（1079）“乌台诗案”后，苏轼追忆往事，不胜感慨，特意作了一篇《天石砚铭并叙》：

轼年十二时，于所居纱縠行宅隙地中，与群儿凿地为戏，得异石如鱼，肤温莹，作浅碧色。表里皆细银星，扣之铿然。试以为砚，甚发墨，顾无贮水处。先君曰：“是天砚也，有砚之德，而不足于形耳。”因以赐轼，曰：“是文字之祥也。”轼宝而用之，且为铭曰：

一受其戒，而不可更。或主于德，或全于形。均是二者，顾予安取？仰唇俯足，世固多有。

元丰二年秋七月，予得罪下狱，家属流离，书籍散乱。明年至黄州，求砚不复得，以为失之矣。七年七月，舟行至当涂，发书笥，忽复见之。甚喜，以付迨、过。其匣虽不工，乃先君手刻其受砚处，而使工人就成之者，不可易也。

又到哲宗绍圣元年（1094）时，苏轼被贬惠州时，对天石砚更加珍视，并在墨砚上刻下一道铭文：

一受其戒，而不可更。或主于德，或全于形。均是二者，顾予安取？仰唇俯足，世固多有。德有堂轼题。

苏轼将天石砚作为传家至宝交与小儿子苏过保存。不久，苏轼又受章惇迫害，被贬往海南儋耳。苏过陪同父亲前往贬所前，考虑到路途遥远，又要跨海而过，怕将天石砚弄丢，征得苏轼的同意，将跟随苏家二十多年的老佣妇阿蓉留住于白鹤峰新居，并将天石砚托付给阿蓉保管。苏轼临行时，又特意拜请好邻居林行婆和翟秀才照顾阿蓉生活。

许多年前笔者曾阅读到一份图书资料，编著者姓名与书名均已记不得了，只记得是有关这方天石砚的传奇故事，不妨追述一番。

苏轼离开惠州，章惇还不罢休，当即派人前来惠州，搜寻苏轼所作诗文书画，以便罗织更大的罪名，将苏轼置于死地而后快。差役一到惠州，如狼似虎，凡与苏轼有过来往的人都得查询，对苏轼的邻居，更是逐户搜查。白鹤村的林婆，是苏轼的好邻居，她因常年吃素，人们便叫她林行婆。林行婆孤身一人，专靠卖酒为生，酿的米酒清冽，醇厚，芳香扑鼻，远近闻名。苏轼自贬惠州住进嘉祐寺后，常因身无分文，但又想酒喝，便去林行婆酒店赊酒吃，时间长了便成了好邻居。有一次苏轼又去赊酒，见林行婆好像有话说，便开玩笑道："林行婆，你怕我酒赊多了，还不起你酒钱吧？"林行婆嗔怪道："好邻居咋能这样说呢！实不相瞒，老妇有一事相求，不知先生肯不肯赏面子？"苏轼笑道："什么事啊，您老尽管说来。"林行婆说："我卖酒多年，却连个招牌也没有。敢烦先生赐笔！"苏轼一听，区区小事，便满口答应。林行婆当即把早已准备好的酒旗，恭恭敬敬地展在桌上，研好墨，苏轼提笔一挥，三个潇洒活脱的行书大字"万户春"便跃然旗布上。林行婆乐得合不拢嘴，往店门一挂，好生光鲜，从此生意更加兴隆。苏轼离开惠州时，又将白鹤峰新居上梁那天所写的《上梁文》送给林行婆作留念，其文曰："……伏愿上梁之后，山有宿麦，海无飓风；气爽人安，陈公之药不散；年丰米贱，林婆之酒可赊；凡我往还，同增福寿。"林行婆视如珍宝。后来，苏轼贬居儋耳时，君子郑清叟自惠州渡海来见，苏轼仍挂怀林行婆，问其健康，并托郑君带与林行婆礼品。因此，当林行婆得知朝廷差役要来搜查苏公的墨迹时，忙将《上梁文》和酒旗一起封裹严实，装在酒坛里，埋入地下。差役们四处搜查也没有找到，把林行婆一顿毒打，半月起不了床。

章惇派人到惠州大动干戈，搜查苏轼墨迹，一时间反倒使苏公墨迹在惠州陡长千金，许多文人雅士暗地里与差役相争，不惜重金求购。有个别差役搜得一字一画，亦瞒着同伙，悄悄地出售。惠州城内有位富豪，也附庸风雅，重金求购苏公墨宝，他打听到林行婆确实收藏着苏轼手迹"万户春"三字和一篇《上梁文》；尤其这篇《上梁文》，更为值价。待朝廷差役走后，他便亲捧千金上门收买，七十余岁的林行婆，虽然家无隔夜粮，身无半文存款，面对一大堆闪闪发光的金子，毫不动心，冷冷地说："我没有苏公的墨迹，白费了你一番心血，请回吧！"富豪讨了个没趣，只得悻悻而去。但他并不死心，指示几个家丁日夜监视林行婆的行动。

林行婆惦记着埋在院中树下的墨宝，生怕被人盗走，每天都拄着拐杖到树下转一圈。那几个监视的家丁赶忙向富豪报告。这富豪不禁奸笑道：“苏公的墨宝就埋在树下。”晚上，他便带着这几个家丁，拿着锄头，跳墙进去挖掘，果然在大树下将苏公墨宝给挖了出来。富豪大喜过望，第二天便大摆宴席，请来亲朋好友，将苏公墨宝挂在堂屋正中炫耀。宾客们举杯相贺，欣赏着苏公的墨宝真迹。这时奇迹出现了，只见纸上和布上的墨迹像被雨水冲洗一般，越来越淡，最后，只剩下一张白纸和一幅白布挂在墙上。富豪和众宾朋目瞪口呆，惊得说不出话来。

林行婆见苏轼的墨宝被人盗走，悲痛万分，大病不起，不久便离开了人世。

话说阿蓉见林行婆为失去苏公墨宝，气绝身亡，既很感动，又很悲伤。不久她也卧病在床。病中，她常想起徐州发大水的惨景，是苏公将她从洪水中救起，并收留了她。想到苏公的救命之恩和二十多年来跟随先生颠沛流离的患难之情，更担心先生这一去，必定凶多吉少，至今得不到一点消息，阿蓉的病情一天天加重起来。

一天，翟秀才的小儿子照例过来侍候阿蓉吃汤药。阿蓉感觉自己快不行了，便叫他将父亲请过来。翟秀才赶到阿蓉床前时，只见她从床上吃力地取出一件用绸布裹着的东西，用微弱的声音对翟秀才说：“翟先生，这方天石砚是苏老爷从家乡眉州带来的，是他的传家珍宝，请你……妥善保存……苍天保……保佑，待苏老爷转……来……”话未说完，便闭上了眼睛。翟秀才捧着这方天石砚，忍不住流下了泪水。

翟秀才为人正直，是位谦谦君子，他谨记阿蓉临死的托付，对这方天石砚守口如瓶，没有透露半句。他深知翰林学士文房四宝的珍贵和价值，但并不贪为己有。他将白鹤峰井栏边苏轼用来洗砚洗笔的水凼掏干挖深，把天石砚用布包好深埋于池底，面上再加一层灰黏覆盖，池子四周砌上石条和石栏杆，并立一石碑，亲笔题写了“苏东坡洗砚池”六个大字。

翟秀才将苏公的传家至宝天石砚埋于池底，岂知后来竟演出一段奇闻来。那是苏轼死后一年，新党为了根绝旧党势力，彻底铲除反对派，怂恿徽宗将元祐时期所有的官员名字列出，刻于石碑，设立于全国，以司马光、苏轼为首共计三百零九位，被称为“元祐党人碑”。凡元祐党人的后代不得应试，不得做官，不得与他人通婚；元祐党人的文章诗词书画，一律禁毁。至此，从王安石变法所形成的新旧党争，到徽宗崇宁元年（1102）宣告结束，“元祐党人碑”的设立是中国封建王朝中的一件历史大事，它的设立，反而提高了元祐党人的名声和地位，尤其使苏轼的名声和地位越发增高。

仿佛是天意，崇宁五年（1106），一月，天空出现了一颗陨星，文德殿东墙上立的“元祐党人碑”被雷击为两截。这是天怒，徽宗大惊。因为苏轼在生时，据传其背长有七颗黑痣，状如天上的星斗，被人称为上界下凡的文相。故此，徽宗连夜叫人将端礼门上的另一块石碑偷偷毁掉。雷电击断石碑的消息迅速传遍全国，这时，苏轼的名望高到顶峰。特别是雷击后五年，一位道士对徽宗说，他看到苏轼的英灵在天宫担任文相。徽宗更加害怕，连忙恢复苏轼生前的最高官位。同时，朝廷出重金收购苏轼的墨迹诗文。这一来，那些冒死保存苏轼墨迹的人便发了大财。何薳《春渚纪闻》云：“先生翰墨之妙，既经崇宁、大观焚毁之余，人间所藏，盖一二数也。至宣和间，内府复加搜访，一纸定直万钱。而梁师成以三百千取吾族人《英州石桥铭》，谭禎以五万钱辍沈元弼《月林堂》榜名三字。至于幽人释子所藏寸纸，皆为利诱，尽归诸贵近。及大卷轴输积天上。丙午年，金人犯阙，输运而往，疑南州无一字之余也。”到高宗即位时，遂崇赠苏轼为太师，谥文忠，世称“苏文忠公”。这一来，苏轼不但文名绝顶，官位显赫，而且他所到过之处，即建祠、堂、馆等。惠州的白鹤峰亦毫无例外，建了“东坡祠”“娱江亭”，并将翟秀才当年所建“苏东坡洗砚池”改为“朱池墨沼”。

光阴荏苒，世事变更。到清代嘉庆年间，惠州府守伊秉绶崇拜苏轼，请人修浚“朱池墨沼”时，在池底挖出了天石砚，其匣盒腐烂，一时震动了整个惠州城。当时任丰湖书院主讲的广东才子宋湘曾写诗记述其事：

> 惠州太守伊墨卿先生，修苏文忠公故居，得砚于墨沼。制甚古，石微赤，背一方印篆，刻“德有邻堂”四字，上一轼字，行书，如世传帖尾样，其为苏砚无疑。惊叹之余，作如是歌：
>
> 朝拜文忠祠，夕治文忠屋。
>
> 惆怅心头百尺井，朱池墨沼春芜绿。
>
> ……

伊秉绶得砚后，欣喜若狂。晚上他在书斋里聚精会神地揣摩鉴赏墨砚。这石砚埋在地下已有七百多年了，越发润滑、锃亮，古朴、典雅。他用嘴贴近砚台呵了呵气，砚台立即显出一滴滴的露珠，然后再细看砚背那一行清晰可辨的金石铭文，他惊叹失声：“这不就是传说中的天石砚吗？此乃传世珍宝啊！”对“天石砚”怎样处理？他在书房中独自徘徊，解嘲道：“此砚本上苍赐予坡翁，今我修葺东坡祠，坡仙念我孝道，故显灵赐予我，虽受之无愧也。”

但毕竟“天机不可泄”。伊太守连夜将天石砚量了尺寸，绘了图，亲手交托给他做侍卫的侄儿说：“你带上这砚图到端州找良工按尺寸复制一方，制好带回，不得与外说，速去速回。”

二十天后，两方墨砚一模一样地摆在伊太守面前，真假难分。于是，伊秉绶把真品藏入柜内，据为己有。然后，堂而皇之地把那个复制品送到官库，郑重其事地让书吏笔录其事：“此乃苏文忠公之遗物，国宝也，宜珍藏之。”以备查询。

不久，伊秉绶告老回到老家福建汀州，对东坡墨砚更加爱不释手，亲笔写了“嘉庆五年修白鹤峰东坡故居得此砚于墨沼”，将字刻在砚底。又用一块质地上等的酸枣木做了一个砚盒，请知己、著名的考古学家翁方纲考证并写了“东坡先生德有邻堂之砚，先生书名在，为惠州府伊公得之，盖去先生寓此七百有五年。癸酉四月翁方纲铭”，刻于盒上。这方天石砚便成了伊家的传家宝。

中华人民共和国成立后，这方砚在宁化县政府的仓库里被发现，后被移交给文化部门保藏，而留在惠州府衙官库那块复制品，亦在中华人民共和国成立后被收藏在广东省博物馆。那时，这两方东坡墨砚，由于真假难分，一时众说纷纭，成为一桩悬案。直到1961年，经考古权威郭沫若鉴定，才确切认定宁化县那一方东坡墨砚是真品——天石砚。

话说回来，程夫人与苏洵有着相同的教学理念，当苏轼学业达到一定程度后，她便教导苏轼兄弟俩不能读死书，死读书，鼓励他们走出书斋，学古人“读万卷书，行万里路”的治学精神。

游学，是古代读书人特有的一种求学方式。游学可分为两种。在春秋战国时代，主要表现在读书人以所学之长而游说于诸侯，目的是以展示其才华学识来博取官职。《史记·秦始皇本纪》：“异时诸侯并争，厚招游学。”也满足了诸侯网罗人才的需要。后来，游学演变为读书人为增加学识，走出书斋，远游异地，从师求学的主要途径。同时，也便于读书人丰富人生阅历，加深对社会的了解，读懂社会这部“无字书”。

由此可见，在当时，程夫人确是一位具有远见卓识的“教育家”。

宋仁宗皇祐二年（1050），苏轼兄弟俩已在眉山城西州学寿昌院刘巨（字微之）门下读完了三年官学，完成了科举应试的一整套规范化教育。用现在的教学标准衡量，也就是三年高中毕业，取得了高考的资格。

已从少年向青年过渡的苏轼，生命的活力在血液里迅猛扩张、沸腾，思维活跃，犹如奔腾的骏马，急不可耐地驰向更加广阔的天地。当他向母亲程夫人提出要走出书斋，游学于家乡的名山古刹时，程夫人开心地笑了，儿子已经长大了，该走自己的路了。

苏轼在母亲程夫人的支持下，带着弟弟苏辙和同窗好友家勤国（字汉公）、家定国（字退翁）、家安国（字复礼）三兄弟，有生以来第一次走出家门，走出书斋，走向第一个游学目的地——城西八十华里外的古刹名寺栖云寺。这年苏轼十六岁，苏辙十三岁。

栖云寺，在隋唐时就享誉西蜀，与青城山道教圣地一道，被誉为西蜀佛道两大奇景。栖云寺坐落在连鳌山上。这里是眉山与丹棱县的交界处，四周群峰耸峙，山不高而水清，竹树葱茏。在连绵百里的群峰中，相应聚集着五座山峰，每座山峰都酷似鳌头，故称“连鳌山”。栖云寺建于其中一座山峰。寺庙掩映在参天古柏之中，庙里终年香火旺盛，游人如织。庙里的住持觉悟和尚，不但精通佛学，而且深悟百家学说之精华，是位饱学之高僧，他的学识名气远播四方，常有千里之外的读书人慕名前来拜师求学。

在这栖云寺，苏轼兄弟与家氏三兄弟一住就是整整一年。他们在觉悟大师的指点下，潜心修学，早晚与大师“闭门书史丛，开口治乱根”，终日不倦。可以说，这一年奠定了苏轼儒家思想和政治信念的基础，也使他在学业上有了一个飞跃，同时，还奠定了他独具一格的书法风格基础。至今，在栖云寺废址旁的山腰上，还鲜活如初地留存着苏轼当年所书“连鳌山”三个大如屋宇的擘窠大字。

现在，民间还流传着关于苏氏兄弟与家氏兄弟于连鳌联句言志与苏轼挥毫题字的精彩传说。

中秋节，栖云寺住持觉悟和尚与苏轼等人共赏月华，谈经论道，待银盘似的圆月高悬夜空、繁星闪烁之际，觉悟和尚便鼓动苏轼等人夜游连鳌，赏悦月光下连鳌山的风采。苏轼等人大喜，便出山门，循径登上山巅。一路行来，兄弟同窗五人被那奇峰秀林激动得心潮起伏，不能自已。指月吟诗，指山论画，指水论文，各抒胸臆。不多时已是皓月当空，银辉染透层林，群峰罩在一层雾霭之中，犹如置身仙境。苏轼不禁诗兴勃发，朗声吟道：“连鳌山下论诗文，但愿他日得连鳌（同登金榜之意）。”（苏辙《送家安国赴成都教授》诗云：“城西社下老刘君，春服舞雩今几人？白发弟兄惊我在，喜君游宦亦天伦。”自注云：“微之先生门人，惟仆与子瞻兄，复礼与退翁兄仕尔。”苏轼《次韵子由〈送家退翁知怀安军〉》诗云：“吾州同年友，粲若琴上星。”）

家安国见明镜高悬，环宇澄清，愈发情涌胸中，说道："子瞻兄，我们何不以眼前之景联句，以抒发我们博大的情怀和远大志向呢?"

"好的，那就请家兄起句吧。"苏轼拍手赞同。家定国接口说道："有子瞻兄在此，我们岂敢擅先，子瞻兄请吧!"

苏轼正在兴头上，也不再谦让，随即起句吟道：

登高望月蟾宫近

家安国承句：

寂寞嫦娥喜迎宾

家定国转句：

四海风云会琼宇

最后家勤国推让苏辙结句：

苏家轼辙安定勤

苏辙这一结句实在绝妙，把"二苏""三家"兄弟均安排在风云聚会的琼楼宴上了，五人皆大欢喜。时已天明，大家仍游兴未尽。为了把连鳌山上愿"连鳌"之志记下来，永志不忘，便共推苏轼在那连鳌山腰下的一块斜坡石壁上书写"连鳌山"三字。

苏轼欣然承命，随即命书童回栖云寺取来一把扫帚和一根丈多长的竹竿，把扫帚绑在竹竿一端，再剪去多余的"虚边"，立时成为一支粗犷的巨笔。又命一书童使大钵磨墨，待到墨浓时，苏轼双手紧握"扫帚笔"，运足两膀之力，略为定神敛气，大笔挥动，顷刻间，"连鳌山"三个大字便突现在崖坡上。每个字长宽均匀为三丈二尺，真个大如屋宇，笔力遒劲雄伟，如龙蛇飞动。众人见之，无不目瞪口呆，半晌才发出一连串的赞美声。家安国感叹道："子瞻兄如无车管斗墨之功，焉能献此绝笔!"

觉悟大师听说苏公子在连鳌山上挥毫，也怀着好奇的心情赶上山来，走近一见，惊讶不已："老衲活了八十个春秋，足迹踏遍大江南北，也没见过这么大的笔墨字啊，实属古今罕见！"大师动了情，叫庙童请来附近一位老石匠将大字雕刻三寸深，以永留世间。

苏轼万分感激，并不安地说："学生几个歪字，承蒙大师厚爱，实在惭愧！"

迄今发现的苏轼作于故乡的可以稽考的书法作品共有四幅。其中刻于石壁上的有两幅，一是"连鳌山"，二是青神县中岩寺的"唤鱼池"。另外两幅就是苏轼二十四岁居母丧后，出川前在成都所书《奉喧帖》和在乐山所书《眉阳奉侯帖》。

一年后，苏轼又游学于乐山凌云寺。乐山，古称嘉州，距眉山一百三十里。嘉州风景名胜，令人一见难忘。这里有号称世界第一的"凌云大佛"，即今"乐山大佛"。佛像高七十一米，正所谓"山是一尊佛，佛是一座山"。据《嘉州凌云寺弥勒石像记》载，此佛像从唐开元元年（713）至贞元十九年（803）历经九十年建成。大佛像背靠凌云山，脚踏三江，甚是雄伟奇壮。宋邵博赞美说："天下山水之胜在蜀，蜀之胜曰嘉州，州之胜在凌云寺，寺之南山，又其胜也；嘉祐中，东坡字其亭曰清音，又南山之胜也。"苏轼一生对嘉州充满了深厚情感。他在《送张嘉州》诗中说："少年不愿万户侯，亦不愿识韩荆州。颇愿身为汉嘉守，载酒时作凌云游。"苏轼在这里还留下许许多多的美丽传说故事。如今，在凌云山顶的"东坡读书楼"还保存完好。同时，还保存着有关苏轼与凌云寺的许多文物古迹。

从这些事例中，我们一目了然地看到程夫人教育苏轼，是非常认真、仔细、全面的，正如我们现在提倡和奉行德、智、体全面发展的教育原则一样。她与历史上有名的孟母断机教子、岳母刺字教子相比，更有可歌可颂之处。要不，司马光是不会给予她"贫不以污其夫之名，富不以为其子之累。知力学可以显其门，而直道可以荣于世。勉夫教子，底于光大"的崇高赞誉的。

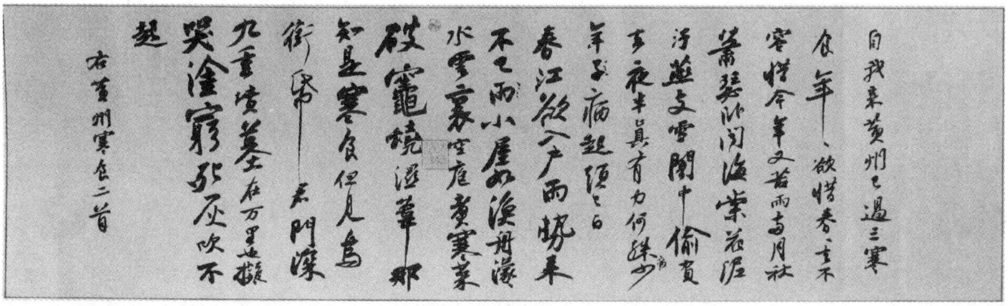

第四章

环境孕育

吾州之俗，有近古者三。其士大夫贵经术而重氏族，其民尊吏而畏法，其农夫合耦以相助。盖有三代、汉、唐之遗风，而他郡之所莫及也。始朝廷以声律取士，而天圣以前，学者犹袭五代之弊，独吾州之士，通经学古，以西汉文词为宗师。

美国著名心理学家沙利文认为，人的生存除需要自然环境外，还需要社会文化环境，人与社会文化的关系就是人际关系。人在与他人的互动中，文化的某些成分内涵于人格中。他说："人格差异是文化移入的前提和结果。"这话说得不错，苏轼人格定向的形成，离不开他的出生成长地——眉山这优美的人文自然环境。这是一个不可或缺的外在因素。

古老的岷江宛若一条洁白的飘带，源出雪山，纵贯千里。在岷江中游西岸边，缀着一颗闪亮的明珠——眉山。这是一座历史悠久的古城，有九街十八巷、通城三里三、围城九里九的规模。在当时的州郡中，眉山规模也是相当壮观的。眉山的地理位置介于蜀郡成都府与嘉定府之间，与峨眉仙山遥遥相望。著名的道教圣地瓦屋山就在不远处，苏轼有诗赞曰："瓦屋寒堆春后雪，峨眉翠扫雨余天。"眉山"山不高而秀，水不深而清"，展示出一派繁荣富庶的景象。南宋大诗人陆游曾专程到眉山三苏故里拜谒三苏父子圣位，为这里的山川风物、人杰地灵而惊叹，激动得诗情勃发，挥笔写下赞美之诗：

蜿蜒回顾山有情，平铺十里江无声。
孕奇蓄秀当此地，郁然千载诗书城。

从此，眉山以"千载诗书城"的美名享誉古今。

由此，出现一个有趣的历史话题，值得我们去考究和深思。父子三人同出一门，同生长成才于宋时西蜀一隅的眉山，父子三人赋予诗书古城新的内涵，实属古今罕见，着实令人惊叹称奇。

窃以为，“三苏”的产生，首先是地理环境和社会发展的历史阶段性使然。这是孕育人才、造就巨星的必要条件。从地理环境的特定范围讲，属内陆之地的川西平原，是古代巴蜀文化发祥地，土地肥沃、物产丰富。从秦惠王灭蜀、李冰父子治水以来，华夏文化大量涌入这块“天府之国”；到西汉蜀郡太守文翁治蜀，中原文化与巴蜀文化融合，孕育出了颇具特色的巴蜀灿烂文化。苏轼曾描述过这一时期的文化景象：“盖相如唱其前，而王褒继其后，峨冠曳佩，大车驷马，徜徉乎乡闾之中，而蜀人始有好文之意。”如此钟灵毓秀，汇集山川灵气、民俗民物，民风醇厚之地，必然孕育出每一个历史时期文学、军事、政治的巨星，如杰出的汉辞赋家司马相如、扬雄，诗史上的巨星李白等，三苏父子的产生也就成为必然。

从三苏父子出生成长之地眉山而论，更能直接说明环境育人的重要性。眉山，历史沿革可追溯到夏时，属禹贡梁州之域。其建制始于南齐建武三年（496），古称形胜地。唐《通义志》云：“峨眉揖于前，象耳镇于后，山不高而秀，水不深而清。”《广舆记》说眉山这块含灵吐玉之地“介岷峨之间，为江山秀气所聚”。卢拯《罗城记》又说：“吾蜀固中国奥区，吾眉又蜀中‘坤维上腴，岷峨奥区’也。”三苏父子诞生和成长在这样民丰物厚、山水灵秀的环境中，正是这一特定的优美的自然环境陶冶了他们崇尚自然、热爱祖国河山、热爱生活、真诚至善的高尚操守，孕育了他们诗的灵性、文才的风流、博大的胸怀，奠定了他们文学创作的风格，铸就了他们伟大的人格魅力。

三苏父子除了生长在这样一个优美的地理自然环境中，历史发展的阶段性又使他们恰逢一个社会较为安定和经济有了一定发展的“百年承平”时期。自蜀汉以后，尤其在唐玄宗时，担任益州长史的章仇兼琼倡导开凿了通济堰和蟆颐堰后，眉山水利建设翻开了历史性的一页，农桑耕作达到自流灌溉（至今眉山农业还受益于两堰），有力地促进了眉山农业生产的迅速发展。特别是自北宋灭了后蜀、统一华夏后，到苏轼出生成长的阶段，蜀中出现了“百年承平”无战事无大灾的太平盛世，这为农业生产和社会经济的发展再次提供了一个良好的环境。“桑麻千亩绿，杨柳万家春”的诗句就是描写当时眉山农村的富庶景象。农村的富庶必然带来商业的繁荣，这使眉山逐渐成为川西南重要的物资集散中心。从苏辙的《蚕市诗》中可以窥见当时眉山商业集市的概貌：

枯桑舒牙叶渐青，新蚕可浴日晴明。
前年器用随手败，今冬衣着及春营。
倾囷计口卖余粟，买箔还家待种生。
不惟籍篚供妇女，亦有锄镈资男耕。
空巷无人斗容冶，六亲相见争邀迎。
酒肴劝属坊市满，鼓笛繁乱倡优狞。
蚕丛在时已如此，古人虽没谁敢更。
异方不见古风俗，但向陌上闻吹笙。

这种“百年承平”的盛世使农业和商业得到迅速发展，为人民提供了一个安居乐业、学习文化的有利条件，是眉山民间崇尚教学、形成良好社会风气的基础。对此，苏轼在《眉州远景楼记》中亦记说：

吾州之俗，有近古者三。其士大夫贵经术而重氏族，其民尊吏而畏法，其农夫合耦以相助。盖有三代、汉、唐之遗风，而他郡之所莫及也。始朝廷以声律取士，而天圣以前，学者犹袭五代之弊，独吾州之士，通经学古，以西汉文词为宗师。

正是由于经济的发展，才使眉山这座诗书古城，成为当时全国书籍雕版印刷的三大中心之一；才使眉山在唐代名扬华夏，由大唐皇帝僖宗李儇御笔亲书“书楼”匾额而后毁于大火的孙氏书楼，在大宋朝时由孙氏后人孙降衷重修，并用大宋开国皇帝赵匡胤所赐钱帛，购置和换取上万卷图书藏于书楼。作为私家图书馆，书楼当时被称为宋代第一家——“万卷书楼”，并开设学馆，号“山学”。它也是眉山成为全国书籍雕版印刷三大中心之一的根本原因和条件。因为在古代，由于纸张和印刷术的制约，书籍发行相当有限，书价贵比黄金，一般人家是买不起书的，更不用说万卷图书集中于一处了。孙氏书楼能藏万卷图书，当然得感谢赵匡胤。据民间传说，在五代的后周，孙氏后人孙降衷几次入京应考，皆不第。有一年，他再次入京举进士落第后，心情十分郁闷，便去洛阳游走。一日，他去一个酒馆喝酒，刚踏入酒馆，便见一个身长八尺的红脸大汉正与店小二争执不下，孙降衷急忙上前相劝，并问因由。原来这红脸大汉喝了一坛酒，吃了一桌菜，身上却没有带钱，店小二要拉他去见官。孙降衷随即拿出一锭银子丢给店小二，拉着红脸大汉选了一雅间坐下，重新置酒对饮，二人相谈甚是投缘。分手时，红脸大汉对孙降衷说：“孙老弟，日后我会重重谢你！”三年后，大宋朝建立，并灭了后蜀，统一华夏。新王朝第一次举行全国大考，孙降衷又一次来到京城，这次一举中第，而且皇帝还要召见他。当他行跪拜礼时，金銮殿上发出一声爽朗大笑：“免了！”皇帝随即走下金銮殿，扶起孙降衷，说：“孙老弟，你还记得朕吗？”孙降衷抬头一看，竟惊得半天说不出话来，这不就是三年前在酒馆结识的赵兄吗？不等孙降衷回过神来，皇帝又发出爽朗大笑：“朕可一直记着你孙老弟的大名呢！”当时，赵匡胤便履行当年的诺言，重重赏赐孙降衷金银无数。这才有了孙氏书楼重现唐时的辉煌。史料上确有赵匡胤赏赐孙降衷钱帛以建楼购书之事。这段民间传说便据此而来，有一定的可信性。故宋眉州知州魏了翁有《眉山孙氏书楼记》云：

孙氏居眉以姓著，自唐迄今，人物之懿，史不绝书。而为楼藏书，则由长孺始。楼建于唐之开元，至光启元年（885），僖宗御武德殿，书“书楼”二字赐之。五代前蜀时，毁于火灾，迁鱼镇，长孺五世孙降衷，少博学有识量，后蜀广政年间游洛，识宋太祖于潜邸，知其非常人，遂倾心事之。建隆初，宋太祖平蜀，召至便殿，赐衣带圭田，特授眉州别驾以归。降衷遂购书万卷回眉，重建书楼。……孙氏之传，独能于三百年间，屡绝而复兴，则斯亦不可尚矣夫！

客观条件造成了民间学风如此浓厚盛行，使眉山在两宋三百年间，就有进士八百八十余人，这在全国实属罕见，连仁宗皇帝都惊叹："天下好学之士皆在眉山。"难怪陆游一到眉山便发出"孕奇蓄秀当此地，郁然千载诗书城"的慨叹。陆游的诗句中不正反映了地理环境育人的重要意义吗？如燕赵多慷慨悲歌之士，是燕赵的社会风尚使然；江南多才俊，赖江南秀丽的自然风光的陶冶；孟母三迁仁里，同样重视选择培养孟轲的环境。现代社会心理学家把这种现象归结为"场依存性"，并作为一个课题来研究。场就是环境，认为环境对人的影响和才俊的孕育起着主导作用。因此，当良好的地理环境与历史发展的阶段性相结合，就会诞生耀眼巨星。正如古代先贤所说："江山代有人才出，各领风骚数百年"，便是这个道理。

当然，诗书古城一代良好学风的开创，必然要大书一番苏轼的祖父苏序。这是一位智者，一位颇具侠义风骨和开创精神的开明之士。他对于当时眉山之学风盛行太重要了。曾巩《赠职方员外郎苏君墓志铭》说他"读书务知大义，为诗务达其志而已，诗多至千余篇"。苏轼说他少年时疏朗豪放，读书只重弄懂意思。苏序的诗虽平平，吟咏皆平常之事，无有警句留存于后世，可他的远见卓识和开拓进取精神却受人歌颂称道，留于史册，留于当世名家之笔下。他面对自五代混乱，天下分崩而造成蜀中文化衰落，萎靡不振，学者日益减少而又安其乡里，不愿出外做官，为国家做事的状况，决心开导出人人向学的风气。他怀着"吾欲子孙读书，不愿富"的执着思想，首先从自己的三个儿子苏澹、苏涣、苏洵开始，教导他们树雄心立大志，努力读书，奋发有为。苏序根据三个儿子的不同特点，进行不同方式的培养。为了创造良好的学习条件，他不惜倾家荡产，购置大量的图书藏于家。据苏辙《藏书室记》载，他祖父购置"有书数千卷"，而其父苏洵遵循祖父遗训，"手缉而校之，以遗子孙。曰：'读是书，内以治身，外以治人，足矣。'"如此大智大勇大义之举，终于得回报：苏澹、苏涣都以文学举进士；苏涣于宋仁宗天圣二年（1024）进士及第，成为朝廷命官。

苏涣进士及第在眉山产生了巨大影响。苏轼后来在《谢范舍人启》中记叙当时盛况："天圣中，伯父解褐西归，乡人嗟叹，观者塞途。"苏辙《伯父墓表》亦说，苏涣"登科，乡人皆喜之，迎者百里不绝"。苏澹、苏涣兄弟二人以文学举进士，苏涣进士及第，在乡人中产生了巨大震动，人们由羡慕转而效仿，家族之长皆以苏家为榜样，劝子孙读书。一时州县学风盛行，"释耒耜而笔砚者十室而九"，人人向学蔚然成风。欧阳修的学生曾巩亦记其事说："至涣以进士起家，蜀人荣之，意始大变，皆喜受学。及其后眉之学者至千余人，盖自苏氏始。""公之精识远量，施于家，闻于乡间者如此。”苏序这一伟大之举，真是功德无量，所产生的社会效应是无法估量的。他受到当世人和现代人的褒奖赞美，是理所当然的了。他同样为眉山这座诗书古城赋予了非常丰富的内涵。

当然，苏序的“吾欲子孙读书，不愿富”的行为举措，同样离不开一个良好的社会环境。以武力成就霸业，夺得天下的赵匡胤，为防止别人用同样方法来取代他建立的大宋王朝，制定了抑武重文的士大夫政治体制，将文人入仕为官作为世代不变的国策。因此，唐人看重“宁为百夫长，胜作一书生”，而到了宋人这里，则变成“万般皆下品，唯有读书高”。为了培养文人，选拔人才为朝廷所用，大宋王朝曾有三次大办官学，同时鼓励私塾。其建学数量远远超过以往任何一个朝代。据《宋史》及张鹏所撰《宋朝学霸》一文载，除朝廷太学外，有州学 234 所，有县学 516 所。在广大农村，乃至穷乡僻壤也有多种村学、乡学、私塾、义学、家馆、冬学等，“每一里巷一二所，弦诵之声，往往相闻”（《都城纪胜》）。不少学校为贫穷的学生提供食宿，由国家供养。当时，眉山官学“天庆观北极院”与“寿昌书院”在蜀中就很有名。苏轼幼时即入读天庆观。他后来在《记陈太初尸解事》中追忆道：“吾八岁入小学，以道士张易简为师。童子几百人，师独称吾与陈太初者。”可见学校规模是很大的。晚年，苏轼被贬海南时，仍不忘当年受教于张易简。他在《众妙堂记》中追忆说：“眉山道士张易简，教小学。常百人，予幼时亦与焉。居天庆观、北极院。予盖从之三年。谪居海南，一日，梦至其处。见张道士如平昔，汛治庭宇，若有所待者……”

为倡导人人向学的社会风气，宋真宗还亲自作了《劝学篇》，并御笔亲书，向全国广为宣传读书做官论：

富家不用买良田，书中自有千钟粟；
安居不用架高堂，书中自有黄金屋；
娶妻莫恨无良媒，书中自有颜如玉；
出门莫恨无人随，书中车马多如簇；
男儿欲遂平生志，五经勤向窗前读。

宋真宗的《劝学篇》，可说是最经典、最通俗、最鼓动人心的绝妙广告词，一时风靡全国，影响甚广，而且对后世亦影响深远。唐朝全盛时期，学生总数只有六万三千零七十人，人口约为八千万，其平均入学率约为一千二百五十六比一；崇宁三年（1104），宋朝全国学生总数多达二十一万余人，按照人口约为一亿计，平均入学率约为五百比一，其教育普及程度远超前代，这在当时世界上也是绝无仅有的。故《宋史》称："学校之设遍天下，而海内文质彬彬矣。"

读书习文已不再是有钱人独享，教育之门已经向平民百姓敞开，各阶层人士都可以读书受教育，以至偏远地方的牧童村妇也能口出古人之言，整个社会的文化程度普遍提高。

最使读书人兴奋的是，只要科考中第，皆可入仕为官。而科考不问贫富贵贱，只认学识。宋仁宗一朝的十三榜状元，就有十二人出身于平民人家。"朝为田舍郎，暮登天子堂"成为现实。宋朝是一个真正读书改变命运的时代。这就是说，两宋三百年间，眉山能出进士八百八十余人，是与大宋王朝特有的社会大环境分不开的。

因此，苏序无疑是受到宋真宗《劝学篇》的启发和当时全国大环境的影响，才做了"吾欲子孙读书，不愿富"而不置田产家业置书籍的决定。作为"一门三杰"之一的苏轼，更能说明他人格定向的形成与学识的丰厚，除了受良好家风影响与家学教育外，外在环境的孕育亦是重要因素。家风教育与环境影响，于苏轼乃双重效应。

第五章

勤奋好学

别来十年学不厌，读破万卷诗愈美。

故书不厌百回读，熟读深思子自知。

苏轼是世间少有的天才。他天生才思敏锐，聪明过人。但仅此，是绝不可能成大器的。“天才”，只是成大器的先决条件，而后“学”才是成大器的根本。苏轼的后“学”精神很值得我们去研究，对于当代的求学者，无疑具有榜样作用。

苏轼的后“学”动力，除了受良好家风与环境的影响，更来源于母亲程夫人“读书明理，学史明志”的教育，而立下“致君尧舜”“奋厉有当世志”的志向。法国科学家巴斯德说：“立志、工作、成功是人类活动的三大重点。立志是事业的大门，工作是登堂入室的旅程，这旅程的尽头，就有成功在等待着，来庆祝你努力的结果。”立志，是开启人生事业大门的一把钥匙。因此，在父母的良苦用心下，年幼的苏轼便立下志向。这志向于他虽然较为朦胧，但却是一种推动他“少而力学”的原动力。

志向，这一内在动力作用于年幼的苏轼，简直令人惊叹。他从五六岁开始识字读书，直到十八岁婚娶，整整十多年时间，他浸润在书的海洋中。他饱读诗书而又有选择地吸取弥足珍贵的精神营养，将儒、释、道思想的精华融合，丰富自己的学识，提升自己的精神境界。

苏轼勤奋刻苦读书，是一种自觉的行为。如果仅靠父母的督促是不可能持久的。这种自觉便是内因所决定的。

从苏辙留存于世的诗文集中，翻检到他有很多追忆回顾年幼时与兄勤奋刻苦读书学习的记录。如他在《再祭亡兄端明文》中回忆年幼时说：“惟我与兄，出处昔同。幼学无师，先君是从。游戏图书，寤寐其中。”兄弟俩所有的乐趣都在书中，连做梦梦见的都是在读书求知。又如在《张恕寺丞益斋》中追述说：

我家亦多书，早岁尝窃叩。
晨耕挂牛角，夜烛借邻牖。
经年谢宾客，饥坐失昏昼。
堆胸稍蟠屈，落笔逢左右。

兄弟俩不但和牛角挂简、偷光夜读的古人一样，而且多年谢绝亲朋交往，夜以继日、废寝忘食地坐在书桌前，从而使古人的诗书在胸中盘屈堆积，最后终能发而为文，“引笔书纸，日数千言，坌然溢出”，达到左右逢源，洋洋大观，这都是勤奋刻苦的结果啊！

在苏轼十二岁时，其父苏洵让兄弟二人作《夏侯太初论》，苏轼写出了“人能碎千金之璧，不能无失声于破釜；能搏猛虎，不能无变色于蜂虿”的佳句，在乡间传开，人人称颂不已。

从苏辙的追忆中，可以看出兄弟二人的时间几乎都是在“南轩”书屋中度过的，很少走出书斋出外游玩，交结亲友。（苏轼有《梦南轩记》云：“南轩，先君名之曰‘来风’者也。”后人根据梅尧臣《题老人泉寄苏明允》诗句“日月不知老，家有雏凤凰”而取其意，将南轩书房名之为“来凤轩”是也。）苏辙在《次韵子瞻感旧见寄》诗中追忆说：“结发皆读书，明月入我牖。纵横万余卷，临纸但挥手。”后来他在《初闻得校书郎同官》感慨：“读书犹记少年狂，万卷纵横晒腹囊。”苏家藏书十分丰富，苏轼曾形容家中之书多至汗牛充栋，除了经史之外，诸子百家之学无所不及。要读这么多书，没有远大志向，岂能做到自觉刻苦发奋呢？故而“才须学也。非学无以广才，非志无以成学”。

在《宋史·苏轼传》中有这样一段话：“神宗尤爱其文，宫中读之，膳进忘食，称为天下奇才。”这里不单指苏轼聪明过人，同时阐明了苏轼学识的渊博。只有“才”“学”俱备，方可称为“奇才”。

客观上，每个人的天赋是有区别的，有人天生聪明，有人天生愚钝。但这种天生的差别并不能说明后天的作为。后天的作为对于“天才”与“愚钝”不是绝对的，而是相对的。勤能补拙，笨鸟先飞，说的就是这个道理。先天聪明而放弃后天刻苦勤学，到头来也不过要要小聪明而已。“才”，是一个先决条件；“学”，才是根本，是对“才”的补充、完善、发展、深化。试想，如果苏轼只具备天生聪明之“才”，而无后之博学，能达到超然的思想境界和写出蕴意高渺、气势宏伟、豪放激扬、流传千古的好诗好词好文章吗？只有博学多识，“天才”才能真正孵化出“才情”“才气”来。因此，“才”必须经过后天的培育，才可发展成为具有巨大创造力的天生特性。

对于“才”“学”的辩证统一关系，苏轼是有切身的体会和深刻的认识的。如他举韩愈“以才学为诗”的例子说道：“退之于诗，本无解处，以才高而好尔。”他主张写诗需要高才，但更看重于“学”。正如《后山诗话》所言：“孟浩然之诗韵高而才短，如造内法酒手而无材料尔。”指出孟诗之所以流于浅淡，艺术表现方式单调，缺乏李白、杜甫那样雄浑博大的气象，是缺乏“材料”，无坚实的后学相补，使之才短、学短。苏轼后来还在《贾谊论》中非常惋惜地慨叹贾谊“才有余而识不足”。说白了，贾谊是位天才，只可惜学识太浅而后天不足。在这里，不妨打个比喻：把人的大脑比作一个储备库，广览博学，博闻强记，积以时日，储备库储存了取之不尽、用之不竭的丰富知识；把才情、才气比作开仓的钥匙，当由物生情，由情而生，触类旁通，激发出创作灵感后，就能做到“博观而约取，厚积而薄发”，调动大脑中储备的知识，产生思维活动，酝酿出篇篇佳作。就如金开诚《文艺心理学》中所说：“大脑所具有的多种互相联系的功能会很自然地开动起来，彼此配合着，对客观世界作出更为深入的艺术反映。”对此，苏轼在《答张嘉父书》中更有高论：学识“如富人之筑大第，储其材用既足，而后成之，然后为得也”。苏轼对后学还有一个相当精妙的比喻，他在《日喻》一文中说：“南人”之“有得于水之道”的原因，是由于“日与水居”“七岁而能涉，十岁而能浮，十五而能没（潜水）”，这并不在于“南人”的天资高低，而主要是靠“日与水居”的生活实践，才“得于水之道”；而“北人学没”，则只是在口头上“问于没人”，并没有“日与水居”的实践经验，“北人”虽然是“勇者”，但仅“以其言试之河，未有不溺（淹死）者也”。可见“制其道”者，并不在于他是否是“天才”，而在于后天的生活实践。这个精妙的比喻对于先天少“才”者无不是一个极大的鼓舞，只要通过努力实践仍可获取成功。

古今有许多具备天才的人，为何有成就者少呢？这正应了一句古话：聪明反被聪明误。他们误在自以为是，半瓶水便响叮当而放松后“学”。王安石有一篇很有名的文章，叫作《伤仲永》，讲述了一个江西金溪名叫“方仲永”的神童，五岁时即能写诗，其文采受人称赞，声誉遍及全县，有人出钱求仲永题诗，他的父亲觉得有利可图，便每天带着仲永四处拜访同县的人，不让仲永学习。原本天资远远超过有才能人的方仲永，却沦落为一个普通人。这个故事无不说明后学的重要意义。因此，苏轼认为学识“实无捷径必得之术”。如他常教人熟读《檀弓》，认为"《檀弓》诚文章之模范。凡为文记事，常患意晦而辞不达，语虽蔓延而终不能发明，惟《檀弓》或数句书一事，或三句书一事，至有两句而书一事者，语极简而意长，事不相涉而意脉贯穿，经纬错综，成自然之文，此所以为可法也"（宋·费衮《梁溪漫志》）。这是苏轼主张刻苦熟读《礼记·檀弓》以汲取其卓越写作技巧的著名言论，意在告诫人们读书绝不可浅尝辄止。又如据宋人许顗《彦周诗话》记载他亲身的体验说："季父仲山在扬州时，事东坡先生，闻其教人作诗曰：'熟读《毛诗·国风》与《离骚》，曲折尽在是矣。'仆尝以谓此语太高，后年齿益长，乃知东坡之善诱也。"说明苏轼不但自己重视后学，而且广为宣传他的这一真知灼见。

苏轼很聪明，读书有过目不忘的本事。他七岁时，一次在一个寺院里看见有位年已九十岁的姓朱的老尼姑，在那里喃喃地诵读花蕊夫人避暑摩诃池上的一首词，他听着觉得很有味道，便在心中默记下来，又问老尼姑那词的缘由。老尼姑告诉他说："我曾经跟随师父入蜀主孟昶宫中，有一天，天气非常炎热，蜀主与花蕊夫人夜间在摩诃池上乘凉，花蕊夫人不觉感伤起来，便作了这首《玉楼春》词。"四十年后的元丰五年（1082），苏轼谪居黄州时，触景生情，突然回味起这首词。于是，他将眼前的清丽之景和胸中怨断之情，同原词的意境相结合，以《洞仙歌》为词牌名，作歌曰：

> 冰肌玉骨，自清凉无汗。水殿风来暗香满。绣帘开，一点明月窥人；人未寝，攲枕钗横鬓乱。　　起来携素手，庭户无声，时见疏星渡河汉。试问夜如何？夜已三更，金波淡，玉绳低转。但屈指西风几时来，又不道流年暗中偷换。

这首词乃上乘之作。看似写爱情，实则借佳人以抒写个人郁结于胸怀的块垒，寄托坎坷的失意之情。其意境幽深高远，备受读者赞赏。

这则事例说明苏轼聪明而不被聪明误。他深知后"学"的重要性。对于后"学"，他有过许多的论述和高明卓识的见解。他强调"学"，不单是从书本到书本，还要从生活实践中来，只有书本知识与生活实践相结合，才能真正达到学识丰富的目的。笔者的一位忘年交彭泽良先生曾经整理过的一则史料很能说明问题。苏轼与苏辙在西社刘巨书院读书时，常带着同学跑出学堂，或登山涉水，或与村童牧羊放牛，或下田扶犁而学耕种，或骑在牛背上看书……老师刘巨十分恼火，为了启发苏轼不要荒废学业，于是在讲樊迟请学稼时对苏轼道：“樊迟请学稼，夫子之言，子瞻有何看法?”

苏轼马上站起来，回答说：“樊迟还未读好书就想抛弃学业去学种庄稼，是不足取的；然夫子斥之为小人，也是不对的；更不好的是在背后斥责人。”

刘巨见苏轼豪爽直率，且有见地，连孔夫子的缺点也不放过，难能可贵，便赞许地说：“子瞻的书读得活；不过，如能专心致志，那成效就会更大。”

苏轼却不服气，立即回答说：“读圣贤书，为了治国安民，不知人民耕作之劳，怎么有爱民之心，更谈不上安民。所以周公作《无益》以教成王，就是教育他知道稼穑之艰辛。唐代大画家戴嵩画牛而成笑话，使学生悟出一条道理来，‘耕当问奴，织当问婢，不可改也’。”（故苏轼后来作《书戴嵩画牛》云：“蜀中有杜处士，好书画，所宝以百数。有戴嵩《牛》一轴，尤所爱。锦囊玉轴，常以自随。一日，曝书画。有一牧童见之，拊掌大笑曰：‘此画斗牛也！牛斗，力在角。尾插入两股间，今乃掉尾而斗，谬矣。’处士笑而然之。古话有云，耕当问奴，织当问婢，不可改也。”）

刘巨并不责怪苏轼在老师面前的狂妄大胆，仍然耐心地开导说：“子瞻有见识，不过你现在才十来岁，应当以读书为上，否则，幼不学，老何为!”

俗话说：“有其父，必有其子。”苏轼和他父亲苏洵一样，生性喜欢游历山川，俯仰天地，抒发豪情，常跑出学堂游山玩水，并影响一些同学跟着跑。刘巨心想毕竟还是个不懂事的娃娃，只有不断地耐心启发教育，才能克服他的缺点。一天，在讲唐诗介绍李白时，又有意引导苏轼说：“‘太白游侠到西川，磨针溪前悟前衍’，子瞻，你能解释其意义吗?”

苏轼知道老师让自己批评自己游山玩水的毛病，便站起来，并不直接回答老师的提问，却对出两句诗来：“名山大川广胸次，方能横绝峨眉巅。”

刘巨一听，很喜欢这娃儿，觉得其气魄不小，便对苏轼进一步启发说：“太史公游名山大川而文益工，是在他博览群书之后，而你现在呢?”

苏轼觉得老师太好了，每次说的话总是十分有道理，恭敬地回答道：“老师，我懂了，熟读唐诗三百首，方能游历出三峡。”

“好，小子有出息!”刘巨心中大喜，随即将自己前日才作的一首得意之作《鹭鸶》诗拿出来，对苏轼说道：“子瞻，你拿去好好诵读，认真揣摩为师之用意。”

苏轼恭敬地接过老师的佳作，认真地一边吟诵，一边体味。当读到第三遍时，心中顿生疑窦，便对刘微之说道：“老师，你的诗写得很美，不过，‘渔人忽惊起，雪片逐风斜’两句似有不足。”

“什么?”刘巨一惊，这两句他自认为是全诗的警句，居然被学生指出不足，便急切地问道：“子瞻，快说，怎么不足?”

苏轼见老师并无怒色，便放大胆子说道：“学生疑惑这两句好像是断章而没有归宿。不如把‘雪片逐风斜’改成‘雪片落蒹葭’为好。”

刘巨一怔，想不到苏轼观察事物如此细致深入，才明白他那“名山大川广胸次，方能横绝峨眉巅”的非凡气势，不禁赞叹道：“神童呀，真是神童！我当不了你的老师啊!”故后来苏辙有诗云：“城西社下老刘君，春服舞雩今几人?”以此怀念。

因此，对于生活实践，苏轼虽然在年少时整日苦读于来风轩书房，认真听讲于课堂，但春种夏收季节，他是要参加劳作的，家乡美好的山水，他是要去游玩的。“东风陌上惊微尘，游人初乐岁华新。人闲正好路旁饮，麦短未怕游车轮。”“蜀人衣食常苦艰，蜀人游乐不知返。千人耕种万人食，一年辛苦一春闲。”这都是他几十年后追忆少年时与弟苏辙出门踏青和深入蚕市观察行情的真实记述。而对于后“学”的目的，苏轼认为就是知识的积累过程。他在《送任伋通判黄州兼寄其兄孜》诗中说：“别来十年学不厌，读破万卷诗愈美。”知识越丰富，作的诗就越美。他把后“学”看得比“才”更重要。他一生读书如饥似渴，深知“故书不厌百回读，熟读深思子自知”的道理。苏轼读书无所不及，广览百家之学，对好书，百读不厌。为了记住书中的内容，他创造了“分割包围”的读书法。在《又答王庠书》中，他总结这一经验说，读书如用兵，尽量要做到“我专而敌分”。如果八面受敌，则不应八面出击，攻其五指，不如断其一指，要集中自己的精锐部队攻其一点，以己之众击敌之寡。读书也是同样的道理，每一本书分数次来读，每次只注重某一个方面的问题。如第一次读时注重兴亡治乱的问题，第二次读时则注重典章文物的问题。如此“分割包围”读之，受益匪浅。他还借鉴伯父苏涣的读书方法，亲手抄书，以增强对所学的记忆。在贬居黄州时，苏轼把抄书作为每天必须完成的功课，一部《汉书》就抄了三遍。据《萶旧续闻》《容斋诗话》载：时为黄州教授的朱载上，一日去临皋亭拜访苏轼，在客堂里等了很长时间苏轼才从书房里出来，连声抱歉地说：“适了些日课，失于探知。”

朱载上不解地问道：“适来先生所谓日课者何?”苏轼回答：“抄《汉书》。”朱载上更觉奇怪：“以先生天才，开卷一览，可终身不忘，何用手抄耶?”苏轼说：“不然。某读《汉书》，至此凡三经手抄矣。初则一段事，抄三字为题；次则两字，今则一字。”

朱载上起身请教说："不知先生所抄之书，肯幸教否?"苏轼乃命老兵就书柜内取一册递与朱载上，朱载上看了半天，不得其解。

苏轼见状笑道："足下试举题一字。"朱载上便随机挑选一字，苏轼据此一下口诵数百言，无一字差缺。朱载上又随机挑选几字，苏轼依然口诵不绝。朱载上佩服得五体投地，良久叹曰："先生真谪仙才也。"

他日，朱载上对其子新仲说："苏公治学尚且如此，中人之性，岂可不勤读书耶!"新仲后又尝以是教诲其子朱辂。

像苏轼这样的天才，有如此严谨刻苦的治学精神，世所少见。秦少游亦曾记述苏轼读书时的情景说："公尝言观书之乐，夜常以三鼓为率，虽大醉归，亦必披展，至倦而寝。"苏轼真是活到老学到老的典范。在他身上，同样印证了柴可夫斯基的名言："即使一个人天分很高，如果他不艰苦操劳，他不仅不会做出伟大的事业，就是平凡的成绩也不可能得到。"

由此可见，先天之"才"是根苗，后天之"学"是土壤，没有土壤的培育，天生之"才"绝不可成为"参天大树"。"才""学"相融一体，是苏轼在文学上取得巨大成就的根基，也是他人格具有魅力的根基。苏轼在《和董传留别》诗中，有句传世经典名句："粗缯大布裹生涯，腹有诗书气自华。"一个"自"，强调了高雅不凡的气质源于书香熏染；一个"气"，不仅指读书带给人儒雅之气，更是指在面对人生失意和窘迫时所表现出的豁达态度。后学不仅长知识，还可提升人的精神境界，使人气质高雅。曾国藩曾对儿子曾纪泽说："人之气质，由于天生，本难改变，惟读书则可以变其气质。""苏门四学士"之黄庭坚亦有论说："人不读书，则尘俗生其间，照镜则面目可憎，对人则语言无味。"神宗皇帝在与近臣议论人才，"因曰：'轼方古人，孰比?'近臣曰：'唐李太白。'上曰：'不然。白有轼才，无轼学。'"神宗充分肯定苏轼的学识远过于李白，确实道出了苏轼后学精神的伟大实质。

可以确切地说，苏轼伟大的人格魅力、高尚的精神境界、渊博的学识，是以一定的地理环境、良好的家庭教育和历史的阶段性为先决条件下，是他勤奋好学的内在动力与天生聪慧的完美融合；是中华民族传统文化的精髓和中华民族优秀的思想品质浇灌培育的；是根植于"诗书古城"这片沃土中成长壮大的。因此，"早岁便怀齐物志，微官敢有济时心""少抱有为之志"的苏轼，是在故乡眉山生活学习成长了二十多年，才使他从物质到精神，从体魄、性格到学业、修养、才华，再到胸襟、气度等方面，都臻于成熟而"羽翼丰满"，然后他才离开故土，飞出夔门，展翅翱翔在祖国的大江南北。唯其如此，苏轼无时不在思念哺育他成才的故土。于“奋厉有当世志”而一生追求不悔之中，常常“故国神游”而慨叹“我家江水初发源，宦游直送江入海”，直到“荔子已丹吾发白，犹作江南未归客”。

第六章

名震京师

醉翁遣我从子游，翁如退之蹈轲丘。

尚欲放子出一头，酒醒梦断四十秋。

古人读书，十年寒窗苦，以求金榜题名时，三苏父子亦不例外。宋仁宗嘉祐元年（1056）三月初，正是春暖花开时，苏洵充满自信，带着苏轼兄弟前往都城东京（开封）应试。宋代每三年举行一次进士考试，全国应试者多达数万人，这是莘莘学子十年寒窗苦读后的“博览”盛会。三苏父子这次入京，在思想上和行为上都做好了充分的准备，以求一举功成名就。

苏洵自视经过十年精心抚育，两个聪明的儿子已是满腹经纶，一举高中，不在话下。而他自己亦经过十年苦读，自视所作文辞必为当世有用之言，加之怀揣张方平、雷简夫特别写与文坛霸主欧阳修、宰相韩琦的举荐信，可说是份量极重的。

苏洵与张方平、雷简夫的交往，纯属机缘巧合。

张方平，字安道，北宋应天府宋城（今河南商丘）人。自幼颖悟过人，凡书一读而终生不忘，被人誉为“天下奇才”。他性格豪放刚迈，立朝为官不阿附。年少时即有建功立业的雄心壮志，喜与豪杰之士交游；好奇论，出言不同流俗；喜读兵书，纵横兵家之谈常与儒家思想相左。景祐元年（1034），举茂材异等中选，从此步入仕途。康定元年（1040）宋与西夏战争爆发，张方平奏《平戎十策》，就战事提出一系列军事主张。庆历元年（1041）八月，张方平被召入朝，直集贤院，而后知谏院，后又知制诰，权知开封府。拜御史中丞，改三司使，再为翰林学士承旨，并一度任参知政事；在地方上曾先后出知江宁府、滁州、杭州等十郡府。张方平为官政绩卓然，特别在处理元昊叛乱，罢“榷河北盐”等有关国计民生的大事上，很得仁宗皇帝的赏识和百姓拥戴。

张方平不仅是朝廷大臣中少有的主战派，主张积极备战，坚决抗击外敌入侵，而且是北宋中期重要的文学家、政治家。后来，苏轼评价张方平的性格气质、文章的思想内容与艺术风格，与曹魏孔融、蜀国诸葛亮有相似之处。

事有凑巧。至和元年（1054），蜀中流言四起，盛传广源侬智高反叛被宋军所败后，有入侵川中之举。摄守大惊，一面发兵卒加固城墙，日夜不停；一面飞报朝廷求取援兵。蜀中民众更是惶惶不可终日，有的贱卖谷帛以换金银，埋藏于地；有的争相迁入城市，以避一时之难。朝廷一面调发陕西兵骑入川助阵，一面诏以礼部侍郎张方平迁户部侍郎火速前往成都镇守。张方平一到成都，即命停止筑城，入川陕兵退回原驻防地，并命城门三日通宵不闭。同时追查缉拿造谣者，枭首示众。如此民心大安，一切又恢复到原样。张方平采取“以静镇之”的果断措施，是他分析了从广源逃到南诏（今云南大理）的侬智高，不可能跨越二千余里，且道险不通，而举大兵寇蜀。

张方平不仅是一个奇才，而且他的心胸特别宽广，每到一地，都特别留心于隐没民间的贤才俊士，一旦发现，便极力向朝廷推荐重用。他到成都后，便对人说，蜀中本藏龙卧虎之地，过去有很多高贤奇士，难道现在就没有人才吗？有人回应说：江山代有才人出，哪能没有呢！眉山苏洵“隐居以求其志，行义以达其道”，便是一个了不起的人才。张方平听后很高兴说：“请转告他，我很想见他。”

至和二年（1055），苏洵得到消息后，便写了《上张益州书》求见信，让人先带给张方平。

苏洵在信的开头便表明自己是以君子之交的坦荡胸怀求见。他说自古以来的布衣求见王公贵人，不是去赞颂讨好而让其高兴，就是去诉苦哭穷而求得同情怜悯，这样的求见者浅薄无聊，不是大丈夫所为。自己求见张方平既不是颂扬赞美以讨其喜悦，也不是诉苦哭穷而让其怜悯。这两者都不为，又为的是啥呢？苏洵接着直言说：他曾“访诸官吏胥史，皆曰明公严而明；访之布衣儒生，皆曰明公恭而有礼；访诸闾里编户，皆曰明公廉而仁；访诸军旅士伍，皆曰明公威而有信”，众口一词，都说你张方平是个贤人，而我苏洵又经过多方了解，目睹你在处理侬智高侵蜀流言中的果断正确的举措，确信你张方平是个真正的贤人君子。既然是贤人君子，如果以甜言蜜语去取悦对方，这是“以不贤人期人”，而以“至言”“苦言”这样看似难听却实实在在的话去说给对方听，便是“以贤人期人”。于是，苏洵列举古代“皋陶戒舜”与“贾谊说汉文帝”的“忧惧之言”，说明“不忧惧而能有立者鲜矣”的道理，对张方平治蜀进上自己的“忧惧之言”。苏洵说西蜀之地，民众集中，虽号称天府之国，但穷人众多，富人仅少数，加之多有不贤明廉洁的官员执政，造成民众怨声载道，社会动荡不稳，百姓不能安身立命。希望“惟明公以此思忧。惧则思所以安之，忧则思所以谋之，非不忽草茅贫贱之言不能也”。苏洵希望张方平做一位既仁又明、忧思忧惧的好官，对“近数千万”西蜀之民“御得其道”，把整个西蜀治理好，让社会稳定，百姓安居乐业。这两个目的凸显了苏洵的人格风貌，展示了他向达官贵人“毛遂自荐”的独特方式，这就是苏洵求见的目的。

当然，苏洵随信一并呈上所作《几策》《权书》《衡论》《洪范论》等论文，让张方平先识其文，再见其人。这是另一个目的。

张方平读了苏洵的求见信，感觉此人非同一般，确实是士子中少见人物。这哪是求见信，原本就是献的治蜀良策。

当张方平认真读了苏洵的著述，更是惊喜万分。他万没想到地处西蜀一隅的眉山，竟然隐没着一位忧国忧民的俊秀奇才；一位与己同样喜好言兵的儒学名士；一位与己同样主张坚决抗击外敌入侵的主战派；一位善于用理论联系当朝社会形态而施展兵家战略的思想家，其文体气高妙，气势雄隽奇伟，非出将入相之才不能。他很急迫想见到苏洵，便让人带信去眉山相请。

过了一段时间，苏洵才从眉山到成都去拜见张方平。苏洵见张方平的心态很平静，既无过分惊喜，也不惶恐，像老朋友见面一样淡定。在苏洵死后，张方平亲为苏洵作《文安先生墓表》，记录了他们初次相见的情形。苏洵给张方平的第一印象是性情沉静，本质忠信仁义，“与人交共其忧患”，有古者贤人君子风度。通过交谈，张方平认为苏洵“博物洽闻”；其文章读之“如大云之出于山”“如大川之滔滔”，气势雄浑，变化莫测。他对苏洵说：“左丘明《国语》，司马迁善叙事，贾谊之明王道，君兼之矣！”张方平以特殊礼遇接待苏洵，专门为他设一个座位，供与苏洵交谈道义。这一座位不再用来接待别的宾客。两个志趣相同、忧患意识相通的人成为至交。他们志趣相同，主要在于儒士言兵。宋立国后，宋太祖吸取五代藩镇权重造成的覆国之弊的教训，采取偃武兴文的治国策略，逐渐形成宋朝“积弱”的形势。自宋建国就处于严重的边患之中，但朝廷禁止大臣妄议兵事，久而久之，公卿士人耻言兵事。

张方平称赞苏洵之文兼有“贾谊之明王道”，是指苏洵在《衡论》中阐述的为君之道。即主张以仁政治天下。《衡论》共十篇，除谈军事思想的《御将》《兵制》外，另有《远虑》《任相》《重远》《广士》《养才》《申法》《议法》《田制》八篇。其内容相当丰富广博，具有指导君主如何治理好国家，让国家兴旺强盛的实用性，可以说是培养皇帝的教科书。

这期间，张方平又推荐苏洵去雅州（今四川雅安，距眉山约一百三十公里）拜见雷简夫。

雷简夫，字太简，同州郃阳（今陕西合阳）洼雷村人。最初隐居不仕，大约在仁宗庆历二年（1042），因枢密使杜衍的推荐以秘书省校书郎，签书秦州观察判官，后又担任过坊州、阆州知州，张方平镇守成都，又推荐雷简夫为雅州知州。

雷简夫认真拜读完苏洵的大作后，佩服得五体投地，惊异以为奇才绝智。他听苏洵说张方平已向朝廷推荐其为成都学官，大为不满，立即给张方平写信说："简夫近见眉州苏洵著述文字，其间如《洪范论》，真王佐才也；《史论》，真良史才也。岂惟西南之秀，乃天下之奇才耳。"信中雷简夫言辞相当激动，说你张方平乃当世之英雄豪杰，荐举苏洵难道就仅仅一个学官吗？况且，苏洵求见于你，并非只一学官也。在我雷简夫看来，苏洵才堪王佐，"用之则为帝王师，不用则幽谷一叟耳。"区区学官岂不是埋没人才，这不是罪过吗？雷简夫要张方平重新向朝廷推荐，一次不行，就两次，两次不行，就三次，直到达到目的为止。

雷简夫特别推崇称道苏洵的《洪范论》与《史论》，因为这两论代表了苏洵渊博的学识和独到的见解，没有高深学问或非智辨超群之人不能为之。《洪范》是《尚书》中的一个篇章。《尚书》汇集了上古历史文献和部分追述古代事迹著作，相传由孔子选编而成。事实上有些篇章如《洪范》讲的是"天地之大法"，提出帝王统治人民的各项政治经济原则，分为九点，认为龟筮可以预卜人事吉凶祸福，国家治乱兴衰能影响气候的变化，后成为汉代"天人感应"等神学迷信的理论根据。但其中以水、火、木、金、土"五行"来解释自然现象，含有朴素的唯物主义因素。

传说《洪范》原出于天，传给禹，禹又传给箕子，箕子死后，后世有孔安国为之作注，刘向父子为之作传，孔颖达为之疏。然而，这些"儒者"们对《洪范》这部古代经书没有真正领悟其精髓，他们为之所作《注》《传》《疏》，只是泛泛空谈，言不副实，让人从中得不到任何收获。《洪范》讲"天地之大法"，是要"人君审其法，从其道"，去付诸实践。苏洵以图文并茂的形式对这部上古传下的经书加以辩证其本意，剔去"先儒"们所谬不实，"使经意炳然，如从玑衡中窥天文矣"。

而在《史论》中，苏洵则旗帜鲜明地提出了修史的目的是惩劝小人。《史论》共分上中下三篇。其《引》感叹撰史之难，认为魏晋以后没有像左丘明、司马迁、班固、范晔、陈寿这样的史学家。苏洵为何有这样的感叹呢？因为修史的难度在于如何做到明辨是非曲直，实事求是，秉笔直书。经史相兼，互补长短。什么是经呢？就是古代被儒家尊崇为典范的著作，亦指记载一事一艺的专书，如《道德经》《古兰经》《茶经》等。儒家的传统观点是把经奉为文章的最高典范，为了所修之史成为经典，以“适于教”，修史中为重其“道、法”，在史实的取材方面往往受主观思想的支配，有的真伪不辨，或“隐讳而不书”。苏洵严正指出这种凭主观意向取材的修史是对历史、对后人不负责任的行为。他认为“经以道，法胜，史以事，词胜”，二者侧重点虽各有不同，但同样重要，史是“实录”，决不可重经而轻史。其实“史虽以事、词胜，然亦兼道与法而有之”。

在《史论》中篇，苏洵进一步论述史书是“一代之实录”，决不可凭主观好恶取材，必须客观公正如实地反映历史事实，记录历史现状，但又不能做纯客观的记述，而应对史料进行去伪存真，辨明是非曲直，精心剪裁，合理安排，表现鲜明的爱憎和褒贬，体现道与法，达到惩恶扬善、教化世人的目的。文中论述了“隐而章，直而宽”“简而明”“微而切”的四种修史方法。对于“功十而过一”的人，本传记其功，他传发其过，不能因“十功”而隐其“过一”，这样，既忠于史实，又达到了褒善的目的；而对于“过十而功一”的人，也不能一棒子打杀，既要记其“过”，又要记其“功”，这样，既能惩恶，又能开启自新之路。把史书的真实性与教化作用有机地统一起来，苏洵认为这是修史的原则，不可动摇。

在《史论》下篇中，苏洵专门论述了司马迁《史记》、班固《汉书》、范晔《后汉书》、陈寿《三国志》之失，指责司马迁“裂取六经传记”杂于《史记》之中，“以破碎汩乱其体”；指责班固“袭蹈迁论以足其书者过半”，且“剽他人之言以足之”；指责范晔的《酷吏》《列女》《独行传》编撰事实，“多失其人”，不仅违背历史事实，而且缺乏史识；指责陈寿帝魏而臣吴蜀，是不忠实于客观历史事实，是一个史学家的严重失责。苏洵在这里再次强调史书必须忠于史实，并对“四史”因袭剽窃的不当行为提出了严肃的批评。

司马迁、班固、范晔、陈寿等辈，都是历史公认的史学大家，苏洵却毫不客气地加以批判，而且切中要害，提出书史忠于史实的修史原则，的确见解高人一等，难能可贵，难怪雷简夫读了苏洵的《史论》发出“真良史才”的感叹。

当雷简夫得知苏洵要去京师的消息，当即写了两封举荐信让苏洵带上。一封是写给枢密使韩琦，另一封是写给翰林学士欧阳修的。信中对苏洵赞美有加，可说是全力推崇。雷简夫知道韩琦很敬重尹洙，便在信中对韩琦说：尹洙已经死了，不能复生，现在还有谁能与苏洵相比呢！雷简夫所说尹洙，字师鲁，河南洛阳人，世称河南先生，北宋散文家，一生喜谈兵事，所著《叙燕》《息戍》《兵制》等，都是谈兵并讲西夏形势的，其中有历史经验，也有现实经验，并非空谈。尹洙论文崇尚孟子、韩愈，他认为作文章当“务求古之道”。欧阳修评价其文说：“师鲁为文章，简而有法。”“是是非非，务尽其道理，不苟止而妄随。”范仲淹亦赞：“其文谨严，辞而理精。”据说一次欧阳修为人作好一篇墓铭，请尹洙把关。尹洙看后对欧阳修说：墓铭中称某人为太守，不妥！太守乃汉代职官名，而当朝职官名为知州。欧阳修乃当今天下文章第一，如此文一出，天下人莫不效仿，岂不造成不良影响。欧阳修猛然省悟，虚心改过。因此，欧阳修亦很敬重尹洙。

雷简夫在写给欧阳修的推荐信中，其语气是相当的激动，他说要“起洵于贫贱之中，简夫不能也”。但这个责任不在我雷简夫，因为我雷简夫官位低，名气小，起不了作用。当然，我知道了有苏洵这样一个旷世奇才而不上报，那就是我雷简夫的罪责。而你欧阳修“职在翰林，以文章忠义为天下师”，有这个能力起苏洵于贫贱之中，他的穷愁潦倒与飞黄腾达都是你欧阳修一句话的事。如果在这之前，你欧阳修并不知道有苏洵其人其事，那天下人不会因苏洵埋没于草泽而责怪你。可如今我雷简夫写信推荐于你，而苏洵又将到京师来拜见你，“今而后天下将以洵累执事矣”！这简直是在将欧阳修的军。

从雷简夫向韩琦、欧阳修写的推荐苏洵信看，雷简夫是一个顶天立地的君子，具有不妒才、不忌才的博大胸襟。历史与现实生活中常有一些自视有才的人，反而妒才忌才，生怕别人的名声超过自己，别说向上推荐了，只要不做害才的事就不错了。相比之下，雷简夫的形象是高大的，心地是无私的，值得赞扬与效仿。

为让二子专心入京应试，在宋仁宗至和元年（1054），苏洵便主持让十九岁的苏轼与青神贡士王方十六岁的女儿王弗完婚。翌年，又为十七岁的苏辙完婚，娶眉山大户史氏之女为媳。

这次入京走的陆路，第一站是成都。父子三人特意去与恩人张方平辞行。

当苏洵将苏轼、苏辙荐于张方平时，张方平见此二子相貌不凡，谈吐皆有玄机，心中大喜。苏辙《追和张公安道赠别》诗并序云：“予年十八，与兄子瞻东游京师。是时，张公安道守成都，一见以国士相许，自尔遂结忘年之契。”此次见面，还有一段小插曲，张方平为了测试苏轼、苏辙的真才实学，当即出了六个题目，让苏轼兄弟当堂做来。兄弟二人凝思聚神，下笔如飞。一会，苏辙面带疑色，手指卷上一道题目，望着苏轼。苏轼已知苏辙心意，只举起笔管倒敲桌面，苏辙顿悟，题出自《管子》。忽而，苏辙又用问询的眼光望着苏轼，并用手指着最后一道题目。苏轼见了，用笔在空中一勾。苏辙明白这是一道自撰的题目，根本没有出处。不一刻工夫，兄弟二人做完了题卷，交予张方平评阅。张方平阅后，高兴地对苏洵说："令郎都是天才啊！哥哥精明敏捷，文章锋芒显露，最为可爱！弟弟谨慎缄默，机锋不露，仕途成就必达。今秋应试，二位贤侄必然高中。"从此，苏轼兄弟与张方平成为莫逆之交。后来，苏轼因"乌台诗案"蒙冤入狱，苏辙遭遇仕途不测，都是张方平挺身而出，救助苏轼兄弟。而苏洵的出名，亦赖于张方平的举荐。因此，张方平对苏氏三父子恩重如山。

辞别张方平后，父子三人便直出成都，沿着官道，经阆中，出褒斜谷，发横渠镇，入凤翔驿，过长安，晓行夜宿，一路马不停蹄。还未到京城，驾车之马经受不了长途奔驰之苦，竟累死倒地，可见父子三人对此次入京抱定必胜信念，心情是何等的激动与急切，才如此飞奔于道途。苏洵只得另买一头驴作为坐骑，苏轼兄弟步行，继续兼程赶路，终于在五月下旬到达都城东京。

东京（春秋战国时，这里已是魏惠王的国都。当时，东京原名"启封"。汉景帝时又改名为"开封"。到五代，梁太祖又建都于此，将汴州改称为开封府。后晋时，称为东京。北宋建立后，定都开封，号东京。金灭宋后，亦定都于此，改东京为汴京。这座帝王之都，为北宋政治、经济、文化中心，呈现着百万人口之多的大都市的繁华：四门坚壁，高墙深沟，汴水环绕，雕梁画栋，龙凤呈祥，倒映其间；鎏金琉璃，朱漆大门，雄狮盘踞，相耀生辉。深宫禁苑，敛尽天下财富，深藏天下良家美秀；皇宫外街道纵横，更有高堂华屋，红楼画阁，鳞次栉比，争奇斗艳。雕车宝马往来争驰于天街，金光闪烁；罗绮飘香，三街六市，管弦歌舞，一派升平盛世景象。这使来自西蜀一隅的苏轼无不感到新奇，他不顾长途奔走的疲劳，领着苏辙急切地游览其中。京城的这一切很快把从小便"奋厉有当世志"的苏轼的视野引向生活的另一面，他欣赏着，审视着，思索着。苏轼发现，整个京城人普遍戴帽子，这可是读书人表明身份的标志，难道天下读书人都聚集于这里？他不禁摸摸自己头上戴的帽子，突然明白过来，哈哈大笑：京城人就是时尚。

北宋王朝建立之后，完全靠武力夺取天下而黄袍加身的赵匡胤，最清楚诸侯割据和武夫掌权对于王朝的危害。于是，他制定了"以文治国"的立国大法，这无疑给读书人提供了空前的"入仕"机会，寒窗苦读的文人堂而皇之地取代了杀伐征战的武将。读书人的地位空前提高，文质彬彬的形象便成了宋代人所推崇的时尚。因读书人爱戴帽子，于是，即使低贱如算命看相者，也要弄顶帽子来戴着，把自己打扮成读书人。从宋代留存的图籍看，宋人最时尚的装束确实是戴帽子。如苏轼的好朋友李公麟所绘东坡与文友宴饮的《西园雅集图》，画中除了和尚和女人外，其余男子无不戴帽。

对于苏洵，京城于他太熟悉了，这里给予他太多伤感和愤慨。皆因朝廷专以“句读、声律”之学取士，使他数次“周旋”于科场，均名落孙山。领着苏轼兄弟，苏洵仍住在他过去来京时的老住处：兴国寺老和尚德香的寺院里。

苏洵与德香和尚有很深的交情。在秋闱之前的这段时间里，苏轼兄弟闭门苦读，做应试的准备，苏洵则与德香探讨佛学。苏洵表面上很平静，手却在衣兜里不停地摸着张方平、雷简夫写的荐书，内心激浪翻滚：这次的主考官正是欧阳修，副主考官梅挚、范镇，而梅尧臣则为编排评定官，他们都是当世之英杰。苏洵很急切地想去拜见欧阳修等人，又想到考期将近，恐授人以走后门拉关系之把柄，反倒弄巧成拙，误了两个儿子的前程。去还是不去？苏洵心情很矛盾。最后，还是他的自信心和孤傲性格战胜了矛盾心理，决定待两个儿子金榜题名时，再去拜见。

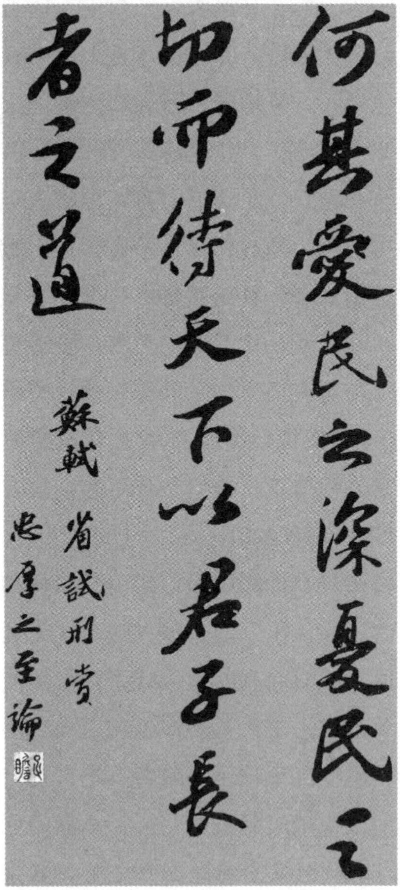

时间飞逝，已到八月。苏轼兄弟俩应开封府乡试（即举人考试），皆中选。苏轼获第二名，兄弟二人都取得了参加进士考试的资格。嘉祐二年（1057）正月初六，朝廷任命翰林学士欧阳修为知贡举（即省试的主考官。北宋的科举考试由礼部主办，礼部属尚书省，故名省试），任命翰林学士王珪、龙图阁直学士梅挚、起居舍人知谏院范镇、知制诰韩绛四人同权知贡举，共同主持这一届科举考试。欧阳修又选用国子监直讲梅尧臣等人担任编排详定官。苏轼兄弟俩运气相当不错，这次贡举考试一改以往以“句读、声律”之学取士之弊，其考试的规则和内容正合符兄弟二人之学。这要感谢主考官欧阳修，历史也要感谢他。

当苏轼一见试题为“省试刑赏忠厚之至论”时，顿时喜形于色，深明天子的良苦用心和主司的题意，亦勾起他从小就在心中孕育的爱国爱民的雄心壮志。文思如骏马，奔腾千里，从古到今，从历史的经验教训到社会的现实。他很快构思成“仁政治国”的主题，随即，苏轼挥动如椽之笔，思路清晰如泉水涌动，行文活泼如江海卷潮，仅用六百余字便完成了试题。

这篇试题，是苏轼一生以仁政治国思想的最初阐释，即“以君子长者之道待天下，使天下相率而归于君子长者之道”的思想。他主张要赏罚分明：“有一善，从而赏之”；“有一不善，从而罚之”。但他又强调“立法贵严而责人贵宽”，他说：“赏疑从与”，“罚疑而去”，“罪疑惟轻，功疑惟重”。奖赏有拿不稳的地方要奖赏；惩罚有拿不稳的地方就不要惩罚。在他看来，“与其杀不辜，宁失不经”，赏重了，“不失为君子”；而罚重了，“则流而入于忍人”。

考试完毕，考官们便封闭在翰院连日阅卷，认认真真地为朝廷选拔人才。遗憾的是，许多试卷文藻浮艳，内容空洞，故作深奥，晦涩难懂。欧阳修紧皱眉头一言不发，心中很不快。还是梅尧臣从成堆的试卷中发现一份奇文试卷，急忙呈与欧阳修。欧阳修一口气读完，连连拍案叫绝：“奇文！奇文！言简意赅，雄辩滔滔，真知灼见，真是一篇杰出的好文章！”提起笔便点批为第一名。欧阳修以为这样优秀的文章必然出自他的学生曾巩之手，点批第一名，怕招来议论和闲语，只得忍痛在“一”上又加一横，变为“二”。

进士考试极为严格，采用“糊名誊录”的“双保险”制，即先将试卷上考生的名字用纸糊盖，考试完后，又为防止主考官辨认考生笔迹而有舞弊行为，考生的试卷要先交与书记，由书记重抄一遍；在重抄的试卷上，略去考生的名字，原试卷密封另存；待阅完卷录取完毕后，再启封原试卷与之对照考生为准。因此，当启封一看，署名为“眉山苏轼”，欧阳修大惊：蜀中有如此高才之士，朝廷之大幸也！接着礼部又进行复试，苏轼以《春秋对义》的口试取为第一名。

皇帝御批后正式放榜，苏轼第二名，苏辙第五名。而一大批写骈文的士子被欧阳修坚决刷掉，把那些“一时以怪僻知名在高等者，黜落几尽”，包括被称为“国学（最高学府太学）第一人”的刘几以及“平时有声”的刘辉等。苏轼兄弟十年苦读，通经学古，以西汉文辞为宗师，秉承三代、汉、唐之遗风，所作试卷词语质朴、无所藻饰，正符合欧阳修的要求。考官们看了苏轼的试卷，“以为异人”；对苏辙也颇欣赏：“亦以谓不忝其家。”欧阳修革除了科场积弊，扭转了一代文风。这对于宋朝以后文风的走向，极具重要意义。后来，欧阳修之子欧阳发在《先公事迹》中追述当时的情况说：“时学者为文，以新奇相尚，文体大坏。公深革其弊，一时以怪僻知名在高等者，黜落几尽。二苏出于西川，人无知者，一旦拔在高等。榜出，士人纷然，惊怒怨谤。”西蜀一隅的无名小卒，居然拔在高等，一时招致“士人”的愤怒和谩骂。苏氏兄弟自然成为市井中谈论的热门话题。事情常常就是这样，越是不知名，越是被人怨谤、议论、谩骂，就越出名，且名声的传播速度相当惊人。几日之内，苏轼兄弟名声大振于京师。

这还不够。封建朝代，有一俗定成规，主考官录取一考生，即表示自己恪尽其职发现了真才，两人彼此之间即形成了“老师”与“门生”的关系。门生就要去拜谒老师，并修函感恩谢德。因此，苏轼去拜谒恩师时，还引出一段趣事呢！欧阳修当面夸奖苏轼《省试刑赏忠厚之至论》中提出“仁政治国”的政治主张非常有见地，又突然想起了一个问题，问道：“子瞻，你文中说‘当尧之时，皋陶为士，将杀人。皋陶曰，杀之三。尧曰，宥之三……’用得实在完美绝妙，给文章增色不少。请问这则史实出自何典？”苏轼欠身答道：“没有出处，是学生想当然的！”当时梅尧臣亦在场，听苏轼这么一说，不禁脸色一沉：“能这样回答问题么？”欧阳修宽厚地一笑，说道：“此话必定有原委，子瞻，你说来我们听听！”苏轼平静地说：“虽是想当然耳，亦有原因，首先源于《典礼》。”梅尧臣一听，便觉不对，说：“《典礼》说的是对国君的同族将执行宫刑，已定了案。执法官请求国君，国君说宽恕他吧，执法官说法律规定应施刑，国君还是说要宽恕，执法官还是坚持按法律规定办事。当国君第三次再说宽恕时，执法官不再申辩，竟自走了。文中并没有说到‘杀之三’和‘宥之三’啊！”欧阳修也说道：“《典礼》之说，不是当尧之时，也不是皋陶为士，更不是将杀一般的罪人呀！”

苏轼却避开这个话题不谈，又扯出一个新的话题，他说：“学生还参阅了《孔融传》注。”欧阳修随手从书架上搬出《三国志》来，翻到《孔融传》一节认真读起来，哪有什么“杀之三”“宥之三”的影子，不觉顿生疑窦，问道：“子瞻，我怎么没看到呀？”

苏轼从容答道：“注中说曹操伐冀州，灭袁绍父子后便把袁熙妻赐给儿子曹丕。孔融说：‘当年周武王伐纣，灭了商纣，以妲己赐给周公。’曹操问：‘此说出自何典？’孔融说：‘以今日之事来看当时的情况，其意思是这样的。’所以，我就那样想当然了。”

欧阳修又惊又喜。梅尧臣茅塞顿开，忙又问道：“子瞻，以今日之事看来的依据又是什么呢？”

苏轼道：“学生少时，对石守道所作《庆历盛德诗》则能诵习其词：‘皇帝龙兴、躬揽英才’，并说‘惟仲淹弼、一夔一契，韩相国可属大事；欧阳恩师，忠诚持达……’，这不是圣主如尧舜，贤臣似皋陶、夔、契吗？那时学生年幼，但已心向往之，今圣主仍在位，诸贤惟范文正公不在世了，而韩、富、欧阳诸公犹生，所以引《典礼》比尧之时，皋陶为士啊!”

苏轼侃侃而谈，说得梅尧臣心悦诚服，上前拍着苏轼的肩头说：“好极了，确非无故地杜撰赞歌。”

欧阳修更是夸赞不已：“想当然耳，岂是想当然！子瞻真能善于读书，善于用书呀！当使今之泥古不化者汗颜，信口开河者惭愧无地!”当欧阳修读了苏轼的《谢欧阳内翰书》之后，把它拿给梅尧臣看，并说：“读轼书不觉汗出，快哉！快哉！老夫当避此人，放出一头地。”又说：“他日文章必独步天下。”欧阳修一言出而震惊四方。顷刻间，“苏轼”这个名字不仅响彻京城，且传播天下。当时的学者深知，欧阳修一字一褒、一字一贬，足可以关系到一个读书人一生的荣辱得失，这就是文坛泰斗欧阳修的权威性。后来，苏轼在《送晁美叔发运右司年兄赴阙》诗中回忆说：“醉翁遣我从子游，翁如退之蹈轲丘。尚欲放子出一头，酒醒梦断四十秋。”并自注云：“嘉祐初，轼与子由寓兴国浴室，美叔忽见访，云：‘吾从欧阳公游久矣，公令我来与子定交，谓子必名世，老夫亦须放他出一头地。’”可见苏轼对欧阳修的提携奖拔是何等的感激。据有关史料记载，欧阳修曾对儿子说：“记着我的话，三十年后，无人再谈论老夫。”这表明欧阳修已经预料到三十年后文坛上最活跃的将是苏轼。后来，苏轼果然成为继欧阳修之后的文坛领袖，成为北宋古文运动的集大成者和最终完成者。就在苏轼死后的十年之内，人们都谈论苏轼。当其著作、书画题跋均遭朝廷禁毁之时，仍有士子冒死收藏，暗中偷读。朱弁《风月堂诗话》有载：“东坡诗文，落笔辄为人所传诵。每一篇到，欧阳公为终日喜。前后类如此。一日，与棐论文及坡公，叹曰：‘汝记吾言，三十年后，世人更不道着我也。’崇宁、大观间，海外诗盛行，后生不复有言欧公者。是时朝廷虽尝禁止，赏钱增至八十万，禁愈严而传愈多往往以多相夸。士大夫不能诵东坡诗，便自觉气索。而人或谓之不韵。”更有甚者，靖康元年丙午，金人围京师，移文开封府，指名索取《苏轼文集》及司马光《资治通鉴》。

这时的苏洵拿着张方平的推荐信拜见了欧阳修。当欧阳修认真读了张方平的推荐信和苏洵所呈著述后，大为振奋，想不到地处西蜀一隅的眉山竟有此等奇才。当面称赞苏洵说：“子之《六经论》，荀卿子之文也，”将苏洵与先秦散文大家荀子比肩，并写信与张方平说：“所荐得人。后来文章当属此人矣!”欧阳修又立刻向朝廷写了《荐布衣苏洵状》，要求朝廷录用苏洵。同时又向韩琦、富弼等朝中重臣推荐苏洵。苏洵一时名震京师，成为王公贵人座上宾，一时公卿争求识面，交口推服，加之“其二子举进士皆在高等，亦以文学称于世”，苏洵一夜之间声名鹊起。对于这一盛况空前的局面，后来欧阳修在亲自为苏洵作的《故霸州文安县主簿苏君墓志铭》中追述说：“眉山在西南数千里外，一日父子隐然名动京师，而苏氏文章遂擅天下……自来京师，一时后生学者皆尊其贤，学其文，以为师法。”曾巩亦说：“欧阳公修为翰林学士，得其文而异之，以献于上。既而欧阳公为礼部，又得其二子之文，擢之高等。于是三人之文章，盛传于世。得而读之者皆为之惊，或叹不可及，或慕而效之。自京师至于海隅障徼，学士大夫莫不人知其名，家有其书。”

三苏父子名震京师，为历史留下千古佳话。当然，要不是一代文宗欧阳修力挽狂澜于既倒，不仅北宋古文运动行将夭折，而且三苏父子也可能终生湮没于草泽，也就没有唐宋八大家的其中三位，中国古代文学的走向也许是另一回事；不仅三苏父子对欧阳修的知遇之恩永远感激不尽，而且历史也要感激欧阳修，是他奠定了中国文学史上三座高峰的基石。可以这么说，是时机和因缘成就了三苏父子，成就了一段光辉的历史。

欧阳修是一位真君子，世人首先要赞美的是他的人品德行、思想境界和令人敬佩的胸襟。他与张方平在政治上有矛盾，但他还写信感谢张方平“所荐得人”。对苏轼，他凭自己敏锐的识人慧眼，断言苏轼将来要超过他：“更三十年，无人道着我也!”世上有许多人嫉贤妒才，生怕别人超过自己，动摇自己的权威宝座，不敢奖拔。而欧阳修却大力奖拔，心甘情愿，为苏轼“放出一头地”。同时，欧阳修提携苏轼不遗余力，领着苏轼去拜见宰相文彦博、富弼，枢密使韩琦。这些宰执大臣都以“国士”相待苏轼。欧阳修还特意让自己的学生晁端彦与苏轼定交，说苏轼将来一定盛名于世。晁端彦就到兴国寺去拜见苏轼。三十五年后，苏轼在《送晁美叔发运右司年兄赴阙》诗中描述当时二人相见的情形：“君来扣门如有求，颀然鹤骨清而修。”清楚地记着晁端彦清秀瘦高的形象。欧阳修这种高尚情操真令人肃然起敬。

历史往往是一种契合，从小就“想见其人”的苏轼真的如愿，与欧阳修结下深厚的师生情谊。虽然他们生活的年代相差三十年，但他们心灵相通，精神相融。欧阳修死后，苏轼义无反顾地接过古文革新运动的大旗，最终完成了欧阳修的志愿，将中国古代文学发展推向一个新的高峰。

苏轼与欧阳修的师生情谊，欧阳修的人格品行和知遇之恩，对苏轼一生的影响无疑是巨大的。当欧阳修六十六岁时，走完了他生命旅程的最后一步，正在杭州任通判的苏轼闻得恩师病逝的噩耗，悲痛欲绝，泣血叩地，作《祭欧阳文忠公文》：

呜呼哀哉！公之生于世，六十有六年。民有父母，国有蓍龟；斯文有传，学者有师；君子有所恃而不恐，小人有所畏而不为。譬如大川乔岳，不见其运动，而功利之及于物者，盖不可以数计而周知。今公之没也，赤子无所仰芘；朝廷无所稽疑；斯文化为异端，而学者至于用夷；君子以为无为为善，而小人沛然自以为得时——譬如深渊大泽，龙亡而虎逝，则变怪杂出，舞鳅鳝而号狐狸。

昔其未用也，天下以为病；而其既用也，则又以为迟；及其释位而去也，莫不冀其复用；至其请老而归也，莫不惆怅失望，而犹庶几于万一者，幸公之未衰。孰谓公无复有意于斯世也，奄一去而莫予追。岂厌世溷浊，洁身而逝乎？将民之无禄，而天莫之遗？昔我先君，怀宝遁世，非公则莫能致。而不肖无状，因缘出入，受教于门下者，十有六年于兹。闻公之丧，义当匍匐往吊，而怀禄不去，愧古人以忸怩。缄词千里，以寓一哀而已矣。盖上以为天下恸，而下以哭其私。呜呼哀哉！

在欧阳修逝世十八年后，苏轼知杭州，回忆当年来杭州任通判时，在上任途中去颍州拜谒恩师欧阳修，此乃毕生最后一次相聚。恩师将西湖高僧惠勤介绍给他。到任三日，苏轼就前往孤山拜访惠勤，相见如故。政事之余，苏轼便常与之品茶论诗，成为莫逆之交。这次来杭州，惠勤已病逝，真是物是人非，不胜感慨。在西湖孤山南麓，有一个约两平方米的泉池，上覆以半亭。苏轼为缅怀欧阳修的知遇之恩，追忆受教于恩师十六年的点点滴滴，他慨然以“六一泉”命名，并作《六一泉铭并叙》：

……访勤于孤山之下，抵掌而论人物。曰：“公，天人也。人见其暂寓人间，而不知其乘云驭风，历五岳而跨沧海也。此邦之人，以公不一来为恨。公麾斥八极，何所不至？虽江山之胜，莫适为主，而奇丽秀绝之气，常为能文者用，故吾以谓西湖盖公几案间一物耳。”勤语虽幻怪，而理有实然者。明年，公薨，予哭于勤舍。……舍下旧无泉，予未至数月，泉出讲堂之后，孤山之趾，汪然溢流，甚白而甘。即其地，凿岩架石为室。二仲谓余：“师闻公来，出泉以相劳苦，公可无言乎？”乃取勤旧语，推本其意，名之曰六一泉，且铭之曰：

泉之出也，去公数千里，后公之没，十有八年，而名之曰六一，不几于诞乎？曰：君子之泽，岂独五世而已，盖得其人，则可至于百传。尝试与子登孤山而望吴越，歌山中之乐而饮此水，则公之遗风余烈，亦或见于斯泉也。

从苏轼饱含激情的文字中，我们完全能够得出这样的结论：苏轼在这个时候，已把欧阳修乐道人善的长者风范和高洁襟怀及超绝的文学才能吸纳了。他们师生二人互为气类，同是大师，而欧阳修的人格无疑给苏轼平添了一种魅力、一种激情……

话说回来，自古好事多磨。四月八日，四十八岁的程夫人病逝于眉山纱縠行苏宅，五月讣至京师。三苏父子正当名动京师、踌躇满志之时，突然接到这令人痛断肝肠的噩耗，悲痛使父子三人一时不知所措，来不及面辞京中故旧新交，匆匆离京返川。苏洵《与欧阳内翰第三书》云："昨出京仓皇，遂不得一别。……盖一时间变出不意，遂扰乱如此。怏怅，怏怅！……二子轼、辙竟不免丁忧，今已到家月余。幸且存活。洵道途奔波，老病侵陵，成一翁矣。……洵离家时，无壮子弟守舍，归来屋庐倒坏，篱落破漏，如逃亡人家。"何等悲情！

程夫人呕心沥血，精心"开发辅导其夫、子，使皆以文学显重于天下"之时，她却分享不到快乐了。

第七章

举家入京

朝发鼓阗阗，西风猎画旃。
故乡飘已远，往意浩无边。
锦水细不见，蛮江清更鲜。
奔腾过佛脚，旷荡造平川。
野市有禅客，钓台寻暮烟。
相期定先到，久立水潺潺。

古时按儒家规矩，母死必须要守孝二十七个月，谓之丁忧。即便是宰相，也要立即辞官，守满孝期，方能再做官。光阴荏苒，转瞬便到嘉祐四年（1059）十月，苏轼兄弟俩守孝期满。父子三人商定，在这月的中旬离家出行，沿水路赴京，并举家迁居京城，打算不再回眉山。

在眉山城东的安镇乡可龙里（今属眉山东坡区土地乡）有一古井，井深不见底，水源终年不涸，可日饮百家，名为“老翁井”。传说有一苍颜白发老翁隐于井中，凡遇空山月明、繁星闪烁、天地开霁之时，老翁便出于井，偃息于泉上，故名“老翁井”。这里青山环抱，风景优美，道家称之为风水宝地。当时，心情十分悲伤的苏洵决定将贤妻的坟茔设在老翁井旁，并含泪作了一篇痛断肝肠的祭文——《祭亡妻文》。苏洵字字血，声声泪，面对妻子亡灵诵读：

> 呜呼，与子相好，相期百年。不知中道，弃我而先。我徂京师，不远当还。嗟子之去，曾不须臾。子去不返，我怀永哀。反复求思，意子复回。人亦有言，死生短长。苟皆不欲，尔避谁当？我独悲子，生逢百殃。
>
> 有子六人，今谁在堂？唯轼与辙，仅存不亡。咻呴抚摩，既冠既昏。教以学问，畏其无闻。昼夜孜孜，孰知子勤？提携东去，出门迟迟。今往不捷，后何以归？二子告我：母氏劳苦。今不汲汲，奈后将悔。大寒酷热，崎岖在外。亦既荐名，试于南宫。文字炜炜，叹惊群公。二子喜跃，我知母心。非官实好，要以文称。我今西归，有以借口。故乡千里，期母寿考。归来空堂，哭不见人。伤心故物，感涕殷勤。

嗟予老矣，四海一身。自子之逝，内失良朋。孤居终日，有过谁箴？昔予少年，游荡不学，子虽不言，耿耿不乐。我知子心，忧我泯没。感叹折节，以至今日。呜呼死矣，不可再得！

安镇之乡，里名可龙，隶武阳县，在州北东。有蟠其丘，惟子之坟。凿为二室，期与子同。骨肉归土，魂无不之。我归旧庐，无不改移。魂兮未泯，不日来归。

苏洵安葬好妻子后，便在墓旁筑一草亭，终日陪伴于亡妻坟墓。这期间，妻子的病故对苏洵的打击实在太大，身体已大不如前，满头黑发已成霜雪。他沉浸于妻子病故的悲痛与京师际遇的苦闷之中，他想得最多的是这次入京，有幸结识欧阳修这位知音，让自己的道德文章为天下所知，然而却一官难求，对这个问题他总觉得憋屈，耿耿于怀。不过仔细想来，人世间的事往往不会两全其美，有许多事情是无法做出解释的。自己的最大心愿不就是用十年心血凝结而成的文章著述为当世所知所用吗？苏洵突然想起在《上田枢密书》中说过的话：自己著书立言的目的是为当世所知所用，为当世所知已达目的，而能否为当世所用，则是当朝权臣高官的事情，作为一个忧国忧民的一介书生，我苏洵是尽到了责任的，至于能否求取一官半职，已经不重要了。想到这里，苏洵苦闷的心结被打开，他长叹一声，罢罢罢！决定不再入京，奔波于道途，决定守着自己那一顷山田，自食其力，以老终年。苏洵《上田枢密书》最后一段话是："洵有山田一顷，非凶岁可以无饥，力耕而节用，亦足以自老。不肖之身不足惜，而天之所与者不忍弃，且不敢亵也。执事之名满天下，天下之士用与不用在执事。故敢以所谓《策》二道、《权书》十篇者为献。平生之文，远不可多致，有《洪范论》《史论》七篇，近以献内翰欧阳公。度执事与之朝夕相从而议天下之事，则斯文也其亦庶乎得陈于前矣。若夫其言之可用与其身之可贵与否者，执事事也，执事责也，于洵何有哉！"

苏洵因进京求官未能遂意，已心灰意冷，只求终老于泉旁，死后与妻合葬，为此作《老翁井铭叙》，将老翁井的由来做了介绍。并以《老翁井》为题作诗言志。其诗曰：

井中老翁误年华，白沙翠石公之家。
公来无踪去无迹，井面团团水生花。
翁今与世两何预，无事纷纷惊牧竖。
改颜易服与世同，毋使世人知有翁。

年近五旬的苏洵对功名已经没有兴趣。在苏轼、苏辙兄弟守孝期间，朝廷两次诏命苏洵入京参加舍人院的策论考试，但都被他拒绝了。当时任丁酉科进士考试编排评定官的大诗人梅尧臣见苏洵拒召，感到很惋惜，便写了一首《题老人泉寄苏明允》的诗寄给苏洵。诗曰：

泉上有老人，隐见不可常。
苏子居其间，饮水乐未央。
泉中若有鱼，与子同徜徉。
泉中苟无鱼，子特玩沧浪。
日月不知老，家有雏凤凰。
百鸟戢羽翼，不敢呈文章。
去为仲尼叹，出为盛时翔。
方今天子圣，无滞彼泉傍。

梅尧臣针对苏洵《老翁井》诗中退守山林的隐居想法，开导劝说他，当今天子圣明，国家兴盛，朝廷正是用人之际，你怎能守着一泓泉水而浪费了为国家效力的大好时光呢！况且，你有两个了不起的儿子，该为他们的仕途着想，振作起来吧！

苏洵最终听取了梅尧臣的劝说，决定放弃隐居山林，接受朝廷征召。故有举家入京之举。

这天，苏洵携二子苏轼、苏辙，二媳王弗、史氏，新添孙子苏迈及苏轼的乳娘任采莲，苏辙的乳娘杨金婵，一同离纱縠行苏家老宅，举家入京。

苏洵携全家从城东门外的姜家渡码头乘船，沿岷江而下嘉州（今四川乐山），在大佛脚下分乘数船入长江，顺流直下。

凌云山前，脚踏岷江、大渡河、青衣江的乐山大佛，气魄雄伟庄严。苏洵父子站立佛前，面对三江汇流于大佛脚下翻卷潮涌的层层巨浪，不由得心潮澎湃，激情难抑，既对前程充满自信与向往，又对故乡眷恋难舍。父子三人感慨系之，即作《初发嘉州》同题诗，各抒胸臆。

苏洵的《初发嘉州》用七绝，字句简短，却极富深意，既写尽三江水流之急，浩荡雄浑的江水激发壮志未酬的雄心，又写尽对故乡依依不舍之情。原本打算不再回故里，现在却改变想法，以十年为期，希望十年后能够体面风光地重返故乡。人的思想往往是很矛盾的，苏洵也不例外。可惜，世事难料，他的这个愿望再也不能实现了，七年之后，他只能魂归故里。

家托舟航千里速，心期京国十年还。
乌牛山下水如箭，忽失峨眉枕席间。

苏轼的《初发嘉州》，以排律的格式，更能表达他对人生理想，对前途充满自信，抒发一种难以抑制的激情：

朝发鼓阗阗，西风猎画旃。
故乡飘已远，往意浩无边。
锦水细不见，蛮江清更鲜。
奔腾过佛脚，旷荡造平川。
野市有禅客，钓台寻暮烟。
相期定先到，久立水潺潺。

苏辙的《初发嘉州》，其意境心态与父苏洵大不相同，与兄苏轼则有相同之处，都表露出一种意气风发、志在千里、建功立业的强烈思想和愿望：

放舟沫江滨，往意念荆楚。
击鼓树两旗，势如远征戍。
纷纷上船人，橹急不容语。
余生虽江阳，未省至嘉树。
巉巉九顶峰，可爱不可住。
飞舟过山足，佛脚见江浒。
舟人尽敛容，竞欲揖其拇。
俄顷已不见，乌牛在中渚。
移舟近山阴，壁峭上无路。
云有古郭生，此地苦笺注。
区区辨虫鱼，尔雅细分缕。
洗砚去残墨，遍水如黑雾。
至今江上鱼，顶有遗墨处。

览物悲古人，嗟此空自苦。
余今方南行，朝夕事鸣橹。
至楚不复留，上马千里去。
谁能居深山，永与禽兽伍。
此事谁是非，行行重回顾。

沿江两岸多有名胜古迹，神奇传说，每到一地，苏洵父子多舍舟登岸，游览尽兴，凭吊圣贤先哲，吟诗唱和，抒一时之豪气。沿江两岸的名胜古迹成为三苏父子作同题诗的最佳题材。

例如船至丰都，父子三人游仙都观后，即同作《题仙都观》诗，同写仙都观王方平、阴长生在此修炼得道、成仙升天的故事，而且篇幅都较长。在表达方式上，都运用叙述、描写、抒情和议论相结合，但具体侧重又有所区别。

苏洵的《题仙都观》，则重描写、抒情。诗中感叹王方平、阴长生超然世外，用心于修炼得道、成仙升天的奥妙，岂是世人所知，像他们这样能得道成仙的人，人世间已经不可见了：

飘萧古仙子，寂寞苍山上。
观世眇无言，无人独惆怅。
深岩耸乔木，古观霭遗像。
超超不可揖，真意谁复亮？
蜿蜒乘长龙，倏忽变万状。
朝食白云英，暮饮石髓鬯。
心肝化琼玉，千岁已无恙。
世人安能知，服药本虚妄。
嗟哉世无人，江水空荡漾。

苏轼的《留题仙都观》，则以议论为主，用句富于变化，突出历史与人生之沧桑，向往学仙度世、平静逍遥、独立自在的山野林泉生活：

山前江水流浩浩，山上苍苍松柏老。
舟中行客去纷纷，古今换易如秋草。
空山楼观何峥嵘，真人王远阴长生。
飞符御气朝百灵，悟道不复诵《黄庭》。
龙车虎驾来下迎，去如旋风抟紫清。
真人厌世不回顾，世间生死如朝暮。
学仙度世岂无人？餐霞绝粒长辛苦。
安得独从逍遥君，泠然乘风驾浮云，
超世无有我独行。

苏辙的《留题仙都观》，则善于叙述，描写王方平、阴长生两位道士先后在此道观修炼得道，脱离凡间，升入天界成仙：

道士白发尊，面黑岚气染。
自言王方平，学道古有验。
道成白昼飞，人世不留窆。
后有阴长生，此地亦所占。
并骑双翔龙，霞绶紫云襜。
扬扬玉堂上，与世作丰歉。

再如船行到巫峡，雄奇峻美的巫峡十二峰便一一展现，更具传奇色彩的巫山神女庙让三苏父子激动不已，自然要舍舟登岸，入庙祭拜。

神女的传说有两种，一种是源出《山海经》，神女原为帝女，死后在巫山化为草。后来，宋玉作《高唐赋》，沿用《山海经》神女为帝之季女之说，多有赞美之词。然而，宋玉又作《神女赋》，另外杜撰了一段风流艳事，把神女化为“姣丽”迷人、主动向楚王“荐枕席”的艳妇。这个影响就大了，如同给神女下了定义。宋玉之后有个叫江淹的文人写了篇《别赋》，借宋玉笔下的神女来写眷恋不舍的儿女情长之事。三国时，曹植作《洛神赋》，写宓妃，亦是有感于宋玉笔下楚王与神女之事。南朝梁武帝萧衍又根据宋玉的《高唐赋》创作了一名为《朝云曲》曲子，以至于后来便产生了“巫山云雨”一词，专指风流韵事。唐代诗人李商隐直接将神女入诗：“神女生涯原是梦，小姑居处本无郎。”于是，神女在李商隐笔下便成了妓女的代称。名妓薛涛曾作诗《九日遇雨二首》，其中有“神女欲来知有意，先令云雨暗池塘”，把她在重阳节遇雨看作是神女的献情。

另一种说法则源于民间。巫山有异木“栾”，长于赤石之上。“栾”为精灵变生，而帝女死后化为草，亦生于赤石之上，与“栾”同色，大禹巫山治水时，伐“栾”为用。于是民间便将“栾”与草合二为一，化为神女助大禹治水，功德无量。据《三峡游览志·授书台》载：为了纪念神女助禹治水的不朽功绩，唐人便在授书台上建造了一座规模宏大的神女庙。

文人笔下的巫山神女与百姓口中的巫山神女是截然不同的两种形象。

苏洵父子三人同是文人学士，但他们侧重于民间情感，对神女助禹治水，造福人间建不世之功，怀着深深的崇敬之情，并以神女为主旨，写下同题诗《神女庙》，共同发出颂扬和崇仰神女的咏叹。

苏洵的《神女庙》，侧重描写神女高洁的品行，赞美为民造福的美好心灵，生发敬仰之情，实际上蕴藏着他忧国忧民之心，有为于当世之志：

巫阳仙子云为裾，高情杳渺与世疏。
微有薄酒安足献，愿采山下霜中蔬。
仙坛古洞何清虚，中有琼楼白玉除。
江山洗荡谁来过，闻道琴高驾鲤鱼。

苏轼的《神女庙》，其构思尤为巧妙，通篇“以治水作骨”，通过描写神女治水的环境、原因、具体活动及结果，以神女造福人世之功来抒发自己“奋厉有当世志”的济世之大志。其诗意想象丰富，联想生动自然，虚实浑然一体，描摹传神达意，寓意深邃：

大江从西来，上有千仞山。
江山自环拥，恢诡富神奸。
深渊鼍鳖横，巨壑蛇龙顽。
旌阳斩长蛟，雷雨移沧湾。
蜀守降老蹇，至今带连环。
纵横若无主，荡逸侵人寰。
上帝降瑶姬，来处荆巫间。

神仙岂在猛，玉座幽且闲。
飘萧驾风驭，弭节朝天关。
倏忽巡四方，不知道里艰。
古妆具法服，邃殿罗烟鬟。
百神自奔走，杂沓来趋班。
云兴灵怪聚，云散鬼神还。
茫茫夜潭静，皎皎秋月弯。
还应摇玉佩，来听水潺潺。

苏辙的《巫山庙》，则另具风采，诗语流畅，如行云流水；诗意灵活多变，联想丰富。言情达意，细致入微，展示一幅精美纯洁的神女图像，让人有肃然敬仰之情：

山中庙堂古神女，楚巫婆娑奏歌舞。
空山日落悲风吹，举手睢盱道神语。
神仙洁清非世人，瓦盎倾醪荐麋脯。
子知神君竟何自，西方真人古王母。
飘然乘风游九州，朅渡西海薄中土。
白云为车驾苍虬，骖乘湘君宓妃御。
天孙织绡素非素，衣裳飘摇薄烟雾。
泊然冲虚眇无营，朝餐屑玉咽琼乳。
下视人世安可据，超江乘山去无所。
巫山之下江流清，偶然爱之不能去。
湍崖激作相喧豗，白花翻翻龙正怒。
尧使大禹导九州，石陨山坠几折股。
山前恐惧久无措，稽首山下苦求助。
丹书玉笈世莫窥，指示文字相尔汝。
擘山泄江幸无苦，庚辰虞余实相禹。
功成事定世莫知，空山俄顷千万古。
庙中击鼓吹长箫，采兰为飧蕙有肴。
玉缶荐芰香飘萧，龙勺取酒注白茅，

神来享之风飘飘？荒山长江何所有，
岂有琼玉荐汃寥。神君聪明无我责，
为我驱兽攘龙蛟。乘船入楚溯巴蜀，
濆旋深恶秋水高。归来无恙无以报，
山上麦熟可作醪。神君尊贵岂待我，
再拜长跪神所劳。

自宋玉以来，大凡文士写神女皆为艳词，如严肃的大诗人杜甫所作《咏怀古迹五首》，亦未脱离宋玉笔下的神女形象。唯三苏父子一反常举，从正面讴歌，赞美神女的光彩形象，写出民间百姓心目中造福人世的神女。这同样是一种值得敬重的精神风采。

从眉山姜家渡码头乘船出发，经过两个月的舟行，经泸州、重庆、忠州、奉节，出三峡，到了江陵，已是岁末。苏洵举家弃舟登岸，准备逗留数日后，便驱车北上入京。

陆路的名胜古迹也很多，如隆中诸葛亮故里、昆阳古战场、阮籍啸台、许州西湖等。水陆两路，一走就是近五个月。父子三人游山玩水，触景生情，诗兴勃发，给后世留下了很多值得研究的诗句。特别值得重视的有三点：一是苏洵一生作诗不多，存诗有五十余首，而此次举家入京，一路行程中所作诗歌留存于世的有十五首，占其所存诗歌的三分之一，可说是苏洵诗歌创作的丰收季节，而且这些诗歌大多艺术水平较高，其诗风格调高古，诗意精深有味；二是父子三人同题诗，最为特色，同一题材，却表现出各自不同的艺术和思想风格，例如《过木枥观》《题白帝庙》《题三游洞石壁》《荆门惠泉》《襄阳怀古》等等；三是苏轼、苏辙于诗歌创作的初期阶段，便展示出耀人眼目的不朽诗情才华，且数量之多，艺术水平之高，风格之清新，令人叹为观止。正如苏轼后来回忆说："江上同舟诗满箧，郑西分马涕垂膺。"

近五个月的行程，三苏父子一路探幽访胜，"发予咏叹"，共得诗赋一百七十三篇。后来他们将这些诗赋分别编为《南行前集》和《南行后集》。此为三苏父子在这一特殊时期、特殊情景下的作品，反映了苏洵的胸襟与苏轼、苏辙早期思想状况，在中国古代文学史上，极具典型意义。

三苏父子都非常看重此行诗作，因而集结成《南行集》。苏轼特意作了《南行前集叙》：

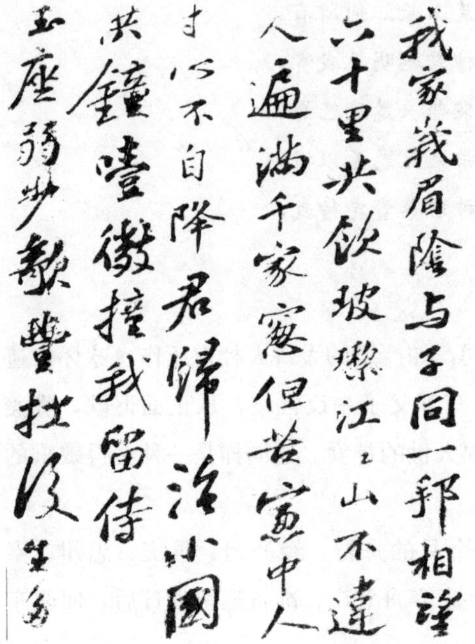

夫昔之为文者，非能为之为工，乃不能不为之为工也。山川之有云雾，草木之有华实，充满勃郁，而见于外，夫虽欲无有，其可得耶？自少闻家君之论文，以为古之圣人有所不能自已而作者。故轼与弟辙为文至多，而未尝有作文之意。

己亥之岁，侍行适楚，舟中无事，博弈饮酒，非所以为闺门之欢。而山川之秀美，风俗之朴陋，贤人君子之遗迹，与凡耳目之所接者，杂然有触于中，而发为咏叹。盖家君之作，与弟辙之文皆在，凡一百篇，谓之《南行集》。将以识一时之事，为他日之所寻绎，且以为得于谈笑之间，而非勉强所为之文也。

时十二月八日。江陵驿书。

三苏父子一路行程中，其心情是相当愉快和开心的。苏轼《上王兵书》记叙了当时舟行千里的情况：“自蜀至于楚，舟行六十日，过郡十一，县三十有六，取所见郡县之吏数十百人。”三苏父子真是春风得意，踌躇满志。此行受到沿途州县长官礼如上宾的接待，充分说明三父子的道德文章，在很短时间内传播速度之快，传播范围之广，令人瞩目，众人皆有心相交于苏氏父子。就苏洵而言，十多年前游走天下时，有哪位州官到江边去迎接过他？又有哪位县官设宴款待过他？那时连个座位别人都要跟他抢。如今是迎来送往，宴请不断，享尽荣耀。

如舟行江中时，苏洵父子不是诗酒唱和，就是弹琴高歌，愉快开心极了。也许这是苏洵一生中最为得意、快乐、舒心的时光。

苏家有一张家藏唐代名琴，叫“雷琴”。此琴为唐代西蜀雷氏家族制作的优质古琴，其声清越，如击金石，为古琴中精品。据《历代琴人传》引《琴经·大雅嗣音》载：“古人多以琴世其家，最著者……眉山三苏。”三苏父子都是弹琴高手，特别是苏轼，对琴艺多有独到见解与论述。苏洵尤善古曲，收藏了不少琴谱。

月夜星空下，船头上摆放起家传雷琴，父子三人焚香净手，抚琴弄弦，各弹一曲。江流浩荡，万籁俱寂之下，琴声越发悠扬轻快，悦耳动听，怡然心扉。苏洵应二子请求，特意弹奏一曲《文王操》，这是古曲中的经典，据史载，此曲为周文王所作，千百年来备受文人雅士推崇。明代琴谱《杏庄太音补遗》说："鼓此曲令人荡涤邪秽，消融渣滓。"

随着琴声古雅的旋律，苏轼、苏辙不由诗兴勃发，各吟诵《舟中听大人弹琴》同题诗一首，赞颂父亲琴技之高超，琴声之优美：

舟中听大人弹琴（苏轼）

弹琴江浦夜漏水，敛衽窃听独激昂。
风松瀑布已清绝，更爱玉佩声琅珰。
自从郑卫乱雅乐，古器残缺世已忘。
千家寥落独琴在，有如老仙不死阅兴亡。
世人不容独反古，强以新曲求铿锵。
微音淡弄忽变转，数声浮脆如笙簧。
无情枯木今尚尔，何况古意堕渺茫。
江空月出人响绝，夜阑更请弹文王。

舟中听琴（苏辙）

江流浩浩群动息，琴声琅琅中夜鸣。
水深天阔音响远，仰视牛斗皆从横。
昔有至人爱奇曲，学之三岁终无成。
一朝随师过沧海，留置绝岛不复迎。
终年见怪心自感，海水震掉鱼龙惊。
翻回荡潏有遗韵，琴意忽忽从此生。
师来迎笑问所得，抚手无言心已明。
世人嚣嚣好丝竹，撞钟击鼓浪谓荣。
安知江琴韵超绝，摆耳大笑不肯听。

苏洵举家南行北上，水陆两行，走走停停，全家一路欢声笑语，轻松愉快，无旅途劳顿之苦，于嘉祐五年（1060）二月到达都城东京。

第八章
治政理念

早岁便怀齐物志，微官敢有济时心。

宋仁宗嘉祐五年（1060）二月五日，苏洵率全家到达东京，在西冈租房居住。大约半年之后，为了节省开支，全家人又搬到京城东面八十七里的雍丘（今河南杞县）寓居。

苏洵来东京，是等朝廷赐予官职。苏轼兄弟俩在嘉祐二年进士及第，已取得了入仕为官的资格，被列入后备官吏人选，只需等着吏部授予官职了。于是，苏轼兄弟俩一到京师，便去吏部的流内铨（即负责分派低级官员的官署。所谓流内，是指有品级的官员）报到。

虽然苏轼、苏辙进士及第，取得了入仕为官的资格，但是在授予官职时，朝廷的要求十分严格，仍然要进行授职前的考试。考试的内容有身、言、书、判四项。身、言，即考其体貌、谈吐，相当于今天的面试；书、判，即书法、文理，要求字要写得好、公文要有文理。四项合格后，方才授予官职。苏轼、苏辙都考试合格。授苏轼福昌县主簿，授苏辙渑池县主簿，属从九品（最低品级）。

可是，苏轼、苏辙都没有去赴任。时值朝廷准备开制科试，有这样的机会，苏氏兄弟当然宁愿放弃主簿这一小小官职，而去参与应制科试。当然，制科试比进士难得多，是在"万人之中"筛选"百全之美"，其试题预先"不可测知"，策试"无可不问"，不具备相当高的政治文化修养的人，都会望而却步。所以，制科入选者优于官职，晋升得比较快，十几年就可以晋升为二三品官。苏轼兄弟俩自是信心满满，不放过这一大好时机。

制科试是古代临时设置的考试科目，由皇帝制诏提出问题，亲自策问，对制科考试的录取者优予官职。因此，取录人数极少。《宋史・选举志》说："制科无常科，所以待天下之才杰，天子每亲策之。”宋代制科废置无常，到宋仁宗时，又恢复了久废的制科考试制。仁宗下诏说：“朕开数路以详延天下之士，而制举独久不设，意者吾豪杰或以故见遗也，其复置此科。”仁宗皇帝除恢复原有的“贤良方正能言极谏科”“博通坟典达于教化科”“才识兼茂明于体用科”“详明吏理可使从政科”“识洞韬略运筹帷幄科”“军谋宏远材任边寄科”，“以待京、朝之被举及起应选者”外，又新设置了“高蹈丘园科”“沉沦草泽科”“茂材异等科”等，“以待布衣之被举者”。

新设置的科目，主要是针对有真才实学而又多次进士考试落第者及藏卧于民间的奇才之士。这是统治者广泛搜求人才的明智之举。当年苏洵参加的“茂材异等科”试，就属此例。当然，这不是随便哪个人想考就能考的，首先要有学识名望，还要有朝臣或地方行政长官及有声望的人举荐才行。苏轼曾经说其父苏洵当年“应制科有名蜀中”，原因正在于此。苏轼这次参与制科试，当然是欧阳修为荐举人，苏辙有龙图阁直学士杨畋为荐举人。

荐举参加这次策试的人本来很多，只因宰相韩琦偶然的一次闲谈，导致很多参试者打了退堂鼓。据李廌《师友谈记》载：一日，相公韩琦与客人偶然谈及：“二苏在此，而试人亦敢与之较试，何也？”此语既传，于是不试而去者，十盖八九矣。可见苏轼兄弟的声望在当时朝廷上下有多大的分量！分量又大到什么程度呢？即将策试时，苏辙突然病了，病得还不轻，这可咋办？韩琦最为着急，为了不使苏辙失去策试的机会，不使朝廷失去英才，韩琦奏请皇帝，说：“今岁召制科之士，惟苏轼、苏辙最有声望。今闻苏辙偶病未可试，如此兄弟有一人不得就试，甚非众望。欲展限以俟。”仁宗皇帝同意将试期推延二十日。这是何等的不易！皇帝乃金口玉言，既定的策试日期因苏辙一人而改变，恐怕是古今难有的事例。这只能说明苏轼兄弟的才学连皇帝都十分重视。

苏轼兄弟俩参加的是“贤良方正能言极谏科”试。凡举制策者，先于秘阁试六论：《王者不治夷狄论》《刘恺丁鸿孰贤论》《礼义信足以成德论》《形势不如德论》《礼以养人为本论》《〈既醉〉备五福论》。兄弟二人即“直言当世之故，无所委曲”。对时政弊病的批评相当激烈、尖锐，对皇帝的过错亦不留情面。苏轼在策试中所作《王者不制夷狄论》《礼以养人为本论》中，指出皇上“有治平之名而无治平之实”。针对朝廷因循苟且之风，苏轼系统地提出了自己的革新主张：“其病之所由起者深，则其所以治之者，固非卤莽因循苟且之所能去也。而天下之士，方且掇拾三代之遗文，补葺汉、唐之故事，以为区区之论，可以济世，不已疏乎？方今之势，苟不能涤荡振刷，而卓然有所立，未见其可也。臣尝观西汉之衰，其君皆非有暴鸷淫虐之行，特以怠惰弛废，溺于晏安，畏期月之劳，而忘千载之患，是以日趋于亡而不自知也。”

然而，这次应制举，苏辙的《御试制策》题引起考官的激烈争论。苏辙由于年轻勇锐，不谙世事宦情，而恰巧策问题谓仁宗有忧惧之心，希直言朝政得失。他又深信“方今群公在朝，以君子长者自处而优容天下彦圣有技之士，士之有言者可以安意肆志而无患”。于是，便以其赤子之诚，毫无保留地对当今朝政得失提出尖锐批评，对仁宗皇帝的直言极谏亦言辞激烈。他说：“伏读陛下制策，凡所以问臣之事数十条者，臣已详闻之矣。然臣内省愚诚，欲先以闻，而后答陛下之所问。”于是，苏辙直言说陛下的忧惧之心，在臣看来其实不然也矣。在宝元、庆历（1038—1048）的十年之间，与西夏作乱的元昊作战时，“陛下昼不安坐，夜不安席，天下皆谓陛下忧惧小心如周文王，然自西方解兵，陛下弃置忧惧之心，二十年矣”。陛下这种“无事则不忧，有事则大惧”的行为是很危险的，如不能居安思危，一旦边陲事起，将做何应对？况且，陛下自“近岁以来，宫中贵姬至以十数，歌舞饮酒，优笑无度，坐朝不闻咨谟，便殿无所顾问”。这样下去，怎生得了，将蹈三代及汉、唐末世的“女宠之害”。而且，今“海内穷困，生民愁苦，而宫中好赐不为限极，所欲则给，不问无有。司会不敢争，大臣不敢谏，执契持敕，迅若兵火”。现在正是国家内有养士、养兵之费，外有契丹，西夏之“岁邀金缯”，国库空虚，而陛下“又自为一阱，以耗其遗余，臣恐陛下以此得谤，而民心不归也”。再这样下去，失去了民心，已就失去了天下。“故臣愿陛下日夜自损，以砺左右，痛为节俭，以宽百姓。捐锦绣，弃金玉，以质素为贵。赋税之入，独以供不得已之费。使天下知戴陛下之德，一旦有缓急，则民尚可以使之无叛。臣故曰：浮费日广，是以利入浚而不能止者，此之谓也。”

据《渑水燕谈录》载，苏辙的直言极谏无疑引发考官和宰执们的激烈争论和惶恐不安。尤其是韩琦，为了让你苏辙能参与策试，冒胆向皇上请求推延考试日期，你却不知官场险恶，批评朝廷行苟且敷衍之政也就够了，却还猛烈抨击皇上什么将蹈“女宠之害”，皇帝本是一代仁主，如此过分极谏，要是龙颜震怒，我脱不了干系不说，你小子脑袋能否保得住？其实，韩琦的担忧是多余了。

当考官们审完卷，进行取录评定，苏轼定为三等（这是宋自开制科的最高等），王介四等，唯独对苏辙争论激烈：知制诰胡宿认为苏辙试卷所答非问，又引汉唐末世的昏君来比盛世英主的仁宗，如不罢免，难咎其为臣之职；谏官杨畋是荐举人，担载的干系更大，默不作声；主考官知谏院司马光则认为应试四人中，唯苏辙一人表现出爱君忧国之心最为切直，拟如其兄苏轼第之三等；三司使蔡襄支持司马光的意见，并说节省宫廷费用问题不是由他这位财政大臣提出而由苏辙来提出，自己都觉得惭愧；翰林学士范镇小心谨慎，不愿得罪双方，便来个折中调和，主张降等取录为四等。为防生出变故，在意见呈报宰执们那里之前，司马光向仁宗皇帝汇报说：陛下亲自召试直言极谏，“但见其指正朝廷得失，无所顾虑，于四人之中最为切直”者为苏辙也。“今若以此不蒙甄收，则臣恐天下之人以为朝廷虚设直言极谏之科，而毡以直言被黜（宋代科考用糊名法，‘毡’是苏辙试卷代号），从此四方以言为讳，其于圣主宽明之德亏损不细。”仁宗很赞同司马光的观点。

司马光是个忠厚正直的人，像欧阳修一样非常赏识三苏父子的文章，器重苏辙兄弟的才华。他之所以要先在皇上面前说道，原因是苏辙策试前曾作《上昭文富丞相书》和《上曾参政书》。书中他批评富弼执政期间，遇事首鼠两端，犹疑不决，致其“天下不闻慷慨激烈之名”；批评曾公亮“日韬其光，务为敦厚”（谓其不为朝廷尽忠献策，讨好下属）。富、曾二人虽为宰执，亦是忠厚老成之士，亦非常钦服苏辙的才华。司马光深知他们的为人，虽不会为年轻的苏辙那勇锐而不知节制、咄咄逼人、不留颜面的批评而心生芥蒂，但对苏辙对皇上猛烈抨击，是有担忧的。果不其然，他们认为苏辙不知深浅，实在太狂，如若取录，皇上责罚如之奈何？于是，一致主张罢黜，并呈报皇上，仁宗却豁达大度，一锤定言：“求直言而以直弃之，天下其谓我何！”（《续资治通鉴》）皇上既定，宰相们承旨，将苏辙取录为第四等次（下等）。

苏辙取录，考官们松了口气。荐举人杨畋是大大地松了口气。为证明他为荐举人，杨畋趁机对仁宗说：“苏辙臣所荐也，陛下赦其狂直而收之，盛德之事也。乞宜付史馆。”帝悦而从之。司马光也趁机与同列上疏：“伏望悉罢宴饮，后宫妃嫔，进见有时！”也为帝采纳。

苏辙最终被取录，既有司马光在仁宗皇帝那里提前做了铺垫，同时仁宗皇帝确实赏识苏辙、苏轼兄弟的真才实学，特别看重兄弟二人忠君为国为民、敢于直言的品格，看重他们所具备宰相之才。后来，苏辙在《上神宗皇帝书》中还追忆说：“昔仁宗亲策直言之士，臣以不识忌讳，得罪于有司。仁宗哀其狂愚，力排众议，使臣得不遂弃于世。臣之感激，思有以报，为日久矣。”

制科试使仁宗皇帝特别看重苏轼兄弟二人的真才实学和忠君为国为民、敢于直言的品格，看重他们所具备的宰相之才。《宋史·苏轼传》载：“仁宗初读轼、辙制策，退而喜曰：‘朕今日为子孙得两宰相矣。’”制科试后，苏轼因“忠义直谏”被称为“苏贤良”，声名传播四方。

仁宗皇帝独具慧眼，从他“退而喜曰：‘朕今日为子孙得两宰相矣’”之金口玉言，可知苏轼后来成为一位伟大的文学家，一代文宗；更是一位伟大的思想家、政治家。当然，其文学成就，是苏轼入仕为官，宦海沉浮四十余年间，对人生感悟，世间万物任知的提纯结晶；而其政治思想，治政理念，则是在他青少年时，就已形成了，且达到高水准的成熟程度，在当时的读书人与文人官吏中，当属另类，凸显出一代政治家的风范。

苏轼这次应制科试之前，还上了二十五篇《进策》、二十五篇《进论》，以及《上两制书》。这五十篇策、论都是苏轼二十六岁前所完成，不仅深刻系统地阐述了他伟大的、卓有见地的政治思想与治政理念，且涉及面非常广泛，涵盖了经济、财政、民政、吏制、军事、外事及文化、民风、民俗等，展示了苏轼力主革新，振刷时弊，卓然有立的政治家风范。

苏轼力主革新的政治主张与治政理念，决非书生之见，一纸高谈阔论，不切实际，而是紧贴北宋王朝“百年承平”的演变过程，对社会形势有着清醒的认识。苏轼认为王朝“有治平之名，而无治平之实”，提示了这种从表面看社会是太平的，实际上隐藏着严重的社会危机，百姓生活困苦不断加重，导致盗贼滋生，人民有“流离之祸”，不能安生，心存怨愤。从表面上看，没有“乱臣割据，四分五裂之忧”，实际上财政收入一年不如一年，常常入不敷出；从表面上看，没有“权臣专制，擅作威福之弊”，实际上君臣不亲，上下苟且，不思进取；从表面看没有外族侵略，但这种以朝廷贿银买得边境一时之安宁，隐藏着极大的危险性，致使君臣惶惶不安，常有外忧。这些都是苏轼据实分析所得，言之有理有据，切中时弊要害。

例如，苏轼在《晁错论》中鲜明地提出：“天下之患，最不可为者，名为治平无事，而其实有不测之忧。坐观其变而不为之所，则恐至于不可救。”意思是说天下的祸患，最难以解决的，莫过于表面上平安无事，实际上却存在着难以预料的隐患。苏轼以西汉初年景帝时期的政治改革家晁错削藩这一历史事件，指出汉景帝时期，表面上虽然国泰民安，却潜藏着藩王坐大，威胁中央的危机，暗指北宋王朝“有治平之名，而无治平之实”的事实。

当苏轼初仕凤翔后，经过官场实践，又作了《思治论》，进一步概括和发展了他在《进策》中所提出的革新主张。他一针见血地指出，“方今天下何病哉”，“今世有三患，常患无财，常患无兵，常患无吏”。“常患无财”，朝廷不但每年要拿出大量白银贿赂西夏与辽，而且朝廷各项开支剧增，导致国库空虚，入不敷出。关于“常患无兵”，说的是王朝军队空有百万之众，而无战斗力，不能抵御外来侵略。原因是开国皇帝赵匡胤为防止武将“拥兵不可制”所制定“强干弱枝”“内外相维”的军事制度，而“举天下之兵数百万人而不立素将”，到打仗时，才临时任命将帅，致使“为将者去其兵权，而为兵者不知将”，这样的军队能有战斗力吗？苏轼当然知道这是太宗制定的立国大法，谁都不敢去捅这个娄子。这便是苏轼所谓“常患无兵”之说。而何谓“常患无吏”？“冗官”本是北宋王朝“三冗”之弊，官吏真宗朝仅九千多人，到仁宗嘉祐年间便增加到一万五千多人。苏轼这里说的是缺少勤政清廉之吏。因此，苏轼说国家五六年以来，“下之所以游谈聚议，而上之所以变政易令”，都是想解决“丰财”“强兵”“择吏”的问题，结果却是“财终不可来”“兵终不可强”“吏终不可择”。他认为根源就在于“其始不立，其卒不成”。苏轼指出：“财之不丰，兵之不强，吏之不择，此三者存亡之所从出，而天下之大事也。……此三者决不可不治。”这可是关乎国家生死存亡的三大问题，必须要解决好。

如何解决呢？苏轼针对“其始不立”的问题，强调任何革新措施都必须找准问题症结，策划成熟，事先拟好计划，“见之明，而策之熟”，“先定其规模，而后从事”，要做到“行无越思”，一切措施都是经过深思熟虑的。苏轼打了个比方，人们修房子，对“为屋若干”，“用材几何，役夫几人，几日而成，土石材苇，吾于何取之”等等，都是先规划好了的。可是，如今的朝政与此相反，一片混乱状态。

在解决“三患”的问题上，苏轼认为“择吏”是关键。他清醒地认识到树立官员廉政思想，治理官场贪腐之风是根本。只有政府各级官吏廉洁从政，政治才能清明，国家才能发展强盛。为此，苏轼提出朝廷必须从源头上，采取一系列加强廉政建设的措施，从制度上约束和惩治贪污腐败官员。为考“课百官”，苏轼便在《进策》中提出监督考察官员的六条措施：“厉法禁”“抑侥幸”“决壅蔽”“专任使”“无责难”“无沮善”。

这六条措施，既从法制的角度提出加强廉政建设，又从制度上加强官吏的监察考核，促使各级官员为政清廉。“厉法禁”，就是执法要严，法律面前人人平等。苏轼特别强调：“厉法禁自大臣始，则小臣不犯矣。”认为因“刑不上大夫”的规定不改变，对犯法的大夫不惩处，或只是降级、处罚金，马虎敷衍了事，所以才导致今天的“法禁之不行，奸宄之不止”。“抑侥幸”，苏轼针对北宋“贪吏常多而不可禁”的状况，提出朝廷任用官员，应严格政绩、人品、才能等考核，确实做到“才者常

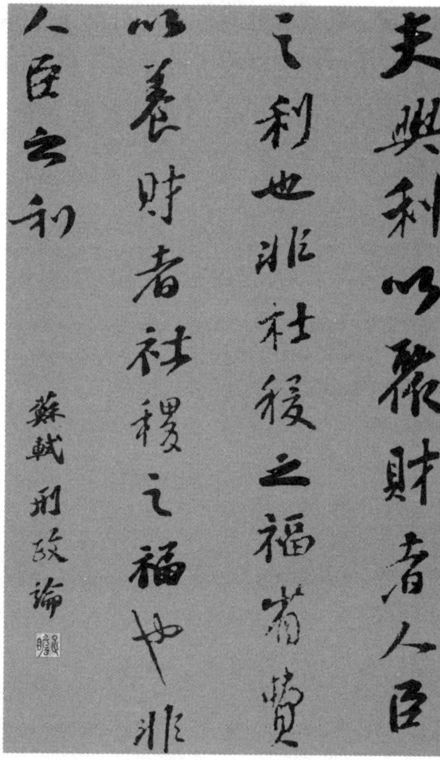

用，不才者常闲”，使善钻营者、侥幸者、贪官污吏者无进身之地，真正实现“使人人务学，文臣知经术时务，武臣闲弓马法律”，“而无终身绝望之叹”。“决壅蔽”，就是要杜绝为政拖、拉、皮、沓的作风和“暗箱操作”，提倡勤政、务实，且行政执法公平、公正。对“凡贿赂先至者，朝请而夕得；徒手而来者，终年而不获”的官场腐败之风，其解决的办法是“省事而厉精”。省事在于用人，“天下之事，分于百官”，这还是一个用什么样的人的问题。人用对了，“壅蔽”的问题自然就好解决了。“专任使”，苏轼提出对技术含量比较高，专业性比较强的部门，要选用懂行的人担任长官，而且任职时间可相对长一点，不一定“三年一迁”，“如使五六年或七八年而后迁，则将有十年不得调者”，其必然“为长远计”，所施政的办法、措施就不会“出于苟简”。他特别强调“京兆府”和“大司农”（即京城所在地的行政长官和财政部长）两职位的长官，“择人宜精”“任人宜久”，这样，贪污贿赂的行为就会减少；其久居不去，也自然就会深思熟虑地实施长久之计，不出十年，“将必有卓然可视者也”。“无责难”，既要追究当事人的责任，又要追究上司失察之责，“一县之长，察一县之属；一郡之长，察一郡之属；职司者，察其属郡者也”。苏轼认为只有加重对上一级长官失职督察不力的处罚，才能增强上下责任心，使“贪吏小人无容足之地”。“无沮善”，就是要鼓励有用、可用，能大用的官员，要保护他们的上进心。“昔者先王之为天下，必使天下欣欣然常有无穷之心，力行不倦，而无自弃之意。”凡圣明之君都知道如何保护属官的上进心，以高官厚禄来鼓励鞭策有上进心的人。如果，一个人的上进心得不到保护鼓励，人就会自暴自弃，自甘堕落，这样犯起罪来更加可怕，为恶“甚毒而不可解”。

对于主张治理国家要人与法并用，吏制改革、税赋改革，政府要“廉取而节用”，强兵戍边、抵御外族入侵等方面，苏轼都有深刻的论述和具体的措施。只可惜苏轼一系列有针对性的、可操作性的政治革新主张，一直没有被皇帝所采纳的机会，北宋王朝无疑失去改变积贫积弱国势的机会，否则，历史的走向将是另一番风光，苏轼这位被仁宗皇帝慧眼所识的“宰相”之才，亦不会被他的文学成就所遮掩。

第九章

民本思想

木无根则槁，灯无膏则灭。

鱼无水则死，农夫无田则饥。

商贾无财则贫，人主失心则亡。

民本思想，是苏轼整个政治思想与治政的核心，是他从小立下“致君尧舜”“奋厉有当世志”的远大志向的初心体现，是他力求实现为天下苍生谋利的人生价值的原动力。

苏轼民本思想主要来源于儒家思想与成长环境，在未出川之前，便已形成确立了。

民本理念是儒家思想的核心理念之一，是儒家治国理念中的精华。最早提出“民惟邦本”的安邦治国主张，是儒家经典之一的《尚书》中的《五子之歌》。这里有个典故，大约在公元前 1600 年，大禹的孙子太康主政，却不思政事，贪图享乐。一天，太康外出打猎不归，导致国都被侵占，这就是历史上著名的“太康失国”。太康的五个弟弟和母亲被赶到洛河边，面对奔腾不息的河水，这群被驱逐的王族记起先祖大禹的告诫，后悔不已，作“五子之歌”曰：“皇祖有训，民可近，不可下，民惟邦本，本固邦宁……”以警示后人。儒家代表人物之一的孟子在《尽心下》里更是响亮而明确地提出了“王者以民为本”的施政思想。儒家治政理念不断被封建统治者所接受，其思想不断得到传承与发展。自西汉董仲舒提出“罢黜百，独尊儒术”以来，儒家思想成为正统，为历代封建王朝治国牧民的核心施政理念。到了北宋时，因开国皇帝赵国胤以武力成就霸业，夺得江山后，怕别人以同样方法来取代他建立的大宋王朝，于是，采取抑武扬文的国策，大兴官学，为天下士子开辟科举入仕之途，并钦定儒学为官学。而科考试题的内容是离不开儒家“四书”“五经”的。这就是说，民本理念作为儒家治国牧民的核心施政理念，是读书人必须要了解掌握的。凡是想要通过科举入仕为官的读书人，必须熟读儒学经典。

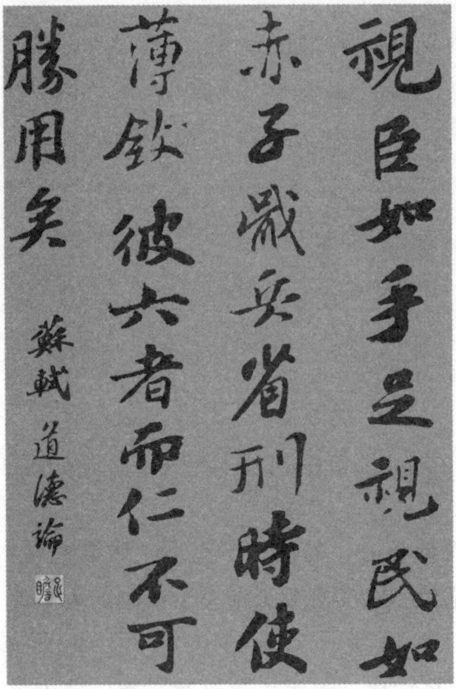

生活与成长于这个大环境中的苏轼，所受教育自然是儒家思想的教育。他从小受父亲苏洵、伯父苏涣的影响，刻苦勤奋好学，熟读诸子百家之学，善于从中吸取精华，尤其深受儒家“忠、孝、仁、义、礼、信”的影响，儒家民本理念无疑在他心中烙下深刻印记，以此树立牢固的民本思想，形成他非常系统化的治政理念，并伴随他整个政治人生。

苏轼除了受儒家思想的教育外，同时还受到良好家风的潜移默化。孝慈仁爱，是苏氏家风传承的魂脉。苏轼曾在《异鹊并序》中记说：“昔我先君子，仁孝行于家。家有五亩园，幺凤集桐花……”祖父辈孝慈仁爱的行为，连院子里的鹊鸟都深受感念。苏轼从小浸润其间，耳濡目染，不仅秉承这一美德，更将其升华为以孝爱国，以仁爱民，以德惠民的政治思想，大大丰富了民本理念的思想核心。

另外，苏轼从小生活的自然环境，则是他民本思想得以巩固，贯穿始终的重要因素。

苏轼出生在一个较微寒的“布衣”家庭，从小生活在一个城乡相融的环境中。宋代的眉山城很特别，城墙内有数百上千亩耕作的土地，商人、市民和农夫相处一城，民间有“关闭城门三年不饿饭”之说。这一点都不夸张，20 世纪 80 年代初，眉山城南门还残留着一段古城墙，就在古城墙内，紧邻苏轼旧居，即现今的三苏祠，其现状仍为稻田遍布。由此可见苏轼从小就与农民相处，对农民的贫困生活是非常了解的。面对“蜀人衣食常苦艰”（《和子由蚕市》）的现象，他从自身经历“少年辛苦事犁耕”（《野人庐》）的劳动生活中，深刻体验和认识到这是“千人耕种万人食”的不合理社会关系所造成。他不仅目睹了“野人喑哑遭欺谩”的可悲情景，而且亲身遭受过有权势的地主官僚的冷遇：“何尝疏小人，小人自阔疏。”（《答任师中·家汉公》）这些生活经历使苏轼不但从小就具有同情被压迫人民的思想感情，而且让苏轼把自己看作是其中的一员。他为官四十年，从不把自己看作是官：

“吏民莫作长官看，我是识字耕田夫。”（《庆源宣义王丈》）苏轼自视“耕田夫”，把自己等同于贫民农夫，始终如一，言行一致。

可以得出这样一个结论，从小生活的自然环境，是苏轼民本思想确立的又一重要因素，是“耕田夫”的经历铸造了苏轼一生为民鼓与呼的品格。

因此，苏轼民本思想的牢固树立，是他入仕为官之前，在家乡眉山时就已形成了。

民本思想的牢固树立，使苏轼为官之道大放异彩，是他整个政治人生浓墨重彩的一笔。

首先，苏轼认为为官者的首要职责是做到为国计民生，实事求是向上进有用之言，要有不讲个人利害得失，敢于“犯颜”直言的品格节操。“如随众人，内愧本心，上负明主”（《乞郡札子》），这就失去了一个为官者最起码的职责和思想素质。苏轼入仕为官四十余年，不管是为官于朝，还是出任八州太守之职，无不在向朝廷进言国事民情，以求解除所辖州县民困，以固国本。即使他遭受政敌迫害诬陷，在明知进言“则仇怨交攻，不死即废”的情况下，仍“不改其操，知无不言”。

苏轼进言最早始于嘉祐二年（1057），应贡举时的《省试刑赏忠厚之至论》。他首次向皇帝旗帜鲜明地提出民本仁政的理念，要治理好一个国家，首要是树立“爱民”“忧民”的仁政观，“夫君子之已乱，岂有异术哉？制其喜怒，而无失乎仁而已矣”。古之贤人君子能治理好乱世，并不是因为有什么奇特的方法，主要靠“广恩”“慎刑”，施仁政以待天下之民而已。苏轼以此进士及第。三年后，他又应制举，在《御试制科策》中，围绕仁政治国理念，大胆告诫提醒皇帝：“夫天下者，非君有也，天下使君主之耳。”国家不是君王私有的，君王只是主持天下之事罢了。要想处理好天下事，关键在固“本”，一切从民出发，从民着想，民安则国安，民富则国强，这才是君王治国之要术。然后针对仁宗皇帝提出的“德有所未至”的问题，苏轼一针见血地指出：“德之，必有以著其德之形。”讲求德治，不能只停留在口头上，而要有实际行动，采取相应的“轻赋”“裕民”政策，“德之之形，莫著于轻赋”。减轻百姓赋税，增加百姓再生产能力，让百姓得到实惠，百姓以此安居乐业，民富国强，这就是最大的德政。而今朝廷最大的失德“毒莫深于夺民利”。为此，苏轼提出朝廷应采取“轻重厚薄，一出于地”“较（核查）赋役”的“轻赋”原则，以百姓所占田地多少肥瘦来确定其赋税、劳役的多少，让贫富者都能合理承受得了。同时，提出减免百姓的“积欠”。所谓“积欠”，就是北宋王朝不断加重对人民的赋税，而百姓又无法承担，一年年地累积起“欠”朝廷的钱财。就“积欠”问题，自苏轼为官后，一直为此不断上书为百姓求免。“积欠”是束缚社会生产力发展，捆在百姓身上的一根绳索。对苏轼的进言，仁宗皇帝大为振奋，盛赞苏轼大有宰相之才。

其后，就有关民生问题，苏轼多次上言。如在《上初即位论治道二首》中，告诫新皇帝“民者国之本”“刑者国之贼”，如果“兴利以聚财，必先烦刑以贼民”，就会导致“国本摇矣”。在《策别训兵旅二》中又强调“民者，天下之本”。后又反复阐发这一思想，在《东坡书传·五子歌第三》中对“五子咸怨，述大禹之戒，以作歌。其一曰：皇祖有训，民可近不可下。民惟邦本，本固邦宁。予视天下，愚夫愚妇，一能胜予，一人三失”这段话特意作解说：“皇祖，禹也。‘民可近’者，言民可亲近而不可疏也。‘不可下’者，言民可敬而不可贱。若自贤而愚人，以愚视天下，是一夫可以胜我矣。‘一人三失’者，失民则失天，失天则失国也。”苏轼就是要反复告诫当朝执政者，“民惟邦本”的深刻道理，失民，就是失天下、失国家。

苏轼为官之道的另一个重点是为官者要树立自觉推行仁政之治、造福于民的思想。他在《诸葛亮论》中以史为鉴，引申其义，指出即使天子圣明，广施仁政，如果地方官吏不去认真执行，只知向百姓“扼吭拊背，以收丝毫之利”，仁政之治便成为一句空话。他针对大宋王朝的官场现状，说：“古之设官者，求以裕民；今之设官者，求以胜民。”古人圣君设官使民富裕，而今设官却是为了搜刮百姓钱财。于是，苏轼在《仁说》中以孟子“仁者如射，发而不中，反求诸身”为喻，引申出为官者要加强自身修养，求得“君子之志于仁，尽力而求之”的仁德思想理念，自觉做到爱民、亲民、忧民，情为民所系，权为民所用，利为民所谋，以高度的责任心来具体实施君王的仁政之治，这是为官者必须具备的思想素质。否则，“在我者甚微，而民有不得其死者矣”。如果为官者在任职中稍有懈怠疏忽，或者不仁，他给百姓带来的祸害灾难也会“甚于杀不辜”。

苏轼入仕为官以来，始终坚守以“民本”为施政原则，不被名誉地位、权位私利所突破，以至为民求利不惜丢官下狱、谪贬杀头。

第十章

初仕凤翔

人生到处知何似？应似飞鸿踏雪泥。
泥上偶然留指爪，鸿飞那复计东西？
老僧已死成新塔，坏壁无由见旧题。
往日崎岖还记否，路长人困蹇驴嘶。

苏轼制科入三等，朝廷优予授职“将仕郎、守大理评事”。大理寺为中央审判机关，其职责是审核刑狱案件。其长官叫大理寺卿，副长官叫少卿，下设寺正、寺丞、寺主簿、狱丞、司直、评事等官。大理寺相当于现在的最高法院。苏轼的官职虽为大理寺末等，但已是八品，并以京官身份出任“签书凤翔府节度判官厅公事”，简称“签判官”。其职责是兼管州府各部门的文书，审定进呈的文案，协助主官处理政务，如现今的市政府秘书长。

苏轼初仕凤翔，在人生价值追求与社会现实矛盾的第一次碰撞中，在治政理念与为官实践的融合中，充分展示了苏轼在坚守“民本”这一政治原则下，与民休戚与共，为民而歌，权为民所用，利为民所谋，不怕犯上受责，勇于担当，是他民本思想的鲜明行为表现的开始。

宋仁宗嘉祐六年（1061）十一月初，苏轼携妻儿王弗、苏迈及乳娘任采莲，辞别老父苏洵，走马上任，苏辙相送。十九日，至郑州西门外，兄弟俩这才依依惜别。

不难想象，年仅二十六岁的苏轼，就要去全面主持一个州府判官厅的政务，是何等的踌躇满志，春风得意！他飞马驰向踏入仕途的第一站——凤翔。

当苏辙与苏轼分手后，路过渑池，勾起往事和对哥哥的思念，即作《怀渑池寄子瞻兄》：

相携话别郑原上，共道长途怕雪泥。

归骑还寻大梁陌，行人已度古崤西。

曾为县吏民知否，旧宿僧房壁共题。
遥想独游佳味少，无言骓马但鸣嘶。

当年兄弟俩在父亲苏洵带领下，第一次离蜀赴京应试，路经渑池，在县中寺庙内借宿，并在住持奉闲和尚居室的壁上题诗。后来，苏辙十九岁时，曾被委以渑池县主簿，但未赴任。因此，他对渑池有一种特殊的感情。苏轼收到苏辙寄来的诗，亦生出无限感慨，依原韵作《和子由渑池怀旧》诗：

人生到处知何似？应似飞鸿踏雪泥。
泥上偶然留指爪，鸿飞那复计东西？
老僧已死成新塔，坏壁无由见旧题。
往日崎岖还记否，路长人困蹇驴嘶。

据《太平寰宇记》载："渑池，即秦、赵所会之地。城与渑池水源南北相对。"苏轼全诗以"雪泥鸿爪"为主旨，比喻形象贴切地抒发了作者对人生的看法，说明人生道路的短暂和艰辛，犹如匆匆过客。既表现出"人生天地间，若白驹之过却，忽然而已"的沉郁悲凉，又表现出苏轼人生处事的积极态度。这是一首受人喜爱寻味的哲理名诗，"雪泥鸿爪"已成为一个惯用的成语。

十二月十四日，苏轼抵凤翔。

凤翔古称雍州，为"天下九州"之一。后为先秦都城，春秋秦穆公因之以成霸业。又据《元和县志》载："凤翔，项羽封章邯为雍王，即此地。汉为右扶风，唐武德元年改府。东至东京一千一百七十里。"凤翔地处我国古代关中，是古代文化发展的摇篮。这里名胜古迹很多，苏轼在这里览古抒怀，写下了大量抒发胸志，感世疾恶，流传千古的好诗篇。如所作《凤翔八观》组诗，就是其中的代表之一。他在诗序中说："悲世悼俗，自伤不见古人，而欲一观其遗迹，故其勤如此。"

这八组诗为《石鼓歌》《诅楚文》《王维吴道子画》《维摩像，唐杨惠之塑，在天柱寺》《东湖》《真兴寺阁》《李氏园》《秦穆公墓》等。其中《石鼓歌》最为有名：

冬十二月岁辛丑，我初从政见鲁叟。
旧闻石鼓今见之，文字郁律蛟蛇走。

细观初以指画肚，欲读嗟如钳在口。
韩公好古生已迟，我今况又百年后。
强寻偏旁推点画，时得一二遗八九。
我车既攻马亦同，其鱼维鲔贯之柳。
古器纵横犹识鼎，众星错落仅名斗。
模糊半已似瘢胝，诘曲犹能辨跟肘。
娟娟缺月隐云雾，濯濯嘉禾秀稂莠。
漂流百战偶然存，独立千载谁与友？
上追轩颉相唯诺，下揖冰斯同鷇彀。
忆昔周宣歌《鸿雁》，当时籀史变蝌蚪。
厌乱人方思圣贤，中兴天为生耆耇。
东征徐虏阚虓虎，北伏犬戎随指嗾。
象胥杂沓贡狼鹿，方邵联翩赐圭卣。
遂因鼓鼙思将帅，岂为考击烦矇叟。
何人作颂比崧高？万古斯文齐岣嵝。
勋劳至大不矜伐，文武未远犹忠厚。
欲寻年岁无甲乙，岂有名字记谁某。
自从周衰更七国，竟使秦人有九有。
扫除诗书诵法律，投弃俎豆陈鞭杻。
当年何人佐祖龙，上蔡公子牵黄狗。
登山刻石颂功烈，后者无继前无偶。
皆云皇帝巡四国，烹灭强暴救黔首。
六经既已委灰尘，此鼓亦当遭击掊。
传闻九鼎沦泗上，欲使万夫沉水取。
暴君纵欲穷人力，神物义不污秦垢。
是时石鼓何处避？无乃天工令鬼守。
兴亡百变物自闲，富贵一朝名不朽。
细思物理坐叹息，人生安得如汝寿！

全诗以长篇大赋，铺排宏伟，结构独特，立意新颖，蕴意高妙，诗境壮阔之势，既以石鼓为主轴，又不囿于石鼓，开合有度，娓娓道来，层层深化，态度明朗，通过描绘石鼓的古、妙、真、高来反映出对历史兴衰的评说，对历代帝王功过是非的褒贬，以及借鉴历史拔乱治政的高度政治见解。在此以前，韩愈、韦应物俱有《石鼓歌》传诵于世，称作名诗，韩诗尤为著名。而苏轼则“缘诗人之义，托事以讽”，“立新意于法度之中，寄妙理于豪放之外”。故翁方纲《石洲诗话》云：“苏诗此歌，魄力雄大，不让韩公。”因此，后人往往把苏诗《石鼓歌》与韩诗《石鼓歌》相比，并称名作。年轻的苏轼已经展露了他高超的诗情才华，正如《诗人玉屑》引蔡伯衲《诗评》云：“东坡天才宏放，宜与日月争光。凡古人所不到处，发明殆尽。”

石鼓，是唐代从宝鸡出土的，一直保存到现在，现存北京故宫博物院。《太平寰宇记》：“石形如鼓，其数有十，盖纪周宣王畋猎之事，其文即史籀之迹。”其上文字是我国最早的刻石文字，在十块鼓形石上，用大篆（籀文）刻着十首四言诗。欧阳修《集古录》云：“石鼓久在岐阳，初不见称于前世，至唐人始盛称之。”经近代人考证，断其为秦时记载国君游猎的刻石，而唐宋人因“我车既攻，我马既同”与《小雅·车攻》的起句相同，加之无刻石的时间记载，故多附会为周宣王时物。

苏轼很幸运，初仕凤翔就遇上了好上司宋选。这是一位温和厚道的长者，素有贤望。宋选对苏轼这对年轻夫妻的生活照应很周全，找了一座很别致的宅园让苏轼夫妻居住。虽然庭院久不住人，有些破旧，但经王弗一收拾，顿时焕然一新。苏轼是个十分讲究居住环境的人，他在庭前挖了一方池塘，养鱼种荷花，池中间还建了一小凉亭，亭与堂屋由回廊接通，庭院内广种桃、榴、竹等。每日公事完后，小夫妻二人便生活在这“荷芰荫池绿，竹色入帘青”的画景中。真是坐看花丛水影，行听莺歌燕语，立望野鹤巢林，十分惬意。

为此，苏轼还特意作了《新葺小园》小诗两首：

其一

短竹萧萧倚北墙，斩茅披棘见幽芳。
使君尚许分池绿，邻舍何妨借树凉。
亦有杏花充窈窕，更烦莺舌奏铿锵。
身闲酒美谁来劝，坐看花光照水光。

其二

三年辄去岂无乡，种树穿池亦漫忙。
暂赏不须心汲汲，再来惟恐鬓苍苍。

应成庾信吟枯柳，谁记山公醉夕阳。
去后莫忧人剪伐，西邻幸许庇甘棠。

故苏轼《与宋汉杰书》云：“某初仕即佐先公，蒙顾遇之厚，话及畴昔，良复慨然。”又在和子由《除日》诗云：“兄今虽小官，幸添佐方伯。”庆幸自己能辅助这样一位好长官。

宋选不仅在生活上关照苏轼，政务上亦很支持苏轼，他很器重苏轼的人品才学，许多事情都放手让苏轼去做，并听得进苏轼的各种建议，多有采纳。

嘉祐七年（1062）一月，苏轼经过认真调查，了解到“衙前之役”害民一事，决定让知州宋选修改“衙前之役”。

“衙前之役”，是宋代差役的一种，职责是代官府押送纲运，保管财物，有缺损要负责赔偿，有些贪官污吏借机敲诈勒索，无钱者便被逮捕入狱，以致逼民为盗。凤翔一带每年要砍伐终南山的竹木，编成木筏，从渭河入黄河，运到京城开封，这是衙前之役中扰民深重的一项。“自赵元昊叛命，人贫役重，岐下岁以南山木筏，自渭入河，经砥柱之险，衙前以破产者相继。”砥柱是旧日黄河中一座山，在今河南三门峡境内，屹立如柱，河水至此分流，包山而过，共有三门，南为鬼门，中为神门，北为人门，将水道分为三股急流，水急河窄，舟筏经过，往往舟覆人亡。苏轼经过调查，了解到运送木筏本不至于如此危险，原因是官府有人趁河水暴涨时才让民夫运送，以多谋财矣。于是，苏轼向宋选提出修改衙规，准许衙前之役可“自择水工，以时进止”，得到宋选批准而实行，自是“衙前之害减半”。

接着，苏轼又私信于宰相韩琦，提出“以官榷与民”的主张。宋王朝为了增加政府的财政收入，对茶、盐、酒、矾等生活必需品实行官卖，政府专利，叫作“官榷”。苏轼提出让利于民，虽然这样做政府每年会损失两万贯专卖之利，但准许百姓经营茶、盐、酒、矾，商税也可增加。如果不让“官榷与民”，让民“日益困穷而无告”，一旦外敌进犯，便“无以待仓卒意外之患”。并指出“朝廷自数十年以来，取之无术，用之无度，是以民日困，官日贫，一旦有大敌，则政出一切，不复有所择。此从来不革之过，今日之所宜深惩而永虑也”（《上韩魏公论场务书》）。

二月五日，朝廷诏令郡吏往属县解决囚禁，要求地方官吏对所押“囚禁”进行核查，凡有冤屈者，即行释放。这是朝廷对官民矛盾的一种缓解策略，苏轼作为签判官，本是分内职责。十三日便出府衙，前往所属宝鸡、虢、郡、盩厔四县公干。苏轼实际上就是奉诏行事。大多数官员行此公务，多敷衍了事。而苏轼却十分认真，对所属各县关押的“囚禁”者，逐一核查，发现问题很严重，朝廷赦令早已颁布全国，凡因“积欠”收押的，应释放回家。而三司在各县的曹吏却拒不执行。原因是只有被关押者给钱才放人，没钱别想。这些赃官猾吏让苏轼愤恨。他经过认真核查后，该释放的当场释放，总计二百五十人。有人告到知州那里，说苏轼减决“囚禁”之举太胆大，惹出祸事谁承担责任？而知州宋选却支持苏轼，说这件事办得好，深得民心。从此，苏轼在凤翔百姓口中被称呼为“苏贤良”。

苏轼办完所属各县“囚禁”之事，回到府衙，又以个人名义给时任三司使的蔡襄写了《上蔡省主论放欠书》，言明实情，希望蔡襄能在朝议时提出免除百姓积欠。他说：“轼于府中，实掌理欠”，催理民欠官的债务是他签判任上的职责之一，可县吏每天用关押、鞭打的刑罚来逼欠债之民，不仅让他这个签判官心中不好受，而且收回的钱也极少。如果“彼实侵盗欺官，而不以时偿还，虽日挞无愧”，可这些欠钱之人欠钱的原因是很冤枉的，很多情况是不应该叫老百姓偿还的。例如管押竹木，被风浪颠覆要赔，保管粮食布帛，霉烂损耗要赔，这些都不是他们的过失，但三司的官吏们还是逼他们还欠。另一方面，这些人确实也无钱来赔，久而久之成了积欠。这些情形，朝廷也知道，所以也常下旨赦免，可地方官府为了自己的利益，为了贿赂上司，中饱私囊，却仍“追呼鞭挞，日夜不得休息”。对积欠，只有“一切除免，不问其他”，老百姓方能安身立命。其实，苏轼与蔡襄并无交往，苏轼不惜干犯上官，为民请命，“故敢以告”。

苏轼虽为签判官，但他仍表现出一种励精图治的高度责任心。正如他在《凤翔到任谢执政启》中所言：“伏自到任已来，日夜厉精。虽无过人，庶几寡过。……所任佥署一局，兼掌五曹文书。内有衙司，最为要事。编木筏竹，东下河渭；飞刍挽粟，西赴边陲。大河有每岁之防，贩务有不蠲之课。”到凤翔的头一个春天，便遇到严重旱情，几乎是草不发芽、树不开花，百姓苦不堪言，年轻的苏轼忧心如焚。他在《和子由〈闻子瞻将如终南山太平宫溪堂读书〉》一诗中表述了当时的心情：

桥山日月迫，府县烦差抽。
王事谁敢愬，民劳吏宜羞。
中间罹旱暵，欲学唤雨鸠。
千夫挽一木，十步八九休。
渭水涸无泥，菑堰旋插修。
对之食不饱，余事更遑求。

作为官吏不能解除百姓困苦，苏轼感到十分羞愧自责，他既想学唤雨鸠唤来雨水，又要面对民劳吃不饱的问题。苏轼忧民之忧的心情不只停留在笔下，同时又体现在行动之中。他积极询问当地父老，什么地方可以祈雨。父老告之：太白山神有灵，祈无不应。于是，他便前往祈雨。也许是巧合或真的感动了山神，一场大雨终于从天而降，足足下了三天，旱灾得到了解除，老百姓欢天喜地。苏轼怀着与百姓同忧乐的心情，特意把他庭院所修的亭子命名为“喜雨亭”，并写下了《喜雨亭记》，以记其事。文中形容吏民欢腾的盛况说：“官吏相与庆于庭，商贾相与歌于市，农夫相与忭于野，忧者以喜，病者以愈。”他纵情讴歌道：“使天而雨珠，寒者不得以为襦；使天而雨玉，饥者不得以为粟。”在受冻挨饥者面前，雨就是粮食，就是桑棉，就是生命，岂是珠宝玉石之价可比。一片忧民所忧、乐民所乐的感情，洋溢于字里行间，成为名篇。

祈雨成功，旱情解除后，苏轼又决定修湖治水。

原来，苏轼初到凤翔时，发现在凤翔城东南角，有一湖泊叫东湖，原名“饮凤池”。相传周文王元年有凤凰临池饮水而名。凤翔多干旱，他想要充分利用这一潭湖水来灌溉农田，发展农业生产。苏轼便请示宋选，又得到知州大人的全力支持。于是，苏轼以签判官的身份，倡导主持浚修东湖，充分利用湖水以灌农田。在陈公弼到任时，苏轼完成了这一水利工程。因此，方有清道光年间《重修东湖碑记》载：“距郡城而东有湖焉，固凤凰泉注水之潴也。宋嘉祐中，苏文忠公以一代伟人，签判是郡。公余巾杖来观，相度地形，以斯湖可浚而成也。爰引泉流由西北折而之东，延袤十数里，注之于湖。水多则蓄之，以防涨溢；干旱则泄之，以润田畴。湖成而民利普焉。”苏轼亦作《东湖》诗记之：“不谓郡城东，数步见湖潭。”如今，“湖似郎官好，名因学士传”，东湖已成为名胜游览胜地，成为人们缅怀“苏贤良”的好去处。

嘉祐八年（1063），宋选罢凤翔任。正月，陈希亮接任知州。这下苏轼的“麻烦”来了。

陈希亮，字公弼，眉州青神县人，与苏轼妻王弗同乡。陈公弼自幼失去父亲，十六岁时，他要拜师学习，哥哥为难他，让他去收取三十多万的利息钱。陈公弼召集所有欠钱的人，当着他们的面把借据烧掉后，只身外出求学。学成归来，陈公弼没有记恨哥哥，把哥哥的儿子陈庸、陈谕叫来，劝导他们努力刻苦读书。后来，陈公弼与两个侄子都考中了天圣八年进士。乡里人为了表彰他们，在陈家挂了一块“三隽坊”的匾额。陈公弼进入仕途后，在朝廷和地方任过不同的官职。他为官清白刚劲，开办学堂，培养人才，不惧权贵，疾恶如仇，伸张正义，为百姓做了很多好事。苏轼在《陈公弼传》中，评价说："为人清劲寡欲，长不逾中人，面瘦黑，目光如冰，平生不假人以色，自王公贵人，皆严惮之。见义勇发，不计祸福，必极其志而后已。所至奸民猾吏，易心改行，不改者必诛。然实出于仁恕，故严而不残。以教学养士为急，轻财好施，笃于恩义。"

陈公弼一到凤翔任，便没给苏轼好脸色看，并处处"刁难"。一日，他坐在公堂上，让苏轼汇报地方政务的情况，苏轼希望新任知州能在"肃匪盗、安民心、施仁政、鼓励生产"方面多动心思，哪知陈公弼一声冷笑，斥之为"书生之见"。这使苏轼大为不满，遂发生争执。这老头儿声色俱厉地骂他"年幼无知，狂妄自大"。苏轼愤而归家，王弗见状，问是怎么回事。苏轼狠声道："这个鬼老头，总自以为是！"王弗劝慰道："人生自古无直道，好事从来多折磨，你就慢慢来吧！况且，下属怎能要求上司呢？分明是你自以为是，老头儿哪能不生气呢？"苏轼觉得妻子的话说得在理。气消去一大半，但仍愤愤说："这老鬼头还看不起我呢！"王弗笑道："老头儿昨天才上任，心目中怎能有你这个'苏贤良'呢？"

王弗的话倒启发了苏轼：不露文才谁识我，文章一出惊翰院！不是给我布置了草拟一道安民的官文吗？我让你见识见识！说干就干，苏轼草草吃过晚饭，便铺纸研墨，拉开架势，大有"语不惊人死不休"的劲头，一气呵成。

天一放亮，官文就送进内府去。一个时辰过去了，陈公弼还没出大堂。苏轼一个人冷坐在衙门里，环视整个公堂，依然如故，却没了往昔同自己亲切谈论政事文章的宋知州，心里有股说不出的滋味。好容易空着肚子又等了一个时辰，批答才送出来，只见文稿上批一行朱红大字："来往行文，务要朴实简洁，无须语必惊人。重拟！"一瓢冷水泼来，苏轼气得咬牙！只得回家重拟了一稿，再次送到内府。这次只等了半个时辰，陈公弼亲自拿着文稿走出内府，交与苏轼道："你亲自送去书吏誊写。"这本是衙役干的事，却叫签判官去做，这不是看不起人吗？苏轼很想发作，但又想到昨晚妻子的一番规劝，只好咽下这口气。

苏轼走出大堂，便叫书吏来领文稿。书吏见了惊问道："这！苏贤良怎么亲自动了尊步？"苏轼勉强一笑，把文稿递与他。书吏接到一看签页，笑道："又是苏贤良笔下生花，倒要先拜读拜读！"翻过签页一看，文稿被涂改得乱七八糟，书吏甚为诧异，苏轼更为难堪……

一天，苏轼上府衙坐堂，一典吏向他问候道："苏贤良早！"不料，陈公弼听见了，顿时大声怒斥典吏道："小小一个签判，有什么贤良！"喝令重责典吏四十大板。这不把人打死吗？苏轼再也按捺不住胸中怒火，大声喊道："知州大人，你岂不太过分了吗？"陈公弼的黑脸更黑更阴沉了，威严地扫了苏轼一眼，冷笑道："怕今后无人称苏贤良了？法不严而信不立，何以服人？""一声称呼不合你意，便要重罚，安能服人？"苏轼亦不示弱。"就是你不服！""情理不合，谁也不服！"陈公弼愤怒起来，惊堂木一拍，怒斥道："孺子无知，如此放肆！"众官吏、衙役、差役、书吏见事情要闹大，便齐向陈公弼跪下，求情道："知州大人请息雷霆之怒，宽恕这一次吧！"陈公弼也就来个顺水推舟，就此罢了。（以上依据《邵氏闻见后录》）

不久，陈公弼在终南山下筑一凌虚台，特意请来苏轼为之作记。苏轼当即应承，铺纸研墨，一挥而就。通篇以兴成废毁作骨，夹叙夹议，慷慨悲歌，强烈地感叹"物之废兴成毁，不可得而知也"，"夫台犹不足恃以长久，而况于人事之得丧，忽往而忽来者欤！而或者欲以夸世而自足，则过矣。盖世有足恃者，而不在乎台之存亡也"。由物及人，借题发挥，咄咄逼人，讽诫知州大人：高官显位并不足恃，为百姓做好事，才可以永垂不朽！其文曰：

国于南山之下，宜若起居饮食与山接也。四方之山，莫高于终南。而都邑之丽山者，莫近于扶风。以至近求最高，其势必得。而太守之居，未尝知有山焉。虽非事之所以损益，而物理有不当然者，此凌虚之所为筑也。

方其未筑也，太守陈公杖履逍遥于其下，见山之出于林木之上者，累累如人之旅行于墙外而见其髻也，曰："是必有异。"使工凿其前为方池，以其土筑台，高出于屋之檐而止。然后人之至于其上者，恍然不知台之高，而以为山之踊跃奋迅而出也。公曰："是宜名凌虚。"以告其从事苏轼，而求文以为记。

轼复于公曰："物之废兴成毁，不可得而知也。昔者荒草野田，霜露之所蒙翳，狐虺之所窜伏，方是时，岂知有凌虚台耶？废兴成毁相寻于无穷，则台之复为荒草野田，皆不可知也。尝试与公登台而望，其东则秦穆之祈年、橐泉也，其南则汉武之长杨、五柞，而其北则隋之仁寿、唐之九成也。计其一时之盛，宏杰诡丽，坚固而不可动者，岂特百倍于台而已哉！然而数世之后，欲求其仿佛，而破瓦颓垣无复存者，既已化为禾黍荆棘丘墟陇亩矣。而况于此台欤！夫台犹不足恃以长久，而况于人事之得丧，忽往而忽来者欤？而或者欲以夸世而自足，则过矣。盖世有足恃者，而不在乎台之存亡也。"既以言于公，退而为之记。

陈公弼认真看后，非常赞赏苏轼深谙古人借物讽喻之法，认为这篇《凌虚台记》传诸后世很有意义，便一字不改，命人拿去刻于石碑上。陈公弼又借此与苏轼谈《孟子》之学。说到《孟子》，苏轼谈兴勃发，侃侃而谈，从孟子的生平谈到“天将降大任于斯人也，必先苦其心志……”的微言大义，再到孟子倡言“民贵君轻”的民本主义思想理论。陈公弼连连称赞：“讲得好！讲得好！”苏轼突然狠声说：“好什么呀！你为啥总和我过不去?”陈公弼手捋长须，哈哈大笑道：“你错解老夫之意啰。你的文名早已耳闻，文章早已拜读，初到凤翔的政绩我早已了然于心，自我到任那天起就敬佩你。尤其是你倡导主持浚修东湖之事，令老夫甚为感动，这本是知州宋选的责任，却由你来完成。”

陈公弼喝了一口茶后，接着说道：“可你锋芒太露，初入仕途，不知官场险恶，世事艰险，且有自以为是、夸夸其谈的毛病，年轻幼稚。玉不琢不成器。所以，老夫便采用这种方法来开导你，这就是《孟子》所言：大器必先磨。”陈公弼一口气说下来，苏轼这才恍然大悟，十分感激地说：“真难为您老一片苦心！”

原来如此，这使苏轼十分感动和惭愧。后来，他特意为陈公弼立传，写了《陈公弼希亮传》留于世。传中高度赞扬陈公弼在凤翔任上“驭吏严察，人不敢欺”，对所有文牍都亲自过目处理，有理有条，有令人佩服的精神。苏轼并诚恳检讨了自己当年的鲁莽：“公于轼之先君子为丈人行。而轼官于凤翔，实从公二年。方是时，年少气盛，愚不更事，屡与争议，至形于言色。已而悔之。”苏轼在陈公弼身上学到了清劲义勇的气概。故《挥麈后录》云：“东坡先生平生为人碑志绝少，盖不妄语可故也。其作《陈公弼希亮传》，叙其刚方明敏之业，殆数千言，至比之韩长孺。”当然，苏轼能为陈公弼作传，乃陈公弼为民之举令苏轼感怀至深。时元昊叛后，关中并为衙前所困，民力惫甚。苏轼向韩琦、蔡襄提出以官榷与民，稍优裕之的主张，只是个人行为，还不能朝议。而陈公弼接任宋选后，便将苏轼“官榷与民”的主张行成官文，正式上报朝廷，方有朝议，并有好的结果。

苏轼在凤翔，结识了一位朋友，名叫章惇，字子厚，浦城人，与苏轼为同榜进士。时为商州令的章惇从长安至终南，来拜谒任凤翔签判官的苏轼，二人交流相得甚欢。可苏轼妻子王弗却觉此人身上有一股戾气，不可深交。苏轼不以为然，反觉得章惇有豪侠之气。二人同游览了凤翔的几处名胜古迹。当年诸葛亮北伐中原野，修建十分险要的武城镇，此地有一胜境叫仙游潭，他们便前往登临绝壁，凭吊武侯。当到仙游潭时，横在二人面前的是一条深涧，涧上架着一条窄木板，百尺下有激流奔泻，四周是直立的峡谷峭壁。章惇要苏轼过桥去，在对面峭壁上题字留念，苏轼拒绝了。章惇便独自过桥，他拢拢长袍，抓住一根树藤，沿峭壁到溪流对岸写了六个大字“苏轼章惇来游”，然后若无其事地走回来。苏轼为他捏了一把汗，摇摇头，拍拍他的肩膀说：“有一天你会杀人。”章惇不解道：“为什么？”苏轼说：“能将自己性命玩弄于股掌之上，自然敢取他人的性命。”章惇哈哈大笑，笑声在深谷回荡，长长的回音如狼嚎，似鬼泣，狰狞可怖，苏轼不禁打了个寒战。《中庸》曰：“君子居易以俟命，小人行险以侥幸。”此轼与惇之分也。

后来，章惇把此行刻石于雩县草堂寺：“惇自长安率苏君旦、安君师孟至终南，谒苏君轼，因与苏游楼观、五郡、延生、大秦、仙游。甲辰正月二十三日，京兆章惇题。”苏轼也写了一首《仙游潭》诗记其事：

翠壁下无路，何年雷雨穿。
光摇岩上寺，深到影中天。
我欲燃犀看，龙应抱宝眠。
谁能孤石上，危坐试僧禅。

真是大不幸，多年以后，章惇“杀人事件”竟发生在苏轼兄弟身上，证实了苏轼的预测。

苏轼在凤翔，还结识了另一位朋友，叫陈慥，字季常，自称龙丘先生。他是知州陈公弼的幼子，平生不好仕途钱财，独喜“使酒好剑”，“自谓一世豪士”。凡苏轼公干毕，陈慥便约上苏轼骑上骏马，穿山越林，不是张弓搭箭，猎杀野物，就是弄枪使剑，习武强身，苦练杀敌本领。二人极其投缘，结为终身好友。

陈慥有个弱点，就是怕老婆柳氏。柳氏出身于山西河东一带的望族，脾气大心眼好。平日里，三两句话不合，便要开吼，陈慥让而不作声。苏轼常到陈慥家下棋品茗，共论古今成败之道。一日，柳氏又吼陈慥，苏轼便拿陈慥打趣说：“又是河东狮吼。”陈慥笑而不语。而苏轼一句“河东狮吼”的玩笑话，便成了千古典故，传扬至今。当然，这与苏轼后来作的一首《寄吴德仁兼简陈季常》诗的影响力是分不开的。诗云：“龙邱居士亦可怜，谈空说有夜不眠。忽闻河东狮子吼，挂杖落手心茫然。”其实，柳氏心善，人品佳，陈慥后来散尽家资，隐居山林，清贫度日，柳氏无有怨言，终身相随不弃。可见陈慥非怕老婆，而深知其妻也。

第十一章

丧亲之痛

十年生死两茫茫。不思量，自难忘。千里孤坟，无处话凄凉。纵使相逢应不识，尘满面，鬓如霜。　　夜来幽梦忽还乡。小轩窗，正梳妆。相顾无言，惟有泪千行。料得年年断肠处，明月夜，短松冈。

嘉祐八年（1063）三月二十九日，仁宗皇帝驾崩。四月初一，赵曙即位，是为英宗，翌年改年号为治平，广行封赏，苏轼由“守大理评事”迁“大理寺丞”。治平二年（1065）正月，苏轼签判凤翔三年任满，回京述职。

苏轼回京后，不愿住官舍，与父亲苏洵、弟弟苏辙同住于南园私宅。

南园，是苏洵在嘉祐元年（1056）入京时置下的房产。南园之名为苏洵所取。当年便在居所成片地栽种竹、柳、槐、桃等竹木，把南园营造成京城之中的世外桃源。数年后，南园早已竹树成林，颇具道家的风范。苏轼很喜欢南园，在《与杨济甫书》说，南园“高槐古柳，一似山居，颇便野性也”，道出了他热爱大自然、与竹树为友、怡情养性的本性。

苏轼在凤翔任时，老父苏洵由弟弟苏辙侍奉。当年制科试波折，苏辙降等录为四等次（下等），除试秘校、商州军事推官，因宋代官职任命程序严格，吏部下达任命后，则由任知制诰的官员撰词，即撰写任职书，方能赴任。如果知制诰不制词，则不能赴任。时王安石知制诰。他当制却不肯撰词，拒绝为苏辙下达任职书。一直拖到次年秋天，另一知制诰沈遘当制，才为苏辙撰词。而年轻气盛的苏辙一想到胡宿等人对他的指责，想到王安石不仅不撰词，还另找缝隙，横加罪名，心里来气，便借口父亲苏洵在京编修礼书，无人侍奉为借口，辞官不赴，被朝廷允许。苏洵入京后，初被朝廷任命为试秘书省校书郎，后为霸州文安县主簿，留京与陈州项城县令姚辟同修《礼书》。苏轼到任凤翔后，得知苏辙辞官不赴，心里很着急，为弟弟的年轻气盛担忧。于是，作《病中闻子由得告不赴商州相寄》：“答案不堪宜落此，上书求免亦何哉！”批评苏辙太过草率，是要吃大亏的啊！果不其然，苏辙

“自是流落凡二十年”，他一直被朝廷弃置二十年，只在州府当一个小吏。

当时，对于王安石不肯为苏辙撰词，老苏似乎翻不过这道坎。到嘉祐八年，也许他以此为由头而作《辨奸论》，矛头直指王安石，就差直呼其名了。

苏洵在《辨奸论》一文中首先提出“事有必至，理有固然……见微而知著”的辩证观点，认为世上任何事情都由因果关系构成，只要人们留心于事物，就会“见微而知著”。羊祜初见王衍就说：“误天下苍生者，必此人矣。”（此二人皆为西晋大臣，羊祜曾参与司马炎篡魏自立的机密，并为灭吴，统一中国立下功劳。王衍尚清谈，专谋自保，后被石勒所俘，被杀。见《晋书·王衍传》）郭子仪初见卢杞就说：“此人得志，吾子孙无遗类矣。”（郭子仪，唐大将，在平定安史之乱和仆固怀恩之叛中有功。卢杞，唐大臣，官至宰相，排除异己，搜刮民财，民间怨声载道。郭子仪有病，百官造请，不屏姬侍，及杞至，即屏之。人问其故，子仪说：“杞貌陋而心险，左右见之必笑。若此人得权，即吾族无类矣。”见《旧唐书·卢杞传》）羊祜、郭子仪皆善于见微知著，尤其卢杞面相“外陋”，苏洵引之，其意自明。

因此，文章用了一大段文字不点名地写王安石：

> 今有人口诵孔、老之言，身履（伯）夷、（叔）齐之行，收召好名之士、不得志之人，相与造作语言，私立名字，以为颜渊、孟轲复出。而阴贼险狠，与人异趣。是王衍、卢杞合为一人也。其祸岂可胜言哉！夫面垢不忘洗，衣垢不忘浣，此人之至情也。今也不然，衣臣虏之衣，食犬彘之食，囚首丧面，而谈《诗》《书》，此岂其情也哉！凡事之不近人情者，鲜不为大奸慝，竖刁、易牙、开方是也。以盖世之名，而济其未形之患，虽有愿治之主，好贤之相，犹将举而用之。则其为天下患，必然而无疑者。

这段文字论说非常精妙，除了指责王安石表里不一，口诵圣人之言，而实则“阴贼险狠，与人异趣”外，重在“囚首丧面”之说，一个人衣着饭食不大讲究，这本是很正常的事，但过分了，以致经常脸不洗，头不梳，一身臭烘烘，还与人谈论诗书，用现在流行于演艺圈的话说，这是一种另类的炒作。即便王安石不是有意炒作，至少有心理缺陷，才使之“不近人情”。这种人行为往往怪异，十分可怕。所以，苏洵以春秋战国时齐桓公的近臣竖刁、易牙、开方为例，说明“不近人情者”乃大奸矣（管仲死后，此三人专权。桓公死，诸子争位，他们杀害群臣，立公子无亏，太子昭奔宋，齐国大乱）。而王安石这种“可怕”又与王衍、卢杞不同，王衍、卢杞“与物浮沉”“不学无文”，不遇“暗鄙之主”，未必会得重用，王安石则不然，其患害还未显现就已名盖于世，即使是圣君贤相，也将“举而用之”。因此，其害远超于王衍、卢杞之上。

最后，苏洵发自肺腑之言，真不希望自己的话应验，不愿使天下将“被其祸”而使自己获得“知言之名”。

全文以“误天下苍生者必此人也”为中心，展开“辨奸论”，希望朝廷“见微而知著”，不要对大奸之人王安石“举而用之”。然而，事与愿违，王安石被神宗委以改革重任，由此拉开了北宋王朝走向灭亡的序幕，同时也拉开了苏辙兄弟仕途悲剧的序幕，不幸被苏洵所言中。当然，从《辨奸论》总的精神看，并不是在发泄个人私愤，而是在为“天下虑”。这是苏洵忧国忧民思想的一种表现，也是他人格力量的展示。由此看来，王安石不肯为苏辙撰词，只是促使苏洵作《辨奸论》的一个小小的因素而已。

苏辙“自是流落凡二十余年”，这是一个不短的岁月啊！尤其对于才学并重、志向远大、勇于建功立业的苏辙来说，未免太残酷了。这二十余年，苏辙走得是很艰辛的。

初时大约四年时间，苏辙在京闲居，除了侍奉老父苏洵外，生活的主要内容有这么几项：

一是种菜。大多是利用读书之余侍弄菜园子，既可活动筋骨，增强体力，修身养性，又可自食其力，减轻家庭支出。更主要的是他以种菜来体验劳动的艰辛，收获的不易。所作《种菜》《赋园中所有》等诗，均表露出这种思想。如《种菜》诗：

久种春蔬旱不生，园中汲水乱瓶罂，
菘葵经火未出土，僮仆何朝饱食羹？
强有人功趋节令，怅无甘雨困耘耕。
家居闲暇厌长日，欲看年华上菜茎。

苏轼得到苏辙的《种菜》诗后，便意味深长地劝慰他：

园无雨润何须叹，身与时违合退耕。
欲看年华自有处，鬓间秋色两三茎。

二是诗词唱和。苏辙与苏轼兄弟情谊甚笃，从小到老，从生到死，他们情深似海，古今少见。苏辙说："我初从公，赖以有知。抚我则兄，诲我则师。"苏轼说："我少知子由，天资和而清。好学老益坚，表里渐融明，岂独为吾弟，要是贤友生。"兄弟二人一同入仕，悲哀中相互安慰，灾难中互相帮助；政见同出一辙，整个政治生涯同起同沉，患难与共。兄弟之间的诚挚感情是他们最常歌颂的主题。

自此以后的四年间，一个在岐下，一个在大梁，兄弟俩以诗代简，将各自所见、所闻、所游、所感写成诗篇，你唱我和，往来不绝。如苏轼一直重视边防安危，每有出塞边郡，抗御西夏，建功立业之心。他因此学起射箭。苏辙知道后，当即写了《闻子瞻习射》："旧读兵书气已振，近传能射喜征鼓。"又在另一首诗中称赞说："吾兄善射久无敌。"苏轼的和诗则说："穿杨自笑非猿臂，射隼长思逐马军。""尔来又学射，力薄愁官笥。"除自谦外，他还鼓励苏辙也学骑射："观汝身长最堪学，定如髯羽便超群。"说苏辙的身长最适合骑射，一定会练就超群的射技。这些唱和诗后来编成了有名的《岐梁唱和诗集》。这本诗集现今已失传，但保留在《苏轼诗集》中的还有一百一十二首，保留在《栾城集》中的还有八十七首，可见数量不少。

三是继续"闭门书史丛"，深研细究治世之道，尤为关注老庄之学。这几年间，苏辙的道德修养、思想素质、政治理念、治国方略等基本趋于成熟和定型。他在《和子瞻读道藏》诗中说："道书世多有，吾读《老》与《庄》。《老》《庄》已云多，何况其骈傍。"这时的苏辙已经是完完全全的学富五车，绝对的饱学之士。苏轼在《和子由苦寒见寄》诗中，非常羡慕苏辙闲居读书，说："人生不满百，一别费三年。三年吾有几，弃掷理无还……羡子久不出，读书虱生毡。"这期间，苏辙还用了相当的时间和精力研究《易经》，因其父苏洵一生对《易经》非常感兴趣，决心写出一部《易传》传于世。可是，还未写完就去世了。后来由苏辙兄弟俩经过近乎几十年的时间，才修订成书。

四是炼丹养生。苏辙从小身体就很弱，不但患有肺疾，脾胃亦有问题。苏轼的体质也不是很好，他说自己"少年多病怯杯觞"。因此，兄弟二人都很重视养生。他们都知道虽然取得了仕途成功的第一步，但要实现治国平天下之宏志，没有一个强壮健康的身体是不行的，要使体弱多病的身体强壮起来，只有通过养生才能达到。苏轼赴凤翔府鉴判任时，路经终南山上清太平宫，发现这里珍藏着道教经典名著《道藏》，他喜之不尽。《道藏》中有许多关于道家修身养性方略的记述。"嗟余亦何幸？偶此琳宫居。宫中复何有？戢戢千函书。盛以丹锦囊，冒以青霞裾。"苏轼在《谈道藏》诗中记述当时的激动心情。他在上清太平宫中苦读月余不觉累，边读边研习实践。《道藏》中的《黄庭经》讲到心脏说："心部之宫莲含华，下有童子丹元家。"苏轼便试着闭目存思，内观心脏，意念自己的心脏像一朵含苞欲放的莲花，仿佛心回到了自我，返回了自然，浑身感到轻松愉快："心闲反自照，皎皎如芙蕖。"他把这一切都告诉给弟弟苏辙。大约就从一部《道藏》开始，兄弟二人从此开始广泛地研究养生，锲而不舍地寻求延年益寿的养生方略。

其中有一件趣事，苏轼路过终南山的玉女洞时，附近百姓告诉他，此洞原是仙女所居的洞府，洞中有飞泉，清澈甘美。人如喝了玉女洞中的泉水，能生津养颜，延年益寿。苏轼很高兴，取水尝之，果然清凉甘甜，生津止渴。为了长饮此水，便派两个卫兵定期前往玉女洞取泉水。为防卫兵弄虚作假，便与玉女洞附近的中兴寺僧人约定，做了两片竹符，让卫兵以此为信，合符者就发给泉水。但是，过了一段时间，苏轼觉得卫兵取回的泉水似乎不对劲。原来卫兵取回泉水，走到半路上口渴了，便把水喝光了，不得已装上河水交差。苏轼感叹不已，写了一首诗，题为："爱玉女洞中水，既致两瓶，恐后复取而为使者见给，因破竹为契，使寺僧藏其一，以为往来之信，戏谓之调水符。"诗结尾四句说："常恐汲水人，智出符之余。多防竟无及，弃置为长吁。"

苏辙看了兄长寄来的诗，一笑，回诗一首："多防出多欲，欲少防自简。君看山中人，老死竟谁谩？渴饮吾井泉，饥食甑中饭。何用费卒徒，取水负瓢罐？置符未免欺，反覆虑多变。授君无忧符，阶下泉可咽。"苏辙说，兄长啊，你连甘泉之水也担忧部下偷，防范太多，来自欲望太多。如此下去，你活得累不累呀！我劝兄长切莫再做"调水符"之类的蠢事了，你不是在终南山上清太平宫读过《道藏》吗，难道忘了？我授兄长一道"无忧符"，有了"无忧符"，你不饮玉女洞之泉，亦能养生延年。

苏辙亦精通养生之术，深知道家养生在于养气的原理。认为孟子"我善养吾浩然之气"同时包含了人之精、气、神三者，三者合而为"元气"。生命的本质、寿命的长短，只在"元气"，养生就是护养"元气"。因此，他主要以炼丹养生为主，不像苏轼那样热衷于寻仙访道，而偏重于药理养生。

丹，是道家养生的一种术语，有内丹与外丹之分。古代方士或神仙家用炉烧炼药石成一种晶体状，服食以养生，叫外丹。而以静功和气功修炼自身精、气、神则为内丹，通俗说法叫"气功"。外丹容易致人死亡，毫无科学性，内丹则具有科学性，是一种很好的养生之术。

苏辙传授给苏轼的"无忧符"，就是道家所推崇的一种养生气功，以闭气胎息、气沉丹田、腹中运气、气息调和为要领而炼成内丹；要求练此功要做到“心静去欲，晚饭少食，晚饭后忌食零食，待子时前腹中空空，空腹作胎息，气路流畅”。只要炼成内丹，三伏大暑，别人烦躁怕热，你却如入醉乡，不知其热；三九严寒，别人要借酒御寒，你有内丹在身，胜喝三杯热酒，不知其寒！

由此可见，苏辙闲居这几年，就已开始下功夫研究古代道家养生方略和练习实践，并持之以恒，数十年如一日。而且，兄弟俩在这方面的经验交流也是数十年不断。他们都认为通过养生，肯定是会增寿的。当然，除了养生之术，重要的还是精神养生，即对物质、名利、环境变化、人生际遇等，达到一种理性认识的思想境界和精神上的超然状态。对于苏辙这样从小体弱、多种病症缠身的人，能享长寿之福，活到七十四岁，且生养了六个女儿、三个儿子，说明这是苏辙从年轻时就重视养生的结果。苏轼说他“天资近道，又得至人养生长年之诀”。他又因得气功异人指教，常年坚持练功，用气息调整，使肺部顽疾消除，这是他身体越来越强健的原因。

话说回，苏轼回京后，自然担负起侍奉老父的责任，苏辙便到吏部流内铨请求派官。不久被派作大名府（今河北大名）推官，这才辞别父、兄，携家眷踏上入仕的第一站。

宋代官吏任期为三年，三年中虽政绩平平，只要不出问题，都要晋升一级，叫作“磨勘”。苏轼三年任满回朝，初被委以判登闻鼓院。这是一个专门受理官、民的谏诤和申述的职能部门。

不久，英宗皇帝突然对宰相韩琦提出，要将苏轼“命召入翰林知制诰”。英宗未当皇帝之前，就久闻苏轼大名，知其才学了得，故“欲以唐故事（按照唐代先例）召入翰林知制诰”。这一升便是五级。韩琦却对英宗说：“轼之才，远大器也。他日自当为天下用。要在朝廷培养之，使天下之士莫不畏慕降服，皆欲朝廷进用，然后取而用之，则人人无复异辞矣。今骤用之，则天下之士未必以为然，适足以累之也。”他说，这样对朝廷、对苏轼本人都不利。英宗说，如果这样不行，那就给个掌理皇宫公事记录的职事。韩琦说，这与知制诰的地位差不多，“未可遽授”，不如给个接近皇帝的馆阁之职，而且还得按照近例，经过学士院考试合格后，可以授予贴职。英宗甚为不满，说，不知道这个人的真才实学，才需要考试，苏轼的才学举国皆知，就没有必要考了吧！韩琦还是坚持说，只有通过考取，才能服众。英宗不悦，说：“那就随你吧！”

二月，韩琦以《孔子从先进论》《春秋定天下之邪正论》为试题，在学士院亲自主持苏轼一个人的入馆阁考试。这两篇论文，苏轼作得非常漂亮，言辞犀利，蕴涵高妙。于是，“皆入三等，得直史馆”。这是相当的优秀。

史馆官职是有等级的。一级是史馆长官，叫提举国史，或叫监修国史，一般都由宰臣兼任；二级依次为修国史、同修国史、史馆修撰、同修撰，皆由皇帝的侍从官兼任；三级依次为直史馆、编修官、检讨官、校勘、校阅、校正、编校等，都由朝廷中官阶不高，没有参与朝会资格的京官充任。苏轼“得直史馆”，已经是非常了得了。在宋代，馆职的备选者都是“天下英俊”，故入馆职者“遂为名流”，标志着前程无量。因为朝廷把任职史馆的人作为人才重点培养对象，是朝廷重臣的备选者。故苏轼在《谢馆职启》说：“国家取士之门至多，而制举号为首冠；育才之地非一，而册府处其最高。”册府，指的翰林学士院与史馆之类的文史机关。意思是说，制科入等已经是“首冠”了，而入馆职又高于制科入等。苏轼入馆职，自然令千万人羡慕不已。

虽然英宗要大用苏轼，被韩琦所阻，但苏轼以其淳朴的胸襟，把这看作是老相国的良苦用心，是符合古代“君子爱人以德”的标准。二十六年后的元祐六年(1091)，苏轼在《杭州召还乞郡状》中，还说到此事：“臣昔于治平中，自凤翔职官得替入朝，首被英宗皇帝知遇，欲骤用臣。当时宰相韩琦以臣年少资浅，未经试用，故且与馆职。”其语气平和，没有一丝不满情绪。

当然，就因为当年韩琦的所谓“资浅”，在苏轼以后的仕途升迁上多次被宰执们皆以此为由加以阻止。故世人对韩琦皆有诟病。如清人王文诰在《苏文忠公诗编注集成总案》中引《史》评说：苏轼“元祐召还，亦以资浅，为朔党刘挚等所压，无补于宣仁之政，而徒供群小之口舌。凡此，皆琦之咎。”南宋大学者叶适读苏轼《上神宗皇帝书》云：“琦号名宰相，乃使俊杰异能之人（指苏轼），计寻常，拘尺寸，以为苟贱委身之地，与绛灌、冯敬忌贾谊，名异而实同也。”贾谊，西汉著名政论家和文学家。因有突出才能和优异表现，汉文帝想提拔他担任公卿之职。绛侯周勃、颍阴侯灌婴、御史大夫冯敬等人忌妒他，便进言诽谤他，使汉文帝疏远他。

如果，韩琦秉承英宗旨意，苏轼的仕途人生肯定是另一番风景，也许早就成为朝廷宰执重臣，了却当年仁宗皇帝“为子孙得两宰相”的夙愿了。故王文诰评说：“计自英宗以来，凡淹滞者二十三年”。二十三年，苏轼未得其志，这是一个漫长的岁月，令人可惜可叹！

俗话说，天有不测风云，人有旦夕祸福。正当苏轼像当年进士及第，名震京师那样，“得直史馆”而踌躇满志，春风得意，友人纷纷祝贺之时，人生之大不幸又一次降临他头上。发妻王弗突然病重，苏轼竭尽心力，延医救治，均无力回天，于五月二十八日命归黄泉，年仅二十七岁。

王弗是一位睿智、聪慧、贤淑的才女，是眉州青神县乡贡进士王方之女。她十六岁时与十九岁的苏轼结为发妻，至今已共同生活了十一年，有子苏迈已经七岁。

痛失贤妻，苏轼肝肠寸断，痛不欲生。他在悲恸中，追忆贤妻生前贤达之举。想当年新婚燕尔，沉浸于小夫妻幸福日子，一时疏远学业，是贤妻以古人“业精于勤荒于嬉，行成于思毁于随”之语，及时提醒学业不可一日荒疏，需一如既往，勤于攻读。在来凤轩书房攻读，贤妻则终日相伴，端茶送水，无微不至。当背书时，偶然忘了下文，贤妻则能当即提示。共同切磋诗文，谈古论今，多有妙语高见。在凤翔，贤妻常提醒远离父亲，没有父亲的及时指点，凡事不可不谨慎。每当有人前来造访，必站于屏风之后，听其谈话。一次，来访者走后，贤妻则提醒，此人总是揣摩你的意思来说话，不表明自己真实想法，这种人很可怕，不可交往。有人急于亲厚，妻贤更是提醒。与你结交迅速，抛弃你也必然迅速，这些事后来都被言中。如今贤妻已离去，再无依靠。

苏轼将追忆贤妻美德发于笔端，深情写下《亡妻王氏墓志铭》，恭恭敬敬地奉献给她，让她的灵魂和肉体得到永远的安息。其铭文曰：

治平二年五月丁亥，赵郡苏轼之妻王氏卒于京师。六月甲午，殡于京城之西。其明年六月壬午，葬于眉之东北彭山县安镇乡可龙里先君先夫人墓之西北八步。轼铭其墓曰：

君讳弗，眉之青神人，乡贡进士方之女。生十有六年而归于轼。有子迈。君之未嫁，事父母，既嫁，事吾先君、先夫人，皆以谨肃闻。其始，未尝自言其知书也。见轼读书，则终日不去，亦不知其能通也。其后轼有所忘，君辄能记之。问其他书，则皆略知之。由是始知其敏而静也。从轼官于凤翔，轼有所为于外，君未尝不问知其详。曰：“子去亲远，不可以不慎。”日以先君之所以戒轼者相语也。轼与客言于外，君立屏间听之，退必反覆其言。曰：“某人也，言辄持两端，惟子意之所向，子何用与是人言？”有来求与轼，亲厚甚者，君曰：“恐不能久。其与人锐，其去必速。”已而果然。将死之岁，其言多可听，类有识者。其死也，盖年二十有七而已。始死，先君命轼曰：“妇从汝艰难，不可忘也。他日汝必葬诸其姑之则。”未期年而先君没，轼谨以遗令葬之。铭曰：

君得从先夫人于九泉，余不能。呜呼哀哉！余永无所依怙。君虽没，其有与为妇何伤乎？呜呼哀哉！

苏轼谨记父亲苏洵叮嘱，一定要把王弗葬在自己母亲的坟旁边。于是，苏轼便把王弗的灵柩暂时殡于京城之西。

王弗在苏轼一生中，仅短短十余年。但她在苏轼整个思想感情和全部的人生经历中，却占着重要地位。从这篇《亡妻王氏墓志铭》中，可以看出她对苏轼人生影响极其深刻，难以使苏轼忘怀，常在思念之中。

宝元二年（1039）三月，王弗降生在青神县城西岷江岸边的瑞草桥。这是一个典雅、吉祥、淳朴的乡村地名。据《蜀中名胜记》载："县西瑞草桥，桥崩得残碑，乃苏东坡与丈人丈母书也。"南宋大诗人陆游慕名踏上瑞草桥寻踪，亦留下"瑞草桥边水乱流，青衣渡口山如画"的赞美诗句。

瑞草桥依山傍水，清澈透明的千里岷江从村前逶迤东去，村后山涧沟壑松林密布，江水映照，四季绿影摇曳，风光旖旎，景色迷人。与瑞草桥隔江斜对的便是蜀中有名的"川南第一山"中岩寺。中岩寺初辟于东晋，建成于唐代，盛名于宋代，是西蜀较早的佛教圣地，素有小峨眉之称。

离瑞草桥不远，又有一处被美誉为"小三峡"的优美盛景。这里两岸青山虽不甚高，但崖壁陡峭犹如刀削斧劈，江水直泻两峡之间，亦显雄奇峻秀风姿。唐代大诗人李白仙游中岩寺后，乘夜从寺门前坐船直下嘉州，当船至"小三峡"时，他的情思被眼前的一幅秋月悬空、山影飘忽、水清如镜的美景触动，生发无限情感而吟出《峨眉山月》的著名诗句：

峨眉山月半轮秋，影入平羌江水流。
夜发清溪向三峡，思君不见下渝州。

瑞草桥、中岩寺、小三峡三处不同景色相融一体，构成了一幅诗意浓郁、恬淡清秀的山水田园风光画，无疑孕育了王弗聪慧灵秀的性情和端庄贤淑的娇美容颜。

为此，苏轼一生未忘瑞草桥。他与叔丈人王庆源的十三封信中，无不言及与瑞草桥的情结。知密州时，在写给王庆源的信中说：不知何时才能回归故里，与你田间做伴，自耕其食。"但言此，心已驰于瑞草桥之西南矣。"又如贬居黄州时，写给王庆源的信中又说："瑞草桥果木成荫，卧想数年出仕，无一可愧者，此又有余味矣。"在写给妻弟王元直的两封信中，其思念之情不仅更甚，而且幻想能有重回瑞草桥与众亲友相聚的机会："但犹有少望，或圣恩许归田里，得款段一仆，与子众丈、杨宗文之流，往来瑞草桥，夜还何村，与君对坐庄门吃瓜子炒豆，不知当复有此日否?"当他被朝廷重新起用于"罪废"之中，大约赴登州任，或登州回朝途中，与王庆源信中，苏轼追忆他们在岷江边草地上把酒之乐："只是不得拽脚相送，先发遣酒壶归瑞草桥，于义俭矣。记得否？呵呵。"后来，苏轼回朝任翰林学士兼侍读时，再次在写给王庆源的信中说："自顷流落江湖，日欲还乡，追陪杖屦，为江路藉草之游，梦想见之。"实际上，这都是对王弗的深切思念。

故有苏轼知密州时，日思夜梦，梦见回到眉山老家与王弗相会。醒来时，已时泪流满面，便作了《江城子·乙卯正月二十日夜记梦》：

> 十年生死两茫茫。不思量，自难忘。千里孤坟，无处话凄凉。纵使相逢应不识，尘满面，鬓如霜。　　夜来幽梦忽还乡。小轩窗，正梳妆。相顾无言，惟有泪千行。料得年年断肠处，明月夜，短松冈。

时过境迁，转瞬夫妻"死别"整整十年，昔日夫妻恩爱，情深似海，仿佛就在眼前。可再要重温"旧日"柔情蜜意，已经"生死"路断。遥望那"千里孤坟"，只有痛苦的怀念。深沉关怀着亡妻的孤独寂寞，要想和亡妻共叙"十年生死"的苦痛，眼前却只是一抔黄土，千里远隔。"无处话凄凉"，这对活着的苏轼在精神上该多么痛苦啊！身世如此凄凉："纵使相逢应不识，尘满面，鬓如霜。"十年来，政治上的失意，奔命于坎坷的仕途，颠沛流离于生活的艰程，饱经沧桑，心力交瘁，尘土满面，容颜衰老，鬓发如霜，已非复从前旧样，纵使能跋涉道路，夫妻相见，恐怕贤妻完全不认识了。这感慨是多么的沉痛。

梦还故乡，意外地和亡妻相会，还像当年一样，贤妻正脉脉含情地坐在"小轩窗"前"梳妆"打扮，窗外瑞莲池中浓绿的荷叶簇拥着一枝枝亭亭玉立，出淤泥而不染的并蒂莲，莲花散发着阵阵幽香。当年"初出茅庐"，一举高中进士及第，名震京师，荣归故里，也是这个季节吧！也是在这小轩窗前。然而，美好的梦境却被"十年生死"所破，"惟有泪千行"。料定年年断肠之时，亡妻长年安眠在那"我昔少年日，种松满东岗"的东岗丛林之中，"夜来"一轮"明月"透过层层松林，洒满"孤坟"冷冷清辉，她真是太孤寂了。

这首《江城子》是中国词史上第一首悼亡词，是诉说"人间情爱"的代表作。至今读之恻然动人，催人泪下，依然可以听到苏轼撕心裂肺的痛哭声，依然可以看见苏轼满面流着伤心泪。苏门六君子之一的陈师道曾用“有声当彻天，有泪当彻泉”来评赞这首千古绝唱。

十六年后，苏轼贬谪黄州时，堂兄苏子明的儿子苏安节来看他，离开时，苏轼写了十四首短诗送给安节。其中有一首便是悼念王弗的：

东阡在何许，寒食江头路。
哀哉魏城君，宿草荒新墓。

每当清明节，就想回故乡，跨过岷江去给亡妻扫墓，却远隔千里之外。在眉山可龙里的山野间，魏城君（指王弗）之墓一定早已荒草萋萋，真叫人悲痛啊！

可以说，王弗一直活在苏轼心里，一生不曾相忘。

当苏轼还沉浸在丧妻的悲痛之中，不幸再次降临。宋英宗治平三年（1066）四月二十五日，苏洵病逝，享年五十八岁。父亲之死，对苏轼又是沉痛一击。

苏洵之死，在朝廷上下引起相当大的震动。

据欧阳修的学生曾巩记录当时的情况，上至天子，下至辅臣、社会名流，皆闻而哀之，莫不惋惜悲叹，纷纷前往吊唁。作挽词者达一百三十多人，所作挽词大都流传下来。

欧阳修的挽词写得相当感人至深。他高度评价苏洵的道德文章，才华学识超过贾谊、司马相如；哀叹苏洵因官卑位低，皇帝未能接见具有宰相才的苏洵而深感遗憾；并对韩琦、富弼等权臣举荐重用不力表示不满。

欧阳修与苏洵真挚深厚的情谊，在挽词中流露无遗：

布衣驰誉入京都，丹旐俄京反旧庐。
诸老谁能先贾谊，君王犹未识相如。
三年弟子行丧礼，千两乡人会葬车。
我独空斋挂尘榻，遗编时阅子云书。

欧阳修感叹苏洵死后，再无知音，只能翻阅遗文自慰。他引陈蕃挂榻的典故以示对苏洵特殊的敬重。

东汉时，豫章太守陈蕃，不喜接待宾客，只接待郡中名士徐穉，为他特设一榻，与之交流。徐穉走后，就把榻挂起来。

欧阳修以陈蕃自喻，以徐樨喻苏洵。苏洵已死，他也只好把榻挂起来，任其落满尘埃。

韩琦的挽词写了两首，写得也很真挚。他感叹苏洵于太常寺编修礼书未能展其英才，深自悔自责没有早日升用苏洵，愧疚之情溢于言表。特别是对苏洵的道德文章倍加称颂赞美，对苏氏父子贤良美德赞赏有加。

韩琦《苏员外挽词二首》云：

一

对未延宣室，文尝荐《子虚》。
书方就绵蕝，奠已致生刍。
故国悲云栈，英游负石渠。
名儒升用晚，厚愧莫先予。

二

族本西州望，来为上国光。
文章追典诰，议论极皇王。
美德惊埋玉，瑰材痛坏梁。
时名谁可嗣，父子尽贤良。

苏洵死后，英宗皇帝下诏赐银一百两，绢一百匹。苏轼均婉言谢绝，只求朝廷为父追赠官职，以求公正对待其父。于是，朝廷特赠苏洵光禄寺丞，这是一个六品以上的官职。英宗并诏命有关部门准备舟船，载苏洵灵柩归葬故土。

与此同时，韩琦赠银三百两，欧阳修赠银二百两，苏轼也都辞谢不受。

欧阳修又为苏洵写了墓志铭，对苏洵的学问著述、生活经历、人生曲折都做了详细全面的介绍和评价。其学生曾巩写了长达近千字的《苏明允哀辞》。这些都是后人研究三苏不可多得的史料。在苏轼的请求下，司马光又写了《苏主簿夫人墓志铭》，高度评价程夫人“勉夫教子，底于光大”的崇高精神。

京师的吊唁活动结束后，苏轼强忍丧亲之痛，与特地从大名府赶回的弟弟苏辙，一同护送父亲灵柩和王弗灵柩于六月离京，以汴水入淮河，再溯长江而上，于第二年的四月才到达故乡眉山。

英宗治平四年（1067）八月，苏洵被安葬于眉州武阳镇乡可龙里老翁泉侧，与程氏夫人合葬一墓。王弗葬于墓旁。

百世所宗的一代布衣鸿儒苏洵，终于魂归故里，入土为安。南宋孝宗时，苏洵被追谥为“文安公”。

第十二章

悲剧序幕

故人送我东来时，手栽荔子待我归。
荔子已丹吾发白，犹作江南未归客。

治平四年（1067）英宗病逝，太子赵顼即位，是为神宗，尊曹太后为太皇太后，其母高后为皇太后。翌年，改年号为熙宁。

苏轼、苏辙在家乡眉山居父丧期将满时，苏辙亲自安排，于熙宁元年十月，为哥哥苏轼续娶王闰之为继妻。这年，苏轼三十三岁，王闰之二十一岁。

王闰之，字季璋，是眉州青神县乡绅王介幼女，王弗的堂妹。王闰之兄弟姐妹很多，她排行二十七，故称为“二十七娘”。王闰之粗通文墨，端庄贤淑，心地慈善，品貌俱佳，是个典型的贤妻良母。

苏轼完婚后，兄弟俩于十二月携家眷启程返京。行前，苏轼将家中先茔等事，委付比邻从小一块成长且情感深厚的杨济甫和堂兄子安共同掌管。二人都非常尽责，后来，苏轼《与子安兄书》云：“东茔每烦照管，感涕不可言。”《与杨济甫书》云：“惟闻坟墓安靖，非济甫风义之笃，何以得此？感荷不可言。”

这天，亲朋王淮奇、蔡子华、杨宗文等前来送行。饮过三杯送行酒，大家将苏轼大舅哥王愿带来的一株荔枝树，共同栽种在来风轩书屋的窗前。众亲友含泪说，种此树，以待苏轼兄弟俩早日归来。十分遗憾，春去秋来，荔树青青，硕果累累，可苏氏兄弟再也没有机会回到他们可爱的故乡，只寄回一首《寄蔡子华》诗：

故人送我东来时，手栽荔子待我归。

荔子已丹吾发白，犹作江南未归客。

这株苏氏兄弟与亲友共同栽下的荔枝树，一直生长茂盛，年年硕果累累。直到2000年初春，才株干枯竭，老死于三苏祠内。其虬曲的躯干仍被保护完好，展示在三苏祠博物馆，供游人瞻仰缅怀。

宋神宗熙宁二年（1069）二月，苏氏兄弟携家眷回到京师，按规定到吏部请求分派官职。此时，朝廷政局已今非昔比，发生了巨大变化，正掀起一场政治改革的大风暴。风暴的源头是两位新人物——神宗皇帝与王安石。而王安石则是实际的操作者，因他在政治见解方面素不喜欢三苏父子，讨厌苏轼发表不同于他的意见，就把苏轼“抑置”于官告院。于是，苏轼在保留原殿中丞、直史馆职务下，被派到官告院任职工作。苏辙在《东坡先生墓志铭》中有记述：“丁先君忧，服除，时熙宁二年也。王介甫用事，多所建立，公与介甫议论素异。既还朝，置之官告院。”

官告院又叫官诰院，是隶属于吏部的低级官署，主要负责抄写诰命文书一类的事情，没啥权力，但清闲。苏轼说他任判官告院“颇甚优闲，便于懒拙”。

苏轼人生的初期阶段，即以官凤翔签判为界限，之前是他最为幸福、愉快而且踌躇满志、春风得意的时光。自凤翔签判任满回京任职朝廷的那一天起，便翻开了他人生新的一页，拉开了悲剧的序幕。拉开这道悲剧序幕的是王安石及其新党派人物。

赵顼即位时年十九岁，正当年富力强，是个雄心勃勃、颇想有所作为的皇帝。王安石，字介甫，晚年号半山老人，临川人，不但在文坛上享有盛名，而且是位具有远大政治抱负的思想家和社会改革家。历史将神宗与王安石相连。

在这里，需要了解宋朝开国以来的财政支出情况。由于开国皇帝赵匡胤确立了“以文治国”的国策，带来了“武力废弛”“将寡兵弱”的副作用，导致国防力量严重不足，难以抵御外来侵略。长期与宋朝抗衡的辽与西夏，迫使宋朝每年从国库中拿出大量白银和绢来“安抚”，以“买得边境安宁”。从宋真宗景德元年（1004），与契丹缔结“澶渊之盟”后，北宋每年输送给辽银十万两、绢二十万匹。庆历年间，宋又在西夏的威胁下，答应每年给西夏白银七万两、绢十五万匹、茶三万斤。这两项支出已占去北宋王朝财政收入的很大一部分。另外，北宋王朝官职设置繁多，俸禄支出相当惊人。同时国家还养兵百万之众，军费开支又是一笔惊人之数。这就是北宋王朝出现的为每一代君主都难以解决的“冗吏”“冗兵”“冗费”的“三冗”难题。“三冗”不但增加了宋朝人民沉重的赋税负担，而且中央财政亦不堪重负。年复一年，宋王朝中央财政陷入极端困窘。

面对国穷民贫的残酷现实，宋王朝凡是想有所作为的君主，都想通过改革来解决这一问题。如庆历元年（1041）大宋朝与西夏的好水川一战失利后，契丹又趁势要挟，继“澶渊之盟”所定每岁贿赂外，又岁增纳辽银十万两、绢十万匹，仁宗皇帝想通过革新朝政以达到富国强兵的目的。庆历三年（1043），仁宗先后任命范仲淹为参知政事、富弼为枢密副使、欧阳修等为谏官，将主张革新的大臣聚集于朝廷。由于“新政”限制了贵族的部分特权，加强了对官吏的纠弹，触及了他们的私利，遭到强烈反对，导致庆历新政推行仅一年就宣告失败。英宗是个无所作为的短命皇帝，他的儿子赵顼却是一个有雄心的君主，决心励精图治，通过一场大规模的政治、经济改革来改变王朝长期形成的积贫积弱的局面，使自己的帝国富裕强盛起来，而且要将帝国丧失的疆土收复。神宗一登上皇帝宝座，第一次朝议的事就是改革。不是小改革，而是大改革、全面改革。他要对积贫积弱的帝国下一剂猛药，谁是这剂猛药的引子呢？王安石！神宗几乎不假思考地选中王安石作为他发动这场大规模改革的急先锋。于是，历史给予了王安石一次千载难逢的表演机会，将“王安石变法”永久地载入了史册。

王安石属于封建社会较为典型的文人政治家，素有大志，其文学热情、政治热情、爱国热情凝结在一起。青少年时代，他就广泛接触社会，深入了解民生疾苦，关注着整个王朝的政治形势，在心中编织着自己的政治理想。宋仁宗庆历元年（1041），二十一岁的王安石由江宁进京应试，翌年登进士第四，授扬州签判，自此王安石步入宦途，开始一步步走向他理想的巅峰。他在任地方官时，便根据北宋王朝积贫积弱的现状，构想着一整套变法改革的方案，并在他的权限范围内进行试验推行，以积累经验。一晃十六七年过去，王安石三次从地方到京城为官，可都位卑职小、人微言轻，没有朝议国家大事的资格。后来，当他做了一年多三司度司判官而擢升知制诰的高职，发言的机会终于到来。于是，王安石急切地作《上仁宗皇帝言事书》，洋洋万言，慷慨激昂，历陈变法改革的紧迫性、必要性，鲜明地提出富国强兵的变法措施，被史学家称为《万言书》（《王荆公年谱考略·卷首之一·序言总论》：“后安石当国，其所注措，大抵皆祖此书。”）。但宋仁宗不置可否，未予采纳，王安石的热情顿时被冷却。

神宗皇帝虽然年轻，但素有雄心壮志，在他作为皇太子时便是有心人，非常关注时局的发展和朝臣的行为。从仁宗“庆历新政”失败后至英宗朝，倡言改革者寥寥可数。对王安石的简历，神宗十分清楚，久想见其人。故《诰案》有云：“王安石初无知者，始因曾巩游于欧阳修之门，修尝荐以谏官，意弗满也。安石微陋，求知中朝巨族以取重。日奔走于相门。吕夷简之子公著、韩亿之子维，交称扬之，于是富弼、文彦博、韩琦皆为所愚。而司马光亦与厚善，视若圣人之复出。神宗在颍邸，每听韩维讲说称善，维辄曰：‘此维友安石之说。’又尝荐以自代。”神宗就是在众朝臣的赞誉中“认知”王安石的。唯有苏洵与担任过参知政事的张方平识其真性。苏洵写的《辨奸论》就是论王安石之奸。“当安石处盛旺之日，独张方平识其大奸。谓必乱天下。如使为相，则杂进之群小，不可给也。”事实确如此。同时，神宗还知道有两个人倡言改革的热情不亚于王安石，他们便是苏氏兄弟。初时，神宗曾想起用苏轼为改革先锋，但他很快放弃了，原因是苏轼的改革措施涉及政治、经济、军事等，面太广，太系统化，太需循序渐进了。神宗要的是“急变”，要的是“吹糠见米”似的“丰财”，他的帝国太需要钱了！而王安石早年提出的“因天下之力，以生天下之财；取天下之财，以供天下之费”的变法思想和措施正符合他的这一要求，王安石自然就成为他的首选。

于是，神宗一即位，便首先为王安石实行变法改革做政治上的铺垫，命其知江宁府。数月，召王安石为翰林学士兼侍讲，以御前顾问的身份出现。王安石自然大为兴奋，冷却的心陡地升起不可遏制的热度，无限感激神宗皇帝，认为自己终于有了千载难逢的君臣际遇。特别是神宗召见王安石，与之面对面长谈“治国之道”后，王安石即刻写了《本朝百年无事札子》，上奏神宗，全面论述了王朝积贫积弱的实际情况，分析了国家百年无事的原因，指出现在存在的因循苟且之风，必然影响国家的长治久安，强调“大有为之时，正在今日”，以此提出他主张变法的理论和根据。神宗看了这篇奏章非常高兴，得意自己选中王安石是非常正确的。随即，神宗将王安石擢升为参知政事，并同意王安石设“制置三司条例司”，主持全面推行新法。

王安石非常清楚，要革除弊政、全面推行新法，不是一件简单容易的事情，必然要触及一部分人的利益，遭到其激烈的反对和阻挠。为了排除新法实施中的阻力，他跳出朝廷重臣们的势力圈，向神宗提出设置一个“制置三司条例司”的临时机构，由他和知枢院事陈升之领其事，不仅能制定财政改革方案，同时具有超越宰相的权力职能。自此以后，政事皆由王安石奏请神宗皇帝而定，宰相曾公亮不过备位拱手而已，制置三司条例司实际上成为朝廷中一个新的权力中心。宋朝沿五代之制，本已设置三司使以总国计，管盐铁、度支、户部，号曰计省，位亚执政，目为计相。这便是王安石“画蛇添足”置条例司的目的所在。

当然，这就势必带来两个后果：一是王安石集权于其他朝廷重臣之上，必然招致重臣们强烈的不满，他们坚决反对变法；二是变法本身直接遭到一批元老重臣的反对，他们认为祖宗之法不可轻易更改，司马光尤为强烈反对。这两个后果把变法之初的王安石弄得焦头烂额，不得已，他对反对者和不同意见者大肆排斥，结果招来更多人的反对，就连韩琦、富弼、欧阳修、文彦博等都责备他。这些元老重臣凭着过去的功业、地位、道德、文章，受到天下人的尊重，其影响左右着朝野官绅的政治态度，王安石争取不到他们的支持，就陷入了孤立的境地。他一意孤行，把异己一一黜退，或迫使其自动隐退，弄得“数日之间，台谏一空”，这样一来，他就必须大量提拔新人，以协助推行新法。对于投机者来说，正是一个借风扬帆、升官晋爵的绝好机会。一时如吕惠卿、韩绛、曾布、李定、谢景温等，相继阿附，唯王安石是从，无原则地排斥打击不同意见者。

最终，变法逐渐演变成激烈的权力之争，由此便产生了新党与旧党。新旧党争所形成一股巨大的政治涡流，必然冲撞、淹没变法的实质内容。到后来，变法的实质已彻底变异。事实跟神宗和王安石开了个天大的玩笑，他们誓欲改变王朝积贫积弱局面的雄心，却被一帮寅缘求进的“勇锐”小人变成了政治上的投机工具。对历史而言，王安石变法没有错，这是历史运行的必然，历史给予了他充分的肯定。而其“党争”余祸历神宗、哲宗、徽宗三朝不绝，这是历史的悲剧、王安石的悲剧，也是苏轼的个人悲剧。

苏轼本身就是一个主张政治变革的人。他应制科试时所进呈朝廷的二十五篇《进策》和《御试制科策》，针对仁宗朝“怠惰弛废”“宴安无为”“因循苟且”“上下相安，以苟岁月”“畏期月之劳而忘千载之患，日趋于亡而不自知”等萎靡不振的官场风气，大声疾呼王朝“有治平之名而无治平之实”，提出“涤荡振刷”“改易更革”的一整套涉及经济、政治、军事、吏治以及道德、风俗、思想、文化等变革主张。在凤翔任上时，苏轼又作了《思治论》，进一步概括和发展了他在《进策》中所提出的革新主张。

长期以来，有不少人把苏轼看作是反对改革的“守旧派”，这是不公正的，是对历史不负责任的态度。在王安石变法的整个过程中，苏轼既不属于“旧党”，也不属于“新党”，他是一个具有独立见解的坚持原则的个体，具有“群居不倚，独处不惧”的品格。(《墨君堂记》)

苏轼既然作为一个积极主张变革的人，为什么又要反对王安石变法，而最终成为变法的最大受害者呢？苏轼主要是反对王安石变法“不当”之举措。归纳起来有以下三个方面的原因：

一是变法目的不同。王安石变法的目的是“富国”，“因天下之力，以生天下之财；取天下之财，以供天下之费”，认为“百姓所以养国家也，未闻以国家养百姓也”。王安石在这种指导思想下变法，自然会变着法子为国家兴利聚财，把天下之财“理”入财政，让国家富裕，百姓穷困。而苏轼是个彻底的民本主义者，“民为邦本”的思想已入骨髓，他主张变法首先把“民”放在首位。他明确地说：“民者，天下之本”，“天下者，非君有也，天下使君主之耳”。天下是人民的，不是君主私有的，君主仅仅是为民主持天下而已。因此，君主的一切政策都要符合人民的利益。由此得出的结论、政治观点不同，必然导致目的不同、性质不同、结果不同。这便是苏轼坚决反对王安石变法的原因之一。

二是任法与任人。王安石强调任法，把任法作为变法的首要。他认为天下不能治理好的主要原因是“不知法度”，而今朝廷的法度“多不合先王之政故也”，“为政不法于先王之道故也”。所以要“变革天下之弊法”，使之“合先王之政”和“法先王之道”，但不能照搬，只能“法其意而已”。王安石是明智的，不泥古。他变法度是要符合“富国”“强兵”的现实需要，要全面变革法度，达到“天下大治”的目的。“以法治国”无疑是正确的，关键是王安石走向了极端，只重视任法，而不任人。苏轼则认为“任人而不任法，则法简而人重，任法而不任人，则法繁而人轻。法简而人重，其弊也，请谒公行，而威势下移；法繁而人轻，其弊也，人得苟免，而贤不肖均”。他认为，任人不任法和任法不任人，都有大弊病，并说这是“古今之通患也”。他主张“人法并用，轻重相持”。在这个问题上，苏辙和苏轼的观点是一致的。苏辙说：“世无不弊之法，虽三代圣人之政，不免有害，故神而明之，存乎其人。”所谓“神”，就是典章制度的尊严和权威。但执行效果好坏本身在执法的人。如遇那些贪赃枉法、鱼肉百姓的赃官猾吏，就会“走神”。确实是这样，王安石在任人方面，把拥护变法作为提拔、重用的唯一标准。如依附变法而青云直上的吕惠卿，苏辙在《乞诛窜吕惠卿状》中，评定他是“怀张汤之辩诈，兼卢杞之奸凶，诡变多端，敢行非度，见利忘义，黩货无厌”；说王安石于吕惠卿“有卵翼之恩，父师之义。方其求进，则胶固为一，更相汲引，以欺朝廷”；当吕惠卿羽翼丰满、权位稳固后，便对王安石“反眼相噬，化为仇敌”，为谋相位，不惜行“此犬彘之不为”，出卖王安石，使其二度罢相。而且，王安石变法也被“变异”了。这不仅是王安石个人的政治悲剧，也是历史的悲剧。这是苏轼反对王安石变法的原因之二，也是苏轼之所以被新党揪着不放、往死里整的主要原因。

三是渐变与急进。王安石确实是位勤于政事、勇于革新的大臣，他为北宋王朝的治乱安危而心急如焚。他在《上时政疏》中说：天下治乱安危“莫急于今日。过今日，则臣恐亦有无所及之悔矣”。在神宗的支持下，王安石创设“制置三司条例司”，议行新法，雷厉风行，大刀阔斧，陆续出台各种新法令，“更张改造者数千百事”。这可是个相当惊人的数字。这种急进式的变法，其弊必然大于利。就连王安石本人都明白，他在《上五事札子》中曾说，推行募役、保甲、市易三法，“缓而图之，则为大利，急而成之，则为大害”。他明明知道不能“急进”，可在实际行动中，他不但一日千里，而且为了迅速实施变法，还主张以“征诛”排除阻力。为了变法不受阻碍，王安石宁可用大刑惩处小罪。苏轼坚决反对王安石这种“急进”式的变法，认为“急进”必然“轻发”，“慎重则必成，轻发则多败。此理之必然也”，“若出于慎重，则屡作屡成”，“若出于轻发，则每举每败”。他说“时有可否，物有兴废”，“渐变”才符合事物发展的规律。因此，当神宗召见苏轼，问他“方今政令得失”，并说“虽朕过失，指陈可也”，苏轼便直言批评神宗“求治太急，听言太广，进人太锐”。苏轼说“求治太急”，不但欲速则不达，而且必然导致用人上的失误，你想用高官厚禄招纳人才，而那些品行不端、行奸使诈之徒便会浑水摸鱼，打着变法的旗号而谋私利。神宗当即表示“卿三言，朕当熟思之”，并鼓励苏轼说，凡在馆阁任职的人，都“当为朕深思治乱，无有所隐”。这是苏轼反对王安石变法的原因之三。

在王安石变法的整个过程中，就连其弟王安国都持异议。元祐二年（1087）三月，苏轼在其《奏状》中说：时“秘阁校理王安国以布衣为先皇帝所知，擢至馆阁，兄安石为相，若少加附会，可立致富贵。而安国挺然不屈，不独纳忠于先帝，亦尝以苦言至计规戒其兄”。

因此，苏轼丁忧还朝后，本可仕途通达，大展凌云之志，却为他一颗忧国忧民的赤子之心，敢于直言时敝的行为，被以王安石为首的新党人物所不能容忍，必欲置其死地。初时，神宗很器重苏轼，却被王安石所谗，使神宗对苏轼转变看法。当司马光奏对垂拱殿，赞赏苏轼时，神宗却说：“苏轼非佳士，卿误知之。”司马光回答：“责人当察其情”，“安石素恶轼，陛下岂不知？以姻家谢景温为鹰犬使攻之？……且轼虽不佳，岂不贤于李定？不服母丧，禽兽之不如”。神宗觉得有理。熙宁二年（1069），王安石欲变科举之法，“罢诗赋、明经诸科，以经议论策试进士”。神宗于四月“诏两制，三馆议之”。苏轼“以为变改无益，徒为纷乱，以患苦天下”，上奏《议学校贡举状》。神宗阅后曰：“吾固疑此，得轼议，意释然矣。”当天，神宗就在便殿召苏轼对话。王安石见苏轼被召见，便直问神宗：“陛下何以召见轼？”神宗答：“见轼议学校贡举异于诸人，故召见之。”王安石却说：“人臣以得召见为荣，今陛下实未知臣如何，但以臣言即召见，恐人争为利以进。”指责神宗仅凭苏轼一则奏议就召见，不可取。据《邵伯温闻见录》记载，当“神宗欲以子瞻为同修起居注，介甫难之”。王安石见神宗要亟用苏轼，便对神宗说，苏轼只是一介文士，不晓吏事，不宜轻用，做个推府还可以。多年后，苏轼在《杭州召还乞郡状》中，还提到说他“及服阕入觐，便蒙神宗皇帝召对，面赐奖激，许臣职外言事”。

为了阻止神宗大用苏轼，吕惠卿给王安石出了个主意，命苏轼摄开封府推官。推官是掌管刑狱的，事务繁杂，这样既断了皇上重用苏轼的想法，又将苏轼“以多事困之”，让他无时间、精力来对新法指手画脚、说三道四。于是，苏轼在原殿中丞、直史馆、判官告院的职衔上，又加上“权开封府推官”之职。

由于王安石听不进不同意见，弄得“数日之间，台谏一空”。于是，谏院缺官，朝廷于六月二十七日，命大臣举荐两名谏官。宋代中央政府设有谏院，其职责不仅规谏朝廷缺失，对官员任用是否得当、对政府各部门的措施是否有偏差等，提出意见外，还可纠弹百官过失。其职权大、地位显赫。谏院设左右谏议大夫、左右司谏、左右正言等官，统称谏官。苏轼首当被大臣举荐。张平方在《举李大临、苏轼充谏官》中说，苏轼“文学通博，议论精正”，“堪充谏官。不如所举，臣甘同坐”。司马光在荐状中说，苏轼“制策入优等，文学富赡，晓达时务，劲直敢言”。范镇在荐状中说：“轼有古今之学，文章高于时，又敢言朝廷得失，臣所以举充谏官。”故《太平治迹统类》云：“众俱以为当今宜为谏官者，无若苏轼。”王安石却害怕苏轼当上谏官，其直言有碍于他新法的推行，便极力抵制朝臣们的举荐，使之落空。因此，《长编拾补》云：“上（指神宗）数欲用轼，安石必沮毁之。”

可见苏轼本有大好前程，却因与王安石政见不同，被毁之。可惜！

但苏轼却不计较个人得失，只要变法有不利于民生国事的事，他就要直言上书，提出自己的观点和意见。在《上神宗皇帝书》和《再上皇帝书》中，披露腹心、捐弃肝脑、尽力所至、不知其他，全面批评王安石变法。他对神宗诚恳地说：“《书》曰：‘与治同道，罔不兴，与乱同事，罔不亡。’陛下自去岁以来，所行新政，皆不与治同道。立条例司，遣青苗使，敛助役钱，行均输法，四海骚动，行路怨咨。……臣愚蠢，不识忌讳，乃者，上疏论之详矣。”并指出“天下之所以不大治者，失在于任人而非法制之罪也”，迫切希望神宗“结人心，厚风俗，存纪纲”，不要轻易变更“常平之法”，以免“坏彼成此，所丧逾多，污官害民，天下恨之”。他规劝神宗说，陛下虽年富力强，又敢于改革，这是“万世一时”的好机会，但

"群臣不能济之以慎重，养之以敦朴"，就如有人乘着轻车，驾着骏马，冒险夜行，而仆人又从后面鞭打，这就太危险了。他要求神宗解下鞍，喂饱马，等天明再行于大道，但神宗急功近利，听不进苏轼比喻式的劝阻，仍大力支持王安石行新法。

苏轼的《上神宗皇帝书》和《再上皇帝书》洋洋数千言，称得上万言书，全面批点新法，朝野震动，更引发新党震怒，"介甫（王安石）之党皆不悦"。加之苏轼在担任国子监举人试的编排官时，所上《拟进士对御试策状》，公开批评王安石在御试进士时，凡赞美变法的人擢居上第，凡批评新法的人置于下等，说这样的用人标准，终将酿成大祸。这就更加引起新党的憎恨，王安石的姻亲、御史知杂事谢景温便无中生有诬奏苏轼，说他在扶送父亲苏洵灵柩返川时，利用官船贩运私盐，并追捕当时船工进行拷问，想获得"罪证"，最终"实无其事"，方才作罢。这是苏轼受到新党派的第一次诬陷迫害。

苏轼时任馆阁之职，工作上虽与皇帝接近，但官职不高，还不能参与朝议。在对待变法的问题上，朝中许多大臣不是缄默不语，就是称病告假，或出任地方官，而苏轼却不"缄口随众"，全面批评新法，这是为什么？苏轼后来在《辩贾易弹奏待罪札子》中回答了这个问题："臣愚蠢无状，常不自揆，窃怀忧国爱民之意，自为小官，即好僭议朝政，屡以此获罪。然受性于天，不能尽改。"他自己反对王安石变法是忧国爱民之意和天生不变的性格使然，而不是因为个人恩怨，虽然"屡以此获罪"也是改不了的。

其实，王安石变法之初，苏氏兄弟都相当激动，表现出积极参与支持的态度和愿望。当苏轼通过一段时间的静静观察与思考，发现王安石独断专行，打压朝臣，重用一帮寅缘求进，投机取巧的"勇锐"小人，变法出现了异味，更关键的是，所颁行新法条例，大多有损害民利，不合实情。于是苏轼坐不住了，开始发表不同意见，逐渐发展到全面批点新法，反对王安石变法。

苏辙丁忧还朝，时值变法之初，诸法未备，神宗召求直言，有"养兵备边，府库不可不丰"之语，苏辙见朝廷有为，极为兴奋，不顾鞍马困顿和末吏之微，疾书一道《上皇帝书》，建议通过去"三冗"（冗吏、冗兵、冗费）之害而实现"丰财"。神宗读后，觉得苏辙的"丰财"很符合变法之举，赞赏苏辙"潜心当世之务，颇得其要"，便诏命安排苏辙担任制置三司条例司检详文字。苏辙自以为从此可展平生之志，岂知事与愿违。

苏辙与王安石同有忧国之心，却没有共同的救国之方。就变法条例的问题，苏辙是既忧国又忧民。他认为新法条例拟定实施，应以百姓的利益为原则，主张富民强国，坚决反对穷百姓而富国家的做法，与王安石“因天下之力以生天下之财，取天下之财以供天下之费”的“理财”原则相悖，两种截然不同的政治观点自然是弄不到一块的！

而与苏辙同为检详文字的吕惠卿，为讨好谄事王安石以求升迁，所拟新法条例即以王安石“取天下之财以供天下之费”为原则，虽有抑制豪强，扶持农桑，缓和当时已十分尖锐的阶级矛盾的积极一面，但另一面却是为强化征敛。这种征敛，不管直接取自富户或贫户，终归要转嫁到贫弱百姓头上。苏辙反对这种丰财之道，主张丰财主要靠节约不应该开支的财富。他尖锐地指出：“事之害财者三：一曰冗吏，二曰冗兵，三曰冗费。”这“三冗”就占去王朝每年财政支出的大头，加上朝廷每年又要拿出大量的白银和绢来买得边境“安宁”，国家岂有不穷之理。

当然，要想大量裁减冗吏、冗兵，紧缩朝廷开支，绝非易事，苏辙的丰财之法王安石自不予理会。如在关于禁贩私盐的问题上，苏辙提出的办法是：“其一，立盐纲赏格，使官盐少拌和，则私盐难行。其二，减官价，使私贩少利。其三，增沿江巡检，使私贩知所畏。”提高官盐质量，减低售价，同时查禁私盐，这是标本兼治的方法，但王安石却不以为然，他主张简单采用严刑峻法，大量缉捕、处死贩私盐的人。这使苏辙很担忧：如此固然无人再敢贩私盐了，但恐生变乱。

再如，王安石派遣谢卿材、侯叔献等八位使者到各地按察新法实施情况。苏辙认为这些使者必然会生事以迎合朝廷，反而变为扰民。

总之，苏辙的意见很少被采纳，而王安石却倚重吕惠卿，采纳他的意见，在不到半年时间内便先后颁行农田水利、助役、青苗、均输诸法。对于王安石和条例司的许多措施，苏辙不以为然，“然检详官不可不协力讲求也”。苏轼《与苏子明书》中道出苏辙“在制置司颇似重难”的处境：干事吧，别人不采纳，不干事吧，身为条例司的官员怎能不尽职呢。苏辙处于一种尴尬的两难境地，心情十分不畅。

在关于青苗法的问题上，吕惠卿草成青苗法后，王安石征求苏辙的意见。所谓青苗法，就是播种时由政府贷款给百姓，取利二分，秋收后还本息，国家可以得到大笔利息，而贫苦农民所付利息比向富户借钱的利息要低一些。“然出纳之际，吏缘为奸，虽有法不可禁；钱入民手，虽良民不免妄用”。苏辙说立此法的出发点是对的，但实施起来就是另一回事了。一方面，官吏为了争利邀功，必然不管农民是否需要，强迫认贷；另一方面农民手里钱多了，认为反正是政府的钱，有的必然胡乱花掉。结果到秋收还本息时，有的就根本无法还上，而官府对违期不交者必然要滥施刑法，“自此恐州县事不胜繁矣”。苏辙对王安石说，此法实则残民，倒不如采用汉以来各代实行的常平法，由政府拿出一笔钱，粮贱时籴入，使不致谷贱伤农；粮贵时粜出，使富户商贾不能哄抬粮价，贫户能得到切实利益。王安石默想了一会，如果这样的话，朝廷就要失掉一笔可观的收入。他口头上对苏辙说："君言有理，当徐议行之。"结果呢，青苗法仍颁行四方。

勉强在条例司挨过了五个月的苏辙，见自己的话等于白说，终于不能再忍受下去了。他直接向神宗上《制置三司条例司论事状》，并同时呈上《条例司乞外任状》的辞职信，将自己对推行新法的所有不同意见全都端出来。苏辙在奏状中严厉地提醒神宗不要忘了汉武帝时因连年征战，大兴宫室，弄得财用匮竭，虽用桑弘羊议广开财源，然"惟利是嗜"，致使吏缘为奸，掊克日深，民受其病的沉痛历史教训。苏辙告诫说："不意今世，此论复兴，众口纷然，皆谓其患必甚于汉。何者？方今聚敛之臣，才智方略，未见桑羊之比，而朝廷破坏规矩，解纵绳墨，使得驰骋自由，惟利是嗜，以辙观之，其害必有不可胜言者矣。"苏辙说得太过尖酸，"方今聚敛之臣"，无疑指王安石才不如桑弘羊，而其变法措施则甚于汉武帝晚年的"惟利是嗜"，更不顾百姓死活。这使有"拗相公"之称的王安石见了苏辙的奏状，大为愤怒，便要加罪于苏辙，因陈升之反对而作罢。

苏辙知道自己的奏状和辞职信一旦上达朝廷，必将又一次面临"妄语自知当见弃"的后果。于是，干脆自己说明，在《条例司乞外任奏状》的最后又强调说，自己和本司"用意不同，动成违忤"，让王安石还是另选贤能吧，如果可能，就让我离职外任吧。苏辙说得相当直切："每于本司商量公事，动皆不合"，"虽欲自效，其势无由"。所以"伏乞除臣一合入差遣，使得展力州郡，敢不策励驽钝，以酬恩私"。看来苏辙确实是要离开这个既能使他飞黄腾达，又使他难以忍受的条例司了。

在《续资治通鉴》中有这样一段记述，神宗看了苏辙的奏状，问王安石："辙与轼如何？观其学问颇相类。"安石曰："轼兄弟大抵以飞钳捭阖为事。"帝曰："如此，则宜合时事，何以反为异论！"所谓"飞钳捭阖"，是指一个人没有固定的政治立场，左右摇摆，专事察言观色以投人之所好，伺机邀宠幸进。王安石以此抨击苏轼兄弟，尤其是苏辙，这明显是泄私愤，非君子之所为。说明王安石做人不大气。神宗反问得好，苏轼、苏辙兄弟二人既然是"飞钳捭阖"之辈，何不唯你王安石是从，以求加官晋爵，又何必犯颜忤上，拿自己的前程开玩笑呢？

神宗确实问到了问题的实质。苏辙最早进入条例司，这可是中央政权的核心部门，且是皇帝亲点，只要把握好这个平台，平步青云，飞黄腾达，那是自然！绝不会熬到五十四岁才升任副宰相之职。故苏轼赞扬苏辙"至今天下士，去莫如子猛"。

苏辙毅然退出条例司后，被派作省试点检试卷官。省试结束后，苏辙即被出知陈州的张方平召为陈州教授。

谢景温诬陷苏轼，得到王安石的暗中支持。谢景温原是淮南转运使，为了入朝为官，便巴结王安石，将妹妹嫁与王安石的弟弟王安礼。谢、王两家联为姻亲后，王安石即将谢景温调回京，委以侍御史知杂事（御史台副长官）。苏轼这次遭到新法派的诬陷，惊动了皇上和朝中大臣，闹得满城风雨，大有灭顶之势。他清醒地认识到批评新法已经惹下了祸端，京城这个地方不能再待下去了，必须尽快远离这个政治漩涡，否则不死即废。苏轼对谢景温的诬陷，“尝以一言自辩，乞外任避之”，向朝廷奏请出任地方官。神宗深知原由，很同情苏轼，便批示“知州差遣”，让苏轼出任一州之长官。谁知嫉妒苏轼的人太多，见苏轼被提拔重用，哪有不从中设阻的。神宗的批示送达中书省，却被认为不可，拟令通判颍州。为平衡变法派的情绪，也为了皇帝的威严，神宗便改批为通判杭州。

熙宁四年（1071）七月，苏轼携家眷去杭州赴任。离开京城繁华地，离开朝廷这一政治漩涡，走在乡间田野，苏轼顿觉海阔天空，精神抖擞，心情愉快极了！诗句便自然而出：“鸟乐忘罝罘，鱼乐忘钩饵。何不择所安，滔滔天下是。”（《和所乘船上小诗八首》）

苏轼出京后，便直奔陈州，他要去看望在此当知州的恩人张方平，当教授的弟弟苏辙。在陈州的日子，苏轼与张方平、苏辙共叙衷肠，游览名胜古迹，其乐融融。苏轼对苏辙在陈州传经释道的教学工作很是赞赏。同时又为弟弟政治上失意，落魄到一个穷教书匠，其薪俸不能饱其子女之腹的窘境而心酸落泪。他强忍心中伤感，以诙谐中饱含着苦涩，写下《戏子由》诗：“宛丘先生长如丘，宛丘学舍小如舟。常时低头诵经史，忽然欠伸屋打头。斜风吹帷雨注面，先生不愧旁人羞。”把苏辙的身高体貌，勤勉认真的工作态度和漏雨又漏风、低矮破旧的教舍等等，描绘得淋漓尽致。

在这里，苏轼还遇上了十七岁的张耒（字文潜，楚州淮阴人）。时张耒游学于陈州，受知于苏辙。他久闻苏轼大名，二人一见即有师生之缘，遂向苏轼问学，后成为“苏门四学士”之一。故邵祖寿《张文潜先生年谱》云：张耒“游学于陈，苏辙深爱之，因得从轼游”。

九月，苏轼辞别张方平，与苏辙一同前往颍州，去看望退隐的恩师欧阳修。师生见面后，还为后世留下一段很有意趣的对话哩！

苏轼来到欧阳修家，但见恩师头拴十字巾，身穿粗布短褂，脚着麻布鞋，荷锄东篱下，正在侍弄一圃药苗，俨然一位老药农。苏轼心中一酸，强忍泪水，上前深深一揖："恩师近日身体可好?"欧阳修见苏轼不辞劳苦，专程来看望自己，心中十分高兴，连忙扔下锄头，扶起苏轼，乐哈哈地说道："老夫身体可好啰！回乡一年有余，闲时寻方问药，为乡人医治些小病痛，其乐无穷!"说着将苏轼邀入客堂。仆人献过茶后，苏轼急切问道："朝中之事，恩师有何预见?"欧阳修深恐新党耳目众多，如与门生谈论京中大事，岂不自找麻烦！见苏轼动问，便严肃地说："不在其位，不谋其政。子瞻休与老夫论及这些。"随后便把话题一转，乐哈哈地扯到种药治病上来："老夫近日治病于乡里，闻得一件趣事。有一个患了周身麻痛的病人，去求医，郎中便问这病是怎样得的。患者说是他乘船遇到狂风，惊吓而得。郎中便去船上寻找到使用过多年的舵把，在舵工手汗所渍处，用小刀刮下渍末，然后调和丹砂、茯苓之类的东西，让患者吞服，麻痛病立刻见好，你说奇也不奇?""医以意用药，多是这样的。"苏轼说，"开初犹如儿戏，后来一旦有了效验，荒唐便被奉为真理，或被称为祖传秘方，无人不信"。欧阳修却不管苏轼话中带刺，点点头说："是这样的道理。""不过嘛!"苏轼进一步说道，"恩师讲的故事说明了一个很深刻的理儿，那就是要'对症入药'是吗?"欧阳修温和地答道："子瞻说得对。"苏轼趁机又把话扯上他的正题，说道："以此推而广之，把笔墨烧成灰，调上水，让那些读书不用功上进的人吃了，岂不就能治好他们的昏惰吗?果真这样，那么喝了义不食周粟，采薇而食，以至饿死于首阳山的伯夷的洗脸水，可以疗贪；吃了忠臣比干吃剩下的食物，可以去除巧言谄媚之劣；舐勇者樊哙之盾，可以治怯；闻一闻西施的耳环，可以疗恶疾矣!"欧阳修听了捧腹大笑："子瞻呀，你联想真是丰富！果真像你说的这样来'对症入药'的话，那今日当朝介甫当闻西施耳环，以疗其固执偏激之恶性；谢景温当食比干剩食，以除嫁妹联姻，巴结谄媚之劣；李定、舒亶等辈当喝伯夷的洗脸水，以疗其权欲之贪；今上当舐樊哙之盾，以治其外怯内惧。似此，天下岂不太平盛世矣!"苏轼听了欧阳修一番甚为深刻公正的话语，十分感动地说："想不到恩师退隐山林，仍怀一腔忠义，朝中痼疾，一言以蔽之。"欧阳修一惊，这才发觉自己说漏了嘴，当即说道："子瞻，世事艰险，赶快离开此地，免遭飞来横祸。"

苏轼、苏辙恋恋不舍地拜别欧阳修，当日便离开颍州，踏上去杭州的官道。满腹才学不为朝廷所用，政治上的失意使得苏轼后悔不该东游求官，十年浪迹，百事不遂，弃去旧学，和那帮小人胡闹。他十分怀念过去家乡的恬静生活，慨然歌曰(《送安惇秀才失解西归》)：

我昔家居断往还，著书不复窥园葵。

朅来东游慕人爵，弃去旧学从儿嬉。

狂谋谬算百不遂，惟有霜鬓来如期。

故山松柏皆手种，行且拱矣归何时？

万事早知皆有命，十年浪走宁非痴？

这是苏轼“出世”与“入世”思想矛盾的又一次表现。他在经过镇江的金山寺时，访宝觉、圆通二僧。“羁愁畏晚寻归楫，山僧苦留看落日”。两位大师苦留苏轼夜宿寺中，以观落日江景。他看到来自故乡的长江在白天、在日落、在月出时都有不同景色，便产生了奇妙的幻想，“江山如此不归山，江神见怪惊我顽”（《游金山寺》）。江山如此美妙多娇，而自己却不能归卧山林，似乎江神都在责怪了，为自己的冥顽不化而惊奇。“我谢江神岂得已，有田不归如江水。”苏轼对江神发誓说，如果家乡有田可耕，一定辞官归隐。其实苏轼并非家乡无田可耕，而是从小就立下“奋厉有当世志”的他，欲归不忍。“眼看世事力难任，贪恋君恩退未能。”他的《初到杭州寄子由》诗，便把这种矛盾心情向弟弟表露。苏轼总是在这种欲仕不能、欲隐不忍的矛盾中身不由己地往前走，直到魂归故里。

王安石变法是成功还是失败，历史是有结论的。《宋史·神宗纪》赞云：雄心勃勃、志大才疏的神宗皇帝，以王安石变法，行天下十多年之久，不但敛财、开边两无成就，而且招致“天下汹汹骚动”，“邪佞日进，人心日离，祸乱日起”。元丰八年（1085）三月，神宗去世，新法废除，王安石变法宣告结束。然而，王安石变法却改写了苏轼以后的人生旅程。

第十三章

情缘西湖

水光潋滟晴方好，山色空蒙雨亦奇。

欲把西湖比西子，淡妆浓抹总相宜。

十一月二十八日，苏轼到任杭州，杭州迎来了千古第一文人苏轼。

古人云："上有天堂，下有苏杭。"苏轼一到杭州，便为这里的山水美景所深深陶醉，情不自禁地发出"余杭自是山水窟"的惊叹。本来故乡四川就以风景美丽著称，他还感慨"故乡无此好湖山"，并由衷地表示死后也愿葬在这里："平生所乐在吴会，老死欲葬杭与苏。"政治上失意的郁郁心情一扫而空，他将活跃的思想放牧于大自然的美景中，纵横驰骋，尽情享受四时美景之乐。

杭州的山山水水再美，也需要诗人来讴歌，来赞美，特别是像苏轼这样杰出的诗人。杭州的山水要感谢苏轼，是他充满激情的诗句，让山水之美鲜活灵动起来；是他用心灵感应的诗句，让山水的静态美散发出诱人的情韵；是他个性张扬的诗句，让山水美中有了灵性。真不知道，是杭州的山水美景孕育出苏轼的千古佳句，还是因苏轼的诗句使杭州胜过天堂，四季美如画！

苏轼这时在政治上受到的打击还不算大，新党还没有办法将他置于死地，他对前途仍充满着希望，高涨的政治热情被杭州山水美景暂时降降温，他的心态变得平和起来，超迈的思想境界使得通判任上的生活多姿多彩、其乐无穷。知州沈立是个好人，他将苏轼的官舍安排在凤凰山顶，伫立门前可望钱塘江潮，推窗可观西湖流云；俯视群山环绕，云雾缥缈，尽收眼底。苏轼与杭州的情缘定格在西湖之上。每到傍晚，他便极其快活，独自来到湖边漫步，见那夕阳衔山，水天一色，渔歌唱晚，常常信口吟唱，佳句迭出。

杭州美，最美在西湖。苏轼对西湖情有独钟，不管天晴下雨，雪日隆冬，闲暇总要去迷人的西湖荡舟，四时美景让他心旷神怡。《和蔡准郎中见邀游西湖》其一曰：

夏潦涨湖深更幽，西风落木芙蓉秋。
飞雪暗天云拂地，新蒲出水柳映洲。

不管夏天地潦水深、秋日落木萧萧，还是隆冬飞雪漫舞、阳春三月蒲柳新芽，都令他“湖上四时看不足”。再有《有美堂暴雨》：

游人脚底一声雷，满座顽云拨不开。
天外黑风吹海立，浙东飞雨过江来。
十分潋滟金樽凸，千杖敲铿羯鼓催。
唤起谪仙泉洒面，倒倾鲛室泻琼瑰。

雷鸣伴着乌云翻滚、狂风摇曳着树梢怒号、暴雨袭来倒海翻江，有如羯鼓频催、李白醉书、鲛人泻珠，独现西湖雨中美景。又如《饮湖上初晴后雨二首》之二：

水光潋滟晴方好，山色空蒙雨亦奇。
欲把西湖比西子，淡妆浓抹总相宜。

这是歌咏西湖最美的篇章，“可谓前无古人，后无来者”。写西湖不管是在“初晴”，还是“后雨”，其水光与山色的两番景色，同样绝美如画。尤以比喻手法将西湖人物化，使其更具美的鲜活。

看“初晴”的西湖，碧空彩云飘忽，晴日照射，湖水荡漾，粼粼波光闪烁着点点金斑；再看“后雨”的西湖，微雨飘飘洒洒，水汽升腾，如幕如烟，山影缥缈，山色空灵，遥山羞黛。两幅情韵别致的画景，不禁令人想到《饮湖上，初晴后雨二首》的前一首诗中“朝曦迎客艳重冈，晚雨留人入醉乡”，看到苏轼在湖中是游玩宴饮终日。早晨朝霞满天，阳光明艳，后来晴转阴，入暮后下起雨来，全天的天气变化给西湖带来不同的景色，都被对西湖有着特殊感情而又善于领略大自然风情的苏轼摄入眼中，融进心灵，自然流泻出“晴方好”“雨亦奇”的赞许。那“潋滟”“空蒙”无不给人以感性的启发，令人仿佛亲临其境，领略到那或晴或阴或雨中西湖美景变幻无穷的奇妙，看到苏轼一手举杯豪兴勃发、一手挥毫自如的风姿。

后两句，就更显苏轼超逸的诗情才智，将西湖水光山色的神韵凸显，以神来之笔把历史上四大美女之一的西施用来做比喻。“西湖”“西施”，同一个“西”字，比喻精妙，既空灵又贴切，一“物”一“人”——西湖晴也好，雨也好，都是一种奇特壮观的美；西子淡妆也好，浓抹也好，都是一种迷人的美。二者同具美的共同特性都是不能更改的，而只能增添其美。比喻使喻体与本体的差异更有了创造性，使西湖形貌神韵俱佳，鲜活灵动起来了。

这是苏轼歌咏西湖美景的绝美华章，是他才情才思的充分展示，具有超越时空的强大艺术生命力。西湖从此因有了苏轼的讴歌、赞美，才胜过天堂，才四季美如画，才闻名天下。人们更加向往西湖，把“西子湖”作为西湖的别称。正如陈衍在《宋诗精华录》中所说，这首诗“遂成为西湖定评”。

苏轼与杭州山水的情缘，构建了他平生最为快慰的一段日子，是杭州西湖这“人间天堂”柔婉的魅力，抚慰了他失意郁闷的心情。

他时而观潮，为钱塘江潮的壮观而引吭高歌（《八月十五日看潮五绝》其二）：

万人鼓噪慑吴侬，犹似浮江老阿童。
欲识潮头高几许，越山浑在浪花中。

他时而赏月，将月下西湖的又一美景揽入自己难得闲适宁静的胸怀（《夜泛西湖五绝》其一）：

新月生魄迹未安，才破五六渐盘桓。
今夜吐艳如半璧，游人得向三更看。

他时而赏花，醉卧花丛不知归（《吉祥寺赏牡丹》）：

人老簪花不自羞，花应羞上老人头。
醉归扶路人应笑，十里珠帘半上钩。

他时而醉饮湖上，要和湖中的水仙王一样领略赏心悦目的西湖（《饮湖上初晴后雨二首》其一）：

朝曦迎客艳重冈，晚雨留人入醉乡。

此意自佳君不会，一杯常属水仙王。

杭州有着二千二百多年的历史，有钱塘江孕育了四千多年的“良渚文化”，有秦始皇南巡“系缆石”古迹，有越王勾践“卧薪尝胆”的千古佳话，有香火旺盛的灵隐古刹。这一切，无疑激发了苏轼的才学和智慧，对西湖的描绘才达到极致。他在多首诗中表达对杭州山水的热爱，如“两岁曾为山水役”“天教看尽浙西山”“踏遍江南南岸山，逢山未免更留连”“三百六十寺，寻幽遂穷年”等等。这一时期，杭州山水让苏轼诗情勃发，三年任上，是他诗歌创作的高峰期，诗作达两百首之多。

据《杭州府志》载：“东坡镇余杭，遇游西湖，多令旌旗导从，出钱塘门。坡则自涌金门从一二老兵泛舟绝湖而来，饭于普安院，徜徉灵隐、天竺间，以吏牍自随。至冷泉亭，则据案剖决，落笔如风雨，分争辩讼，谈笑而办。已，乃与僚吏剧饮。薄晚，则乘马以归。”这段记载不但说明苏轼办事效率很高，而且记其不时到西湖处理“分争辩讼”。他对西湖的热爱感动了杭州人，他们说苏轼是杭州人。此后，杭州人便将每年的清明节、端午节、中秋节、重阳节定为游湖大节。

当然，苏轼通判杭州，为湖山美景吟诗，皆出于一种心境，他在杭州任上的三年，那颗忧国忧民之心仍在热烈地燃烧，他勤于政事，密切关注着新法实施给农民带来的利弊。正如他自己在《谢雨祝文》中所说：“政虽无术，心则在民。”当时，杭州水旱蝗灾一直比较严重，所属各县山泽各半，连下十天雨就会闹水灾，接连一个月不下雨又会闹旱灾，经常是“止水之祷未能跆月，又以旱告矣”；而蝗灾严重到何种程度呢：“宦游逢此岁年恶，飞蝗来时半天黑。”苏轼在《戏毛国华长官》诗中，将蝗虫自西北飞来，声乱浙江之涛，上遮日月，下掩草木，遇其所过，一片荒芜的惨景记录下来。然而，一些地方官吏为了附和新法，取悦朝廷，竟隐瞒灾情不报。这使苏轼十分气愤，可又“无人可诉”，他只有对自己的老弟苏辙说（《捕蝗至浮云岭山行疲苦有怀子由弟二首》其一）：

西来烟阵塞空虚，洒遍秋田雨不如。
新法清平哪有此？老身穷苦自招渠。
无人可诉乌衔肉，忆弟难凭犬寄书。
自笑迂疏皆此类，区区犹欲理蝗余。

苏轼经常深入农村，了解灾情和民生疾苦，足迹遍布杭州所属各县。他对那些对水涝造成夏收季节灾害毫不关心而高高在上的新党人物，只能在自己的诗中予以讽刺（《雨中游天竺灵感观音院》）：

蚕欲老，麦半黄，前山后山雨浪浪。
农夫辍耒女废筐，白衣仙人在高堂。

在严重的自然灾害面前，赋税却很繁重。地方官吏只知催收钱粮，不顾百姓死活。苏轼愤而作《吴中田妇叹》：

今年粳稻熟苦迟，庶见霜风来几时。
霜风来时雨如泻，杷头出菌镰生衣。
眼枯泪尽雨不尽，忍见黄穗卧青泥。
茅苫一月陇上宿，天晴获稻随车归。
汗流肩赪载入市，价贱乞与如糠粞。
卖牛纳税拆屋炊，虑浅不及明年饥。
官今要钱不要米，西北万里招羌儿。
龚黄满朝人更苦，不如却作河伯妇。

这是怎样的一幅悲惨图画：严重的水患已经弄得田妇收成无几，官府却收钱不收米，使得米价很贱，卖不出去。为了纳税，田妇就只好卖牛拆屋，把赖以生存的最起码的生活资料和生产资料变卖干净了。田妇还怎能生存啊！

苏轼如果不是亲自深入农村，目睹这一切，是写不出这种具有真情实感的诗句来。诗句中充满了苏轼对穷苦百姓生活的担忧，并讥讽王安石推行“新法”，满朝都是龚遂、黄霸一类口头上关心农业的“好官”，他们关心的是如何为朝廷搞钱，以致“钱荒米贱”的现象越来越严重，“百姓有米而官不要米，百姓无钱而官必要钱”，逼得农民发出生不如死的悲叹。

这期间，苏轼出巡所属各地，至新城、富阳途中因深感“盐法太急”而写下了著名的《山村五绝》，对新法实施的“盐业官办”所造成“盐价既增，民不肯买”，以致无盐可吃的状况，苏轼讽刺道：“岂是闻韶解忘味，迩来三月食无盐。”对农民“三月食无盐”深表同情。对新法中的农田水利法、青苗法等，苏轼都在诗句中予以嘲讽。如青苗法，播种时由政府贷款给百姓，取利二分，秋收后还本息，国家可以得到大笔利息钱，这样一来，贫苦百姓所付息比向富户借钱的利息要低一些，出发点是很好的。然而，实施起来就是另一回事了：一方面，官吏为了争利邀功，不管农民是否需要，强迫认贷；另一方面，农民手里钱多了，认为反正是政府的钱，胡乱花掉，结果，到秋收还本息时，农民根本无法还上，对违期不还者，官吏便滥施刑法。因此，苏轼以诗句对这一现状作了高度概括（《山村五绝》）：

杖藜裹饭去匆匆，过眼青钱转手空。
赢得儿童语音好，一年强半在城中。

对于青苗法的推行，苏轼早在《上神宗皇帝书》中，就以汉武帝时，桑弘羊行均输法之例，论说朝廷拿出五百万缗钱交给官吏去运筹，这些钱一旦散发出去，恐怕很难收回。即使在运筹中少有所获，那么国家的商税收入额也一定大大减少。苏轼用了一个形象比喻，说现在有一个人去为他的主人放牧牛羊，事先不告诉主人就用一头牛换回五只羊，之后一头牛的损失他不报告，却把五只羊的收获指为自己的功劳。那么陛下认为，破坏常平之法而陈言青苗之功，亏损国家商税收入而取得均输法之利，这与一头牛换五只羊有区别吗？遗憾，神宗与王安石听不进忠言。

苏轼特别痛恨厌恶那些阿附王安石、借变法扬帆而升官发财，不顾百姓死活的人，常以诗讥刺。如他去吉祥寺赏牡丹，作《牡丹记叙》，在描写了这次赏花的盛况后说："此花见重于世者三百余年，穷妖极丽，以擅天下之观美，而近岁犹复变态百出，务为新奇，以追逐时好者，不可胜记。此草木之智巧便佞者也。"以此讥讽那些靠通过投机新法来往上爬的趋炎附势之徒。因此，苏轼非常重视"择吏"，看重人品素质。熙宁五年（1072）秋季解试，苏轼在杭州监试。在欢送所选送的参加礼部试人员的宴会上，陈襄作诗勉励他们要像松柏那样不以时迁，像高山那样万世不移。苏轼为陈襄的送进士诗作序。他说，"求官"的目的在于"得"，否认这点是虚伪的；但"苟志于得，而不以其道，视时上下而变其所学，曰：'吾期得而已矣。'则凡可以得者无不为也，而可乎？"苏轼希望他们不要为了得到高官厚禄就放弃自己所学的道，千万不可学那些趋附新法而得高官的人。

苏轼将深入农村所见所闻有关新法实施害民一面，用诗的形式加以记录。这些带有对新法讽刺的诗句，已经为苏轼种下了祸根。以《山村五绝》为代表的一些诗，后来被新党上升到政治的高度，作为苏轼攻击变法的最有力的罪证，将他逮捕入狱，制造了历史上有名的文字冤狱——"乌台诗案"。谁也想不到，沈括竟是这场文字冤狱的始作俑者。

沈括，字存中，钱塘县人。三十一岁举进士，是北宋著名的科学家。他精于天文、数学、物理、化学、地质、农业等。但其人品道德令世人不耻，小人一个。苏轼通判杭州前，他曾与苏轼同朝为官，二人颇有往来。熙宁六年（1073），在王安石的举荐下，沈括被朝廷派遣为西浙路察访使。临行前，神宗特意叮嘱说："苏轼通判杭州，卿其善遇之。"皇帝一直挂怀着苏轼，这使沈括心里很不是滋味，一股嫉妒之火猛然升起，烧出一副小人嘴脸来。

沈括到了杭州，表面上与苏轼打得火热，甚是亲厚，暗地里却整苏轼，将苏轼在杭州所作诗搜集起来，加以分析研究，予以笺注，名之《钱塘集》。而后带回京城，作为依附新党晋升的敲门砖，呈与神宗与王安石，状告苏轼"词皆讪怼"。神宗看后，十分反感，痛恨这种搬弄是非的小人行径，置之不理，并不再重用沈括。然而，沈括辑的《钱塘集》后来却成为"乌台诗案"的证据之一。

苏轼不仅用诗记录下百姓的困苦，用诗来表达对百姓穷困生活的同情，更是用实际行动来为百姓解困。到任初，"时方行青苗，免役、市易、浙西兼行水利、盐法、地方骚动"。新法害民已经越来越严重，加上蝗灾水害，真是天灾人祸俱下。这才使苏轼在《初到杭州寄子由》诗中，表达出沉重的心情：

眼看时事力难胜，贪恋君恩退未能。
迟钝终须投劾去，使君何日换聋丞。
圣明宽大许全身，衰病摧颓自畏人。
莫上冈头苦相望，吾方祭灶请比邻。

为灭蝗，苏轼亲到所属各县，一面组织百姓灭蝗，一面赈济饥民，数月不归。直到灾情得到缓解，民情稳定才松一口气。作为通判，主要主管刑狱，可苏轼把知州的事情都干了。

宋代设置通判一职，目的是牵制知州权力，通判握有裁可、连署州府公牍和监察官吏的实权，且主管刑狱，号称监州。因此，苏轼一到任，便到监狱察审刑案，见监舍所关押囚犯满满，喊冤之声令人心寒。时新法颁行，食盐由政府统购统销，名曰“榷盐”。凡私自贩卖，即为犯法，抓捕入狱。由于政府低价收购，高价卖出，虽然江南乃食盐主产地，一般百姓反倒吃不起盐。为了生计，百姓才铤而走险，贩卖私盐。然而，“盐法极峻，穷民犯盐，例皆徒配”。苏轼夜以继日审理，到杭州的第一个除夕都未能与家人团聚。审理结果是牢中所关押的一万多名囚犯，皆为贩盐获罪的穷百姓。于是，该放的全都放了。后来，苏轼知密州时，又遇到同样的案件，他在《上文侍中论榷盐书》与《上韩丞相论灾伤手实书》中，回顾说：“轼在余杭时，见两浙之民，以犯盐得罪者，一岁至万七千人，而莫能止”，“每执笔断犯盐者，未尝不流涕也”。

判完案，除夕已过，新的一年来到，苏轼却心情沉重，挥笔写下《都厅题壁》诗：

除日当早归，官事乃见留。
执笔对之泣，哀此系中囚。
小人营糇粮，堕网不知羞。
我亦恋薄禄，因循失归休。
不须论贤愚，均是为食谋。
谁能暂纵遣，闵默愧前修。

让苏轼高兴的是，这时有个年轻人晁补之投诗来谒，其诗云：“读公栖鸦诗，岁月伤晼晚。公何不念世，蜡屐行避远。羁鸟翔别林，归云抱孤巘。我才不及古，叹息襟泪满。”诗中自叹如“羁鸟翔别林，归云抱孤巘”的孤独无助之感，以及自感在这样的环境中无法提高自身的文学才能，希望能拜于苏门为学，得到指导帮助。对这样既有才华、又谦虚刻苦的年轻人，苏轼自是十分的高兴，他在《新城陈氏园，次晁补之韵》诗中，愉快地赞赏道：“不见苦吟人，清樽为谁满。”非常愿意与之把酒论文。据《宋史·文苑传·晁补之传》载：“晁补之，字无咎，济州巨野人。……十七岁从父官杭州，萃钱塘山川风物之丽，著《七述》以谒通判苏轼。轼先欲有所赋，读之叹曰：‘吾可以阁（搁）笔矣！’又称其文博辩隽伟，绝人远甚，必显于世。由是知名。”从此，晁补之与苏轼交往甚密，诗、文、词风格追步苏轼，是苏门中文风与苏轼较接近的文士之一。晁补之受苏轼拔之，并为之延誉，因此知名，为“苏门四学士”之一。

熙宁五年（1072）秋，沈立罢杭守，陈襄由陈州移知杭州。

陈襄，字述古，福州侯官（今福建闽侯）人。因居古灵，故号“古灵先生”。他是北宋理学家，“海滨四先生”之首，为神宗朝名臣，反对王安石变法，曾向神宗推荐三十三人可重用，其中就有苏轼、苏辙。可见他们政见相同，志趣相投，为同类人。陈襄到任，苏轼即建议，疏浚钱塘六井，解决杭州人民饮水难的问题，是当务之急。杭州因近海，“其水苦恶，惟负山凿井，乃得甘泉，而所及不广”。唐朝宰相李泌曾在这里凿了六口井，引西湖水以足民用。其后白居易进一步治湖浚井，民赖以生。如今，六井大多废置，杭州百姓饮、用水便成了大问题。于是，陈襄当即与苏轼制定疏浚方案，筹划财资，组织人力，“乃命僧仲文、子圭，办其事。仲文、子圭又引其徒如正、思坦以自助。凡出力以佐官者，二十余人”。数月之内，六井疏浚如新，“千艘更载，瞬息百斛”，百姓饮用水得到彻底解决。第二年江浙一带大旱，滴水贵如油，老百姓“以罂缶（酒器）贮水相饷如酒醴”，而杭州人民并不缺饮水，还有余水喂牛、洗澡。“方是时，汲者皆诵佛。”杭州人民充满了对陈襄和苏轼的感激之情。为此，苏轼特作《钱塘六井记》，以记其事：

潮水避钱塘而东击西陵，所从来远矣。沮洳斥卤，化为桑麻之区，而久乃为城邑聚落，凡今州之平陆，皆江之故地。其水苦恶，惟负山凿井，乃得甘泉，而所及不广。唐宰相李公长源始作六井，引西湖水以足民用。其后刺史白公乐天治湖浚井，刻石湖上，至于今赖之。始长源六井，其最大者，在清湖中，为相国井，其西为西井，少西而北为金牛池，又北而西附城为方井，为白龟池，又北而东至钱塘县治之南为小方井。而金牛之废久矣。嘉祐中，太守沈公文通又于六井之南，绝河而东至美俗坊为南井。出涌金门，并湖而北，有水闸三，注以石沟贯城而东者，南井、相国、方井之所从出也。若西井，则相国之派别者也。而白龟池、小方井，皆为匿沟湖底，无所用闸。此六井之大略也。

熙宁五年秋，太守陈公述古始至，问民之所病。皆曰："六井不治，民不给于水。南井沟庳而井高，水行地中，率常不应。"公曰："嘻，甚矣，吾在此，可使民求水而不得乎！"乃命僧仲文、子圭办其事。仲文、子圭又引其徒如正、思坦以自助。凡出力以佐官者二十余人。于是发沟易甃，完缉罅漏，而相国之水大至，坎满溢流，南注于河，千艘更载，瞬息百斛。以方井为近于浊恶而迁之少西，不能五步，而得其故基。父老惊曰："此古方井也。民李甲迁之于此，六十年矣。"疏涌金池为上中下，使浣衣浴马不及于上池。而列二闸于门外，其一赴三池而决之河，其一纳之石槛，比竹为五管以出之，并河而东，绝三桥以入于石沟，注于南井。水之所从来高，则南井常厌水矣。凡为水闸四，皆垣墙扃鐍以护之。

明年春，六井毕修，而岁适大旱，自江淮至浙右井皆竭，民至以罂缶贮水相饷如酒醴。而钱塘之民肩足所任，舟楫所及，南出龙山，北至长河盐官海上，皆以饮牛马，给沐浴。方是时，汲者皆诵佛以祝公。

余以为水者，人之所甚急，而旱至于井竭，非岁之所常有也。以其不常有，而忽其所甚急，此天下之通患也，岂独水哉？故详其语以告后之人，使虽至于久远废坏，而犹有考也。

熙宁七年（1074）八月十三日，陈襄调离杭州，苏轼亲自主持送别酒会。送别酒会设在湖心亭畔的有美堂，杭州府的所属官吏及地方名流、学子全都参加这次送别宴会。当他起身举杯正要向陈襄敬酒时，见沿湖站满了为陈襄送行的百姓，突发感慨："不用敛双蛾，路人啼更多。"而陈襄离任，谁来接替知州之职呢？"今日漫留君，明朝愁杀人。"苏轼陡然生出担心来。他担心新任知州如是"新进勇锐"的"新法派"，自己不但没有一个倾心相交的上司，而且还将落入他们的桎梏之中，苏轼心情一下变得十分难过，向陈襄举杯，话别衷肠。陈襄一饮而尽，挥手道别，登舟而去。望着远去的官船，苏轼流下难舍的热泪。

第十四章

万古超然

老夫聊发少年狂，左牵黄，右擎苍。锦帽貂裘，千骑卷平冈。为报倾城随太守，亲射虎，看孙郎。　　酒酣胸胆尚开张，鬓微霜，又何妨！持节云中，何日遣冯唐？会挽雕弓如满月，西北望，射天狼。

宋神宗熙宁七年（1074）九月诰下，苏轼以太常博士、直史馆权知密州军州使。即由杭州通判改知密州。按理说，官升了一级，应该高兴才对，可苏轼高兴不起来，反倒凄凉，心中充满了矛盾和不安。是何原因？他在离开杭州赴密州途中，作了一首《沁园春·赴密州早行马上寄子由》词，表露了这一心境：

孤馆灯青，野店鸡号，旅枕梦残。渐月华收练，晨霜耿耿；云山摛锦，朝露漙漙。世路无穷，劳生有限，似此区区长鲜欢。微吟罢，凭征鞍无语，往事千端。　　当时共客长安，似二陆初来俱少年。有笔头千字，胸中万卷；致君尧舜，此事何难？用舍由时，行藏在我，袖手何妨闲处看？身长健，但优游卒岁，且斗尊前。

词中既流露了苏轼深感才难为用、人生险恶、郁郁寡欢、凄凉寂寞的心境，又展示了他不甘沉沦的理想，要以“用之则行，舍之则藏”、退一步而进两步的处世哲学来对待现实，实现自己的政治理想，对“致君尧舜”这一伟大功业充满信心和希望。

上阕以景入词，将他悲苦孤独凄凉的心境烘托出来，由此生发出“世路无穷，劳生有限”的慨叹。句首三个四言句中“孤”“青”“野”“残”四字，极蕴深意，道尽苏轼在黎明前那萧瑟黑暗、寂静清凄、于荒僻野地的环境下早起行路的心境。紧接后四句，则展示一幅更为惹人惆怅的寒霜晨曦图：残月渐隐，微明星稀，山色空濛，晨霜染地，露水多貌……苏轼心中苦涩别提有多浓啊！“情沿物应”，他不免慨叹“世路无穷，劳生有限”的人生现实。他到任后，在《密州谢上表》中才道出真情：赴任密州，本是自己不得已而为之：“携孥上国，预忧桂玉之不克；请郡东方，实欲昆弟之相近。”此时苏辙于济南任职掌书记，为了“昆弟之相近”，只是一个方面的原因。实际上，苏轼是很想回到朝廷有所作为，却又怕回去。如今朝中大权皆已落在吕惠卿等一大批靠变法爬上高位的“新进勇锐”之手，朝廷政争激烈，他本已是被逐之臣，如回京绝对不能容身，不得已才求外补密州这一边郡荒凉之地。苏轼这种痛苦的矛盾心情和处境在他赴密州途中所作《定风波》词中，亦有真切表现：“月满营溪照夜堂，五星一老斗光芒。十五年间真梦里，何事，长庚配月独凄凉。”这是他路过湖州时，与张子野、刘孝叔、李公择等人相会所作“六客词”，表达了他们因不与新党苟合而被逐出朝廷的心境。途经苏州时，在知州王诲席上苏轼又作《阮郎归》：“他年桃李阿谁栽？刘郎双鬓衰。”面对当今朝廷尽皆新党人物执掌大权，苏轼抑制不住如刘禹锡《玄都观诗》那样的政治怨愤：“看取桃花春二月，争开，尽是刘郎去后栽！”充分表露了苏轼对变法派容不得不同意见、排除异己而才难为用的愤慨。“凭征鞍无语，往事千端。”苏轼放开这些不快，追忆起往事。

下阕以“当时共客长安，似二陆初来俱少年”起。二陆，指西晋诗人陆机、陆云兄弟。吴亡后，二陆入洛阳，以文章为当时士大夫所推重，负有盛名，时陆机年二十岁，陆云年十六岁。苏轼兄弟初到东京，时苏轼年二十一岁，苏辙年十八岁，不仅与二陆兄弟入洛之龄相近，其文名声望亦似二陆。苏轼追忆往事，自比二陆，说明他兄弟俩具有远大抱负，要像伊尹那样“便是君为尧舜之君”；要像杜甫那样“致君尧舜上，再使风俗淳”，以实现其“结人心，厚风俗，存纪纲”的政治理想：“有笔头千字，胸中万卷；致君尧舜，此事何难。”虽然眼下兄弟俩在政治漩涡中触礁，在现实生活中碰壁，但决不沉沦、悲观、失望。“袖手何妨闲处看？”苏轼将《论语》“用之则行，舍之则藏，惟我与尔有是夫”，“优哉游哉，可以卒岁”，以及牛僧孺《席上赠刘梦得》“休论世上升沉事，且斗尊前见在身”句，化入词中，生发议论，以自策励，并聊以自我宽慰，表现出对前途的乐观态度：“何日功成名遂了，还乡，醉笑陪公三万场。”当然，远离京师，优游度日，诗酒自娱，这对于抱着“致君尧舜”初心之志的苏轼来说，完全是不得已的。因此，议论中不乏牢骚之意和悲凉之情。苏轼带着这种矛盾心境来到密州任上。

密州（今山东诸城），“得蝓夷之地”，东南临海，南部多山，北部为潍河冲积平原。北宋时期，密州属于边郡，为防御州。然而，这里民生凋敝，武力弛废，一派萧瑟情景。这里连年饥荒，蝗旱严重，百姓生活穷困艰难，连密州城内都是一片死气沉沉。苏轼从“灯火钱塘三五夜，明月如霜，照见人如画”的“人间天堂”的杭州，来到“火冷灯稀霜露下，昏昏雪意云垂野”（《蝶恋花·密州上元》）的密州，其心境可想而知。

然而，作为一州之长官的苏轼，把赴密州途中那种矛盾痛苦的心情抛到了九霄云外，面对密州“蝗旱相仍”的天灾、“新法扰民”的人祸、“盗贼渐炽”的隐患，决心“勤于吏职”，救民于水火。他以惊人的速度采取一系列积极的救助措施：

一是在《论河北京东盗贼状》中，将密州蝗灾旱灾的严重性如实上奏朝廷，请求减免百姓赋税，调拨救灾粮米。在苏轼到密州之前，地方官吏隐瞒灾情不报，还胡说什么蝗虫可“为民除草”。苏轼深恶痛绝，极为愤慨，斥之曰：“使蝗虫为民除草，民将祝而来之，岂忍杀乎？轼近在钱塘，见飞蝗自西北来，声乱浙江之涛，上翳日月，下掩草木，遇其所落，弥望萧然。此京东余波及淮浙者耳，而京东独言蝗不为灾，将以谁欺乎？”他怒斥那些昏庸的地方官“望观不救亦何心”，良心何在！

蝗虫因干旱引发，“从来蝗旱必相资”。旱情越重，蝗虫繁殖就越快。其种类有飞蝗、稻蝗、竹蝗、蔗蝗和棉蝗等，都是危害极重的农林害虫。蝗虫食量很大，所过之处，农作物皆毁。从苏轼所描述，密州发生的蝗害（包括河北京东两路）属飞蝗类，对庄稼危害更大，哪里有农作物，就飞向那里。更可怕的是飞蝗对人畜造成危害。据《玉堂闲语》载：“晋天福之末，天下大蝗，连岁不解。行则蔽地，起则蔽天，禾稼草木，赤地无遗。其蝻（蝗幼虫）之盛也，流引无数，甚至浮河越岭，逾地渡堑，如履平地。入人家舍，莫能制御。穿户入牖，井溷填咽，腥秽床帐，损啮书衣。积日连宵，不胜其苦。郓城县有一农家，豢豕十余头，时于陂泽间，值蝻大至，群豕跃而啖食之，斯须复饫不能运动。其蝻又饥唼啮群豕，有若堆积。豕竟困顿，不能御之，皆为蝻所杀。”对于蝗虫的危害性，苏轼是有切身的体验，在杭州任上时，他就亲自前往常州、润州组织官民灭蝗。他在《梅圣俞诗集中有毛长官者，今于潜令国华也。圣俞没十五年，而君犹为令，捕蝗虫至其邑，作诗戏之》中追忆道：“宦游逢此岁年恶，飞蝗来时半天黑。”

苏轼在赴密州途中，已经预感密州的蝗害轻不了。他在《次韵章传道喜雨》诗中述说：“前时渡江入吴越，布阵横空如项羽。”犹如项羽一样残暴的飞蝗，是不会放过密州百姓的。果不其然，苏轼一到密州境内，即见蝗害带给密州人民的灾难触目惊心。

但是，面对“农夫拱手但垂泣，人力区区固难御”的状况，一些地方官吏不但不据实上报蝗灾，采取积极治蝗的措施，反而“指鹿为马”，说什么蝗虫能为民除草，岂止是愚蠢之极，实为不顾百姓死活，取悦讨好新法派人物而已。苏轼无不感到愤慨痛心。

苏轼一到密州任，面对“去年夏旱秋不雨，海畔居民饮咸苦”的悲惨景象，更担忧“今年春暖欲生蝝，地上戢戢多于土。预忧一旦开两翅，口吻如风那肯吐”。如果旱情不解，蝗灾就会更加严重。他在《寄刘孝叔》诗中，更表达出对天灾人祸、民不聊生忧心如焚的心境：“况复连年苦饥馑，剥啮草木啖泥土。今年雨雪颇应时，又报蝗虫生翅股。忧来洗盏欲强醉，寂寞虚斋卧空庑。”苏轼更感到作为一州之长官，责任之重大。他在《和孔郎中荆林马上见寄》诗中说：“秋禾不满眼，宿麦种亦稀。永愧此邦人，芒刺在肌肤。平生五千卷，一字不救饥。”

作为一州长官的苏轼，既恪尽吏职，据实向朝廷奏报灾情，又勤于政事。尤其对于治蝗，苏轼不是停留在嘴巴上，而是身体力行，率先垂范。以雷厉风行的作风，壮士断腕的气概，一面据实上奏朝廷，请求下拨救灾粮；一面组织僚属，率领民众，积极投入灭蝗战斗，采取田禾焚烧和掘土掩埋的传统方法消灭蝗虫。为了充分调动群众灭蝗积极性，苏轼采取奖励政策，以工代赈，“得米济饥还小补”，将赈济灾民的粮食用于奖励捕蝗，谁捕得多，得粮就多。为了灭蝗，他废寝忘食，竭尽全力。后来他离任密州，还向赵伯成（熙宁八年［1075］六月赵以尚书郎为密州通判）述说当时亲自率众参与灭蝗，手足上的茧子一层盖过一层，连马匹也已精疲力竭了。由于知州大人亲自下乡与百姓并肩战斗，百姓无不争先恐后。经过连续奋战，灭蝗收到明显效果。“县前已窖八千斛，率以一升完一亩”。苏轼在与章传道诗中特别加注说明：“今春及今，得蝗子八千余斛。”计算起来，即挽救了数十万亩庄稼。“更看蚕妇过初眠”，苏轼自注“蚕一眠，而蝗不复生矣”。

二是收养弃孩。苏轼在《与朱鄂州书》中说：“轼向在密州，遇饥年，民多弃子，因盘量劝诱米，得出剩数百石别储之，专以收养弃儿，月给六斗。比期年，养者与儿，皆有父母之爱，遂不失所，所活亦数千人。”

三是解决旱灾。苏轼按当地“遇旱祈雨”的习俗，亲率吏民去常山祈雨，发现山中有一泉，泉水“清凉滑甘，冬夏若一，余流溢去，达于山下”。这长流不竭的泉水让苏轼欢喜不已，当即采取引水灌溉措施。同时又发动百姓在南城筑堤引水，以解旱情。新堤筑成，流水直灌农田，百姓欢呼，庄稼长势喜人。苏轼亦无比兴奋，特作《满江红》一阕，以记与民同乐之心情：

东武会流杯亭，上巳日作。城南有坡，土色如丹，其下有堤，壅郑淇水入城。

东武南城，新堤就，郑淇初溢。微雨过，长林翠阜，卧红堆碧。枝上残花吹尽地，与君试向江头觅。问向前犹有几多春，三之一。　官里事，何时毕，风雨外，无多日。相将泛曲水，满城争出。君不见兰亭修禊事，当时坐上皆豪逸，到如今修竹满山阴，空陈迹。

四是"因法以便民"。苏轼认为，老百姓生活艰难，不仅是蝗、旱等自然灾害造成的，而且也是新法造成的。他在《上韩丞相论灾伤手实书》中指出："民非独病旱蝗也，方田、均税之患，行道之人举知之。"对新法在密州的推行，苏轼采取的态度是，只要是有害无利的新法条例，便拒不执行，对百姓有利的就推行。正如他在《密州谢上表》中所说："臣敢不仰仞至恩，益坚素守。推广中和之政，抚绥疲瘵之民。"他所做的一切都是为了老百姓。尤其废"手实法"，百姓是欢呼雀跃。《宋史纪事本末》卷三十七《王安石变法》载："（熙宁七年）秋七月，立手实法。时免役出钱或未均，吕惠卿用其弟曲阳县尉和卿计，创手实法。其法，官为定立物价，使民各以田亩、屋宅、资货、畜产随价自占。凡居钱五，当蕃息之钱一。非用器食粟而辄隐落者许告，获实，以三分之一充赏。预具式示民，令依式为状，县受而籍之，以其价列定高下，分为五等。既该见一县之民物产钱数，乃参会通县役钱本额，而定所当输钱。诏从其言。"手实法规定百姓自报财产，以定户等；为防止有人少报或瞒报，可以奖赏告其不实的人；还规定不按时施行的，以违制论。苏轼认为这是明摆着鼓励告密者，挑起人与人之间相互矛盾，是败坏社会风气的荒唐之举，应予以坚决废止。当时，"手实法"的做法已经引发朝廷其他部门的效仿。例如军器监需要牛皮，令老百姓上交，为了防止有牛皮不交者，也悬赏奖励告密。苏轼愤慨地对韩绛说："农民丧牛甚于丧子，老弱妇女之家，报官稍缓，则挞而责之钱数十千，以与浮浪之人（奖赏专门告密得赏的不良之徒），其归为牛皮而已，何至是乎！"可见"手实法"所起到"渐开告讦之门"的恶果令人担忧。

北宋时，朝廷于尚书省下设"九寺"，其司农寺职掌仓储、苑囿、库务等业务。苏轼深知其官吏多欺压蛮横，胡作非为，使百姓不堪其苦。"手实法"初行之时，司农寺便行文说：如不施行，将以"违制"（违反皇帝命令）论罪。苏轼愤然斥责司农寺所行文书，施于郡县，这都是出自司农寺官吏一时之意，故作虚张声势，拉虎皮作大旗，假以皇帝之名而已。基层官吏被蒙蔽，敢有不执行者？而苏轼却看得真切：“岂有增损旧律令，冲改新制书，而天子不知，三公不与，有司得专之者？”当然，在对待“手实法”的问题上，苏轼十分机警地把责任压在提举常平官身上。提举官害怕苏轼“专务规谏”“祸福得丧付与造物”的刚正不阿的凛然正气，赶紧告饶说：“公姑徐之（以缓上报朝廷）!”《宋史》本传对此有载：“时新政日下，轼于其间，每因法以便民，民赖以安。徙知密州。司农行手实法，不时施行者以违制论。轼谓提举官曰：‘违制之坐，若自朝廷，谁敢不从？今出于司农，是擅造律也。’提举官惊曰：‘公姑徐之。’未几，朝廷知法害民，罢之。”

其实，从一开始，苏轼在密州就坚决拒绝执行“手实法”。他之所以超越一郡之职，敢再次冒险触怒新法派，上书韩绛，实为天下百姓着想，为大宋王朝社会安稳着想，以此达到在全国罢行“手实法”。韩绛还算听得进苏轼意见，经过认真思量，觉得苏轼所言确是实情。于是，毅然罢行。苏轼在《上文侍中论榷盐书》中，倍感欣慰地对文彦博说：“乃者手实造簿，方赫然行法之际，轼尝论其不可，以告今太原韩公。公时在政府，莫之行也。而手实卒罢，民赖以少安。”当时，苏轼一针见血揭穿司农寺擅造法令欺蒙郡县的事实，提举官虽向苏轼求情不要上告，但苏轼不为所动，亦毫无顾忌，仍上书元老重臣文彦博加以揭露。

凡为官者，无不深知官场险恶，大多会明哲保身，绝不会干冒犯上级的事情。一般为官者，只要守本份，不鱼肉百姓，不管上级下达的指令对与错，照办就是，官就做得平稳，也称得上是个好官。苏轼却不然，他为官有一个原则，即一切以民为重。从以上事例看出，苏轼为坚守这一原则，不惜犯险。而密州任上因法以便民，更是其民本思想的充分体现，是他实事求是的工作作风展示，他对人民疾苦高度负责的精神及其为官的政治品格，在古代为官者中实属少有。

密州因连年灾荒，人民生活极端困苦，以至到了“剥啮草木啖泥土”（“啖泥土”，绝非夸张。密州有一种白色的黏土，叫观音土，细腻不碜，旧社会每逢灾荒之年，老百姓饥饿难忍之极，常用来充饥。但因其食后不消化，难以排泄，多因腹胀而死）的地步。作为一州之行政长官的苏轼，要想利用手中大权吃香的喝辣的，不是难事。可他没有苟且偷生、残民自肥，而做到清廉自律，与百姓一样揽草木以充饥腹，与民同甘苦，共度饥荒。他宁愿自己吃草根、啃树皮，也不搞贪腐，将稀缺如珠的大米留给那些挣扎在死亡线上的弃儿。一篇《后杞菊赋》，真实地记录了苏轼清廉自律的崇高精神境界：

天随生自言常食杞菊。及夏五月，枝叶老硬，气味苦涩，犹食不已。因作赋以自广。始余尝疑之，以为士不遇，穷约可也。至于饥饿嚼啮草木，则过矣。而予仕宦十有九年，家日益贫。衣食之奉，殆不如昔者。及移守胶西，意且一饱。而斋厨索然，不堪其忧。日与通守刘君庭式循古城废圃求杞菊食之。扪腹而笑。然后知天随生之言，可信不缪。作《后杞菊赋》以自嘲，且解之云。

吁嗟先生，谁使汝坐堂上称太守？前宾客之造请，后椽属之趋走。朝衙达午，夕坐过酉。曾杯酒之不设，揽草木以诳口。对案颦蹙，举箸噎呕。昔阴将军设麦饭与葱叶，井丹推去而不嗅。怪先生之眷眷，岂故山之无有？先生听然而笑曰："人生一世，如屈伸肘。何者为贫？何者为富？何者为美？何者为陋？或糠核而瓠肥，或粱肉而墨瘦。何侯方丈，庾郎三九。较丰约于梦寐，卒同归于一朽。吾方以杞为粮，以菊为糗。春食苗，夏食叶，秋食花实而冬食根，庶几乎西河、南阳之寿。"

世人有讽清代官场："三年清知府，十万雪花银。"由此可推之古代官场贪腐之风尤盛。而苏轼从知密州时已为官十九年，家境却日益贫寒，日子过得一年不如一年，足见其为官不贪不腐，廉洁自律，两袖清风。

苏轼对自己升迁为一州之行政长官，心喜这下可以吃饱肚子了，可谁知空欢喜一场。为了填饱肚子，只得采杞菊以充饥，大有"平生五千卷，一字不救饥"之慨。

在这篇短文中，充分展示了苏轼面对饥荒，引发出对人生富贵贫穷、生死美陋的深刻见解，表达一种超越物我之间关系的精神境界。发人深省，耐人寻味。"人生一世，如屈伸肘。"人生几十年的光景，就像人的手肘一伸一屈那么快。短暂人生，没有必要去过分追求荣华富贵，锦衣玉食。何为贫富？何为美陋？"卒同归于一朽。"贫者也好，富贵也罢，最终的结果都是一样的，都是要走向死亡的，有必要去追求富裕而贪腐吗？虽然作为堂堂太守，"以杞为粮，以菊为糗"，却心中无愧，与民无迕，为自己的清廉自律感到欣慰。

赋文不仅全镜式展示了苏轼密州的生存状态，而且表现出苏轼不因生活困窘和政治失意而消极悲观失望，勇于面对现实，善于变换角度看待人生困境与失意，以积极达观的生活态度对待人生。

因此，苏轼这篇赋文，不仅用意相当深刻，而且具有苏轼作诗文喜欢加注作序的特有风格。这篇赋文的序言就占了全赋近一半，为正文内容的铺垫起到不可或缺的桥梁作用。

序言以写陆龟蒙失意、穷困，食杞菊而写《杞菊赋》自我宽慰，引出作者亦因失意、穷困而食杞菊的相同际遇，写《后杞菊赋》，也是为了自我宽解。

陆龟蒙为晚唐文学家，字鲁望，号天随子。天随生即天随子，其所作《杞菊赋序》云："著图书所前后，皆树以杞菊……日得以采撷之……及夏五月，枝叶老硬，气味苦涩，旦暮犹责儿童辈拾掇不已……退而作《杞菊赋》以自广云。"苏轼曾对陆龟蒙采食杞菊产生过怀疑，认为读书人不得志，生活贫困是可能的，至于穷困得来吃草木就不真实了。然而，当他自己面临生活的穷困，吃不饱肚子时，不得不"日与通守刘君庭式循古城废圃，求杞菊食之"，这才相信天随生所言是实。

苏轼以自己亲身感受消解对天随生的怀疑，既生动形象，情趣幽默，更耐人寻味。陆龟蒙尊奉"古圣贤道德言语"，多年来"忍饥诵经"，对"好事之家，日欲击鲜为具以饱"自己的，他"羞惭齿牙，苟且粱肉"，对屠沽儿不屑一顾。苏轼对陆龟蒙这种不阿附权贵的高尚节概，十分钦佩。故而把自己赋杞菊文称为《后杞菊赋》。不同的是，陆龟蒙高蹈遁世，而苏轼则勇于直面人生，除了在现实生活中做到随遇而安外，仍然黾勉从政，清廉为官，这才是苏轼"以天下为己任"的核心思想体现。

正文中，苏轼用了很耐人寻味的三个典故：一是"昔阴将军设麦饭与葱叶，井丹推去而不嗅"。阴将军乃东汉光武帝刘秀皇后阴丽华之弟阴就，封信阳侯。井丹，字大春，通五经，性清高，不干谒权贵。据《后汉书·逸民列传》载：光武帝建武末年，宗室刘辅等五王居北宫，皆好客，争邀井丹，均被拒绝。阴就与刘辅等赌钱千万，称能使井丹登己之门。然后使人劫持井丹到家，并故意设麦饭葱叶之食。"怪先生之眷眷，岂故山之有无？"苏轼以此把自己落到今天"揽草木以诳口"的境地，归结为眷恋官位的原因所致，表现他出仕与入仕的矛盾心情。二是结尾处连用两个典故："庶几乎西河、南阳之寿。""西河"，指孔子的弟子子夏，也叫卜商。《汉书·人表考》记载：孔子死后，子夏居西河，为魏文侯师，年龄已近百岁。"南阳之寿"，典出《艺文类聚》卷八十一，南阳丽县有菊水，太尉胡广饮此水治好了多种疾病，近百岁才寿终。《抱朴子·仙药》亦记载：南阳丽县山中有一条河，两岸皆生长甘菊，菊花掉入水中，水味也变甜了。此地居民都食此水，均长寿。这两个典故说明任何事物都是变化的，有正就有负，只要善于变换角度看问题，就会得到积极乐观的心态。苏轼正是以这种"一分为二"的观点，说明自己现在以杞菊当粮，春吃苗，夏吃叶，秋吃花和果实，冬吃根，说不定会像子夏、胡广与郦县山中的居民一样长寿呢！

赋文序中提到的通守刘庭式，亦是位堂堂君子，廉洁从政之官。他是齐州（今山东济南）人，是位通晓礼书的饱学之士。有一件事足以说明刘庭式的为官为人。在他参加科举考试之前，已与家人商议迎娶当地一户人家的女儿，婚期已约定好了，只是还未纳聘。不久，刘庭式应科举中选后，那个女子却得了一种病，双目失明，成了瞎子。女方以躬耕陇田为生，家境十分清寒，不敢再向刘庭式提议婚事，有人劝刘庭式娶这家的小女儿，他却坚定地说：我已经答应那个女子了，虽然她眼睛瞎了，但我难道就能违背我当初的心愿吗？他毫不动摇地迎娶了那位瞎眼女子。婚后，刘庭式百般爱护自己的妻子。后来，瞎眼女子在密州病逝，刘庭式为之悲哀之情好多年仍未减轻，不肯重新娶妻。像这样重情重义，信守诺言的君子，自然会受到苏轼的尊重与信任。可见他们同为一州之正副行政长官，因互为气类，清廉为官，不搞特权，所以同以杞菊充饥的事情是真实可信的，其为人为官的品质是令人敬佩的。苏轼为此还专门作了《书刘庭式事》记之。

因此，这篇文章不仅展示了苏轼当时的生存状态、心理活动、精神风貌，而且对世人有着积极的感应作用。他写的虽然是草木，却深刻揭示了生活、政治、宇宙人生的大问题。例如“苏门四学士”之一的张耒，他是苏轼的学生，就是受到感应而勇于面对生活困窘。他很有感触地仿苏轼《后杞菊赋》而作《杞菊赋》并序。在序中如是慨叹道：“予不达世事，自初得官，即不欲仕，而亲老矣，家苦贫，冀斗升之粟以纾其朝夕之急。然到官岁余，困于往来奔走之费，而家之窘迫益甚。向日悲愁叹嗟，自以为无聊，既读《后杞菊赋》，而后洞然，如先生者犹如是，则予而后无叹也。”在正文中，张耒更是发出由衷的感悟：“先生哲人，太守尊官，食若不厌，况于余焉！”他把苏轼“清廉自律，廉洁从政”作为自己效仿的楷模。

苏轼不仅自己带头做到为官清正廉洁，还严格要求下属。他在府衙大堂上悬挂一《戒右铭》的匾额：“尔俸尔禄，民膏民脂，下民易虐，上天难欺。”告诫州府所有官员要勤政爱民，廉洁从政，勿做坑害百姓的事。人民容易虐待，但上天是难以欺负的。凡站在大堂之上，即举首可望。直到清末，此匾还悬挂于大堂之上，延续八百余年。

苏轼第一次担任地方行政长官，他所显示出的果敢坚决的治政才能，无不令人叹服。他一心为民的救助行为与积极措施，感动了上苍，“天将大雨，商羊鼓舞”。一场倾盆大雨，使得久旱的密州大地旱情彻底解除，蝗灾也自然消去，丰收在望了：“从来蝗旱必相资，此事吾闻老农语。庶将积润扫遗孽，收拾丰岁还明主。”苏轼在《次韵章传道喜雨》中所表现急农夫之所急、喜农夫之所喜的感情，着实让人感动不已。

经过一年多艰苦的治理，局势终于有了转变，田地里的庄稼长势喜人，百姓生活基本得到安稳，苏轼这才长长嘘了一口气，有精力转入城内的整治。他将北魏时所建城台加以修复扩建。台成之际，他如孩童般兴奋，向近在济南的苏辙老弟报喜，让其为之命名。

苏辙从小就知兄长性情。儿时在家乡，只要“有山可登，有水可涉，子瞻未始不褰裳先之，有不得至，为之怅然”（苏辙《武昌九曲亭记》）。喜以山水寄情，视山水为知己，本是苏轼性情使然，苏辙自然深知兄长人生大境界。于是，欣然命之为“超然台”，并即兴作《超然台赋》，其序云：“……天下之士奔走于是非之场，浮沉于荣辱之海，嚣然尽力而忘返，亦莫自知也，而达者哀之。二者非以其超然不累于物故耶！老子曰：‘虽有荣观，燕处超然。’尝试以‘超然’命之，可乎？”

兄弟间真正地心有灵犀。苏辙这一命名，正合苏轼秉性与情趣，亦欣然命笔而作《超然台记》：

> 凡物皆有可观。苟有可观，皆有可乐，非必怪奇伟丽者也。哺糟啜醨，皆可以醉；果蔬草木，皆可以饱。推此类也，吾安往而不乐？
>
> 夫所为求福而辞祸者，以福可喜而祸可悲也。人之所欲无穷，而物之可以足吾欲者有尽，美恶之辨战乎中，而去取之择交乎前。则可乐者常少，而可悲者常多。是谓求祸而辞福。夫求祸而辞福，岂人之情也哉？物有以盖之矣。彼游于物之内，而不游于物之外。物非有大小也，自其内而观之，未有不高且大者也。彼挟其高大以临我，则我常眩乱反复，如隙中之观斗，又焉知胜负之所在。是以美恶横生，而忧乐出焉，可不大哀乎！
>
> 自钱塘移守胶西，释舟楫之安，而服车马之劳；去雕墙之美，而庇采椽之居；背湖山之观，而适桑麻之野。始至之日，岁比不登，盗贼满野，狱讼充斥；而斋厨索然，日食杞菊。人固疑予之不乐也。处之期年，而貌加丰，发之白者，日以反黑。予既乐其风俗之淳，而其吏民亦安予之拙也。于是治其园圃，洁其庭宇，伐安丘、高密之木，以修补破败，为苟完之计。而园之北，因城以为台者旧矣，稍葺而新之。时相与登览，放意肆志焉。南望马耳、常山，出没隐见，若近若远，庶几有隐君子乎！而其东

则庐山，秦人卢敖之所从遁也。西望穆陵，隐然如城郭，师尚父、齐桓公之遗烈，犹有存者。北俯潍水，慨然太息，思淮阴之功，而吊其不终。台高而安，深而明，夏凉而冬温。雨雪之朝，风月之夕，予未尝不在，客未尝不从。撷园蔬，取池鱼，酿秫酒，瀹脱粟而食之，曰：乐哉游乎！

方是时，予弟子由适在济南，闻而赋之，且名其台曰“超然”，以见余之无所往而不乐者，盖游于物之外也。

唯物辩证法认为宇宙统一于物质，精神或意识是物质的产物。文章开句直接提出一个直白而具有现实意义的哲学话题，使人很自然地联想到思维与存在、精神与物质的辩证关系。世界万物的存在都有两面性，就看站在哪个角度去看待。当然，这与每一个人的思想境界、学识水平、道德修养、人格品行、生活经历、生存环境等，都有着密不可分的关系。不难看出，苏轼是在一种艰难的生活状态下作《超然台记》的。但他是站在一种正面的立场，以积极的人生态度去把握物质世界，感应物质世界，用辩证的观点去认知万物可观可乐的一面，以此调适精神情绪，平和心态。苏轼以亲身经历和体验告诉人们，即便不是奇巧珍异、美丽华贵的东西，同样会使人得到快乐；粗淡的酒水也可以醉人，瓜果野菜都可以使人吃饱。有这种认识事物的平和心态，不管处于什么样的生存环境，都会快活。凡持这种知足而乐的心态的人，自会领略到“凡物”皆可观可乐的妙处，品尝到生活的快乐，感知物质世界的情趣无所谓大小好坏。

因此，苏轼说：我“斋厨索然，日食杞菊”，人们都怀疑我不会快乐。其实，我苏轼快乐得很呢！“处之期年，而貌加丰，发之白者，日以反黑。”这是别人不懂得其中的奥妙啊！

其实奥妙很简单，只是一般人难以解读物我之间的关系，达不到超然物外的精神境界，皆在“彼游于物之内，而不游于物之外”也。根源在哪里呢？在“人之所欲无穷”啊！这可是一个千古话题，历来因欲望而丑恶横生之事，屡见于史书。苏轼一针见血，使文章主旨凸现无遗，耐人寻味、省悟。

当然，人的贪欲是因物质而生。“人生本无事，苦为世味诱。”（《夜泊牛口》）苏轼说人的天性本是平和善良的，因有万物才使人产生欲望。追求物质享受，“求福而辞祸”，人之常情，无可指责。但是，“人之所欲，适与天相值实难”（《邵茂诚诗集叙》）。主观愿望与客观现实是有差距的，万物之中可以满足欲望的东西都是有限的啊！人一旦受到世界万物的诱惑，不能“游于物之外”，就会变得斤斤计较于一物之得失，惹来不少烦恼，求福也就走向了反面。

人的欲望一旦走向贪欲，那是很可怕的事情。温子昇《定国神碑》云："漂沦欲海，颠坠邪山。"所以《礼记·曲礼》告诫："欲不可从（纵）。"对于贪欲，苏轼亦有深刻的描述："长输不尽溪，欲满无底窦（洞）。"（《西贤三峡桥》）它使人永不知足，就如一个无底洞。元代无名氏诗《吊脱脱丞相》，说得十分形象具体："百千万贯犹嫌少，堆积黄金北斗边。"这种贪欲使人精神扭曲，心智缺失，心志迷失，最终结果当然是"求祸辞福"了！如此"则可乐者常少，而可悲者常多"。

苏轼说，只要一个人不断地增强思想素质、道德品行的修养，达到"我生百事常随缘，四方水陆无不便"（《和蒋夔寄茶》）的精神境界，就会如神仙一样心无芥蒂，悠然自适，不被万花筒般的物质世界所引诱，弄得眼花缭乱，心智全失。

这篇《超然台记》虽仅数百言，却标志着苏轼一生整个思想发展历程的一次重要转折和飞跃。是他于生命运行的过程中，通过对生活的磨炼，尤其经受新党派人物的排挤打击，被迫离开朝廷"补外"，急于舍身报国壮志难酬的深刻反思，对自身个性的把握，总结经验教训，深刻认识福与祸、物与欲、喜与忧的对立转化关系，从而较系统地提出的正确处理人与物外关系的哲学思想。这一哲学思想的确立，标志苏轼思想的成熟——形成"超然物外"的旷达处世态度。是他以后战胜整个生命运行中所遇到大大小小劫难的思想武器。

对于这一人生哲学思想，苏轼在《宝绘堂记》中，又做了进一步发挥。他说："君子可以寓意于物，而不可以留意于物。寓意于物，虽微物足以为乐，虽尤物不足以为病。留意于物，虽微物足以为病，虽尤物不足以为乐。老子曰：'五色令人目盲，五音令人耳聋，五味令人口爽，驰骋田猎令人心发狂。'然圣人未尝废此四者，亦聊以寓意焉耳。""寓意于物"与"留意于物"，仅一字之差，却是两种不同的人生态度。"寓意于物"，凡客观事物都可以使人寄托思想情感，使人感到快乐。而"留意于物"，则会使人斤斤计较于一物之得失，徒增烦恼痛苦。苏轼一生立身行事，无不表露出一种超拔的精神境界，他说自己"平生寓物不留物，在家学得忘家禅"（《寄吴德仁兼简陈季常》）。正是这种于物而不被物所诱惑的境界使苏轼无往不乐。

我们说苏轼《超然台记》所确立的人生哲学思想，是他在以后的三十多年人生道路上，战胜屡遭贬谪而带来的物质困境与精神折磨的思想武器之一，毫不夸张。

苏轼"超然"的人生哲学思想，是经过他长期的生活磨炼，仕途波折而不断深入思索所形成的。正如朱靖华先生所说，苏轼自少年的"奋厉有当世志"起，儒家的淑世思想便成了他的一条主线；但出仕后，“身与世违”的失落感和幻灭感，却又使他的忧患意识和虚幻意识逐日俱增。这两条思想线索的不断矛盾冲突，便促发了他置身于尘俗之外，超然于万物之上的顿悟哲思。故其“超然”，并非虚无缥缈，脱离现实，无病呻吟的超然。苏轼“超然”的人生哲学思想，绝非一个“台”所能容下。是否有超然台，都无碍于苏轼对人生的真正了悟和对人生价值的追求方式。清人王恕一语中的：“自是先生游物外，非关此地独超然。”

因此，“超然台”已经超越了名称本生的定义，它所具有积极的现实意义，成为历代文人墨客借“台”以抒胸臆的载体。在当时，“超然台”就声名远播于华夏大地，其影响力之大，传播速度之快，受众面之广，这在交通不便、通信不畅的那个时代，实属罕见，恐怕在中国古代历史上都是绝无仅有的。

还是用事实证明吧！

与苏轼同时代的许多文化名人，高官显宦，无不折服于苏轼“超然”的人生哲理；无不倾慕向往登台以歌之。

司马光官居高位，文名仅次于欧阳修，得苏轼《超然台记》读之，欣然作《超然台寄子瞻学士》诗，申发感慨：“乘闲为小台，节物得周览；容膝常有余，纵目皆不掩。”虽未亲临登台，然马耳、常山之景皆收眼底，大有“放意肆志”之慨也！

元老重臣文彦博亦诗兴勃发，以《寄题密州超然台》与苏轼。诗中把“超然”情趣与现实实践紧密结合，通篇赞美苏轼的“超然”与治绩相辅相成：“名教有静乐，纷华无动心……民被裤襦惠，境绝桴鼓音。”并以他对苏轼人品风骨的了解，诗中特意劝苏轼“勿作西州意，始为东武吟”。这样才能充分体味“琴觞兴不浅，风月情更深”的乐趣了。

湖州画派创始人文同，世称“文湖州”。他作的《超然台赋》，因倾心苏轼“超然”的人生哲理，文章别具一格，遂将苏轼“超然”的风骨神韵，用优美的文体精心刻画：“有美一人兮在东方，去日久兮不能忘。凛而洁兮岌而长，服忠信乎被文章。中皦皦兮外琅琅，兰为襟兮桂为裳，俨若植兮奉珪璋、戢光耀兮秘芬芳。贾世用兮斯卷藏，游物外兮肆猖狂。”文同乃蜀中人，为苏轼表兄。故以“余将从之”的口吻，抒发了他“使余脱乱天之罔兮解逆物之缠。已而释然兮出有累之场，余复仙仙兮来归故乡”的心态。苏轼捧读文同美文，其兴奋激动之情，难以抑制，大加赞赏：“余友文与可，非今世之人也，古之人也。其文非今之文也，古之文也。其为《超然》辞，意思萧散，不复与外物相关，其《远游》《大人》之流乎？”（《书文与可超然台赋后》）

苏门四学士之一的张耒得知超然台之事，深为动情，亦作《超然台赋》，以“超然者之贤”赞美苏轼“超然”的人生哲理，歌颂“超然台”巨大的社会影响：“弃尘壤之喧卑兮，揖天半之清风。身飘飘而欲举兮，招飞鹄与翔鸿。”

从苏轼《书李邦直超然台赋后》得知，时为京东路刑狱的李清臣（字邦直。绍圣年间，为权力之争，曾加害于苏氏兄弟）亦作《超然台赋》寄苏轼。从苏轼的批语看，李清臣非常赞同苏轼“即世之所乐，而得超然”的观点。故苏轼赞赏道：“此古之达者所难，吾与子由其敢谓能尔乎？邦直之言，可谓善自持者矣。”

继苏轼同代人之后的历代文人墨客，更是向往与倾慕“超然台”，借“台”以仰苏，借“台”以抒胸臆者，比比皆是。如元代王致道诗曰：“超然台上望，不觉豁尘襟……安得坡仙起，壹觞尽日吟。”明代王东渤《登超然台》诗曰：“坐傍长公瞻胜迹，岂知方外有瀛洲。”明代谈纲《超然台》云：“超然之趣不在台，只在灵扃妙难识。”可谓读懂“超然台”之意趣所在了。清代王中孚《登超然台怀苏长公》，很有代表性。诗云：“当时俯仰恣凭吊，岂知此台千载仍凌虚。公昔登此怀古人，后来登者怀髯苏。”

如此众多，美不胜举。

据明万历《诸城县志》载：“超然台，县北城，古东武县北关厢也。至元魏永安二年始筑为城，以置胶州。城北面无门，当城东西分，中立州治，北抵城根为马道，仅通人行。于治东东市北城上因城为一台，又于治西西市北城上亦因城为一台，两台东西并列，盖前人筑城时所为，意应有在，今不可晓矣。”又据清乾隆《诸城县志·金石考》载：“轼手书久亡。按《池北偶谈》云：‘超然台上旧有苏文忠公三大字，嘉、隆间知县颜某窃载归，而另以赝石易之。’述李澄中之言也。乾隆二十七年修城，得断石，高尺四寸，宽二尺二寸，断痕宛然，正书‘超’字，甚苍劲，字径尺三寸许，盖横书三字之一也。今置台上，余二字不可得，真赝盖不可知。果赝，则颜与归舟载石者异矣。”看来颜某窃归之说似不可信。

苏轼深爱超然台，政暇之余，喜邀朋聚友于台上，把酒临风，抒发豪情，赋诗言志。密州时的许多名篇佳作如《水调歌头·丙辰中秋》《雪后书北台壁二首》《望江南·超然台作》等，均成稿于超然台上。在他即将离开密州之时，又以新作《江城子》表达依依难舍之情：“前瞻马耳九仙山。碧连天。晚云间。城上高台，真个是超然。莫使匆匆云雨散，今夜里，月婵娟。”这也是历代文人墨客慕名登台凭吊，借“台”以抒胸臆的又一原因。

密州人民为了永久的怀念，曾多次修葺超然台，以台上栋宇改为祠，塑苏轼像于中祀之，并于二、八月上戊日例行祭祀。明景泰六年（1455）于祠前建慕贤亭。据明万历《诸城县志·超然台专祀东坡记》载：“呜呼先生，生既见忌于人，其功泽在密如此，虽百世血食可也，区区一台，乃亦为邪神所据而不得专乎？乃命张令撤其神而移先生居之。土人汹汹，令重违其意，拟别作一庙以真武，而后正先生之居……”可见密州人民敬佩苏轼，大大超过神灵。因此，对于超然台，历代均有修葺。如元代杨仲诚所作《重修超然台记》云：超然台是“宋熙宁牧守东坡公葺理而为燕息之所也，迄今二百余年。棠阴遗爱，隐然犹存，即物思人又何已哉”，“至元戊寅，真闾承务来监是郡。未逾岁，政通人和。退公隙既太守国奉议，登超然故台……二公慨然，集僚属出俸资增其旧制，焕然为之一新”。

特别是到了清代，对超然台重修了七次：康熙二十九年（1690）知县马修超然台及苏公祠；康熙六十年（1721）知县罗廷璋增修超然台、苏公祠；乾隆二十四年（1759）知县张师赤修超然台及苏公祠；道光九年（1829）修超然台及苏公祠；道光十六年（1836）知县汪封渭修超然台及苏公祠；咸丰二年（1852）知县王廷荣修超然台及苏公祠；光绪十五年（1889）修超然台及苏公祠。

虽然超然台毁于半个世纪之前的战争年代，但密州人民怀念苏轼，必然联想到超然台。如今，在诸城人民的努力下，又修复了这座文化古迹，超然台又以崭新的面貌于2009年屹立在人们面前。修复后的超然台共占地20余亩，台高10.74米，宽28米，长160米，建筑面积7000余平方米，陈列面积3000余平方米。其内部陈列以碑刻、字画为主，展示了苏轼在密州的活动和传说等，通过文字、图片、声像及高科技手段，全面展示超然文化的内涵。

当代著名诗人臧克家便是密州人。他说：“后来县衙门的大堂上方竖立着三字大匾‘仰苏堂’，我在小学读书的时候，每每看到这三个大字，便不禁怀思。”臧老有句名言：“有的人死了，却还活着；有的人活着，却死了。”苏轼就是他所言“死了”“还活着的”“有的人”之中的一位。臧克家这位近千年后的密州耆宿在《仰望苏轼》一文中如是说：“我对东坡的创作、才华、人品是大为景仰的。可是，与众不同，我对他还有点特别情分。少年时代，读了他的诗文，也认识了他的‘人’——多次登上他的‘超然台’，拜望他白面有须的塑像。北俯，未见潍水，南望，马耳隐约，似有似无。东坡怀古抒怀，驰骋想象，一个少年哪能理会？至于他打猎的常山，我到过。他笔下的我故乡的山山水水，人情风俗，我全熟悉，感到十分亲切！走下台阶之后，回头望墙上‘超然台’斗大的三个字，听说是东坡亲笔题写的。这座历史上有名的高台，我珍存有一幅解放前满身弹痕的照片，而今无踪无影，无法再‘超然’于时代了。而苏东坡，他的业绩，他的声名，却万古超然!”

苏轼在这篇《超然台记》中，对福与祸、物与欲、喜与忧的对立转化关系，论说得简明而透彻。从古至今，可以说人们都明白这个道理，然而，能真正做到超然物外又有几人呢？而苏轼则又不同，他既能超然于物外，又不忘“致君尧舜”之初心。当他登临超然台、举目四望时，其闲情逸致之心境便瞬间失去了平衡。他一面对古今隐士君子的高风亮节表示赞赏，一面又盛赞姜尚、齐桓公、韩信等英雄人物的丰功伟绩，流露出由衷的仰慕。可见他仍时刻关注着朝局的变化，有为于当世之志不灭。

恩格斯说过这样的话：“有所作为是生活中的最高境界。”苏轼就是达到这种境界的人。他“忧国忧民”“有所为”之初心终生不变。正是“有所为之初心”支撑着他的整个精神世界，即使他身处逆境，想着的都是如何为国建功立业，为民谋求利益。

熙宁八年（1075），苏轼作《江城子·密州出猎》词，便是例证：

> 老夫聊发少年狂，左牵黄，右擎苍。锦帽貂裘，千骑卷平冈。为报倾城随太守，亲射虎，看孙郎。　　酒酣胸胆尚开张，鬓微霜，又何妨！持节云中，何日遣冯唐？会挽雕弓如满月，西北望，射天狼。

开篇好一个“狂”字，尽现苏轼满腔豪情壮志。左手牵黄犬，右臂架苍鹰，胯下追风马，腰悬宝雕弓，飒爽英姿，好一出猎的雄风！随从武士个个戎装，箭上弓弦，人人争先，千骑奔驰，腾空越野，席卷平冈，好一幅围猎的壮观场景！苏轼一边张弓搭箭，一边对随从大喊：快去告诉全城的人，随我去打猎，看我像当年孙郎（即孙权。《三国志·吴志》载：“权将如吴，亲乘马射虎于庱亭，马为虎所伤，权投以双戟，虎却废。”）那样亲自弯弓射虎，再现孙郎风华正茂、庱亭射虎的英雄豪气。如此声情口吻，豪兴盎然，又带几分天真自信，现出一个“聊发少年狂”的苏轼来。

“酒酣胸胆尚开张”，苏轼将打猎激发出的豪兴转入他的志向，“鬓微霜，又何妨”！鬓边虽有几根白发，又有什么要紧（苏轼当时四十岁），廉颇能饭，尚可大用！“持节云中，何日遣冯唐？”汉文帝时云中魏尚抗击匈奴有功，但因报功不实，被削爵。后来文帝听了冯唐的劝说，便派冯唐持节符去赦免魏尚，仍让他当云中太守。苏轼多么希望朝廷也会派冯唐这样的大臣传来命令，任用自己带兵出征，像在猎场上那样去驰骋疆场，杀敌立功，一展平生之志。辽和西夏的侵扰一直是北宋王朝的心腹之患，抗击辽和西夏，是苏轼一生政治主张的主要内容之一。他一贯反对妥协投降，主张坚决抗击。在应制科时所作《进策》中，他就深刻指出："二虏之大忧未去，则天下之治终不可为也。"他反对朝廷"岁出金缯数十百万以啖二虏"，认为这是"最下之策"。他向朝廷提出了一整套富国强兵、抗敌御侮的措施，都未被朝廷重视。在凤翔签判任时，苏轼亲眼看到"边陲不宁，二国益骄"，"庙谋虽不战，虏意久欺天"，对此深感忧虑："猛士忧塞慵。"于是，他一方面再次向朝廷上书献策，并写了《思治论》，另一方面从思想上和行动上积极做着一切应战的准备，买了骑士穿的戎服，努力习武学骑射，苦练杀敌本领。

熙宁七年（1074）二月，辽主再次挑起边境事端，胁迫宋王朝"割地以界辽"。

北宋与辽的交界，以太行山为中心分为东西两段。太行山以东，宋属河北路，辽属南京道，以白沟（今海河及其支流拒马河的故道）为界，所以白沟又称渭河。由于在广阔的平原上有大河作为明显的自然边界，宋辽在这段边界上发生的纠纷比较少。以太行山以西，宋属河东路，辽属西京道，全为陆界。据《续资治通鉴长编》记叙，这段边界纠纷历来不断发生。"只为河东地界，理会来三十年也，至今未定叠。"这是当时辽朝官员与宋朝使臣相议时所言。

这次辽朝又以河东边界问题发难，故意制造边境紧张局势，对宋进行威逼，胁迫割让土地。《续资治通鉴长编》详细记载了当时的状况。辽遣萧禧使宋，指责宋边将"不顾睦邻之大体"，在"全属"辽方的"蔚、朔、应三州"边境地区，"或营修戍垒，或上存居民"，要求宋"差官员共同检照，早令毁撤。却于久来元定界址再安置外"。萧禧还指责宋在"雄州展托关城，白沟通驿馆增修簷亩"等事，有违两朝"誓书"。却闭口不谈己方越界侵边的大量事实，其态度之蛮横，气焰之嚣张。到熙宁八年三月，辽再遣萧禧使宋，同时在边境地区增派军队，扬言谈判不成，就以武力解决。宋神宗面对辽朝无理要求与威胁，只得持委曲求全的态度，以妥协退让解决边界之争，"凡东西失地七百里"。

由此可见，苏轼在《休兵久矣而国益困》中，"以禽兽视二虏"的观点是正确的。"禽兽"是不会讲理的，生性"贪婪"。又如他在《策断》中所论"禽兽"行事：当处于弱势时，一面巴结，一面行偷窃之道；当有势力对抗时，便攻城略地，公开抢夺。这可是至理名言。

苏轼这首《江城子·密州出猎》就是在这一特殊背景下写成的。这次"出猎"，实际上是苏轼"以试身手"之举。这次"出猎"，他还写了一首七律《祭常山小猎》：

青盖前头点皂旗，黄茅冈下出长围。
弄风骄马跑空立，趁兔苍鹰掠地飞。
回望白云生翠巘，归来红叶满征衣。
圣明若用西凉簿，白羽犹能效一挥。

苏轼在《乌台诗案记》自云：“意取（晋）西凉州主簿谢艾事。艾本书生也，善能用兵，故以此自比。若用轼为将，亦不减谢艾也。”“白羽”指晋朝顾荣与陈敏战，陈率万余人渡河，顾一挥羽扇，陈众即溃散。苏轼在这里以顾荣羽扇却敌自喻，可以看出苏轼想驰骋疆场的壮志由来已久，主张抗敌是何等的坚决，希望朝廷能够“遣冯唐”的心情是何等的迫切！

“会挽雕弓如满月，西北望，射天狼。”苏轼最后充满消弭边患的自信，为自己勾勒了一个挽弓劲射的英雄形象，英武豪迈，气度非凡。然而，现在朝廷是个什么样子呢？自苏轼离开京城出任地方官的五六年间，变法派内部的权力之争已经到了白热化的程度，谁还会“遣冯唐”呢？

这期间变法派中有两个人物最为“活跃”。其中一个是吕惠卿。对于这样一个阿附新法往上爬的卑鄙小人，司马光最为厌恶。当时，司马光任翰林学士，有一次为神宗读《资治通鉴》，当读到汉文帝时张释谈论卑微的小吏伶牙俐齿善言辞时，司马光说：“孔子厌恶能言善辩的人倾覆国家。能言善辩的人何至于倾覆国家？大抵是这样的人能以是为非，以非为是，以贤为不贤，以不贤为贤。君主信任他的话，则国家遭倾覆，就确实不难了。”当时吕惠卿在座，司马光所论，是专指吕惠卿。从熙宁六年初到七年春末，因中原持续大旱，灾民扶老携幼流离失所的景象随处可见。当时有一个叫郑侠的京官，将此惨景绘成一幅《流民图》，同时写了一封奏疏上奏朝廷，疏中劝神宗开仓济贫，罢除前法，说采纳了他的意见后，如果十日之内仍不下雨，甘愿被押赴宣德门斩首，以正欺君之罪。神宗得图与疏，经过痛苦的权衡，遂下诏命开封府酌情放弃得行钱，发放常平仓米，百姓所欠青苗、免役钱且停止追索，方田、保甲法都废止。诏书传达后，据说民间欢声雷动，以表祝贺。三日后果降大雨，似乎连天公也顺应民心，反对新法。王安石见神宗变法的决心发生动摇，加上变法派内部权力之争，只得请求罢相并获批准，以观文殿大学士的身份出知江宁府（今江苏南京）。行前，以执政推荐吕惠卿，吕遂拜右谏议大夫、参知政事。另一个变法派阵营中一个重要人物邓绾，见好处都落在吕惠卿头上，极为不满，加之吕惠卿大权在握，便压制邓绾，这就激怒了邓绾。为争权夺利，他向神宗进言让王安石复原职继续引领变法，并请神宗罢黜吕惠卿。于是，熙宁八年，王安石回京恢复相位。眼看距登上相位仅一步之遥的吕惠卿岂能甘心，完全不顾王安石对他“有卵翼之恩，有父师之义”，使出最卑鄙的手段，向神宗上书，攻击王安石尽弃所学、崇尚纵横之术、欺君罔上，并将王安石写给他的私人信件呈给神宗。神宗见信中有“无使上知”等语，大怒，将王安石再度罢相，永不得还朝为用。可见小人，往往就是恶人。

对于朝廷中变法派的权力之争，任职边郡的苏轼当然是清楚的。然而，胸怀“有为”之志的苏轼，总是希冀着一个“有为”的“平台”，当这个“平台”不能成为现实时，就会产生痛苦和困惑，他往往又能从这种痛苦和困惑中得到解脱，再产生新的希望。循环往复的矛盾心理一直伴随着苏轼的宦海生涯。

熙宁九年（1076），苏轼作“前无古人，后无来者”的千古绝唱《水调歌头·明月几时有》的中秋词，便是表达了他这时的心境：

> 明月几时有？把酒问青天。不知天上宫阙，今夕是何年。我欲乘风归去，又恐琼楼玉宇，高处不胜寒，起舞弄清影，何似在人间。　转朱阁，低绮户，照无眠。不应有恨，何事长向别时圆？人有悲欢离合，月有阴晴圆缺，此事古难全。但愿人长久，千里共婵娟。

我们清楚地看到“欢饮达旦”、乐而生悲的苏轼，难以排遣胸中的惆怅与困惑、幽愤与失意，间杂幻想与希望的情怀，以及他强烈的入世思想与客观环境不能契合的矛盾心境。清代人刘体仁说：“‘琼楼玉宇’，《天问》之遗也。”何止是“琼楼玉宇”，整首词都是屈原《天问》的浓缩！其忧国忧民之情，令人感慨！

苏轼虽然与屈原处境不尽相同，甚至在有些方面差别很大，但有一点却是相通的，那就是“忧国忧民”的思想。因此，苏轼以“天问”的形式来抒发了与屈原有着同感的、对宇宙人生的迷惘与愤懑。

苏轼知密州，正是他进入“不惑之年”之时，也是他一生整个思想发展历程中的一次重要转折和飞跃。在密州，苏轼的治政能力和才华展现得炯然昭赫。在治政方面，他把“为政”与“道德”相提并论。一个人的品行好坏，直接影响着他的施政。所以，苏轼认为“吏实不德，无以导通顺气”。为了“勉吏”，他针对王安石“立法更制”的偏执，对僚属大事灌输盖公“贵清静而民自定”的思想。盖公，是秦末汉初人，提倡黄老之术，主张治理国家贵清静无为。苏轼说：“吾为胶西守，知公之为邦人也，求其坟墓、子孙而不可得，慨然怀之，师其言，想见其为人，庶几复见如公者。”为了表示自己对盖公的仰慕，也是为了“自勉”，他专门修了盖公堂，并作《盖公堂记》：“时从宾客僚吏游息其间而不敢居，以待如（盖）公者。”苏轼希望出现“贵清静而民自定”的盖公式人物，来代替那些“立法更制”的人物。

于北宋而言，密州虽为边郡，却是一个建制历史悠久的重镇。北魏永安二年（529），分青州而置胶州，治东武（今山东诸城），领东武、高密二郡。隋文帝开皇五年（585），改胶州为密州，仍治东武。隋炀帝大业三年（607），改密州为高密郡。唐高祖武德五年（622），改高密郡为密州，领诸城、安丘、高密三县。唐太宗贞观八年（634），省莒县，以莒县来属。唐玄宗天宝元年（742），改密州为高密郡。唐肃宗乾元元年（758），复为密州。五代后梁末帝龙德元年（921），改密州为胶源。龙德三年（923），复改胶源为密州。宋太祖建隆元年（960），以密州为防御州，辖诸城、安丘、高密、莒县、胶西（板桥）五县。密州的文化发展历史同样悠久。这一地区在历史上属于琅邪文化区范围之内，特别到汉代，密州所辖区域已经成为一个具有传统源远流长的学术中心，密州州治诸城则为中心之中心。而其学术思想活跃的一个重要特点是它的兼容性，其儒学、《易》学、佛、道文化的传播交流，在北宋之前，已达到一个高峰。可说是“百家争鸣”“百花齐放”，蔚为壮观。苏轼称其为“山东第二州”，其无疑是对苏轼政治思想的成熟与文学创作的成熟具有重要意义。

苏轼虽然在知密州前，已有丰富的生活经历、超人的学养水准，经历了官场“磨勘”。但在知密州的两年时间，由于受密州优良的人文地理环境的深刻影响，他从小就牢固树立“奋厉有当世志”“致君尧舜”的思想，升华到“超然”“自达”的更高境界：由单纯的儒家思想进而为儒、释、道的高度融合；由纯朴的“民本思想”转化为成熟的治政理念与实际行为。密州经历不仅是苏轼一生思想发展历程中的一次重要转折和飞跃，而且使他思想成熟与创作成熟达到了完美的契合。这种契合成为苏轼在以后的生活道路上，不管是身处顺境，还是身处逆境的主要精神支柱。可以说，密州的经历是苏轼光辉人生中不可或缺的一段历程，如果没有密州特定的人文氛围和优越的地理环境，也就不会有苏轼在密州时期思想上的升华与创作上的丰硕成果。

苏轼初到密州，是一种什么样的感觉呢？“胶西东并海，南放于九仙（山），北属之牢山，其间多隐士君子（高人），可闻而不可见，可见而不可致。”他不但感知这里是一个藏龙卧虎之地，有许多的高人隐士，他迫切想与之相见交谈，而且，处处感到“桑麻之野”的质朴淳厚之风，苏轼十分亲切地描述说：“余自钱唐移守胶西，释舟楫之安，而服车马之劳，去雕墙之美，而庇采椽之居，背湖山之观，而行桑麻之野。”他看到密州“风土食物稍佳”，“民物椎鲁”而“乐其风俗之淳”，并与密州百姓结成了“二年饮泉水，鱼鸟亦相亲”的亲密关系。这一切都是密州的人文环境对他在思想上所产生的真实情感。

在密州两年多的时间内，苏轼创作了诗歌一百二十七首、词二十六首、文六十四篇，共计二百一十七篇。丰厚的创作成就，一方面是与苏轼长期生活积累分不开，另一方面与他在密州的治政、生活实践与成熟的思想紧密相连。陈光在《苏轼在密州》一书的序中这样评说：“苏轼的许多作品即取材于密州文化，或受密州文化的启发，有感而发。极富哲理的《薄薄酒二首》，就是在赵明叔的‘薄薄酒胜茶汤，丑丑妇胜空房’等所谓俚语的基础上‘推而广之，以补东州之乐府’的。苏轼在密州交游广泛，雅俗兼得。如诸城的赵明叔、乔禹功，安丘的董储，州学教授章传、陈开等饱学之士，以及‘城里田员外，城西贺秀才’，直到田间父老等黎民百姓，都被苏轼视为宾朋师友。他们或在唱和之中，或在交谈之下，无不给苏轼以鼓舞和启发，为苏轼增加了新的知识内涵。可见，苏轼‘乐其风俗之淳’，实为由衷之言。”因此，苏轼密州文学创作呈现出两大特点：一是豪放词的开创。从思想内容、艺术技巧到表现对象，对从晚唐五代以来所演化成的“花间派”柔媚词风进行全面改革。胡寅《题〈酒边词〉》云：“词曲者，古乐府之末造也；古乐府者，诗之旁行也……文章豪放之士……眉山苏氏……使人登高望远，举首高歌，而逸怀浩气超然乎尘垢之外。”隐然以苏轼为豪放派之祖，而压倒晚唐、五代，以及同时的“掩众制而尽其妙，好之者以为不可复加”的名词人柳永。这是苏轼高举欧阳修古文革新运动的大旗，第一个把诗文革新精神推进到词的领域中去。《江城子·密州出猎》是苏轼开创豪放词的先声之作。他在《与鲜于子骏书》中说：“近却颇作小词，虽无柳七郎（永）风味，亦自是一家，呵呵。数日前，猎于郊外，所获颇多。作得一阕，令东州壮士抵掌顿足而歌之，吹笛击鼓以为节，颇壮观也。”苏轼树起了“自是一家”的旗帜，“豪放者欲其气象恢弘”，并对于自己的词有别于“柳七郎风味”颇为得意。二是作品具有很强的现实性。作品描述了密州百姓艰难困苦的生活和苏轼带领百姓抗旱灭蝗的真实情况，以及苏轼带头以俭养廉、百般恤民的高尚品质。同时，作品还带有很强的政治色彩和时代精神，对新法害民给予坚决的批评。因此，苏轼“创造豪放词，是当时以革新为主要特征的时代精神的反映”。正如朱靖华所说：“苏轼豪放词的出现，以及他对词体进行的全面改革，是词史发展史上‘否定之否定’的规律性体现。也正因为如此，当延至南宋，金兵入关，山河破碎，亡国无日的危难时刻，词人们便很自然地抛却了纤艳柔脆的靡靡之音，吸取苏词雄迈豪放一格，唱出了激昂奋励、慷慨悲壮的歌声，从而形成了以辛弃疾为代表的庞大的爱国词派，延续了约百年之久，表现为词史发展史上的壮观阶段。”可见苏轼豪放词的创造，在中国古代文学史上意义之伟大深远。

密州成就了苏轼，苏轼使密州知名于世，故密州人民世世代代不忘苏轼在密州的政绩，以各种方式纪念他。据《永乐大典》卷一八二二三引《翟忠惠先生集》载：“东武俗号朴野，不事藻饰，为肖东坡苏公像于城西彭氏之圃，郡人岁时，相率拜谒。”确如臧克家所言，苏轼的政绩、声名“万古超然”，人们对他的怀念是永恒的。

第十五章

黄楼丰碑

天涯流落思无穷！既相逢，却匆匆。携手佳人，和泪折残红。为问东风余几许？春纵在，与谁同！　　隋堤三月水溶溶。背归鸿，去吴中。回首彭城，清泗与淮通。欲寄相思千点泪，流不到，楚江东。

熙宁九年（1076）十二月，苏轼罢密州任。时已从齐州掌书记卸任回京述职的苏辙，得知兄长改知河中府（今山西永济西）来京述职的消息，与乡贤范镇出迎于澶濮间。走到陈桥驿，诰下，苏轼改知徐州（又为彭城），不得入国都之门。朝廷公然置述职的法定程序于不顾，这俨然将苏轼以罪官来对待。对这突然的打击，兄弟俩一时不知所措。幸有范镇请他兄弟俩暂时寓居东郊园林。

苏轼这时已经感觉到新党人物对他的严密防范了。其实，苏辙这时在仕途上的境况比苏轼更惨。自“应制科试”风波后，苏辙一直为幕僚，官职为九品。用苏辙自己的话说，“自是流落凡二十余年”矣！这次自齐州回京后，又是为南京留守（今河南商丘，宋时又为南都）的张方平对苏辙寄予同情，“辟辙签书应天府判官”。于是，苏轼随苏辙同去南都谒张方平后，才去徐州上任。

苏辙相送到徐州，已是熙宁十年（1077）四月下旬，苏辙有《逍遥堂会宿二首并引》云：“相从来徐留百余日，时宿于逍遥堂，追感前约，为二小诗记之。”苏辙大为感慨道：“误喜对床寻旧约，不知漂泊在彭城。”现在，苏辙“旧约”重提，似有自嘲之意。当然，兄弟俩虽“功”未成，而“名”却是有了。此时的二苏均已声名大噪。这次同到徐州，士林学子即以二苏的到来是徐州一大盛事，新旧相交莫不洗尘宴饮，诗歌唱和，相约登临名胜古迹，凭吊项羽一时之豪杰，泛舟汴水、泗水，二苏兴趣盎然，应接不暇，一时忘却许多烦恼。

苏辙在徐州逗留百余日，转瞬已是中秋佳节。这是兄弟二人离别七年后，首次在一起同赏月华。“暮云收尽溢清寒，银汉无声转玉盘。”仰望皓月当空，他们大有感慨。苏轼吟诵《阳光曲·中秋词》：“此生此夜不长好，明年明月何处看？”中秋后，苏辙就要去赴任，不知几时月圆兄弟才得团聚，共叙手足情。苏辙很感伤，一生不喜填词的他，此时此刻思绪万端，情不自禁，词句奔涌于口，随即吟诵出千古佳作《水调歌头·徐州中秋》：

离别一何久，七度过中秋。去年东武今夕，明月不胜愁。岂意彭城山下，同泛清河古汴，船上载《凉州》。鼓吹助清赏，鸿雁起汀洲。　坐中客，翠羽帔，紫绮裘。素娥无赖，西去曾不为人留。今夜清尊对客，明夜孤帆水驿，依旧照离忧。但恐同王粲，相对永登楼。

词中“去年东武今夕，明月不胜愁”，有感苏轼在密州时的千古绝唱中秋词“不应有恨，何事长向别时圆”之句而起，又应对“明年明月何处看”，苏辙凄戚悲伤之感难以抑制。“但恐同王粲，相对永登楼。”他太过悲怆，有种预感，兄弟俩可能遭遇乱离，永难携手同返故乡。

苏轼觉得苏辙太伤感了，十分不忍，便和了苏辙这首词以安慰他：

安石在东海，从事鬓惊秋。中年亲友难别，丝竹缓离愁。一旦功成名遂，准拟东还海道，扶病入西州。雅志困轩冕，遗恨寄沧州。　岁云暮，须早计，要褐裘。故乡归去千里，佳处辄迟留。我醉歌时君和，醉倒须君扶我，惟酒可忘忧。一任刘玄德，相对卧高楼。

苏轼以精美的构思、丰富的想象，多处用典，劝解宽慰弟弟，并鼓励他“一旦功成名遂”之后，一定归隐故乡。然而，这只是他的美好愿望罢了。他们兄弟俩从嘉祐二年（1057）离开故乡出川后，于嘉祐四年（1059）返乡，嘉祐五年（1060）又出川，到治平三年（1066）再次还乡，至熙宁二年（1069）又离乡而去，从此就没有再回过故乡了。兄弟俩一生所遭遇的残酷现实，虽不如王粲之遭战乱，但正如苏辙所预料：“相对永登楼！”客死他乡，葬于河南郏县，只有魂归故里了。彭城离别之词，是苏轼兄弟唱和中表达他们一同入仕，悲哀中相互安慰，灾难中互相帮助，政见同出一辙，整个政治生涯同起同沉，患难与共，兄弟诚挚感情的代表作，为后世所效仿之楷模。

中秋之后不几天，徐州发生了大水灾。“徐州地近齐鲁，北属赵魏，南引江淮，西通梁宋，四冲八达之郊，南北之亢颈也。”水患来自黄河。这条哺育中华民族的母亲河，由于沿河沙石沉积，河床浅窄，河道改绕频繁，遇到大水，容易冲破堤堰，淹没田园庐舍，经常给人民生命财产带来极大损失。七月始，天骤降暴雨，连日不停。黄河泛滥，朝廷飞报各州县：“七月十七日河即大决于澶州曹村下埽。首灌须城，入梁泊，又灌巨野，入淮、泗，数日即到徐州。”这次黄河决堤，在澶州曹村下埽，虽离徐州有好几百里，但因黄河北流断绝，河道南徙，东汇于梁山泺和张泽泺，然后分为两派，一派合南清河入淮河，一派合北清河入海。朝廷飞报至徐州的消息，犹如晴天霹雳，官民人人皆惶恐万分，争相做着逃命的准备。徐州三面环山，“冈峦四合，隐然如大环，独缺其西十二”，“独其西平川数百里”，且地势低于黄河河床，故此，历史上发大水即灌于城中，徐州一片黄汤。通守李天成、书吏范有之皆为本地人，深知利害。他们力劝苏轼：“黄水一到，身家性命不保。苏大人，咱们还是走为上策，以避水患。”苏轼一听，大怒：“身为朝廷命官，享君之俸，食民之禄，洪水未至，却先逃之，以动民心，枉为黎民父母!”二人被骂得满面通红，仍颤声说道：“可城中富户大贾都在往城外搬运家私，准备逃命呀!”这分明是提醒知州大人，一旦他们弃城而去，留下一座空城，看你一人怎么抗洪？苏轼斩钉截铁地说：“谁敢再言弃城逃走，动摇民心，定以军法处置!”

苏轼这时表现出惊人的镇定和高度的组织才能，立刻升堂，将所有官吏衙役集于大堂，说道：“富户商贾若出城奔逃，人心必然动摇，谁和我等共守城池？有我苏轼在此，料洪水决不能进城。”并下令：“即刻起，不许任何人出城。已出城的富户商贾全部赶回，不得有误。”随即，他又召集父老们商议抗洪对策，广泛听取意见，然后制定了一套抗拒洪水的筑堤方案，并紧急召集了五千名丁夫。苏轼亲自奔走四门，晓谕全城官民，组织百姓具畚锸，畜土石，积刍菱，完室隙穴，以水为备，事先采取防治措施，做到“水至而民不恐；水大至而民不溃；水既去而民益亲”。随后苏轼又赶到武卫营，对卒长说：“河将害城，事急矣，虽禁军且为我尽力。”卒长立刻答道：“知州大人犹不避涂潦；吾侪小人，当效命。”遂率武卫营士卒肩扛木桩、草袋随苏轼去城南，昼夜不停地抢筑起东南长堤，以挡洪水直冲城堡，民心方得安稳。

八月二十一日，洪水到达徐州城外，水深达两丈八尺。“水穿城下作雷鸣，泥满城头飞雨滑”，其险情令人惊惧。幸有新筑长堤所阻，洪水才未冲入城墙下。可是，从当晚深夜开始，突然雷鸣电闪，大雨如注，三天三夜不断，河水猛涨，怒涛翻滚，大有越堤毁城之势，全城官民寝食不安，再次骚动起来。苏轼沉着冷静，亲自坐镇城门东楼，指挥官吏士卒分头负责堵守，昼夜巡视，数过府门而不入，大有大禹治水的风范。知州大人以身作则，官吏士卒无不尽心尽责，齐心合力，扼守要害。但是，洪水还在一个劲往上涨，徐州城外已是洪水茫茫，房屋全淹，一个个露出水面的小山包上拥挤着无数幸存者，因无食物，有的已经饿死，没死的也已经奄奄一息。苏轼又分派水性好的士卒用船载上粮食，送去救济。全城军民见知州大人既要顾城内，又要顾城外，无不感动得热泪盈眶。

后来，苏轼听从了藏青寺和尚应言的建议，亲率五千民丁和士卒开凿清冷口，于十一月十三日凿通，将洪水引入黄河故道，徐州之危才得以解除。苏轼喜不自禁，当即作《河复》诗以表激动心情：

吾君仁圣如帝尧，百神受职河神骄。
帝遣风师下约束，北流夜起澶州桥。

这场凶猛的洪灾，坏官亭、民舍数万；淹没四十五县，毁田三十万顷，唯徐州城安然无恙。水退后，苏轼在回府衙的路上，见几家较大的粮店已无粮出售，城内涌入的灾民又不少，他刚放松的精神一下又绷紧。因水患，城乡往来阻隔，粮米、柴木已近月没有进城了，解决城内百姓缺粮问题已成为当务之急。怎么办？苏轼当即冒杀头之罪，下令开仓放粮，然后才奏闻朝廷，言明灾情，许以明年夏秋新粮补仓。这一果断决策，使一城百姓免于饥饿致死。

洪灾过后，又出现冬旱，人们无不“望二麦之一登，救饥民于垂死”，老天却久不下雨。苏轼忧心如焚，便恭循旧章，祭神祈雨（在古代，凡遇大旱之年，祈雨便是官员的一项重要职责）。为祈雨，苏轼十分虔诚，斋厨，素食，作《徐州祈雨青词》一篇，于三月十五日，率众官吏，前往城东老龙潭山下一石潭，摆上香案，苏轼恭敬地诵读《徐州祈雨青词》，当读到“愿下雷霆之诏，分敕山川之神。朝阶寸云，暮洽千里。使岁得中熟，则民犹小康”时，天空骤然乌云密布。次日辰时，便雷声大作，一场淋漓春雨从天而降，润泽万亩田畴，万民欢呼。

一城百姓的生计解决后，苏轼才松了一口气，坐在府衙大堂上，为庆祝徐州城得以保全，自己也免为鱼鳖之食，于是饮酒赋诗（《答吕梁仲屯田》）道：

岁寒霜重水归壑，但见屋瓦留沙痕。
入城相对如梦寐，我亦仅免为鱼鼋。
旋呼歌舞杂诙笑，不惜饮醻空瓶盆。
念君官舍冰雪冷，新诗美酒聊相温。

但是，苏轼却不得一刻松懈，随即转入治盗安民、稳定社会的事务。徐州东濒大海，西接中原，南临江淮，北扼齐鲁："彭城之得失，辄关南北之盛衰。"徐州历史悠久，地灵人杰，在中国历史上有"九朝帝王徐州籍"之说。徐州号称"百战之地"，战略地位十分重要。苏轼是一个颇具军事战略思想的人，他即刻写了《徐州上皇帝书》，对神宗说："臣前任密州，建言自古河北与中原离合，常系社稷存亡，而京东之地所以灌输河北，瓶竭则罍耻，唇亡则齿寒。而其民喜为盗贼，为患最甚。"提出徐州在战略上的重要地位："徐州为南北之襟要，而京东诸郡安危所寄也。"徐州一带"盗贼"为害十分严重，而"盗贼"多出于逃军，原因是军政不修，士卒赌博酗酒，无所不为。加之百姓穷困，无有生计，亦逃去为"盗"。苏轼清醒地看到这里的人都身材高大、胆力过人，"喜为剽掠，小不适意，则有飞扬跋扈之心，非止为'盗'而已"。他担心如果有"剧贼"振臂一呼，散其金帛招兵买马，数千之众一日可得。一旦如此，徐州失守，"京东之安危可知也"。

为了防患于未然，解除"盗"患，苏轼提出了一系列标本兼治的疏导措施。首先，为保护商贾云聚、藏钱逾万的利国监，允许冶户组织自己的武装，授以刀槊，教以击刺，"以待大盗"。废除不许徐州铁卖入河北的禁令。他认为利国监的铁皆"为国兴利"，"自铁不北行，冶户皆有失业之忧"。北宋时期徐州已为冶铁规模较大之地。因此，苏轼主张"除近日之禁，使铁得北行"。其次，他希望朝廷加强徐州守卫兵力，"移南京新招骑射两指挥于徐"，并招石工采精石加固徐州城墙，使其"数年之后，举为金汤之固"。在此前提下，严军政，禁酒赌，改善士卒生活，加强军事训练，做到"士皆饱暖，练熟技艺"。再次，为了凝聚人心，苏轼还提出了一个更有意义的主张。他认为朝廷官吏都是通过文词取士而得，而京东、京西、河北、河东、陕西五路自古都是豪杰众多的地方，这里的人"沈鸷勇悍，可任以事"，要他们治声律，讲经义，"与吴楚闽蜀之人争得失于毫厘之间"，那么，这里的人就只好不做官了。鉴于此，苏轼主张为这五路之士"别开仕进之门"，"察其尤异者，擢用数人，则豪杰英伟之士，渐出于此途；而奸猾之党，可得而笼取也"。可见，苏轼是多么的忠于职守，忧国为民之心随处可见。至于朝廷有没有采纳他的建言，是另一回事。然而，就当下徐州的社会安定，苏轼结合实际，采取组建乡民自卫队，实行官民联防，防盗治盗，奖赏捕盗有功者；起用能人程棐，缉拿何九郎等巨贼。经过一番艰苦努力，治盗取得显著成效，使百姓能安居乐业。

灾后，神宗皇帝降敕奖谕："敕苏轼，省京东路安抚使司、转运司奏，昨黄河水至徐州城下，汝亲率官吏，驱督兵夫，救护城壁，一城生齿，并仓库庐舍，得免漂没之害。遂得完固事。河之为中国患久矣。乃者，堤溃东注，衍及徐方，而民人保居，城郭增固，徒得汝以安也。使者屡以言，朕甚嘉之。”通令嘉奖苏轼。更重要的是，苏轼赢得了徐州百姓的爱戴。

可是，苏轼并没有陶醉在抗洪取得的成绩里，而是积极着手为未来的防灾工作做准备，设计了一套完整的防汛工程方案。他深知防汛工程完成以前，“来岁之忧，方未可量”。有人教他“别乞郡脱去”，他却认为这样一走了之会“遗患后人，为识者所讥”。于是，他积极向朝廷奏报防汛工程方案：沿城筑石岸，计划四周一丈，用钱二万九千五百余贯，夫役一万五百余人，粮食七千八百余石。这一工程虽然“甚大且艰”，费用较多，但完成后“可得万全，百年之利也”。苏轼充满信心，若是方案获得批准，他甘心昼夜劳苦半年，事成后再乞一宫观，渐谋归田。但他这个奏议报送朝廷后，一直到次年春天，都杳无音讯——苏轼知道石岸是筑不成了，于是又改为建议筑木岸，工程费用相对减少一半。他认为这“虽非经久必安之策，然亦足以支持岁月，待河流之复道也”（“河流复道”，指黄河恢复在河南濮阳这个地方北流。当时一般认为，这条河道较平坦，不像东流河道那样逐渐向上，河患可以少些）。“若此策又不行，则吾州之忧，亦未可量也。”苏轼很担心又不被朝廷批准，便写信给担任开封府判官的朋友刘攽及其侄奉世（时任中户房公事），请他们在京城助一臂之力，力言于朝。结果，木岸工程获得朝廷批准，赐钱发粟。于是，他改筑了徐州的外小城，建四道木岸。

苏轼是一位爱民而负责任的官员，也是一位谦虚好学的官员。他给刘攽的信说：“某岂晓土功水利者乎？职事所迫，不得不尔，每自笑也。若朝廷选得一健吏善兴利除害者见代，一郡之幸也。然不敢自乞，嫌于避事尔。言轻不足以取信，惟念此一城生聚，必不忍弃为鱼鳖也。”苏轼这样一心为民，在封建社会是多么难得。熙宁十年（1077）十二月，神宗诏改明年为元丰元年（1078）。苏轼在向神宗上《徐州贺改元表》中，特别说道：“切以为政急于爱民，改元所以表信。”意思是说为政的急务在于爱民，改元是为了表示信任。苏轼心中总是装着百姓。

在苏轼的治理下，整个徐州出现一片安定繁荣景象，乡村田野，麦苗由黄变绿，长势喜人，丰收在望。苏轼在《浣溪沙·徐门石潭谢雨道上作五首》诗中，都做了真切地记叙。

这时，苏轼又将精力转入城内的环境治理。在治理的过程中，为了纪念抗洪胜利，苏轼以筑木岸所剩材料在徐州东门外建造了一座大楼，用黄土涂刷外墙，取“土实胜水”之意，名曰“黄楼”。“黄楼高十丈，下建五丈旗。楚山以为城，泗水以为池。”楼建成后，苏辙写了《黄楼赋》记其事。赋文不仅交代了建楼缘起，歌颂治水之功，而且充分描写了凭楼四顾的快乐和“遗弃忧患，超然自得”“知变化之无在，付杯酒以终日”的心情，并深刻说明只有受过苦方知什么是快乐：“今天安于乐者，不知乐之为乐也，必涉于害者而后知之。”

元丰元年（1078）九月九日，举行了盛大的黄楼落成典礼，徐州万人空巷，热闹非凡。苏轼登楼，感慨万千，即兴写下《黄楼诗》：

去年重阳不可说，城南夜半千沤发。
水穿城下作雷鸣，泥满城头飞雨滑。
黄花白酒无人问，日暮归来洗靴袜。
岂知还复有今年，把盏对花容一呷。
莫嫌酒薄红粉陋，终胜泥中千柄锸。

如今的徐州，街道敞亮，高楼林立，车行人往，繁花似锦，一座现代化的大都市依山傍水，隐于连绵起伏、松柏叠翠的山峦之中，势若盘龙。而苏轼当年所建于东门的黄楼，已成为这座城市悠久历史、灿烂文化的见证。这座经历代修葺扩建，于中华人民共和国成立后被列为国家重点保护文物的黄楼，气势宏伟，巍然屹立，与周边新兴建筑形成鲜明比照。仰望着它，仿佛耳边回荡着洪水冲撞徐州古城墙的怒号，眼前浮现出苏轼振臂高呼的雄姿，心灵有一种强烈的震颤，听到秦少游发自肺腑的声音：“我独不愿万户侯，惟愿一识苏徐州。”黄楼，不仅是苏轼守徐州的政绩象征，也是一座历史的丰碑，给后世留下了历史的见证！

还有另一件事，自苏轼来徐州那天起就惦记于心了。徐州因冶铁业的发展，山上的树木都被冶户砍来用作炼铁的燃料，百姓用作生活的烧柴，便日渐匮乏。特别是洪灾之后，城内居民缺烧柴到哪种程度呢？即使用一床棉絮，还换不到一小捆湿柴。作为徐州百姓的父母官，这个问题如何解决，苏轼一直在思考着。苏轼为此事专门召集徐州有识之士进行商讨。还是藏青寺的应言和尚对苏轼说，徐州附近的山中有一种黑色的石头，状如木炭，能够燃烧。苏轼闻言大喜，即刻到山中寻找，弄回一筐“黑石头”，在府衙前架于柴火之上，一烧即着，火焰熊熊。前来观看的百姓大为惊异，想不到山中还藏着这种宝贝。苏轼更是兴奋不已，对天一揖道：“真是天助徐州百姓也！”随即，他又到现场，进行勘察，制定出详细的开采、经营方案。后来人们又把这种黑石头叫作“石炭”或“煤炭”，徐州的煤矿开采就这样开始了。煤炭的发现利用，不仅解决了徐州百姓的生活用煤，而且使徐州冶铁业发展有了划时代的意义。冶铁业的发展又促进了铸剑业的发展，使军队的装备得到极大的改善；同时也极大地改善了农业生产用具，有力地促进了社会经济的发展。苏轼为之激动不已，作《石炭并引》诗记之：

彭城旧无石炭。元丰元年十二月，始遣人访获于州之西南白土镇之北，以冶炼作兵，犀利胜常云。

君不见前年雨雪行人断，城中居民风裂骭。
湿薪半束抱衾裯，日暮敲门无处换。
岂料山中有遗宝，磊落如䃜万车炭。
流膏迸液无人知，阵阵腥风自吹散。
根苗一发浩无际，万人鼓舞千人看。
投泥泼水愈光明，烁玉流金见精悍。
南山栗林渐可息，北山顽矿何劳锻。
为君铸作百炼刀，要斩长鲸为万段。

据专家研究，这是我国最早的以文学形式记载煤的开采、用途的文学作品。

苏轼是一个完全的爱国主义者，对祖国的山川胜景、风物人情，热爱至深。每到一地，他总是流连忘返，饱含激情地讴歌、赞美。徐州的名山佳水，无不留下他的足迹和诗篇："明朝出城南，遗迹观楚魏""水绕彭祖楼，山围戏马台"……苏轼有太多的感慨："强写苍崖留岁月，他年谁识此时心""他年君倦游，白首赋归来。登楼一长啸，使君安在哉"……徐州城外有一座云龙山，有位叫张天骥的高人隐于山中，苏轼多次去山中与之论道，结成至交密友。

张天骥驯养了两只善飞的仙鹤，清晨去山顶的亭子放飞，傍晚招鹤，取名为"放鹤亭"。苏轼为此专门写了《放鹤亭记》。记中有一段话很有意趣：苏轼对张天骥说：你知道隐居的乐趣吗？即使是南面称尊的国君，隐士们也不会跟他交换地位。《周易》中说，白鹤在池沼鸣叫，它的后代与它和鸣。《诗经》中说，白鹤在高地上鸣叫，声音达于上天。作为动物，它们高远闲散的心情，超然于尘世污垢之外，因此《周易》《诗经》的作者拿它们来比喻贤人君子和道德高尚的隐士。亲近宠爱它们，本应该对人有益而无害，然而卫懿公好养鹤却导致了亡国。周公写作

《酒诰》，卫武公写作《抑戒》，他们认为使人迷失心智没有比酒更厉害的了，“而刘伶、阮籍之徒以此全其真而名后世”！南面称尊的国君，就连清高闲散像鹤这样的动物都不能喜好，喜好了就要导致亡国。而山林中避世的隐士，就连迷乱心性像酒这样的东西也不会给他们带来危害，更何况是鹤了。由此看来，国君和隐士的快乐就不可同日而语了。最后，苏轼在记的结尾发出慨叹：“归来归来兮，西山不可以久留。”苏轼放弃仕途、归隐山林的思想在这里又强烈地表现了出来。然而，他做不到，人在官场，身不由己，只能慨叹而已。

这时，来了一个叫秦观（字少游）的人，这是继黄庭坚与苏轼神交（书信往来，却未曾见面）一年后的事。秦观久慕苏轼才学，唯一的心愿就是拜于苏门求学。秦观此次进京应试，正好路经徐州，造访苏轼。苏轼一见秦观，甚是嘉许，遂成定交。临别时，秦观作长诗《别子瞻学士》：

人生异趣各有求，系风捕影只怀忧。
我独不愿万户侯，惟愿一识苏徐州。
徐州英伟非人力，世有高名擅区域。
珠树三株讵可攀，玉海千寻真莫测。
一昨秋风动远情，便忆鲈鱼访洞庭。
芝兰不独庭中秀，松柏仍当雪后青。
故人持节过乡县，教以东来偿所愿。
天上麒麟昔漫闻，河东鸑鷟今才见。
不将俗物碍天真，北斗已南能几人。
八砖学士风标远，五马使君恩意新。
黄尘冥冥日月换，中有盈虚亦何算。
据龟食蛤暂相从，请结后期游汗漫。

诗中尽情表达了对苏轼的仰慕崇敬之情，并对苏轼才学人品高度称道、评价，这恐怕在当时是最高的赞誉了。特别是“我独不愿万户侯，惟愿一识苏徐州”二句，成为千古名句，也成为文人用以交友的千古佳语，更表达了秦观终身追随的决心。自此，秦观的荣辱休戚、进退沉浮与苏轼相联系。后来，秦观受苏轼牵连，远谪岭南外，付出了生命的代价，也许这远比“万户侯”更有价值。

秦观的到来，真是天作之合，人生之缘，使后来有名的“苏门四学士”全都齐聚苏轼门下，成为中国古代文学史上一大奇丽景观。《宋史·文苑传·秦观传》云："（黄庭坚）与张耒、晁补之、秦观俱游苏轼门，天下称为四学士。"当然，苏轼亦以最早发现并结识此四人深感自豪，认为这是他一生中最成功、最快乐的事之一。他在《答李昭玘书》中说："轼……每念处世困穷，所向辄值墙谷，无一遂者。独于文人胜士，多获所欲，如黄庭坚鲁直、晁补之无咎、秦观太虚、张耒文潜之流，皆世未之知，而轼独先知之……岂造物者专欲以此乐见厚耶！"

宋神宗元丰二年（1079）三月，苏轼徐州任期未满，朝廷诏命以礼部员外郎直史馆移知湖州。这有些突然，苏轼感觉到朝廷风向于他不利。但很快便平静下来，着手赴任准备。

三月十日，徐州城内万人空巷，从州衙门口一直排到云龙山下，百姓自发前来为苏轼送行。送行的鼓乐，时而激昂，时而哀怨，如泣如诉，催人泪下；不时有人拦在马前，拉着马硬往回牵，不忍知州大人离去；一群父老，手持鲜花酒坛，跪献马前……这场景，令天地万物，无不动容，路边站立的两个石人，他们几曾见过自古有哪任太守的离去，能像今日呢！满城百姓含泪相送苏大人直到汴水河边。面对徐州百姓的真切情谊，苏轼十分感动，当即写下《罢徐州，往南京，马上走笔寄子由五首》，让苏辙共同分享徐州百姓的厚爱之情：

一

吏民莫扳援，歌管莫凄咽。
吾生如寄耳，宁独为此别。
别离随处有，悲恼缘爱结。
而我本无恩，此涕谁为设。
纷纷等儿戏，鞭镫遭割截。
道边双石人，几见太守发。
有知当解笑，抚掌冠缨绝。

二

父老何自来，花枝袅长红。
洗盏拜马前，请寿使君公。
前年无使君，鱼鳖化儿童。
举鞭谢父老，正坐使君穷。

穷人命分恶，所向招灾凶。
水来非吾过，去亦非吾功。

三

古汴从西来，迎我向南京。
东流入淮泗，送我东南行。
暂别复还见，依然有余情。
春雨涨微波，一夜到彭城。
过我黄楼下，朱栏照飞甍。
可怜洪上石，谁听月中声。

四

前年过南京，麦老樱桃熟。
今来旧游处，樱麦半黄绿。
岁月如宿昔，人事几反复。
青衫老从事，坐稳生髀肉。
联翩阅三守，迎送如转毂。
归耕何时决，田舍我已卜。

五

卜田向何许，石佛山南路。
下有尔家川，千畦种秔稌。
山泉宅龙蜃，平地走膏乳。
异时亩一金，近欲为逃户。
逝将解簪绂，卖剑买牛具。
故山岂不怀，废宅生蒿穞。
便恐桐乡人，长祠仲卿墓。

苏轼将感人的送行场景描绘得声情并茂，细致入微，既展示了徐州百姓对知州大人离去的依依不舍，又表现了苏轼抗洪保民非己一人之功的谦虚。五首纪实诗，犹如五组历史镜头，将苏轼别徐州，万人相送的动人场景，定格在九百三十多年前。

苏轼受到徐州百姓的爱戴，是他心中有百姓。离别徐州，苏轼有一种难以割舍的留恋之情。这首看似写男女伤情别离之苦，实则为有意之词，借题而作，另有所言，就是这种情感的写真（《江城子·别徐州》）：

天涯流落思无穷！既相逢，却匆匆。携手佳人，和泪折残红。为问东风余几许？春纵在，与谁同！　隋堤三月水溶溶。背归鸿，去吴中。回首彭城，清泗与淮通。欲寄相思千点泪，流不到，楚江东。

苏轼任知徐州，仅短短两年，可他以民为本，抗洪保城，体恤民情，开仓放粮，治盗安民，寻采煤炭，冶铁强兵，石潭祈雨，汉王祈晴，筑墙护城，建造黄楼，其治政业绩彪炳史册，永垂千古。

第十六章

湖州惊魂

政拙年年祈水旱，民劳处处避嘲讴。
河谷巨野那容塞，盗入蒙山不易搜。

苏轼携家眷离别徐州，前往湖州赴任。一路走来，心情相当愉快，会见了许多老朋友，无不把盏临风，诗酒唱和。

出了徐州，苏轼直奔南都，急切去见恩公张方平、弟苏辙。迎着明媚春光，草长莺飞，花红柳绿的美景，远望遍野，而“前年过南京”，已是“麦老樱桃熟”。今日过此，愉快的心情不免添了一丝感慨！

在南都，与张平方、苏辙相聚的日子里，当年在徐州建言“策导积水”，以解徐州水困的应言僧，也特意从郓州来见苏轼，又有吕夷简之孙吕希道的拜见，互有诗作酬唱。欢快相聚半月后，苏轼这才与众依依道别，于元丰二年（1079）三月二十四日离去。

苏轼从运河乘舟离开南都，二十七日到达汴水之北的灵壁镇。这里有一座私家园林，“于汴之阳，其外修竹森然以高，乔木蓊然以深”，“有山林之气”，其“奇花美草，有京、洛之态。华堂厦屋，有吴、蜀之巧”。可谓远近闻名，此乃张氏园林也！苏轼早有耳闻，今日一见，果然气度不凡，实为怡情养性之佳处。酷爱山水园林的苏轼，岂有不造访的。当他叩门，报出自家名号，张氏之子张硕大喜过望，万没想到张氏园能迎来大名鼎鼎的苏子瞻。

苏轼尽情遍游张氏园林，发出无限感慨：此园造就前后长达五十余年，耗力费财不可计数，若非张硕前辈历仕显宦，恐怕是做不到的。想自己眉山“风雨荒旧宅”的故居，相比之下，不可同日也！

应张硕之请，苏轼欣然命笔，以文记之，写下名篇《张氏园亭记》。后有张邦基《墨庄漫录》云：“宿州灵壁县张氏兰皋园，一石甚奇。所谓小蓬莱也。苏子瞻爱之，题其上曰：'东坡居士醉中观此，洒然而醒。'子瞻之意，盖取李德裕平泉庄有'醒醉石'，醉则踞之乃醒也。蒋颖叔过见之，复题云：'荆溪居士署中观此，爽然而凉'。吴右司师礼安中为宿守，题其后云：'紫溪翁大暑醉中读二题，一笑而去。'张氏皆刻之石。后归禁中。"

岂知，这篇《张氏园亭记》，却惹来祸事。时李宜之任提举淮东常平，回京时即从张硕处取去此文。后李宜之参与李定密谋陷害苏轼，将记中"古之君子，不必仕，不必不仕。必仕则忘其身，必不仕则忘其君"说成"是教天下之人，必无进取之心，以乱取士之法。无尊君之义，亏大忠之节。显涉讥讽。乞赐根勘"，拼凑诬陷之词，阿附台谏，上奏神宗，作为攻讦苏轼的证据之一。这是苏轼万没想到的。

苏轼离开灵璧张氏园林，经泗州，至高邮，到扬州，放舟金山，访宝觉大师。一路过来，所见老朋友有刘季孙、参寥子、秦观、张大亨、鲜于侁等众。其唱和之作不少。其中在扬州所作《西江月·平山堂》词，耐人寻味：

三过平山堂下，半生弹指声中，十年不见老仙翁，壁上龙蛇飞动。
欲吊文章太守，乃歌杨柳春风，休言万事转头空，未转头时是梦。

四月十日，苏轼一到扬州，时任知州的鲜于侁（字子骏），便在平山堂设宴款待。

平山堂，位在扬州城西北五里群山之中的大明寺一则，为欧阳修庆历八年（1048）知扬州时所建。因江南诸山，拱列檐下，若可攀取，欧阳修取其名为平山堂。后来，刘敞出知扬州，欧阳修便作词《朝中措》相送：

平山阑槛倚晴空，山色有无中。手种堂前垂柳，别来几度春风。
文章太守，挥毫万字，一饮千钟。行乐直须年少，尊前看取衰翁。

苏轼基本按欧阳修原韵而作，故有"十年不见老仙翁""欲吊文章太守"之语。言苏轼于熙宁四年由京赴杭，过颍州拜谒欧公，到欧公仙逝，计算起来已近十年了。词中充满了对恩公的怀念之情。

四月二十日，苏轼到任湖州。

湖州北濒太湖，东临大海，南靠杭州湾，山清水秀，风光无限，是有名的鱼米之乡。苏轼曾有诗赞曰："余杭自是山水窟，侧闻吴兴更清绝。"通判杭州时，他就向往这地方（《将之湖州戏赠莘老》）：

湖中橘林新着霜，溪上苕花正浮雪。
顾渚茶芽白于齿，梅溪木瓜红胜颊。
吴儿脍缕薄欲飞，未去先说馋涎垂。

然而，这几年这一带自然灾害严重，连年闹饥疫，死人无数，鱼米之乡的湖州已经是土地荒芜、城郭萧条了。苏轼一到湖州，慨然写道："来往三吴一梦间，故人半作冢累然。"过去相识的人大都死于饥疫，这固然是自然灾害造成，同时也与"政拙"有关（《次韵周开祖长官见寄》）：

政拙年年祈水旱，民劳处处避嘲讴。
河谷巨野那容塞，盗入蒙山不易搜。

所言"政拙"，苏轼在这里实际上是暗指新法行之不当，民受其害，作为知州无力改变，哪还有脸见黎民，只得尽量躲"避嘲讴"。"仕道固应惭孔孟，扶颠未可责由求。"孔孟主张能够施展自己的抱负才做官，"不能者止"；而自己做官不能行道，有愧于孔孟之道啊！那么，自己的抱负能否寄希望于当今朝中的执政者来实现呢？根本不能！正因为有了那帮家伙，才使得国无宁日，民不聊生。面对眼前情景，苏轼就来气。他便在《湖州谢上表》中发了几句牢骚："知其愚不适时，难以追陪新进；察其老不生事，或能牧养小民。"意思是说皇上励精图治，变法图强，自己虽然历来主张变革，但与他人政见不同，难以苟且附和新法派人物。虽然不识时务，但还是蒙皇上偏爱，让我出任一方行政长官，治理教化百姓。就这几句话，可惹了大祸，成了引发"乌台诗案"的导火线。

苏轼一到湖州，即遇旱灾。五月下旬，又遇梅雨天气来临。雨水连绵不断，由旱到涝，田里水稻淹没，百姓苦不堪言。苏轼心都揪紧了，如他所言："穷人命分恶，所向招灾凶。"（《罢徐州往南京马上走笔寄子由五首》其二）真是苦命啊，所到任职之处即遇凶灾。面对"吴兴连月雨，釜甑生鱼蛙"（《和孙同年卞山龙洞祷晴》）的情景，苏轼脱下官服，披上蓑衣，戴上斗笠，带领府衙所属官吏，"环城三十里"，了解灾情，组织百姓抗涝。

吴中历来水患严重，为治理水患，苏轼两度任职于杭州期间，与外甥女婿单锡之弟单锷，长期进行实地调研。元祐六年（1091），知杭州任上，苏轼帮助单锷完成了《吴中水利书》后，即写了《进单锷〈吴中水利书〉状》，并全文收录《吴中水利书》，上奏朝廷，请求实施。单锷，嘉祐年间进士，博学不就官，关注国计民生，尤留心于吴中水利，经常乘舟往来于常州、苏州、湖州之间，经三十余年，凡一沟一渎，无不周览其源流，考究其形势。《吴中水利书》中分析了三州水患的原因，批驳了种种偏见，提出通盘治理的方针和具体办法，“可以救当时之弊”。

苏轼面对眼前水患，全力指导湖州百姓防洪排涝，修筑加固被毁堤堰。当他来到南郊道场乡苏湾村，见该村东临碧浪湖，南抵苏台山，西接大众山，湖水高涨，波涛滚滚，严重威胁到苏湾村人的生命财产安全，便即刻规划修筑长堤一道，以挡湖水侵害。正当苏轼全身心投入之时，朝廷内一帮“寅缘求进”的“勇锐”小人，正紧锣密鼓地密谋着置他于死地的惊天阴谋。

史料记载，组织这场阴谋的主凶，便是御史中丞（御史台长官）、新党人物之一的李定。

李定与吕惠卿同流，也是一个卑鄙小人。他阿附新法，被王安石看中，以“人才”荐于朝廷。初到朝廷，李定去拜见谏官李常，李常问他，你从南方来，百姓对青苗法是怎样看的？李定说，好得很，百姓没有不喜欢的。李常警告说，现在满朝正在争论此事，你可不要说这样的话。李定随即去告诉了王安石，并装出一副正人君子样说，我李定只知道据实而言，才不管别人怎么说。王安石大喜，这样的人才不用，还用谁呢！于是，王安石对李定说，我把你推荐给皇帝，要皇帝接见你，但你要“据实而言”。于是，在王安石的安排下，神宗同意接见李定这个小小县官。在接见中，神宗问到道青苗法的问题，李定仍“据实而言”。随后，李定被任命为御史里行，因超越常格，正巧苏颂当制，他坚决反对，拒绝撰词，使李定任职落空。在王安石的再次举荐下，李定又改任为监察御史。正值此时，李定生母离世，因贪恋官职权位，李定便隐瞒不报母丧，因此又遭到士大夫们的弹劾，众人认为此人不孝，无资格在朝廷为官。于是，朝廷派人去调查核实。李定又以养母而非亲母为由掩盖，加之王安石的庇护，此事便不了了之。这时，苏轼写了一首赞美朱寿昌辞官寻母的诗，在诗中有意写道：“感君离合我酸辛，此事今无古或闻。”（《贺朱寿昌得母》）“此事今无古或闻”明显是讥讽李定不孝。因此，李定对苏轼、苏颂记恨在心。

朱寿昌，字康叔，扬州天长人，以父朱巽恩荫守将作监主簿，历知阆州、提举崇喜观等，皆有政绩。朱寿昌的生母刘氏，原朱巽小妾，在刚孕朱寿昌之时被弃。

待朱寿昌长到几岁时，朱巽得知其为己之骨肉，便将其接到自己身边教养。此后五十年之间朱寿昌未与母亲相见一面。熙宁元年（1068），朱寿昌思母心切，便弃官遍游天下寻母，终于在河中府找到母亲，于是将母亲与异父同母的二弟接到自己身边。朱寿昌辞官万里寻母，世属罕见，其间又曾刺血书写《金刚经》，因此以孝悌闻名天下，不但在民间广为传颂，而且朝廷士大夫亦以诗文赞美之。其中包括时任宰相之职的王安石。对比之下，李定真是禽兽不如、无地自容，自然对苏轼的讥讽如锥刺骨，痛恨更深了。

就是这样一个卑鄙小人，居然没用几年时间，便升任为御史中丞，成为御史台的长官，可以随意纠弹百官。小人，往往是恶人。苏轼撞在恶人手里，岂能逃过劫难！当苏轼《湖州谢上表》一到朝廷，随时密切关注苏轼一举一动，寻机下手的李定，及时拿到载有苏轼《湖州谢上表》的邸报，逐句逐字研读后，竟狂喜得连声大叫："机会来矣！"

一个黑暗的夜晚，在御史台的议事厅，李定将权监察御史里行何正臣、舒亶招来，又特地将国子监博士李宜之召至，一同密谋如何将苏轼一举拿下，置之死地。

何正臣，字君表，今江西新干人。英宗治平四年（1067）进士，神宗元丰元年（1078），因阿附新法，用荐为御史里行，擢侍御史知杂事。《宋史》有传，忌恨苏轼才学，小人一个。

舒亶，字信道，治平二年（1065）进士。初为县尉，其性格凶残，手段毒辣，因擅杀轻罪者以示执法严格，被朝廷停废多年。后得张商英推荐，重入仕途。办了苏轼"诗案"后，即升任知谏院。其时，张商英为中书检正，给他写了一封信，并将其女婿王沩的课业，送请察看，实属私人之间请托之事。岂知他别有用心，立即上章举发，说："商英官居宰属，而臣职在言路，事涉干请，不敢隐默，将各件缴进。"张商英为此降为馆阁校勘，责监江宁酒。可见舒亶实与吕惠卿同类。《宋史》载：舒亶"举劾多私，气焰薰灼，见者侧目"。

这样几个小人凑在一块，岂有不干出伤天害理的事来！

李定眼冒凶光，盯着何正臣等辈，说："苏轼乃反对王安石变法的急先锋，皇上不断不加罪，反倒让他从通判到连任三州知州之职，且在地方多有政绩，徐州抗洪，皇上通令嘉奖，声名朝野，颇得皇上垂爱，一旦回朝执政，我等被朝廷重用的'新进'之辈，岂有好下场。今不扳倒苏轼，更待何时！"后来，苏轼在《杭州召还乞郡状》中追叙当时的状况说："党人疑臣复用，而李定、何正臣、舒亶构造飞语，酝酿百端，必欲致臣于死。先帝（指神宗）初亦不听，而此三人执奏不已，故臣得罪下狱。"

李定说出实话，他为防患未然，保住既得利益，必须扳倒苏轼。

何正臣亦狠声道："可恶这苏轼公然在谢表中讥刺我等为'新进'之辈，怎样才能一剑封喉，置之死地？"

舒亶道："这有何难，咱手中握有纠弹百官的大权呀！虽然皇上赞赏苏轼《湖州谢上表》，咱们同样能从鸡蛋里挑出骨头来！"

在宋代，谏官的权力很大，可以"风闻言事"，即便说错话，也是可以不负责，加之朝廷广开言路，招贤纳谏。当然，有有利的一面，就有有害的一面，遇到居心不良者，便捕风捉影，随意诬奏他人。朝堂之上，屡屡发生这样的事情。因此，苏轼曾在《上皇帝书》中，一针见血地指出："言及乘舆，则天子改容；事关廊庙，则宰相待罪。"不料今日却落在自己头上。

李定奸笑道："对极了！"随即将沈括的《钱塘集》与这几年收集的苏轼诗文，一并放到桌上，说："办法都在这里面。"接着又拿起《钱塘集》，在手中摇晃着说，"沈括早在熙宁年间，已为尔等备下了棒杀苏轼的罪证了！"

入仕多年未得升迁的李宜之，眼见一个个阿附新法而身居要职的人，心里痒痒，无时不想着亦能从中捞到一根稻草，可机缘不巧。今李定召至，内心狂跳，以为机缘来也！于是，对李定等人谄媚道："中丞大人说得对极了。汉代司马迁的外孙杨恽，因文字惹恼皇帝下狱，被定为大逆不道的罪名腰斩。咱们今日也弄它个文字狱！"

于是，几个恶人夜以继日，断章取义，用文字绑架，炮制出一支支射向苏轼的毒箭。

俗话说"三人成虎"。当神宗突然间同时收到三个台谏官共同弹劾一个外官的奏状，还外加一个国子监博士李宜之的弹劾状，一时惊讶异常，难辨真伪，无以应对。

奏状发出后，李定料定神宗难下定断，必在朝会上议结。便急切地又在暗中联系那些嫉妒苏轼声望的大臣，达到"共出死力"的目的。

果不其然，神宗在崇政殿的朝会上，让众大臣特议苏轼"谤讪"之案。一开始，李定首先发难。向神宗奏道："启奏陛下，知湖州苏轼，初无学术，滥得时名。偶中异科，遂叨儒馆，今又在《湖州谢上表》中公然指斥皇上，攻击新法，讽刺朝中大臣，罪当诛杀。依臣所见，苏轼已有四条'可废之罪'：一是'怙终不悔，其恶已著'；二是'傲悖之语，日闻中外'；三是'言伪而辩，行伪而奸'；四是'陛下修明政事，怨己不用'。此四条望陛下详察。"

苏轼的好友、驸马都尉王诜见李定来势凶狠，便知定有预谋，心中既为苏轼担忧，又倍感愤怒。他当即出朝班奏道："苏轼乃忠君爱国之臣，对陛下绝无二心。臣已看过苏轼的《湖州谢上表》，即表忠君爱国之心。其'知其愚不适时'等语，实乃李中丞曲解其意，切不可轻信。"

御史舒亶急奏道："王驸马之言出于私情，陛下慎思。苏轼包藏祸心，怨恨皇上，讪谤谩骂，无人臣之节，确是实情。陛下发钱以业民，苏轼说'赢得儿童语音好，一年强半在城中'；陛下明法以课试群吏，他就说'读书万卷不读律，致君尧舜知无术'；陛下严盐禁，他就说'岂是闻韶解忘味，尔来三月食无盐'。如此等等。其他触物即事，应口所言，无不以讥谤为主。小则镂板，大则刻石，传播中外，自以为能。其尤甚者，至远引衰汉梁窦专朝之士，杂取小说燕蝠争晨昏之语，旁属大臣，而缘以指斥乘舆，盖可谓大不恭矣。虽万死不足以谢圣时。"舒亶奏毕，得意地望着王诜。舒亶以苏轼诗句断章取义诬陷，实在可恶可恨，朝中与苏轼交往甚厚的臣僚手心都捏出了汗。学士宋敏求冒险反驳道："苏轼身为外官，勤理政务，闲暇赋诗一二，乃兴趣所致，岂能扯得上包藏祸心、讪谤谩骂圣上？"谏议大夫刘恕亦为苏轼辩道："苏轼素来忠君忧民，甚得先帝垂爱，对陛下绝无二心。"

御史里行何正臣早就按捺不住了，他跳出来弹劾道："苏轼恃才自傲，愚弄朝廷，妄自尊大，谤讪讥骂，无所不为；有小旱之灾，刁民为盗，便统归于新法之害，诋毁圣上变法之功；《湖州谢上表》更是诋诮之词不绝。陛下应严明诛罚，以示天下。"

这时，神宗有些不耐烦了："够了！"呵斥何正臣道，"尔等奏状朕已阅，无须赘述！"

李定见对苏轼弹劾得很够分量了，再说下去，惹神宗一怒，此事有泡汤的可能。于是，便连连朝宰相王珪递眼色。王珪却视而不见，手握朝笏，微闭双目。王珪为人处世奸猾无比。当年吕惠卿下死力使王安石二度罢相，岂知"鹬蚌相争，渔翁得利"，吕惠卿不但没争到相位，反倒被贬知陈州，王珪不出一分力，略使手段便轻得相位。其实，王珪与苏轼并无政治上的利害冲突，只是一句玩笑，使得王珪记恨于苏轼。在仁宗朝时，王珪写了一首咏竹的诗，其中两句"叶攒千口剑，茎耸万条枪"，自以为得意佳句，足可传诵千古。一次他在苏轼面前卖弄炫耀，哪知苏轼当众揶揄说，你写的竹子叶子太少了罢！诗中之竹，岂不十根竹子才生一片叶子？走遍天下，恐怕难找到如此竹林！这一评，把王珪弄得当众出丑，狼狈不堪。李定拉他参与弹劾苏轼，他赞成，此时却不发言，他在等时机。

神宗见朝堂上气氛很紧张，不得不发话了。他轻咳一声，对王珪说道："王爱卿，你看对苏轼作何处置呀?"听话音，神宗已有倾向李定等人的意思，自己却不表态，叫王珪说话。王珪这才心中有了分寸，便将双目睁开，应声奏道："依臣之见，如果苏轼恃才自傲，经常写一些对朝廷不满的诗句，传扬开去，使得中外俱知，亦不利于皇上的威望。如此下去有失天朝人臣之礼，助长他人狂妄自大之心，当杀一儆百。"神宗见有台阶可下，本无杀苏轼之心，见王珪说到"杀"字，心中不爽，但为平衡朝中各方政治势力，便随口一说："将苏轼送御史台根勘。"并诏张璪、李定"推治以闻"，负责案情审理。

李定、张璪领旨后，派谁前往湖州拘捕苏轼呢！当时朝臣中想公开陷害苏轼的人毕竟为数不多，故李定感叹"人才难得"，想找一个逮捕苏轼的人都少有如意的。最后是台吏皇甫遵自告奋勇，求旨去拘捕苏轼。皇甫遵心想，你李定、舒亶等人，只因依附新法、投靠王安石才有今日的权势威风。于是，他在离京前，去讨好李定等人，要求途中把苏轼寄监。神宗不允，说："只是追究吟诗事，不消如此。"像苏颂、苏轼这样名重朝野的君子，其生命竟操控在李定这样的小人手里，实在是北宋王朝的不幸，是历史的悲哀。

驸马都尉王诜见这堂朝会，在李定的操控下，已达到他们的罪恶目的，急回府，差一心腹，即刻急驰南都，将凶信报与苏辙。苏辙闻言大惊，命女婿文务光飞马湖州报信。

皇甫遵领旨后，便同儿子皇甫高及御史台三个公人，直扑湖州而去。皇甫遵很得意这趟公干，如事情办得漂亮，定会得到李定的提携。一路上，皇甫遵那副阿附权贵的嘴脸得意得几乎变形。故苏轼后来在《杭州召还乞郡状》中如是说："定等选差悍吏皇甫遵，将带吏卒，就湖州追摄，如捕寇贼。"

待皇甫遵一干人到达湖州，便直扑州衙公堂。此时，离苏轼接到凶信刚半日，还未来得及理出头绪，忽见一干人气势汹汹闯进来，只听得一声厉喝："将钦犯苏轼拿下!"苏轼抬头一看，乃台吏皇甫遵，顿时大惊失色，没想到祸事来得这么快，一时不知所措。只见御史台三个差役如狼似般向前扑来。

这时，只听一声断喝："放肆!"声震屋宇，把三个差役吓得倒退数步。

皇甫遵趋前厉声道："你是何人！胆敢阻挠本官公干!"

"我乃本州通判祖无颇是矣。"祖无颇亦厉声道，"拿公文来!"

皇甫遵只得将公文拿出，祖无颇看后，放下心来，奚落道："原来是革职进京受审，并未定罪，皇甫大人何必做得那么吓人!"

苏轼这才回过神来，惊魂稍定，问："本官犯了何罪？"

皇甫遵讥讽道："犯了何罪，自己还不清楚吗？"

他将苏轼从湖州府衙的公堂上押出，有意在湖州城内的大街小巷穿行。湖州城内百姓跪伏于街道两旁，痛哭失声。百姓爱戴苏轼的感人场景，使皇甫遵恨得咬牙。《吴兴备志》云：苏轼被皇甫遵押着"出城登舟，郡人送者雨泣"。

好不容易出城来到太湖边的码头，皇甫遵又露出凶相，对苏轼疾言厉色道："你这钦犯，还不上船，磨蹭啥？"随同前往的苏迈赶紧将父亲扶上船。船行了几个时辰，来到一片茫茫芦苇荡之中。此时，月上三竿，皇甫遵见船工慢下来，便吼道："偷什么懒，今晚就要驶出太湖！"船工亦不怕事，吼道："哪有这等逼命勒人的差官！要行夜船，你自己来！"皇甫遵待要发作，苏轼赶忙说道："夜晚风大，湖中行船不便。前面有座小岛，岛上有座芦香亭，可以过夜。"皇甫遵也觉得，万一翻船，自己岂不白白被淹死，于是同意在岛上过夜。当船靠小岛，皇甫遵抬头瞥见"芦香亭"三个大字，落款是"眉州苏轼书"，不禁醋意攻心，恨声骂道："你这钦犯，是何居心？今日出城，百姓夹道喧闹，定是你所啸聚，几乎误了本官差事！如今又带本官到这亭子里见你这几个破笔墨字，你的光彩已经没了，只是本官手中的钦犯！"小人！苏轼只对他发出一声讥笑！

月色正浓，碧波无际。苏轼躺在亭子里，望着清冷的皓月和茫茫的碧波沉思：自己和皇甫遵这厮素无芥蒂，却对我嚣嚣如此，待要押入乌台，落入李定、舒亶之手，岂不更要受尽千般辱骂万种折磨，以我苏某之骨鲠气刚，如何受得了？这且不说，审讯中难免牵连他人。王诜驸马和子由老弟担着生死风险通风报信，万一查出，我怎能对得起他们？若两眼一闭，投身湖中，顷刻之间岂不烦恼尽消？苏轼是一个血性男人，他已将个人生死置之度外。当他得知皇甫遵前来湖州拘捕他入京问罪的原因时，便显得异常的镇定和坦然。与家人告别时，苏轼当着皇甫遵的面，谈笑自如地对妻子说宋真宗时杨朴的故事：杨朴是一位隐士，不喜欢做官，只喜欢饮酒吟诗、以文会友，名声很大。真宗几次派人去叫他作几首诗，可杨朴说自己不会作诗。有一奸佞之徒便想出一个办法来，对真宗说，以写反诗为罪名，将他捉拿回朝廷问罪，他必然怕死，便会写出诗来。真宗点头同意，杨朴被捉来朝廷。事至如此，杨朴还是一口咬定自己不会作诗，只会钓鱼、采薇。真宗说，有人告你作反诗，这可要问死罪的呢！杨朴说，圣上英明，小人之言何以足信？真宗又问，朕知卿素与诗人交善，此番至京，有人赠诗与卿否？杨朴说，别人倒不曾有诗赠我，只是拙荆临行时有四句赠别："且休落托贪杯酒，更莫猖狂爱吟诗。今日捉将官里去，这回断送老头皮。”真宗听后大笑，就把杨朴放回去了。苏轼自嘲道，苏某我也因作诗“今日捉将官里去”了。看见妻子还哭得那样伤心，苏轼又风趣地说，你难道不能像杨朴妻那样，作一首诗为我送行吗？说不定待圣上问起时，还能搭救我这条老命矣！那皇甫遵在一旁早已沉不住气了，看着苏轼生离死别之际，却这般不把性命放在心上，那谈吐之间，明明是对自己的鄙诮和调侃。皇甫遵再也忍受不了这种揶揄，厉声喝道：“等到了御史台监狱，你就不会有兴趣谈诗了！”（后来，苏轼把这件事记叙在《题杨朴妻诗》中）

苏轼起身走出亭子，来到湖边，朝故乡方向拜了三拜，便向湖中涉去。渐渐水至膝，寒冷的湖水使他打了一个寒战。苏轼心中不禁一震：自己一死，子由老弟必不愿独生。想当年，兄弟二人一同进京应试，说好“一旦功成名遂，准拟东还海道，扶病入西州”，共奠父亲坟前。孰料宦海莫测，人世难料，与老弟相处日短，如就此死去，岂不害得老弟欲生不能？想到这里，苏轼打消了举身赴清湖的念头，转身回到芦香亭。此时，只听得皇甫遵鼻孔里哼了两声。苏轼不禁悲愤交集：这狗贼原来是希望我死！如此看来，我一死，倒成全了这帮奸佞之徒。我为何要死呢？我偏要痛痛快快地活下去，我要吟诗高歌，气煞你这厮（《与客游道场何山得鸟字》）：

清溪到山尽，飞路盘空小。
红亭与白塔，隐见乔木杪。

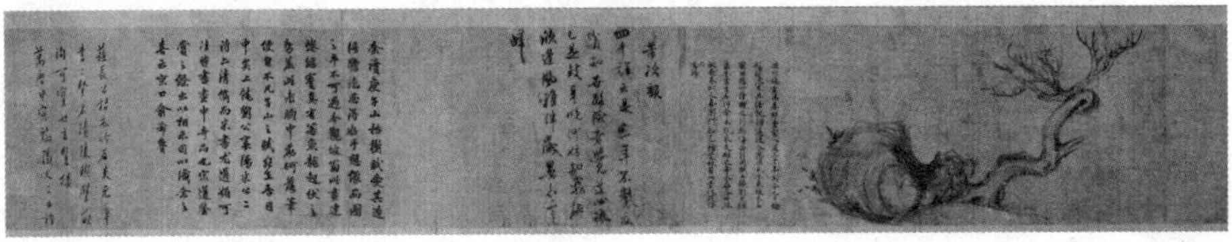

苏轼要是真的投湖自杀了，上苍都会悲哀落泪，中国古代文学史就只能留下残缺的一页了，后世之人就读不到前后《赤壁赋》和《念奴娇·赤壁怀古》等千古名篇了。笔者由此想到台湾作家林清玄在《漫步人生的花园》中，描述世界著名音乐家贝多芬的事迹。贝多芬在很年轻的时候就耳聋了，这对一个音乐家来讲，无疑是一件非常残忍的事情。贝多芬常常想到自杀，因此准备了一把手枪放在抽屉里，每天都拿出来对着自己的太阳穴，想着从哪里打会死得比较痛快，只是一直都没有扣扳机。这时的贝多芬每天都觉得很痛苦。有一天晚上，他想："人生对我来说已没有继续下去的意义了！"于是，他坐下来再次决定自杀。这时，贝多芬想到应该先写遗书给爱自己的亲人、朋友，于是他开始写，没想到越写越多，因为世界上爱他的人实在太多了。他一直写到天亮。突然，阳光从窗外照射进来，这时的情境，在贝多芬的传记中被记载为："他听到了阳光的声音。"贝多芬走到门口，看着美丽的大地，他听到花开的声音，听到鸟声啾啾，听到很多耳聋的时候听不到的声音。他把手枪收起来，开始重新面对他的音乐。从此，贝多芬以心田聆听这些声音，转而用心田作曲，写下了他失聪的伟大的作品《第九交响曲》《英雄交响曲》《命运交响曲》等，成为世界音乐史上的奇迹。苏轼与贝多芬一样，最终没有选择自杀，活了下来，他们所创作的作品同样的伟大！

苏轼被押出府衙后，独王适、王遹不怕牵连，直送于郊外后，又将苏轼家眷送往南都苏辙处。后苏轼在《王子立墓志铭》中，感慨道："子立讳适。……与其弟遹子敬，皆从余于吴兴。学道日进。东南之士称之。余得罪于吴兴，亲戚故人皆惊散，独两王子不去，送余出郊，曰：'死生祸福，天也，公其如天何。'返取余家，致之南都。"

第十七章

乌台诗案

平生文字为吾累，此去声名不厌低。
塞上纵归他日马，城东不斗少年鸡。
休官彭泽贫无酒，隐几维摩病有妻。
堪笑睢阳老从事，为余投檄向江西。

苏轼被押解回京，投入御史台的监狱。

御史台的监狱设在府衙后院。一座小小的四合院，专门监禁朝廷命官。这里极其清冷静寂，不像州县监狱那样镣索叮当之声终日不绝。这里几乎是进得来就出不去，谁提到“御史台”三字，定会毛骨悚然，心惊肉跳。整个御史台掩映在数百株参天古柏下，终年浓荫蔽日，阴森恐怖。树上常年有数千只野乌鸦栖宿，晨去暮归。因此，御史台又称为“乌台”。苏轼以诗罹祸，被拘捕投入这里，故称此难为“乌台诗案”。

苏轼被投入御史台监狱后，李定又从濠州拘捕一个大人物苏颂投入这里。

苏颂，字子容，泉州府同安县（今属厦门同安区）人。北宋杰出的天文学家、天文机械制造家、药物学家。苏轼评价他“温文而毅，直亮不回”。李定陷害苏颂，与陷害苏轼目的不同，就是泄私愤，图报复。熙宁三年（1070），李定因阿附王安石，破格被擢升为太子中允，权监察御史里行。时苏颂当制，认为李定“素无声称”，不合条件。且破格提拔已违背以前法令。为此，苏颂三次拒绝起草诏书。李定自是恨之咬牙，无时不在寻机报复。今执掌御府，报复的机会来了。于是，便以“宽纵请求”之罪名，将苏颂拘捕入狱，与苏轼监舍一墙之隔。周必大《二老堂诗话》有确切记载：“苏子容丞相尹开封，治陈世儒狱。言者诬以宽纵请求。是秋亦自濠州摄赴台狱。尝赋诗十四篇。叙云：‘子瞻先已被系，予昼居三院东阁，而子瞻在知杂东庑，才隔一垣。’其诗云：‘遥怜北户吴兴守，诟辱通宵不忍闻。’”

苏颂目睹了苏轼入狱后，被奸人通宵达旦鞭打辱骂，从精神到肉体倍受摧残。可见苏轼落在李定、张璪手里，岂能逃过劫难。这张璪原名张琥，后改为璪，与苏轼为同榜进士，凤翔府又是同事，时为法曹。然张璪行事品格低下，凶狠手辣，素行奸邪，往往以危机陷人，苏轼不屑为伍。王安石执政时，他“随势所在而附之”。王安石罢相，他又“以危机陷人”，追随吕惠卿出卖王安石，十足小人一个。

苏轼命运被掌控在小人手里，如余秋雨先生在《苏东坡突围》中所言：“一个人蒙受了诬陷，即便是死，也死不出一个道理来，你找不到慷慨陈词的目标，你抓不住从容赴死的理由。你想做个义无反顾的英雄，不知怎么一来把你打扮成了小丑；你想做个坚贞不屈的烈士，闹来闹去，却成了一个深深忏悔的俘虏。无法洗刷，无处辩解，更不知如何来提出自己的抗议，发表自己的宣言。”因为小人就是恶人。恶人是不需要理由的，只要目的。于是乎，“小人牵着大师，大师牵着历史。小人顺手把绳索重重一抖，于是大师和历史全都成了罪孽的化身。一部中国文化史，有很长时间一直捆押在被告席上，而法官和原告，大多是一群群挤眉弄眼的小人”。

仅凭沈括的《钱塘集》，不足以定苏轼死罪。李定、张璪利用神宗诏命其“推治以闻”的大权，撒网式搜寻苏轼罪证。将与苏轼过从甚密之人的酬唱诗文皆收于手，逐句逐字，一一比对，更是要从鸡蛋里挑出骨头来。被“推治以闻”多达数十人，上至王公大臣，下至一般官员文士。在这个过程中，又特意上奏朝廷，“并论张方平、司马光、范镇等罪当诛，欲尽陷于法”。株连之广，手段之狠毒。幸被神宗驳回。

面对政敌的穷凶极恶，刑讯逼供；面对诬陷捏造莫须有罪名的卑劣手段；面对政治命运不测与生死悬于一线之间，苏轼仍不改其操，坦然面对。他透过窗户，仰望院中傲然挺立的榆槐竹柏，不禁高声吟唱，以榆槐竹柏风骨自喻，对自己的冤案终将得到昭雪充满自信。就在神宗降诏大赦天下时，他录下了这狱中所吟《御史台榆、槐、竹、柏四首》诗：

榆

我行汴堤上，厌见榆阴绿。
千株不盈亩，斩伐同一束。
及居幽囚中，亦复见此木。
蠹皮溜秋雨，病叶埋墙曲。
谁言霜雪苦，生意殊未足。
坐待春风至，飞英覆空屋。

榆树虽遭虫蠹，叶受病害，委曲墙角，却仍苦熬霜雪，生命不屈，静待春风佳音，恢复生机。苏轼以此激励自己要坚强地活下去。

槐

忆我初来时，草木向衰歇。
高槐虽经秋，晚蝉犹抱叶。
淹留未云几，离离见疏荚。
栖鸦寒不去，哀叫饱啄雪。
破巢带空枝，疏影挂残月。
岂无两翅羽，伴我此愁绝。

苏轼入狱已是仲秋，故以“高槐虽经秋，晚蝉犹抱叶”喻己虽遭打击，案情渐重，却不屈于牢狱之灾。

竹

今日南风来，吹乱庭前竹。
低昂中音会，甲刃纷相触。
萧然风雪意，可折不可辱。
风霁竹已回，猗猗散青玉。
故山今何有，秋雨荒松菊。
此君知健否，扫扫三径绿。

竹，君子也。即使狂风乱吹，枝叶摇曳发出低昂之声，仍然不失为合乎音乐舞蹈的优美之韵，展示出“可折不可辱”的气节。待风过后，竹子更加挺拔碧绿。苏轼以此寓意冤案终将得到平反后气更高迈。

柏

故园多珍木，翠柏如蒲苇。
幽囚无与乐，百日看不已。
时来拾流胶，未忍践落子。
当年谁所种？少长与我齿。

仰视苍苍干，所阅固多矣。

应见李将军，胆落温御史。

苏轼以翠柏自喻，是谁将苍苍翠柏玷污，囚于牢狱？“应见李将军，胆落温御史”。李将军，指唐金吾将军李祐。温御史，指唐侍御史温造。《旧唐书》：李祐违制进马一百五十匹，遭温弹骇，李祐股战汗流。私谓人曰：“吾夜逾蔡州城，擒吴元济，未尝心动，今日胆落于温御史，吁，可畏哉！”苏轼巧妙地以将军之姓，温之官，合为李御史，言明自己身系牢狱之灾，乃御史李定诬陷所致也。

经过数十日的审讯，也没有整出具有杀伤力的“罪证”来，李定等辈甚为焦躁。咋办？那就再审，审到认罪为止。一天夜里，苏轼又被狱卒带到审讯室，一个太熟悉的声音又在苏轼耳边响起：“子瞻兄，久违了！”苏轼定眼看去，一张白木公案置于窗下，桌上燃起一盏油灯，灯影下坐着御史中丞李定。只见他一嘴长须过胸，双眼球外突，这才几日不见，这厮双颊附着的两堆肥肉更肥了，肚子腆出仿佛要把案桌顶翻。灯光将他一副自大之态投射到墙壁上，恰如阎王升殿。苏轼白了他一眼。李定见苏轼不屑与他搭话，疾言厉色地喝道：“苏轼！你知罪否？”苏轼轻蔑地冷笑一声，答道：“苏某既囚于御府，当是罪臣。中丞既为御府知掌，定然深知苏某之罪，苏轼但听中丞明断发落。”李定不禁怒容满面：“好你个言伪而辩、行伪而奸的苏轼！如此说来，说要认罪的倒是我这御史台执事，而不是你苏轼了？”苏轼见这李定不过三言两语便恼怒如此，不觉好笑。李定顿时勃然大怒：“你可知这御史台好进不好出？”此等无耻小人，竟执掌御史台，不知会出多少冤案啊！苏轼愁绪万端地想。李定见苏轼黯然神伤，以为唬住了他，得意起来，将手折翻开：“你在《上神宗皇帝书》中指斥圣上若乞食之丐，若无方之医，可有此言？”苏轼不觉愤然，正色道：“《上神宗皇帝书》稿本原存内府，中丞可去查阅，不过，自己的文章，当然还记得，让我背给你听听。”苏轼当即将那洋洋千言的《上神宗皇帝书》背诵一遍，竟一字不漏。李定听得呆了，同时又生出无法遏制的妒忌，厉声喝道：“狂妄苏轼！竟敢调侃本官。你讪谤朝廷，讽刺圣上，龙颜震怒，罪名已定，倘能伏罪自责，既能保全名节，亦有生还的希望。”苏轼正气凛然，鄙屑地说道：“轼为人臣，上忠天子，下孝父母，堂堂君子，顶天立地。欲加谤讪之罪，何患无辞？纵死何惧！”苏轼一番慷慨激昂的铮铮壮语，把李定噎得半晌答不上话来。李定自知再审下去，只会更加难堪，只得草草收场。故《东都事略》云：“方定自鞫轼狱，势不可回。一日，于崇政殿门外语同列曰：‘苏轼乃奇才也。’俱不敢对。又曰：

'轼前二三十年所作文章，引援经史，随问即答，无一字之差，真天下奇才也！'叹息久之。"

苏轼被逮捕投入乌台的消息在朝野引起强烈震动。数日之内，杭州、密州、徐州、湖州百姓为苏轼焚香祈灾，设坛告天降福；中秋前后，一到夜晚，整个京城都飘荡着苏轼那"明月几时有，把酒问青天"的绝唱。神宗被弄得寝食不安，左右为难：苏轼深得百姓爱戴、文人雅士称颂，名声太大了。杀了他，自己必然落个"害贤"的千载骂名；不杀，被苏轼触怒了的新党人物又岂能善罢甘休……

十月十三日，神宗闷闷不乐，到延福宫探视祖母曹太后的病情。一见面，曹太后就劈头问道："听说官家要杀苏轼？"神宗不敢隐瞒，只得据实回答。曹太后大怒道："昔日仁宗策试后，回后宫连声说'朕为子孙得两宰相，乃蜀郡眉州苏轼、苏辙兄弟二人也！'先帝遗爱之人，官家如何不惜？你赶快把苏轼放了。"神宗唯唯诺诺答道："苏轼谤讪朝廷，触怒重臣，如何放得？"曹太后责问道："苏轼为官亦有二十余载，政绩如何？"神宗只得照实说："政绩显著。""这就对了。"曹太后缓和了语气，说，"苏轼文名满天下，就那一阕'明月几时有'，你寻遍海内外，看还有第二人作得出否？写了几句指责朝廷过错的诗，就要杀他，你难道不怕留下'害贤'的骂名吗？"这话正说在神宗的痛处，默然不语。曹太后又劝他道："近年朝中执政大臣走马灯似的换，难免有人对苏轼这位三朝老臣有偏见；官家如不能'兼听则明'，焉能中兴！自古杀人止谤者，殷纣、周厉，还有焚书坑儒的秦始皇，乃亡国之君也！"听这一番话后，神宗顿有所悟，马上回答道："孙儿尽快了结苏轼一案。"

曹太后见神宗如此说，更不放心。说："满天下谁不知你是个孝顺孙儿，我今病势沉重，不可有冤屈之事来伤害中和之气！及早把这苏轼放了，委以重任，不负先皇遗愿，我九泉之下，方可安心！"故《宋史·慈圣光献曹皇后》曰："苏轼以诗得罪，下御史狱，人以为必死。后违豫中闻之，谓帝曰：'尝忆仁宗以制科得轼兄弟，喜曰："吾为子孙得两宰相。"今闻轼以作诗系狱，得非仇人中伤之乎？捃至于诗，其过微矣。吾疾势已笃，不可以冤滥致伤中和，宜熟察之。'帝涕泣。轼由此得免。"

曹太后（1015—1079），真定（今河北正定）人，祖父为宋朝开国元勋周武惠王曹彬。她是仁宗皇帝的皇后，英宗朝被尊为皇太后。

英宗是个胸无远大志向的人，且又体弱多病，常不理政事，曹太后由此开始听政。她协助主持朝政后，在处理重大军国大事上，能做到审时度势，果断机敏，批阅奏章，实事求是，严于法度，表现出卓越的政治才能。她善于处理好帝、后之间，君、臣之间的相互关系，使之相处融洽，受到满朝文武官员的敬重。神宗一即帝位，曹太后随即便将朝政大权全部交给了他。这使神宗大为感动，更加充满激情，尊其为太皇太后，待之极孝，承迎愉悦，无所不尽。她待神宗也慈爱备至，甚至亲自为之备膳。祖孙之间的良好关系，对苏轼的命运起到了积极的作用。

十月十五日，神宗降诏，大赦天下，凡死罪以下囚犯一律释放，以求为皇祖母祈福。苏轼在狱中得知这一德音，感觉犹如走出黑暗沐浴着阳光的温暖。他涕泪横流，悲喜交集，万千感慨，倾尽心力写下《已未十月十五日，狱中恭闻太皇太后不豫，有赦，作诗》。在赞美曹太后自种来生之福的同时，看到自己遇赦不死的希望，只是“纵有锄犁及田亩，已无面目见丘园”矣，那还有面目回家乡见父老乡亲啊！

天命难违，大赦五日后，曹太后驾鹤西去。苏轼悲痛欲绝，他的心灵受到从未有过的震颤，提笔作《十月二十日，闻太皇太后升遐，以轼罪人，不许成服，欲哭则不敢，欲泣则不可，故作换词二章》。苏轼将哀思融进每一个文字中，高度赞美曹太后德才兼备，功德无量，一生恪守贤德的伟大风貌。“月落风悲天雨泣”，仿佛老天爷也在为曹太后的仙逝而悲伤落泪；“人间雨泪变彤帷”，人间泣血的雨泪把帷幔都染成了红色，人们的心情是何等的沉痛！

其时，苏轼诗案已经牵连到朝中多位老臣、重臣，连驸马爷王诜亦在根勘之例，不得不使神宗对李定等人这种捕风捉影式的根勘，产生疑惑，而皇祖母的话犹在耳旁回响，促使他必须尽快结案。

于是，在十一月二十九日，神宗安排了一次秘密探视。对神宗这次行动，苏轼有详细的记叙：“某初逮系御史狱，狱具奏上。是夕，昏鼓既毕，某方就寝，忽见一人排闼而入，投箧于地，即枕卧之。至四鼓，某睡中觉有撼体而连语云‘学士贺喜’者，某徐转仄问之。即曰：‘安心熟寝。’乃挈箧而出。盖初奏上，舒亶之徒力诋上前，必欲置之死地。而裕陵（神宗）初无深罪之意，密遣小黄门至狱中，视某起居状。适某昼寝，鼻息如雷，即驰以报。裕陵顾谓左右曰：‘朕知苏轼胸中无事者。’于是即有黄州之命。”（何薳《春渚纪闻》）

当时，“乌台诗案”引起朝廷内外所有大臣的关注，除想置苏轼于死地的李定、舒亶等人外，积极想法营救苏轼的大臣亦很多：以太子少师致仕的张方平、以吏部侍郎致仕的范镇等，均直接向神宗上书，直言苏轼无不臣之心，言辞激烈；连变法派的首要人物、已退隐金陵的王安石也上书说：“安有盛世而杀才士乎?”王安石是神宗器重的人物，且在变法上与苏轼相对立，能说这样的话，神宗便不再犹豫，决定从轻处罚苏轼。据说，这场公案就“以公（王安石）一言而决”。王安石的弟弟王安礼亦上书：“自古大度之君，不以言语罪人；若对苏轼行法，恐后世谓陛下不能容才。”苏辙则向神宗《为兄轼下狱上书》，愿以“纳在身官以赎兄轼”。于是，据《王安礼行状》《苏轼立朝大概》《杂说》等有关资料所载，朝堂上出现了一幕喜剧：

崇政殿上，端坐龙案的神宗开口问李定：“苏轼拘捕御史台已数十日，鞫讯如何?”李定连稍微有点分量的口供都没得到，心中顿时慌乱起来，不知所措。这时，舒亶猛然触到袖中的诗稿，忙掏出来，呈与神宗道：“启奏圣上，苏轼被拘拿御史台，态度甚为恶劣。昨夜又作新诗二首，对圣上大发怨言，宣泄心中之恨。请圣上御览!”

原来自苏轼投入御史台监狱后，苏迈便住在京城一位亲戚家，每日为父亲送三餐饭食。数日之后，苏迈见御史府无人前来提审父亲，一切似乎很平静；又见狱卒头目梁成对父亲百般看顾，甚是周全。便对苏轼说道：“父亲大人，看来这几天不会有什么大事发生，这里有梁成看顾，送饭有梁成替我，孩儿准备去找父亲和叔父在京的故旧，相帮搭救父亲出狱。”苏轼道：“迈儿说得是，必要时可到南都找你叔叔，看他那边的情况怎样。”

苏迈告别父亲，出得御史台监狱，想父亲和叔父为官二十余载，京师故旧是不少的，他们如能在朝廷为父亲说两句情，辩白一下冤屈，父亲定能开脱罪责。于是，苏迈便向那些比较熟悉、与父亲交情好的人家走去。谁知这些父亲昔日的老友，叔叔的老熟人，见苏迈前来，竟一个个唯恐避之不及，有的干脆连门都不开。几天跑下来，竟一个熟人也没见着。苏迈徘徊于街头，想去监狱告诉父亲，又恐老人家伤心。突然又想起一个人来，即与父亲相交于江陵府的刘挚。时刘挚为江陵府观察推官。英宗朝时，刘挚入朝，因与礼部尚书吕问嘉发生争执，欲黜之。父亲又从中斡旋，方才委得岐山县令。如今他已升为黄门内侍官，皇上的近臣，如求他说话，皇上必信。想到此，苏迈不禁又来了精神，东问西问，问到刘挚住在相国寺后吉祥巷。苏迈急匆匆赶到吉祥巷，此时已是掌灯时分。只见迎面过来一顶四人抬的官轿，轿帘开着，一个四十来岁的富态官人，正在凭帘俯望一街夜景。苏迈不觉大喜——此人正是刘挚，忙趋步上前。刘挚亦认出苏迈来，不禁出声道：“这不是苏……”突然想起什么，将后半截话打住，脸色倏忽一变，低低地对轿夫喊了一声：“快走!”轿帘便放下了。正要上前搭话的苏迈一下僵在那里，作声不得，眼睁睁望着刘挚去了，禁不住眼眶涌出两行清泪。人情冷暖，世态炎凉至此，苏迈心都碎了。其实，刘挚亦受诗案牵连，正被李定等人追查苏轼写与他的诗。刘挚为自保，才避不见苏迈。京城已经无望，唯一的希望就看叔叔那里了。苏迈脚步沉重，只得连夜往南京赶去。

俗话说“无巧不成书”。自苏迈去后，这位亲戚每日尽量将苏轼的饭食做得美味可口。这日下午去菜市场，撞巧看见一筐活蹦乱跳的黄河大鲤鱼，便买了一条带回家来，配以姜葱，用旺火煎得香嫩，喜滋滋送到狱中交与梁成。梁成双手捧过，闻那香味儿，被诱得直咽口水，乐颠颠地端进监房来，高声嚷道：“苏老爷，好香的黄河大鲤鱼！”苏轼一见鱼，遽然失色道：“吾命休矣！”顿时瘫倒在床上。梁成见状，真是丈二金刚摸不着头脑：“这……这……苏老爷，你这是咋啦？”梁成急得团团转。苏轼这时稳了稳心，定了定神，从床上坐起来，慢慢对梁成说道：“我在被押解赴京的途中，料定此次凶多吉少，暗中便与苏迈约定，如有凶讯，送饭时便将菜和肉撤去，只送鱼来。且半月来又未再提审，如此看来，他们已经定了我死罪，就用不着再提审了。”梁成听了，却摇了摇头，说道：“老爷所讲不足信。苏迈走时，一定是没有将你们的暗约告诉那位亲戚，他只不过是随便与老爷煎条鱼来解馋罢了。况且，那位亲戚又岂能知道朝廷中的事呢？”苏轼长叹一声，说道：“你有所不知，我儿苏迈不是粗心人，他离开京师之前，必定会将暗约告知的，再说这位亲戚是迈儿之妻的表兄，其父乃是吏部的一个官员，岂有不知朝中消息的！”苏轼这一说，梁成不禁心中一紧：多年狱卒经验告诉他，苏老爷的死期就在这两天了。待要安慰几句，又找不出话来说，只得陪着苏轼伤心落泪，唉声叹气。

虽已进入冬日的天气，中午仍有阳光照射，入夜便霜风凛冽。监房窗台上的小油灯被风吹得摇曳不定，将苏轼和梁成的身影投射到墙壁上，真像幢幢鬼影。一切都在向苏轼提示：时间不多了！他感激地对梁成一笑，说道：“梁成，这两个多月来，多蒙你的看顾，我苏轼九泉之下定会报答你的。”梁成不禁越发伤心起来：“老爷，你……”苏轼轻轻拍拍梁成的肩头，说：“你不用为我难过，快去寻来墨砚纸笔，我要作诗。”梁成听说苏轼又要作诗，大惊道：“老爷，这可使不得，你就是因作诗才入这御史监房的呀！再作诗，岂不罪上加罪吗！你忘了？前些日子，太皇太后归天，你写的挽词，墨迹未干，就被御府的人拿走了。”苏轼苦笑道：“我虽以诗罹祸，说不定还会以诗自救呢！”梁成似信非信，但想苏轼才高八斗，学富五车，定有他的主张，便马上找来墨砚纸笔。苏轼提笔倚着墙壁，借着窗台上方的那如豆灯火，写下第一首绝命诗：

圣主如天万物春，小臣愚暗自亡身。
百年未满先偿债，十口无归更累人。
是处青山可埋骨，他年夜雨独伤神。
与君世世为兄弟，更结人间未了因。

诗后写了一句小注：“狱中闻湖杭民为余作解厄斋经月，所以有此句也。”接着又写出第二首：

柏台霜气夜凄凄，风动琅珰月向低。
梦绕云山心似鹿，魂飞汤火命如鸡。
眼中犀角真吾子，身后牛衣愧老妻。
百岁神游定何处，桐乡知葬浙江西。

写罢，苏轼长叹一声，对梁成说：“待我去后，请将这诗交与我弟苏辙。”话音刚落，监狱主事官突然闯进来，一把夺过诗稿，二话不说，径自去了。苏轼一声冷笑，便仰卧于床。

苏轼早已料定李定、张璪、舒亶之徒定会暗中监视，果不出所料，主事官连夜将诗稿交与舒亶。待舒亶拿到诗稿时，天已放亮，即将早朝。舒亶一阵狂喜，料想苏轼此时一定是怨恨冲天，言辞恶毒，皇上见了不下决心杀你苏轼才怪！舒亶真是太自负，没看一眼就将诗稿往袖中一放，匆匆上轿，上朝来了。又巧的是这日早朝，就是决定苏轼的生死之时。

待神宗细细读完诗稿，凝神静思：这诗甚是情词哀切，哪有怨上之意，反而还称颂朕是“圣主如天万物春”，爱君之心，溢于言表，不觉大动恻隐之心。同时也来气：“舒亶，苏轼的诗，你看过了吗？”舒亶这才想起自己犯了个天大的错误，唯唯诺诺道：“臣还未来得及看。”神宗不禁怒形于色：“荒唐！”

李定见状，急忙为舒亶解围，对神宗说：“御府现已查获苏轼赠予司马光、王诜、张方平、范镇诸人诗文二十余篇，均涉谤讪圣上，扰乱朝政，罪不容赦。”“都说了些什么呢？”神宗不露声色地问。李定道：“苏轼与司马光的诗中说：‘半年不雨坐龙慵，共怨天公不怨龙，今朝一雨聊自赎，龙神社鬼各言功。无功日盗太仓谷，嗟我与龙同此责。’这不明摆着在挑唆百姓对圣上不满吗？”这时，王珪跳了出来，接过李定的话说：“苏轼之毒，尤以《双桧》诗为甚：‘凛然相对敢相欺，直干凌空未要奇。根到九泉无曲处，世间唯有蛰龙知。’苏轼把自己比喻为根深叶茂、直干凌空的大树，可是‘飞龙’在天上却对他视而不见，于是他要到地下求蛰龙知遇。不臣之心，岂不溢于言表?”（王珪的指控可谓毒，可灭九族。据朱胜非《秀水闲居录》云：“其后禹玉［王珪］既退，子厚［章惇］谓禹玉曰：‘相公欲覆人家族耶?’禹玉曰：‘此舒亶语耳。’子厚曰：‘亶之唾亦可食乎?’”）李定、舒亶趁机齐声奏道：“祖宗庆历以来，所行新政，均遭阻挠，致履行艰难；圣上熙宁变法至今，恩泽天下，竟有心怀叵测之辈，蜚语流言，扰乱朝政，其中尤以苏轼为甚，望陛下圣断。”

“依臣之见，苏轼不可定罪。”左相吴充做人最为乖巧，他已知神宗有释放苏轼之意，需要有人给他搭个下台的梯子。于是，他便对神宗直言道：“陛下以为魏武帝如何?”神宗不屑地说：“曹阿瞒，何足道哉!”“阿瞒固不足道，却还容得下祢衡，不愿负‘害贤’之名。臣深知陛下之圣明，以尧舜为榜样，对苏轼这样的人才，罚他入狱，其实是考核是非，对他进行一番磨砺罢了，将来方能委以重任。”吴充的话使神宗不停地点头。知政章惇亦精于世故，见神宗对“诗案”态度已变，当即便附和吴充，往神宗头上戴高帽子，而且直接批驳王珪指控苏轼《双桧》诗的罪名，说道：“自古以来称龙的，也不是全指人君：孔子称老子如龙也，诸葛亮自称为卧龙，荀氏有八龙……怎么能说龙就是指人君呢？再说老相国王安石不是亦有‘天下苍生待晓雾，不知龙向此中蟠’的诗句吗？你王珪王大人敢说老相国亦是讽喻圣上，有不臣之心吗?”神宗点头称是：“诗人之论，安知如此论？彼自吟桧，何预朕事?”

到此，神宗不想让朝臣们再争论下去，便一锤定音：“苏轼一案可结，责授水部员外郎，贬黄州团练副使，本州安置，不得签书公事。”不久，苏颂一案也了结。

这场轰动朝野，也是北宋王朝最大的文字冤狱“乌台诗案”，历经一百三十天，最终结案。苏辙、王诜也同受贬斥。苏辙贬筠州（今江西高安）监酒税务；王诜追两官，勒停（勒令停职）。司马光等二十二人，因收受有讥讽文字而不申缴官司者，各罚铜二十斤。其中张方平、李清臣罚铜三十斤。另有收受苏轼诗文而无讥讽文字者，四十七人不予论处。

苏轼出狱后，感慨万端，写了《十二月二十八日，蒙恩责授检校水部员外郎、黄州团练副使，复用前韵二首》。诗云：

其一

百日归期恰及春，余年乐事最关身。
出门便旋风吹面，走马联翩鹊啅人。
却对酒杯浑似梦，试拈诗笔已如神。
此灾何必深追咎，窃禄从来岂有因。

其二

平生文字为吾累，此去声名不厌低。
塞上纵归他日马，城东不斗少年鸡。
休官彭泽贫无酒，隐几维摩病有妻。
堪笑睢阳老从事，为余投檄向江西。

“乌台诗案”对苏轼的精神和肉体无疑是沉重的一击。这场灾祸注定了“平生文字为吾累”的悲剧色彩，给他的人生旅程投下长长一道阴影，这道阴影使他痛苦不堪。然而，痛苦使苏轼的灵魂得到净化，生命得到超越。他把自己的痛苦变成生命中的火花来照亮自己，把自己的痛苦转化成流芳千古的篇篇美文。他从阴影中昂然走出，赋予所遭遇的痛苦最伟大的意义，他在痛苦中发出惊天地、泣鬼神的呼号：“九死南荒吾不恨，兹游奇绝冠平生!”苏轼之所以伟大，之所以成为“千古第一文人。”就在于他在痛苦中超越、升华！正如林清玄《漫步人生的花园》中所言：“所有的伟人都是在他伟大之后，他所遭遇的痛苦才有意义。如果你的痛苦没有得到转化，那么它对你就只是痛苦而已。”因此，不管生命中会有什么天色，只要你昂然漫步人生的花园，人生何愁处处留香”。苏轼正是如此。

第十八章

躬耕东坡

大江东去，浪淘尽，千古风流人物。故垒西边，人道是，三国周郎赤壁。乱石穿空，惊涛拍岸，卷起千堆雪。江山如画，一时多少豪杰！
遥想公瑾当年，小乔初嫁了，雄姿英发。羽扇纶巾，谈笑间，樯橹灰飞烟灭。故国神游，多情应笑我，早生华发。人生如梦，一樽还酹江月。

元丰三年（1080）正月初一，东京城内爆竹声声迎新岁。如王安石《元日》诗云：“爆竹声中一岁除，春风送暖入屠苏。千门万户曈曈日，总把新桃换旧符。”而苏轼却不能乐享这新春佳节的欢欣。皇命不可违，他要远行千里，赴黄州贬所。

风雪飘飞，仿佛泪洒红尘。苏轼与子苏迈远去的身影，渐渐隐没在茫茫荒野。

四日，已近陈州（今河南淮阳）郊外。官道上，早早地有一位故友伫立道旁，向远处眺望，恭候苏轼的到来。

待苏轼马到跟前，那人一把抓住辔头，欢喜道：“子瞻，老夫在此恭候久矣！”苏轼滚鞍下马。原来此人是苏轼通判杭州时的好友、杭州州学教授曾旼，苏轼不禁惊问道：“夫子何故还乡？”曾旼叹道：“如今世道维艰，老夫已于前年告老，蜗居在家。闻说你吃了官司，真为你担心呀！”苏轼笑道：“子瞻是大难不死呀！”“你还是那样开心豪爽。”曾旼亦笑道，“前日一位京师的朋友路过这里，告诉我说，你就这几天会离开京城去黄州，老夫我估摸着你必经陈州，故而在此已等了你两天了。”苏轼连忙谢道：“深蒙夫子厚意！”二人边走边谈，来到曾旼家。当下曾旼置备酒席，为苏轼接风洗尘。二公频频举杯，畅叙别后多年之情。

酒后，苏轼告辞，急着去吊文同之丧。

送走苏轼，曾旼刚踏进家门，又一位故人相访。曾旼睁大眼一看，原来是吕惠卿！曾旼大惊，心想：苏轼前脚走，他后脚就跟来，莫非朝廷对苏轼一案又有变？但仔细看时，吕惠卿已是青衣小帽，一般庶人打扮，独自一人，身后只跟着一位老仆人。曾旼似乎明白了什么，这才放下心来，不无揶揄地问道：“你不是在朝廷做副相吗？到舍下有何公干！”吕惠卿面色羞愧，叹道：“你不是明知故问吗？我早就被贬出朝廷。今回家奔母丧，路经此地，特来寻同窗一叙。”

当下，曾旼念在同窗的情分上，将吕惠卿迎入客堂，待仆人献过茶，曾旼便笑中带刺地说道：“适才送走苏子瞻，你随后便到，难道这是天意吗?”“什么?”吕惠卿不太相信地问道，“苏子瞻到你这里来过?”曾旼道：“是老夫亲到官道迎他来的。”吕惠卿默然无语，少顷，突兀地问曾旼道：“你在杭州与苏轼共事多年，你觉得此人如何?”曾旼不假思索地回答：“子瞻是一个十分聪明的人。”“有尧舜聪明吗？有大禹聪明吗?”吕惠卿不屑地连举三位圣人相比。“虽然不及三位圣人的聪明，但子瞻还是一个很聪明的人。”曾旼看着吕惠卿笑道。吕惠卿呷了一口茶，不以为然地说：“你太抬举他了。那么，你认为苏轼以哪个古人为榜样呢?”曾旼随口而出：“孟子。”吕惠卿作愤然色道：“你何以知他学的是孟子?”曾旼轻蔑地看了吕惠卿一眼，正色道：“孟子以民为本，社稷次之。子瞻为官二十余年，所到之处，即为民谋事，天下百姓呼之为‘苏贤良’，以此可见苏轼所学孟子也!”吕惠卿不得不承认这点，尤其是“乌台诗案”中，数郡百姓为其烧香祈福，这是千古难寻之事啊，便又问道：“子瞻为什么能够这样?”曾旼睥睨他道：“心也!”吕惠卿不解地问道：“此话怎讲?”曾旼手拈银须，慨然答曰：“心，人思想之源也。思于国，思于民，谓之忠；思于父，思于母，谓之孝；思于邻，思于童叟，谓之仁德；思于朋，思于友，谓之义。当今天下唯子瞻皆备也。”曾旼又接着说道：“谋于权，谋于利，必佞；谋于名，必妒；谋于私，必毒。如此而终必祸国殃民，害人害己，臭不可闻，世人唾之。恕老夫直言，当今舒亶、李定与足下皆属此类矣!”吕惠卿听了曾旼一通宏论，不禁勃然大怒，却又作声不得，只好拂袖而起，满面羞惭而去，曾旼哈哈大笑不止，自此，二人同窗之情断绝。

苏轼与苏迈进得陈州城，便直奔表兄文同家。

文同，字与可，号笑笑先生，梓州永泰（今四川盐亭）人，与苏轼为表亲。苏辙有一女嫁与文同之子文务光（字逸民），苏文两家可谓亲上加亲。

文同博学多才，擅书法、绘画，尤以画竹著称，是湖州竹派画的创始人，人称“文湖州”。苏轼曾在《书文与可墨竹并叙》中评价说：“文与可有四绝，诗一，楚辞二，草书三，画四。与可尝云：‘世无知我者，惟子瞻一见，识吾妙处。’”苏轼亦喜竹、爱竹、懂竹、画竹，其“可使食无肉，不可使居无竹。无肉令人瘦，无竹令人俗”乃千古妙语；其《枯木竹石图》，亦绝后来者。成语“胸有成竹”，就是出自苏轼《文与可画筼筜谷偃竹记》中：“故画竹必先得成竹于胸，执笔熟识，乃见其所欲画者。”

元丰二年（1079）正月，文同知湖州，上任途中病逝于陈州。三月，方有朝廷诏命苏轼继任。文同死后，家人因无资扶柩回川安葬，至今停灵陈州。苏轼来到文同灵柩前，耳旁犹闻文同“北客南来休问事，西湖虽好莫吟诗”的叮嘱之声，不仅泪水横流，将《祭文与可文》焚于文同灵前。

十四日，苏轼泪别陈州，向黄州进发。

二十五日，经蔡州，过新息、光山，进入麻城境内，已近黄州。苏轼没想到，在离黄州二十五里处的岐亭，又一位故友在这里迎接他。只见山坡上一张青盖下，骑白马者飞驰而来，待到近前，那人滚鞍下马，一把拉着苏轼，激动得大叫道：“子瞻老弟，季常在此恭候多时也！”凤翔一别，快二十年了，岐亭相见故交，苏轼亦相当激动。更是感慨陈慥悟透尘世，遁居山林，过着飘然世外的隐居生活。

来到陈慥号为“静庵”的茅屋，苏轼留居五日，作《方山子传》相送。有云：陈慥“晚乃遁于光、黄间，曰岐亭。庵居蔬食，不与世相闻。……呼余宿其家，环堵萧然，而妻子奴婢皆有自得之意。余既耸然异之”。想当年，“因与余马上论用兵及古今成败，自谓一世豪士。今几日耳，精悍之色，犹见于眉间，而岂山中之人哉”！陈慥家世显赫，庄宅田园遍及洛阳、河北，与公侯等。而陈慥“皆弃不取，独来穷山中，此岂无得而然哉？”苏轼于感慨中，盛赞陈慥的超然脱俗。

二月一日，苏轼到达贬所黄州。

黄州，即现在的湖北黄冈，地处长江北岸。古时又称永安、齐安。在当时，与江南相比，属偏僻荒远之地。苏门四学士之一的张耒先后三次贬谪黄州，有《齐安行》诗云：“黄州楚国分三户，葛蔓为城当楼橹。江边市井数十家，城中平田无一步。土冈瘦竹青复黄，引水种稻官街旁。客樯朝集暮四散，夷言啁啾来湖湘。使君丽谯涂垩赭，门狭不能行两马。满城蛙噪乱更声，谷风谷谷黄鸦鸣。最愁三伏热如甑，北客十人八九病。百年生死向中州，千金莫作齐安游。”苏轼却不认为黄州荒僻。黄州三面临江，著名的武昌鱼就产于附近，毛泽东曾有词曰：“才饮长沙水，又食武昌鱼。”这里盛产竹，以竹乡著称。苏轼一到这里，见有江有山，有鱼有笋，大喜过望，即作《初到黄州》诗：

自笑平生为口忙，老来事业转荒唐。
长江绕郭知鱼美，好竹连山觉笋香。
逐客不妨员外置，诗人例作水曹郎。
只惭无补丝毫事，尚费官家压酒囊。

自己为了糊口，一生忙忙碌碌，越来越荒唐可笑，结果竟“责授检校尚书、水部员外郎，充黄州团练副使，本州安置，不得签书公事”。也好，因祸得福，从此可以有时间欣赏长江浩渺、雄浑的壮景，品尝鲜美的武昌鱼，饱食山中的香笋，何等快意！诗中虽有自嘲失意之意，却真切自然地流露出苏轼此时的心境，表现出不因于“乌台诗案”后所处“故人不复通问讯，疾病饥寒疑死矣”的困境而消沉，而以乐观旷达的人生态度，不向命运低首屈服，把生命融入自然中，在自然中发现美，在逆境中寻求生活乐趣。诗中“为口忙”“无补丝毫事”，突现其诙谐、幽默、风趣的本性；“知”“觉”“不妨”“例作”，展示其随遇而安、苦中寻乐的超然放达的精神境界。这就是刚从“乌台”鬼门关迈出的苏轼。

苏轼作为“罪官”是不能住官舍的。初到黄州时，便寓居定惠院。他深感“黄州山水清远，土风厚善。其民寡求而不争。其士静而文，朴而不陋，虽闾巷小民，知尊爱贤者……独异于他邦也欤”（《书韩魏公〈黄州诗〉后》）！故整日无事可做，便热衷于交游、与人喝酒吹牛，与僧人谈经论道，过着一种闲适生活（《寓居定惠院之东，杂花满山，有海棠一株，土人不知贵也》）：

先生食饱无一事，散步逍遥自扪腹。
不问人家与僧舍，拄杖敲门看修竹。

我们看到，痛苦于苏轼只是过程，而不是结局。他流连在黄州的人情山水间，努力想通过大自然的美好景色、自由流淌的空气，让自己走出“乌台”的阴影。他在定惠院的附近，突然发现杂花丛中有一株昂然幽独的海棠花，然而当地人并不知其名贵。他深为感慨，甚至叹息：

江城地瘴蕃草木，只有名花苦幽独。
嫣然一笑竹篱间，桃李漫山总粗俗。
也知造物有深意，故遣佳人在空谷。
自然富贵出天姿，不待金盘荐华屋。

显然，这株海棠正是苏轼对自己的写照。他正像“幽独”的海棠一样处于“粗俗”的桃李之中。海棠天姿自然的本性，是桃李们无法比拟的。海棠昂然“幽独”的个性，决不会去追求华屋。苏轼心情释然，他诗人的气质永远不会改变。他吟唱着、高歌着走在乡间的小道上。虽然荒远穷困，但这里的山好、水好、人好，他的精神、思想和形体都自然地融入进去，充分地享受着他入仕二十年以来最感轻松愉悦的日子。

苏轼的运气很不错，他谪居黄州，受到知州徐大受（字君猷）的礼遇，徐大受多方给予关照，没有把苏轼当作“罪官”监视，任其逍遥自在。为此，苏轼《与徐得之书》（徐大受之弟徐大正，字得之）云：“某始谪黄州，举目无亲，君猷一见，相待如骨肉。”徐君猷是君子，对苏轼的道德文章推崇备至，二人成为知心朋友。后来徐君猷病逝，苏轼十分悲痛，写了《祭徐君猷文》，可见他们情谊深厚：

> 轼顷以蠢愚，自贻放逐。妻孥之所窃笑，亲友几于绝交。争席满前，无复十浆而五馈；中流获济，实赖一壶之千金。曾报德之未皇，已兴哀于永诀。平生仿佛，尚陈中圣之觞；厚夜渺茫，徒挂初心之剑。拊棺一恸，呜呼哀哉！

二月二十七日，苏辙将苏轼家眷从南都送来黄州，在离黄州不到六十里的巴河口，苏轼亲往迎之。二十九日，迎至黄州，全家终得团聚，互叙别后思念牵挂之苦。

徐君猷想法让苏轼全家入住驿亭，这里原来是官员走水路时经此小住的地方，名为临皋亭，环境相当不错。苏轼大喜，作《迁居临皋亭》，以表喜悦之情：

> 我生天地间，一蚁寄大磨。
> 区区欲右行，不救风轮左。
> 虽云走仁义，未免违寒饿。
> 剑米有危炊，针毡无稳坐。
> 岂无佳山水，借眼风雨过。
> 归田不待老，勇决凡几个。
> 幸兹废弃余，疲马解鞍驮。
> 全家占江驿，绝境天为破。
> 饥贫相乘除，未见可吊贺。
> 澹然无忧乐，苦语不成些。

苏轼在《与范子丰书》中，这样描述：

临皋亭下不数十步，便是大江，其半是峨眉雪水，吾饮食沐浴皆取焉，何必归乡哉！江山风月，本无常主，闲者便是主人。问范子丰新第园池，与此孰胜？所以不如者，上无两税及助役钱耳。

源于雪山、流经故乡眉山的岷江之水，汇入长江，奔腾而来，过临皋亭下，苏轼居高临视，顿悟到了“绝境天为破”，自己就是江山风月的主人，体验到了“澹然无忧乐”的意味，融通了性情的共鸣。他在这里又建了南堂，可俯瞰长江千帆往来，苏轼得意而快乐，作诗《南堂五首》。其一云：

江上西山半隐堤，此邦台馆一时西。
南堂独自西南向，卧看千帆落浅溪。

当然，“澹然无忧乐”是苏轼对人生感悟的结果。一开始，在政治和生活上遭受双重沉重打击后，他远离政治中心，尝到了落魄的辛酸，抱负落空了，赤心虚空了，理想和现实的矛盾、个性和社会风习的矛盾时时折磨着他；他的思想几度变化，由积极入世转向消极低沉，又转而追求一种精神自由的、合乎自然的人生理想——探寻排遣内心的愤懑和痛苦，求得心灵的超脱和平安的妙方，使无为的人生仍有所为。为此，他在佛老学说中去寻找解答。如他在《黄州安国寺记》中说：“二月至黄，舍馆粗定，衣食稍给，闭门却扫，收召魂魄。退伏思念，求所以自新之方。”

贬居黄州的第三年，苏轼写了《临江仙·夜归临皋》一词，不但浸透了老庄思想，充溢着悟后的喜悦和达观，而且产生了超世的旷达、不以世事萦怀的恬淡，领略人生哲理的快意。同时，这首词又是苏轼以佛老思想入词的代表作，很能代表他这时期的思想情感。词云：

夜饮东坡醒复醉，归来仿佛三更。家童鼻息已雷鸣，敲门都不应，倚杖听江声。　长恨此身非我有，何时忘却营营？夜阑风静縠纹平，小舟从此逝，江海寄余生。

解读这首词，特别有意趣。深秋之夜，苏轼与朋友们在东坡雪堂开怀畅饮。且“醒复醉”甚为绝妙：患难之交，推杯换盏，对酒当歌，千言万语，推心置腹，醉而复醒，醒而复醉，如此欢饮，几多人生快意、几多人生烦恼全抛脑后。苏轼虽然尝尽了世态炎凉的滋味，但并非所有的人都是势利的。王子立、王子敏兄弟，在苏轼“得罪于吴兴，亲戚故人皆惊散”的时候，他们不但没有“惊散”，反而送苏轼出郊，倍加安慰，并将其家属安置在南都。还有扬州知州鲜于侁，御史台的官吏逼他将与苏轼往来书信尽皆烧毁，否则治以牵连之罪，他却正色道：“欺君负友，吾不忍为。以忠义分谴，则所愿也。”再有那忠义的马正卿，一直追随左右；故友陈慥常到黄州与苏轼交游，饮酒于岐亭。另有潘子、郭生、古生参与东坡垦荒。“我穷交游绝，三子独见存。从我于东坡，劳饷同一飧。”苏轼在《东坡八首》中如是说。如此等等，皆有“与数客饮江上”，“醒复醉”而“归来仿佛三更”那种恣意所适、无所不可的坦然之态。“仿佛”二字故又见绝妙处，将“醒复醉”之纵饮的豪兴场面更加淋漓尽致地表现出来。

“家童鼻息已雷鸣，敲门都不应，倚杖听江声。”此三句又妙在一个“声”字上：鼻息之声、敲门之声、江涛之声，声声紧扣而声声无回音，以动衬静，以有声衬无声，创造出一种“蝉噪林逾静，鸟鸣山更幽”的静美境界，使人有身临其境之感，仿佛在这静美境界中浮现着一位风度潇洒、襟怀旷达、遗世独立的“幽人”，似醉非醉，似醒非醒，飘然欲仙，进入一种超脱的精神世界中，显示着独特的个性和真情。“倚杖听江声”，更是其情无穷。清人王夫之《姜斋诗话》云：“情景名为二，而实不可离。神于诗者，妙合无垠。”此虽无直接抒情之笔，然“江声”已充盈其情。东坡醉而夜归，家童已息，敲门不应，苏轼并未吼叫，将归屋与不归屋置之于外，无所不可，策杖而闻听浩渺江水之声。历尽宦海风波、虎口余生的苏轼，现在置身于这宁静、旷阔的大自然美景中，会感到心灵的解脱、精神的超迈，白天的忧愁烦恼、入世的得失荣辱，刹那间会随着这浩浩东流的江水一洗而空。苏轼在心中生发出无限感慨：“人生如朝露，意所乐则乐之，何暇计议穷达。”你还会感到有许多意会所及之处，确有情与景，景情不可离，而妙合无垠。

如此，方引出下阕“长恨此身非我有，何时忘却营营”的慨然喟叹，使人不感突兀，尽在情理之中。此两句分别化用《庄子·知北游》中“舜问乎丞曰：‘道可得而有乎？’曰：‘汝身非汝有也，汝何得有夫道？’”及《庄子·庚桑楚》中“无使汝思虑营营”之句意。庄子说这些话是基于他对人生这样的认识：“一受其形，不亡以待尽，与物相刃相靡，其行尽怒驰，而莫之能止也，不亦悲乎？终身役役而不见其成功，茶然疲役而不知其所归，可不哀耶？”苏轼接受了此种认识：既然人的精神形体乃天地自然赋予，此身非人所自有，何不守其本分、保其生机，为何非要为世事去思虑百端，为功名利禄忙碌劳神呢？不如一切抛却，以求得自己身心的统一。

“夜阑风静縠纹平。”苏轼面对如此静谧美好的大自然，心与景会，神与物游，豁然了悟，既然自己无法掌握命运，就当全身远祸，趁此良辰美景，驾一叶扁舟，“道不行，乘桴浮于海”，远避尘世之忧，寄情于江海之中，将自己有限的生命融于无限的大自然中。苏轼悟后的心胸是何等的超拔，何等的浪漫、洒脱、飘逸，“小舟从此逝，江海寄余生。”这样的诗句，唯有苏轼磊落豁达的襟怀才能道出。

据叶梦得《避暑录话》记载：“……（子瞻）在黄州……与数客饮江上，夜归，江面际天，风露浩然，有当其意，乃作歌辞，所谓‘夜阑风静縠纹平，小舟从此逝，江海寄余生’者，与客大歌数过而散。翌日，喧传子瞻夜作此词，挂冠江边，拏舟长啸而去矣。郡守徐君猷闻之，惊且惧，以为州失罪人，急命驾往谒，则子瞻鼻鼾如雷，犹未兴也。然此语卒传至京师，虽裕陵（神宗）亦闻而异之。”这既说明身为“罪官”的苏轼仍然受着严密的监视，又说明这首《临江仙》在当时就很著名了。更为重要的是以此误传的苏轼羽化登仙的消息，使得上至神宗皇帝，下至挚友亲朋无不悲叹。苏轼《书谤》云：“吾昔谪居黄州，曾子固居忧临川，死焉。人有妄传吾与子固同日化去，如李贺长吉死时事。以上帝召也。时先帝亦闻其语。以问蜀人蒲宗孟。且有叹息语。”蒲宗孟时为左丞，其姐为苏轼之堂嫂，蒲家与苏家是姻亲，故神宗屡以问之。何薳《春渚记闻》云：“公在黄州，都下忽盛传公病殁。裕陵以问蒲宗孟。宗孟奏：‘日来外间似有此语，然亦未知的实。’裕陵将进食，因叹息再三，曰：‘才难。’遂辍饭而起，意甚不怿。”可见苏轼生命存亡牵动着多少人的心啊！

这首词表现了苏轼贬谪黄州后的真实心情，反映了他随缘自适的生活态度和傲岸不驯的独立精神，以及他身处逆境仍然积极探寻、追求生活本身具有的美的精神境界，使我们看到苏轼在贬逐生活中没有被忧戚悲伤所压倒，也没有沉溺在个人的不幸中不能自拔。他既不像柳宗元那样在贬地抑郁而死，也不像韩愈在贬逐的重压下希求宽恕。这就是苏轼独特的性格在词中的体现。

词中所言的“东坡”，又是怎么回事呢？原来，苏轼贬居黄州后，俸禄减半，要维持一家人的正常生活是相当困难的。当时家口繁重，弟弟苏辙的七个儿女（除一个出嫁外）都跟随苏轼一道生活，吃饭就成了大问题。因苏轼从不敛财，也不积钱，一到黄州便现窘态，他自己都说：“人人知我囊无钱”“年来先生穷到骨”。在这生活最困窘之时，苏轼开始亲自料理全家生活，为一家子的柴米油盐操心。他真正尝到了穷日子确实不好过的滋味，自我调侃道：“五十始理生活，大要是悭尔，而文以美名，谓之俭素。”为做到“痛自节俭”，实行计划开支，苏轼将每月四千五百俸钱，分为三十份，用竹篮子装上挂在屋梁上。每天早上，用画叉在篮子里挑出一份，作为一家人全天的生活费，同时又每天从这一份中拿出一文钱来，装入大竹筒存起来，然后把画叉藏起来。这样，每月下来便有三十文钱的结余，要是有不怕受连累的朋友登门拜访，也就不愁酒钱了。

为了让全家能填饱肚子，贤妻王闰之与侍妾王朝云又带着孩子们挖回野菜，和着粮食一块焖煮。这样的饭食，带有辛辣苦味，孩子们不愿吃，咋办？苏轼是位美食家，自然有办法。将野菜洗净，用滚水去其辛辣苦涩味后，先用凉油少许，把锅擦抹一遍，抹一瓷碗那么高，把生米磨成粉放入锅中煮沸，再下野菜，加少许生姜，用瓦盆盖着。这样做出的羹饭又软又香。后来，苏轼给它取名为“东坡羹”，并写了《东坡羹颂并引》，详细介绍了制作方法。应纯道人向苏轼求取时，苏轼则问道人，说：“甘苦尝从极处回，咸酸未必是盐梅。问师此个天真味，根上来么尘上来？”意思是说，甘苦是从它的极限走向相反，咸味和酸味未必来自盐和梅子。请问大师，这个纯美清香的天然滋味，是从根上来呢，还是从尘土上来的呢？这可是个很有趣的提问呢！

不久，侍妾王朝云生了男孩，家中添丁本是大喜，可苏轼却发愁了，多了一张吃饭的嘴。想到自己坎坷的仕途带来全家生活的贫穷，苏轼不禁感慨万端，提笔写了一首诗（《洗儿》）：

人皆养子望聪明，我被聪明误一生。
惟愿孩儿愚且鲁，无灾无难到公卿。

追随苏轼多年的马正卿，为给苏轼一家求得一条生存之路，便去黄州府衙找到昔日同窗徐大受，请求他将距临皋亭不远处的数十亩荒坡地，让予苏轼开垦耕种，以解决吃饭问题。徐大受欣然应允。

其实，这是一块营房废弃之地，乃满布荆棘瓦砾之场。王闰之喜中带忧地对马正卿说：“真要开垦起来，实在不易啊！”苏轼却哈哈大笑说：“不肯花力气，粮食能长出来吗？没有粮食，就要饿肚子。饿肚子的滋味可不好受啊！我听人讲，有两个乞丐谈志向，一个说：‘我平生不足惟饭与睡耳，他日得志，当吃饱了饭便睡，睡了又吃饭。’另一个说：‘我则不这样，当吃了又吃，何暇复睡耶!’”王闰之听了忍俊不禁，为了肚子，也增强了开垦的信心。

于是，昔日的知州大人与昔日的官太太，货真价实地当起了农夫。一天，苏轼正扶犁耕田，大水牛突然病倒在田里爬不起来，苏轼可急坏了，忙请来牛医。牛医到田里一看，只见那牛嘴里直吐白沫，不知道得的什么病，摇摇头说：“这可治不好了!”说罢扬长而去。幸亏王闰之听得说，及时赶来，仔细看过后，对苏轼说：“莫急，这牛发的是豆斑疮，用青蒿熬粥喂它，定然会好的。”说罢回家用青蒿熬好粥后，用竹筒灌下。果然，大水牛很快就好了。苏轼大喜道：“汝乃能作牛医耶，吾真堪为老农矣!”

开垦虽然辛苦，苏轼却喜滋滋地给好友王定国去信说：“近于侧左得荒地数十亩，买牛一具，躬耕其中。今岁旱，米甚贵，近日方得雨，日夜垦辟，欲种麦，虽劳苦却亦有味。”在马正卿和潘丙、古耕道、郭遘等众多邻里的帮助下，苏轼终于将这片荒坡开垦出来。如何下种施肥，苏轼又请教老农。在老农的指导下，苏轼不仅种了粮食，还栽种了桑、枣、栗，挖了鱼塘。要当好一个农夫，并不是那么简单，要种好庄稼，里面的学问大着呢！苏轼这位文学大师很有感慨，在《东坡八首》中如是说：

良农惜地力，幸此十年荒。
桑柘未及成，一麦庶可望。
投种未逾月，覆块已苍苍。
农夫告我言，勿使苗叶昌。
君欲富饼饵，要须纵牛羊。
再拜谢苦言，得饱不敢忘。

俗语说，洒多少汗水，才有多少收获。苏轼全家经过一个冬春的劳作，终于迎来秋收的喜悦。收麦二十余石，苏轼想卖掉，但价格太低，加上粳米快吃完了，于是，便把麦子和粳米一块煮成混合饭。这饭在口中嚼起啧啧有声，小儿女们笑说是嚼虱子。如果再放些豆子一块煮，味道就更美了。王闰之笑称这是新式“二红饭”。苏轼听了，很开心地把这件事记录下来（《二红饭》）：

今年东坡收大麦二十余石，卖之价甚贱，而粳米适尽，乃课奴婢舂以为饭，嚼之啧啧有声。小儿女相调，云是"嚼虱子"。日中饥，用浆水淘食之，自然甘酸浮滑，有西北村落气味。今日复令庖人，杂小豆作饭，尤有味。老妻大笑曰："此新样二红饭也。"

全家人有饭吃了，苏轼万分感激马正卿，写了一首诗相赠（《东坡八首》之八）：

马生本穷士，从我二十年。
日夜望我贵，求分买山钱。
我今反累生，借耕辍兹田。
刮毛龟背上，何时得成毡？
可怜马生痴，至今夸我贤。
众笑终不悔，施一当获千。

根据苏轼《马正卿守节》所描述，马正卿，字梦得，杞（今河南杞县）人。因面部两颊上有浓密胡须，世人戏称"马髯"。马正卿曾做过太学正，清苦有气节，因性情不合时宜，当时的学士们不喜欢与其交游，而又常心怀忌恨。

苏轼与马正卿从青年时代起就是好朋友，同年同月出生，马正卿比苏轼晚生八天。苏轼《马梦得穷》云："马梦得与仆同岁月生，少仆八日。是岁生者，无富贵人。而仆与梦得为穷之冠。即吾二人而观之，当推梦得为首。"嘉祐六年（1061）的一天，身在京城的苏轼偶至马正卿的书斋，突然间想起唐代大诗人杜甫的《秋雨叹三首》，并将诗书写于书斋的墙壁之上。苏轼因一时兴致，本无他意，但马正卿见杜诗之后，尤其是杜诗中"雨中百草秋烂死，阶下决明颜色鲜。著叶满枝翠羽盖，开花无数黄金钱。凉风萧萧吹汝急，恐汝后时难独立。堂上书生空白头，临风三嗅馨香泣"之句，顿生厌恶官场之念，于当日辞官不做，并发誓永远跟随苏轼。当年冬月，苏轼出任凤翔签判，马正卿果真携带着自己的家小随苏轼一起前往凤翔，一直未曾分离。自嘉祐六年（1061）至元丰四年（1081），刚好二十年。故苏轼诗中有"从我二十年"之说。可见马正卿对苏轼的崇敬和真挚情感，实属古今罕见。故苏轼在《马正卿守节》一文中赞他："至今，白首穷饿，守节如故。"

苏轼在这块坡地上还"找到了"另一位知音——唐代大诗人白居易。白居易，生于唐代宗大历七年（772），字乐天，又号香山居士、醉吟先生，因曾做过太子少傅，故后人又尊称他为“白傅”。白居易不但是唐代杰出的诗人之一，而且是位充满爱国激情、不畏权贵、敢于为百姓鼓与呼的仁人志士。他曾因抨击权贵和写了大量讽刺朝政弊端的诗篇，为在位者嫉恨，遭受打击迫害，被赶出朝廷，被贬为江州司马。他在苏、杭任上时，兢兢业业为百姓做了许多有益的事，受到地方人民的爱戴。白居易曾写过许多有关“东坡”的诗，如《东坡种花》《步东坡》《别东坡花树》等等，其中有“持钱买花树，城东坡上栽”“朝上东坡走，夕上东坡步。东坡何所爱，爱此新生树”“何处殷勤重回首？东坡桃李种新成”等诗句。这些诗都是白居易被贬为忠州刺史时所作。苏轼贬居黄州，正与白居易在忠州时的境遇相似。而且，苏轼所耕作的这块地，正好在黄州城东，是一块坡地。于是，崇敬白居易人品风范、与之互为气类的苏轼，便自号为“东坡居士”。从此，世人皆知苏轼为东坡，东坡即苏轼矣！故周必大《二老堂诗话》云：“白乐天为忠州刺史，有《东坡种花》二诗。……苏文忠公不轻许可，独敬爱乐天，屡形诗篇。……谪居黄州，始号东坡，其原必起于乐天忠州之作也。”

东坡，被历史定格，成为中国古代一个伟大的文学符号，它所折射的光芒闪耀千秋，后世之人来此黄州东坡缅怀先贤，无不感慨万端。陆游《月下步至临皋亭》，心与先贤相会，情与景相融，慨然而歌曰：

芒鞋踏松阴，追此船未发。
清游岂无伴，三友风露月。
山川郁盘纡，鸥鹭浩灭没。
当年老先生，想像散醉发。
浮生等昨梦，久已埋玉骨。
吾侪幸强健，何事拘簪笏！

又如“醉里挑灯看剑”，壮志难酬的辛弃疾在《霜天晓角·赤壁》中的“悲天”之歌：

雪堂迁客，不得文章力。赋写曹刘兴废，千古事、泯陈迹。　望中矶岸赤，直下江涛白。半夜一声长啸，悲天地，为予窄。

再有元代文学家王恽《东坡赤壁图》云：

先生胸次有天游，万里长江一叶舟。
欲托悲风泻遗响，恐惊幽壑舞潜虬。

如此等等，无不说明在历代文人学子心中对“东坡”的崇敬之情。

苏轼贬居黄州五年（实际仅四年零四个月左右，五年之说为虚算），是他生命中最有价值、最值得骄傲的时段，他是以文学大师的胸襟、政治家的思想躬耕于东坡这块土地。这块土地给予了苏轼生命的另一种感受，让他真正懂得了什么是患难夫妻情。继妻王闰之无怨无悔，共同耕作于东坡，想尽一切办法让他有酒喝，逍遥自在，使他于穷困潦倒中享受到贤妻的全部情爱，与过去锦衣玉食、官位显耀时的日子相比，是何等的宝贵！而此时，在王闰之的安排下，王朝云也正式进入他的生命旅程。两个女人于患难中显出的忠贞、理解、不弃，赋予了他生命的另一种内涵，激扬了他对生活无限的热情。

苏轼在《东坡八首》诗序中如是说：“余至黄州二年，日以困匮。故人马正卿哀余乏食，为于郡中请故营地数十亩，使得躬耕其中。”在这块坡地上，苏轼洒下了辛勤的汗水。他与妻妾共同耕作于田间，小憩于竹树林中，清风徐来，百鸟争鸣，他尽情地享受着“绿树村边合，青山郭外斜”的世外桃源般的美景。这可是栖居的最好环境呢！苏轼又在这竹林丛中建筑新居所。居所落成时，正逢大雪飘飞，世间万物银装素裹，他便欣然将居所命名为“雪堂”。他在《答孔仲平诗》中说：“去年东坡拾瓦砾……今年刈草盖雪堂。”并作《雪堂记》，以主客问答的形式，虚幻出一种脱离于“藩篱”之外的自由，使自己忘却“乌台诗案”带来的伤害和痛苦。他要让自己的性情舒展，心意闲适。他在雪堂与朋友喝酒、闲聊，不亦乐乎，仿佛就是一个超然世外的仙人。成复旺《中国古代的人学与美学》中一段话，或能印证苏轼的雪堂心境：“一个超以象外的领域，就像一个小的世界。这个小世界又不是纯客观的世界，而是人的家园；它只为人而存在，只对人有意义，所以是一种人生境界。但是它又不是实际的人生境界，而是在对实际的人生境界的品味中浮现的幻影，所谓‘一情独往’‘妙悟天开’，是个虚幻的人生境界。这是虚幻的人生境界，也是自由的人生境界。正因为它是虚幻的，所以它才是自由的。在实际的人生境界中，人所感受到的是不自由。他无法克服与环境的矛盾，也就无法摆脱环境对他的制约。只有在这种一情独往、妙悟天开的虚幻境界中，环境化为心灵的环境，心灵化为环境的心灵，它们之间的矛盾消失了，人才感到一种妙不可言的自由。”因此，你就不会感到惊奇，苏轼居然会毫不费力地把那些不痛快的事情抛在脑后，毅然走出“乌台诗案”投下的阴影，以全新的姿态开始步入一种崭新、陌生的生活方式，同时也毫不费力地适应了它，并用诗、文、书法去反映它。看吧！在一条风雨交织的泥泞小道上，一位遗世独立的仙人，倚竹杖着芒鞋，高歌吟唱，风骨挺拔，昂首徐行（《定风波》）：

莫听穿林打叶声，何妨吟啸且徐行。竹杖芒鞋轻胜马。谁怕！一蓑烟雨任平生。　　料峭春风吹酒醒，微冷。山头斜照却相迎。回首向来萧瑟处，归去，也无风雨也无晴。

这吟唱，这高歌，充满着不屈的勇猛，自信、乐观、开朗；激荡着一颗不因“待罪”之身，仍然关注着时局风云变幻的心，对前途抱着坚定信心。

躬耕东坡的苏轼，并未自乐在“识字耕田夫”的悠哉游哉中，仍然忧心于国事民生。大宋的边境安危，一直是他放心不下的。当他得知鄜延路经略安抚副使种谔，率军与西夏激战于定川，大获全胜的消息，激动不已，作《闻捷》以贺：

闻说官军取乞闾，将军旗鼓捷如神。
故知无定河边柳，得共中原雪絮春。

取得边境之战的胜利，已经很久未闻了。这让苏轼兴奋的心情久久不能平静。再次挥毫作《闻洮西捷报》：

汉家将军一丈佛，诏赐天池八尺龙。
露布朝驰玉关塞，捷书夜到甘泉宫。
似闻指挥筑上郡，已觉谈笑无西戎。
牧臣不见天颜喜，但惊草木放春容。

当寓居武昌（今湖北鄂州），曾做过皇帝侍从的王天麟前来拜望苏轼时，向他讲了一件令人十分痛心而残忍的事情。在鄂州、岳州、黄州有一民间习俗，一对夫妻只养二男一女，过此数则将初生婴儿放入水盆中溺死，其中对女婴尤为残酷，以致鄂、岳、黄三州之间男女比例失调，许多男子无妻。

王天麟特意向苏轼讲述了黄州神山乡有个叫石揆的人，在亲手溺杀自己亲生的两个儿子时，不忍心看到幼婴在水盆中做着天性使然的垂死挣扎，只得背对水盆，紧闭双眼，用一只手将婴儿的头部紧紧地压入水盆之中，那初生婴儿在哀鸣声中逐渐窒息而亡，其状惨不忍睹。

王天麟心地善良，只要他得知附近有穷苦人家欲将初生婴儿溺死的信息，便迅即前往营救，并给主家带去衣被、食物，溺婴被救活者不少。王天麟还告诉苏轼一件鄂、岳、黄三州人尽皆知的真人真事：时任安州司法的秦光亨，进士出身，鄂州人，其父在他出生时，也曾将他放入水盆，准备将其溺死，所幸其舅父陈遵及时营救。

苏轼听了王天麟的讲述，心情十分沉痛，倍感心酸，以致饮食难进。他实在是不忍心让这样的事情再继续下去，但自己如今只是一贬官，无权“签书本州公事”，不像当年在密州时有权收养弃儿，创办孤儿院。然而，一生具备忧民之心的苏轼决心扭转这种恶习。他反复权衡之后，决定给时任鄂州知州的朱寿昌写信，将鄂、岳、黄溺婴的陋习以及其应对办法直接告知朱寿昌，并恳请朱寿昌利用鄂州知州的职权，出面革除这种可恶的陋习。其信曰：

轼启，近递中奉书，必达。比日春寒，起居何似。昨日武昌寄居王殿直天麟见过，偶说一事，闻之酸辛，为食不下。念非吾康叔之贤，莫足告语，故专遣此人。俗人区区，了眼前事，救过不暇，岂有余力及此度外事乎？天麟言：岳鄂间田野小人，例只养二男一女，过此辄杀之，尤讳养女，以故民间少女，多鳏夫。初生，辄以冷水浸杀，其父母亦不忍，率常闭目背面，以手按之水盆中，咿嘤良久乃死。有神山乡百姓石揆者，连杀两子，去岁夏中，其妻一产四子，楚毒不可堪忍，母子皆毙。报应如此，而愚人不知创艾。天麟每闻其侧近有此，辄驰救之，量与衣服饮食，全活者非一。既旬日，有无子息人欲乞其子者，辄亦不肯。以此知其父子之爱，天性故在，特牵于习俗耳。闻鄂人有秦光亨者，今已及第，为安州司法。方其在母也，其舅陈遵，梦一小儿挽其衣，若有所诉。比两夕，辄见之，其状甚急。遵独念其姊有娠将产，而意不乐多子，岂其应是乎？驰往省之，则儿已在水盆中矣，救之得免。鄂人户知之。

准律，故杀子孙，徒二年。此长吏所得按举，愿公明以告诸邑令佐，使召诸保正，告以法律，谕以祸福，约以必行，使归转以相语，仍录条粉壁晓示，且立赏召人告官，赏钱以犯人及邻保家财充，若客户则及其地主。妇人怀孕，经涉岁月，邻保地主，无不知者。若后杀之，其势足相举，觉容而不告，使出赏固宜。若依律行遣数人，此风便革。公更使令佐各以至意，诱谕地主豪户，若实贫甚不能举子者，薄有以赒之。人非木石，亦必乐从，但得初生数日不杀，后虽劝之使杀，亦不肯矣。自今以往，缘公而得活者，岂可胜计哉。

佛言杀生之罪，以杀胎卵为最重。六畜犹尔，而况于人。俗谓小儿病为无辜，此真可谓无辜矣。悼耄杀人犹不死，况无罪而杀之乎？公能生之于万死中，其阴德十倍于雪活壮夫也。昔王浚为巴郡太守，巴人生子皆不举。浚严其科条，宽其徭役。所活数千人。及后伐吴，所活者皆堪为兵。其父母戒之曰："王府君生汝，汝必死之。"古之循吏，如此类者非一。居今之世，而有古循吏之风者，非公而谁。此事特未知耳。

轼向在密州，遇饥年，民多弃子。因盘量劝诱米，得出剩数百石别储之，专以收养弃儿，月给六斗。比期年，养者与儿，皆有父母之爱，遂不失所，所活亦数千人。此等事，在公如反手耳。恃深契，故不自外。不罪！不罪！此外，惟为民自重。不宣。轼再顿首。

苏轼在信中指出，据大宋法律，凡故意杀害自己子孙者，判徒刑两年，这是作为朝廷命官必须坚决执行的。苏轼希望朱寿昌采取积极措施：一是将法律明确无误地告之各县官吏，并要求他们也必须准确无误地告知各乡村的保正，命他们将法律条款书写于各乡镇醒目的墙壁上广而告知，让百姓尽皆知晓；二是制定奖惩措施，号召大众举报溺杀婴儿人家，其赏钱则由触犯此法律者以及左邻右舍与本地保正承担，理由是妇女怀孕，为期一年，邻里自会知道，只有互相举报才能保证法律的执行，人人增强保护婴儿的意识；三是号召各县官吏与当地富裕人家进行情感交流，鼓励他们大发慈悲之心，行善积德，出钱出物救济那些生活困难实在无力养活子女的家庭。人非草木，孰能无情，只要地方长官是诚心实意地为老百姓办实事谋福利，苏轼相信那些富裕人家一定会乐意相助的。

苏轼在信中还重点说明佛言杀生之罪，以杀卵为最重。六畜如此，何况人乎！古人尚有小孩与老人虽然有罪，但也不能用刑的规定，更何况这些无罪的初生婴儿，怎么能随意将他们杀死呢？苏轼语重心长地对朱寿昌说，拯救婴儿的生命，让他们有再生的机会，这种阴德比起昭雪那些含冤将杀的成年人还要胜过十倍。苏轼又举西晋人王濬为巴郡太守时拯救溺婴的善举为例，并把自己在密州时收养弃儿的经验告诉朱寿昌，希望他明白拯救溺婴的意义重大且迫在眉睫。

与此同时，苏轼自己也在黄州积极行动起来。他联络了黄州几位热心于此事的人组织成一个拯救溺婴的行动小组，广泛号召有智出智，有钱出钱，有力出力。黄州士子古耕道，为人诚实善良，苏轼与他一道走乡串户，广泛宣传行善积德，动员鼓励大户人家出钱出物，以救济那些养育不起儿女的人家。而苏轼率先垂范，在自己经济最为拮据的时刻，慷慨捐出十千钱。在苏轼的表率作用下，捐钱者越来越多，苏轼又请安国寺长老继连管理账务收支。在苏轼看来，如果每年能够救活一百个婴儿，也算是自己谪居黄州的一大乐善了。

为此，苏轼特作《记救小儿》一文以记之：

> 近闻黄州小民贫者，生子多不举，初生便于水盆中浸杀之，江南尤甚。闻之不忍。会故人朱寿昌康叔守鄂州，乃以书遗之，俾立赏罚，以变此风。黄之士古耕道，虽椎鲁无他长，然颇诚实，喜为善。乃使率黄人之富者，岁出十千，如愿过此者亦听，使耕道掌之，多买米布绢絮；使安国寺僧继连书其出入。访闾里田野有贫甚不举子者，辙少遗之。若岁活得百个小儿，亦闲居一乐事也。吾虽贫，亦当出十千。

所以，我们说黄州是苏轼文学创作的高峰期，是他生命中最有意趣的一个“空间站”。在这个“空间站”，不但侍妾王朝云走进了他的精神世界和情感生活，而且他生命放射出更为耀眼的火焰，生命的张力达到极致，创作激情的喷发畅快淋漓、一泻千里。五年间，他共创作诗、词、文、赋七百四十余篇，且名篇迭出，达到前无古人、后无来者的境界。尤其是词的创作，无论是从数量，还是从思想、意境、艺术等方面讲，都达到了顶峰。他在《与陈季常书》中说：“日近新阕甚多，篇篇皆奇。”这是何原因呢？用苏轼自己的话来总结：“秀句出寒饿，身穷志乃亨。”他贬官待罪黄州，政治上和生活上都受到双重沉重打击，一腔幽怨、满腹愤怒要发泄、要倾诉，然而又怕“好事者巧以酝酿，便生出无穷事”。可心中块垒又必吐之而后快，怎么办？他寓情于物，寄物托志，以物抒怀。所以，综观苏轼黄州期间的作品，写得都很深沉含蓄，与过去的作品相比较，“无露”之痕迹。作品中表露出的幽怨、哀婉、怅惘之情，正是苏轼待罪黄州的心境写照，也只能在这一特定的生存环境中才能书写而成。到元祐年间，苏轼苦尽甘来，青云直上，恩宠倍增，官于朝廷期间，根本写不出黄州时期这种深沉、幽怨、缠绵的辞章，就是从心态来讲，也憋不出这种情绪来。正如南宋学者王十朋《游东坡十一绝》诗云："再闰黄州正坐诗，诗因迁谪更瑰奇。读公《赤壁》词与赋，如见周郎破贼时。"

在"寒食节"这个特别的民俗之日，苏轼写下《寒食雨二首》其中有句云："自我来黄州，已过三寒食。年年欲惜春，春去不容惜。"又将这诗作赋形于书法，于是，具有情感冲动和穿透力的书法作品《黄州寒食诗帖》诞生了。这无疑是苏轼书法艺术成就的最高凝结体，成为他生命中的又一个奇迹，为中国古代书法艺术"三大行书"精品之一。王羲之《兰亭序》书法韵致如行云流水，舒展自如，观之有情闲志逸的雅趣，为之一；颜真卿《祭侄文稿》，书法意境如火山爆发般恣肆，一泻千里，感觉到颜鲁公因家国之痛而情志切切之情，为"三大行书"之二。而《黄州寒食诗帖》所映照出的是铿锵的言语和"无我之境"。

俗语说，"祸福相依"，此话屡屡应验。"乌台诗案"于苏轼是祸，黄州于苏轼是福。苏轼的生命之光在黄州大放异彩。黄州城西北长江之滨，有座褐色石崖，形状如鼻，故称赤鼻山或赤鼻矶。又因崖石屹立如壁，亦称赤壁。赤壁之下，江面辽阔。苏辙《黄州快哉亭记》描绘说："波流浸灌，与海相若……涛澜汹涌，风云开阖。昼则舟楫出没于其前，夜则鱼龙悲啸于其下。"赤壁之上，又有栖霞楼、竹楼、月波楼等建筑，是个观赏江景的游览胜地。从唐代以来的诗文中，又有意无意地将其与三国时赤壁之战的古战场联系在一起。因此，这又是个凭吊古迹的地方。在苏轼四十七岁这年，即元丰五年（1082）的八月十五，他来到这里。面对滚滚长江，想到自己一腔报国之志又何尝不是这东逝之流水，苏轼写下了千古绝唱《念奴娇·赤壁怀古》：

大江东去，浪淘尽，千古风流人物。故垒西边，人道是，三国周郎赤壁。乱石穿空，惊涛拍岸，卷起千堆雪。江山如画，一时多少豪杰！
遥想公瑾当年，小乔初嫁了，雄姿英发。羽扇纶巾，谈笑间，樯橹灰飞烟灭。故国神游，多情应笑我，早生华发。人生如梦，一樽还酹江月。

这是苏轼生命中喷射出的一团炽烈的岩浆，字里行间包容着雄奇俊秀、激越慷慨、赞美讴歌、悲壮哀叹之情。正如清人张德瀛《词徵》引长乐陈翼论其词云："歌赤壁之词，使人抵掌激昂，而有击楫中流之心。"苏轼能发出"故国神游"和自己精神不灭与生命不朽的畅快咏叹，是他不仅感受到长江而且感受到自己与周瑜同样具有的雄伟气概。《歌德谈话录》中有这样一段话："一个作家的风格是他的内心生活的准确标志。所以一个人如果想写出明白的风格，他首先就要心里明白；如果想写出雄伟的风格，他也首先要有雄伟的人格。"因而，综观全词，状景写人，慷慨激昂，有"黄河之水天上来"之壮观，"飞流直下三千尺"之气势；读之无不使人心潮澎湃，神思悠悠，穿越时空，激发苍凉之感。全词既是对个人命运的关心，又是对一切怀才不遇的人的慨叹，其语意深邃，相连成气，苍凉悲壮，发人幽思……后人将黄州赤壁命名为"东坡赤壁"。

在这之前，同乡道人杨世昌曾专程从庐山来黄州看望苏轼。时值七月十六，月光接霞光，万物笼罩在朦胧之中。苏轼好不高兴，邀杨世昌夜游赤壁，由此写下了不朽的名篇《前赤壁赋》：

壬戌之秋，七月既望，苏子与客泛舟游于赤壁之下。清风徐来，水波不兴。举酒属客，诵明月之诗，歌窈窕之章。少焉，月出于东山之上，徘徊于斗牛之间。白露横江，水光接天。纵一苇之所如，凌万顷之茫然。浩浩乎如凭虚御风，而不知其所止；飘飘乎如遗世独立，羽化而登仙。

于是饮酒乐甚，扣舷而歌之。歌曰："桂棹兮兰桨，击空明兮溯流光。渺渺兮予怀，望美人兮天一方。"客有吹洞箫者，倚歌而和之，其声呜呜然，如怨如慕，如泣如诉，余音袅袅，不绝如缕，舞幽壑之潜蛟，泣孤舟之嫠妇。

苏子愀然，正襟危坐，而问客曰："何为其然也？"客曰："'月明星稀，乌鹊南飞'，此非曹孟德之诗乎？西望夏口，东望武昌，山川相缪，郁乎苍苍，此非孟德之困于周郎者乎？方其破荆州，下江陵，顺流而东也，舳舻千里，旌旗蔽空，酾酒临江，横槊赋诗，固一世之雄也，而今安在哉？况吾与子渔樵于江渚之上，侣鱼虾而友麋鹿；驾一叶之扁舟，举匏樽以相属。寄蜉蝣于天地，渺沧海之一粟。哀吾生之须臾，羡长江之无穷。挟飞仙以遨游，抱明月而长终。知不可乎骤得，托遗响于悲风。"

苏子曰："客亦知夫水与月乎？逝者如斯，而未尝往也；盈虚者如彼，而卒莫消长也。盖将自其变者而观之，则天地曾不能以一瞬；自其不变者而观之，则物与我皆无尽也，而又何羡乎？且夫天地之间，物各有主，苟非吾之所有，虽一毫而莫取。惟江上之清风，与山间之明月，耳得之而为声，目遇之而成色，取之无禁，用之不竭，是造物者之无尽藏也，而吾与子之所共适。”

客喜而笑，洗盏更酌。肴核既尽，杯盘狼藉。相与枕藉乎舟中，不知东方之既白。

文章开篇气韵不凡，既深刻细腻地描绘出一幅使人生快而如入仙境的自然美妙景色，又将其景色作为构成全篇艺术意境的主要物象，成为全文主题中主、客问答，议论人生取譬的依据，使物我融合，情景交融，于妙生理趣中，蕴含人生哲理，表达出对生活的热爱，对大自然的讴歌，对宇宙人生的认真思索，展示一种不因古代英雄风流云散、长江的无穷、人生的短暂而悲，而对理想的追求。

三个月后，苏轼再次夜游赤壁，又写下《后赤壁赋》：

是岁十月之望，步自雪堂，将归于临皋。二客从予，过黄泥之坂。霜露既降，木叶尽脱，人影在地，仰见明月。顾而乐之，行歌相答。

已而叹曰：“有客无酒，有酒无肴；月白风清，如此良夜何？”客曰：“今者薄暮，举网得鱼，巨口细鳞，状如松江之鲈；顾安所得酒乎？”归而谋诸妇。妇曰：“我有斗酒，藏之久矣，以待子不时之需。”

于是携酒与鱼，复游于赤壁之下。江流有声，断岸千尺；山高月小，水落石出。曾日月之几何，而江山不可复识矣。予乃摄衣而上，履巉岩，披蒙茸，踞虎豹，登虬龙，攀栖鹘之危巢，俯冯夷之幽宫。盖二客不能从焉。划然长啸，草木震动，山鸣谷应，风起水涌。予亦悄然而悲，肃然而恐，凛乎其不可留也。反而登舟，放乎中流，听其所止而休焉。

时夜将半，四顾寂寥。适有孤鹤，横江东来，翅如车轮，玄裳缟衣，戛然长鸣，掠予舟而西也。

须臾客去，予亦就睡。梦一道士，羽衣蹁跹，过临皋之下，揖予而言曰：“赤壁之游乐乎？”问其姓名，俯而不答。“呜呼！噫嘻！我知之矣。畴昔之夜，飞鸣而过我者，非子也耶？”道士顾笑，予亦惊寤。开户视之，不见其处。

较前篇，苏轼直抒胸臆，不怕生活的困顿、政治上的打击迫害，以只身“履巉岩，披蒙茸，踞虎豹，登虬龙，攀栖鹘之危巢，俯冯夷之幽宫”的勇气，展示其超然旷达，不屈的精神；以“横江东来”的孤鹤一声长鸣，表露身处逆境，却不甘沉沦，意欲一鸣惊人的理想抱负与追求；以一段扑朔神秘的梦境，再现面临的生活现实与出世入世的矛盾时，所具有清醒的认识和积极态度。

前后《赤壁赋》，笔力雄浑遒劲，超然出尘，成为千古名篇，绝世华章，为宋代散文的巅峰之作。古人评说：“东坡赤壁二赋，一洗万古。欲仿其一语，毕世不可得也。”（《经进东坡文集事略》卷一《唐庚子西语录》）为纪念苏轼赤壁二赋之作，黄州人在赤壁之上，修筑了“二赋堂”，供后人缅怀。

神宗多次要起用苏轼，都为朝中苏轼的政敌所阻。据《续资治通鉴长编》：“元丰中，轼系御史狱，上本无意深罪之。遂薄其罪，以黄州团练副使安置。然上每怜之。一日，语执政曰：‘国史大事，朕欲俾苏轼成之。’执政有难色……”元丰七年（1084），神宗只得亲下手诏：“苏轼黜居思咎，阅岁滋深。人才实难，不忍终弃。”将苏轼改任为离京城较近的汝州团练副使，以便起用。四月，苏轼举家迁离黄州。黄州五年，“楚音变儿童”，孩子都学会了黄州话。我们似乎看到历史在这里停步，时间在这里凝结，是要让苏轼在这段令人动容的岁月里，升华他生命中最完美的诗篇。黄州五年，是苏轼享受生命乐趣的五年。这是历史赋予的五年，也是留于后世百读不厌的五年。

黄州各界人士得知苏轼即将离去，都十分难舍，这一去很难再得与这位名重天下的大文豪相见，便纷纷相约与苏轼聚会话别，并索求墨宝为念物，苏轼更感念黄州人民这份浓浓之情，即以诗文留赠。例如潘氏兄弟请赠前后《赤壁赋》并《归去来辞》，苏轼不但给予满足，还特意留跋赠言：

> 元丰甲子，余居黄五稔矣，盖将终老焉。近有移汝之命，作诗留别雪堂邻里二三君子。独潘邠老与弟大观，复求书《赤壁》二赋，余欲为书《归去来辞》，大观砻石欲并得焉，余性不奈小楷，强应其意，然迟余行数日矣。苏轼。

时接替徐大受知州职的杨采，特意摆官宴为苏轼送行，并精心安排几名官妓到场献舞唱曲，以助酒兴。其间有位才情出众、十分仰慕苏轼人品才学的官妓李宜，斗胆向苏轼求诗，苏轼欣然应允。李宜取出一幅早已准备好的白丝巾铺展开来，苏轼提笔写就：“东坡五载黄州住，何事无言及李宜？”

写下这两句，苏轼便搁笔一边，继续与众客饮酒酬乐，李宜只得静待一旁。待酒筵渐歇时，再次拜请苏轼续完赠诗。

醉态中的苏轼十分真诚地对李宜表示歉意，遂提笔补完全诗："恰似西川杜工部，海棠虽好不吟诗。"

此诗写就，全场热烈气氛这才达到高潮。李宜更是感慨欣喜。

其诗意之中，李宜与"乌台诗案"的策划者之一的李定名字相近，苏轼不愿提及。而后两句却表明另一种情感，杜甫一生咏物之诗甚多，可美丽的海棠花儿却不曾着一字，并不是他不喜爱海棠，而是因为他的母亲名叫海棠，为了避母亲名讳，不便提及。此乃异曲同工之效。这便是苏轼未一气写完赠诗的隐情。

为此，苏轼以《满庭芳》一词，表达对黄州依依惜别之情：

> 归去来兮，吾归何处？万里家在岷峨。百年强半，来日苦无多。坐见黄州再闰，儿童尽楚语吴歌。山中友，鸡豚社酒，相劝老东坡。　云何。当此去，人生底事，来往如梭？待闲看，秋风洛水清波。好在堂前细柳，应念我，莫剪柔柯。仍传语，江南父老，时与晒渔蓑。

行文至此，总觉意犹未尽。苏轼黄州五年仅以其文学成就还不足以完全彰显其伟大，真正伟大在苏轼的"人性美"。他初到黄州时，黄州既成就了苏轼伟大的文学成就，又彰显了他"人性美"的伟大内在要义。

同时，黄州又是形成和升华苏轼人生境界的重要"气场"。这个"气场"就是黄州具备的特殊的田园山水和人情风物，它促使苏轼对政治、社会、人生阅历及牢狱劫难深刻反思；它冶炼了苏轼的心性，使之从"乌台诗案"长长的阴影中走出，进入一种"虚空""无我""超迈""狂放""闲适""自由"的精神境界。正如他在《答李端叔书》中说："谪居无事，默自观省，回视三十年以来所为，多其病者，足下所见皆故我，非今我也。"苏轼在黄州这个特定的客观"气场"中，能够做到"默自观省"而完成"非今我也"的思想变换，全在于他的"逆向思维"方式的运用，这是苏轼解除"精神枷锁"最有效的手段。当人们遇到挫折、遭遇痛苦时，"逆向思维"往往是最佳医治良方。例如鲁迅在他的小说《阿Q正传》中，就塑造了一个拥有"儿子打老子"的"逆向思维"的典型人物阿Q。当然，苏轼的"逆向思维"远胜于阿Q式的"儿子打老子"。苏轼的"逆向思维"在黄州所作诗文中表达无遗，"长江绕郭知鱼美，好竹连山觉笋香""惟江上之清风，与山间之明月，耳得之而为声，目遇之而成色，取之无禁，用之不竭，是造物者之无尽藏也，而吾与子之所共适”等等，无不是“逆向思维”的典型。苏轼是中国古代文人中最善于运用“逆向思维”的典范人物，可以说从黄州始，至仙逝常州，其“逆向思维”屡形于诗文歌赋，这与他悲剧性的人生仕宦生涯有着不可分割的内在联系。

当然，“气场”仅是一个客观因素，而促使苏轼“逆向思维”生发的思想根源在于老庄。苏轼一生崇尚儒、释、道，儒家的乐天安命，佛家的随缘自适，道家的顺应自然，在他漫长的生活道路上无处不在地表现出来，以至成为他重要的思想基础。而在黄州贬居地，苏轼独钟情于老庄，无疑老庄的哲学思想与他谪居的现实生活及“默自观省”有着某种不可分割的契合。所以，当苏轼重新研读《庄子》时，这才惊叹其思想的高超：“吾昔有见于中，口未能言，今见是书，得吾心矣！”现在他才真正领悟到庄子思想的精妙之处。

庄子是战国时期著名哲学家，他继承和发展了道家始祖老子“道法自然”的观点，认为“道”是无限的，“自本自根”“无所不在”的，强调事物的自生自化，否认有神的主宰。他在《齐物论》中主张齐物我，齐是非，齐大小，齐生死，齐贵贱，主张一种“天地与我并生，万物与我为一”的主观精神境界，达到安时处顺、逍遥自得的生存状态。他的“万物齐一”的思想对后世士林学子颇有影响。苏轼在黄州这一特定的贬谪生活中，自然便与庄子“万物齐一”的思想达成了一种契合。这种契合是苏轼在逆境中产生“逆向思维”的重要思想根源，同时也是其一生思想变换的重大转折点。

第十九章

一路行吟

横看成岭侧成峰，远近高低各不同。

不识庐山真面目，只缘身在此山中。

苏轼是位吟唱着诗歌“赶路”的行吟者。

苏轼一生足迹遍及当时北宋王朝大半的版图；他“赶路”的时间，占去了他宦海生涯中的相当一部分。往返于道途，于苏轼是家常便饭，黄州算是他待的时间最长的地方。然而，他一路行吟的诗作，却不是道途长短和时间长短所能包容得了的。

苏轼激越的情怀与祖国的大好河山一旦相融，便佳句迭出，传诵千古。离开黄州，苏轼一踏上赴汝州的道途，又是另一番心境：一种天高地阔的新奇，使他像一个顽童般欣喜。每一座山峰、每一条小溪、每一块石头，都会激发他的灵感，都会让他有创作的冲动，都会使他对生命有更深的感悟。有的人看山，在眼中就是一堆石头；有的人看山，在心中是一首诗。有的人看水，在眼里还是水；有的人看水，在心中是一条奔腾的河。有的人看树，在眼中还是树；有的人看树，在心中是一道亮丽风景。只有像苏轼这样富有生命激情的人，才会属于后者。

庐山，是著名的风景区，也是历史上名人留恋隐居之地，名人遗迹众多。慧远法师曾经在东林寺门口种松树，王羲之曾经在归宗寺洗墨，陶渊明曾经在温泉附近的栗里村住家，李白曾隐居五老峰下，白居易曾在长径咏桃花，如此等等，于苏轼无不是一种心灵的感应。而他对庐山仙境心驰神往，还有一个重要原因，即其父苏洵当年最后一次入京科考搏击失败后，独走青山，循着诗仙李白踪迹，来到屹立于鄱阳湖与长江之滨的庐山，见其奇峰峭壁耸峙，林木葱茏，飞瀑直泻千丈，云海弥漫，山雾蒸腾，这一人间仙境让苏洵流连忘返月余不忍离去。当他置身于飞瀑之下，抬眼望去，仿佛飞瀑不是从山涧泻下，而是碧空中悬挂的一条银河在奔腾，波涛撞击山岩的雷鸣般声响，回荡于群山峻岭，久久不息；瀑布飞溅如雨，似玉盘珍珠散落于苏洵一身，让其整个身心都浸润在一片寒霖之中，一种非凡壮观的气势和一种从未有过的痛快淋漓，让苏洵产生一种与当年李白置身飞瀑之下的博大胸襟的同感。他仿佛飘飞起来，屹立于山巅之上，面对庐山飞瀑千尺胜景，思维随之极度活跃，似乎千尺飞瀑，在眼前展现成一条通往远方的路，宽阔而又明亮。这条路不是科考之路，而是学术之路，只要沿着这条路走下去，必有一番作为。千尺飞瀑使苏洵心灵亮如明镜，一种轻松愉快的感觉将压抑的精神舒展，苏洵沮丧的面庞写满自信、自知、自明，终而弃科考重学术，终成一代布衣鸿儒。故苏轼对庐山又有一种温馨的感应。

四月中旬，苏轼到达九江。同乡道人杨世昌和云游到此的参寥大和尚亲自下庐山相迎。一上庐山，苏轼就被那峰巅雾绕的仙姿、山谷低回的奇秀、瀑布飞泻的壮观、松涛微微的细语，引得心旷神怡，诗兴勃发，便有《初入庐山》之美感：

青山若无素，偃蹇不相亲。
要识庐山面，他年是故人。

苏轼强烈感觉到，如果同庐山素无往来，庐山就会非常高傲；要认识庐山的本来面目，就必须是庐山的老朋友。他把庐山人格化，认为不和庐山接触，就不可能认识庐山。如此有意趣的诗句，读之无不令人愿去与庐山神往而交。

当苏轼一行游到西林寺，则是另一番景色，放眼望去，云遮雾罩，如轻纱缭绕，仙山胜境，若隐若现；俯身近看，青山绿水，层层叠翠，突兀峰回，如游于画中。“山谷奇秀，平生所未见，殆应接不暇，遂发意不欲诗作。”这样的仙境，又岂能是诗句所能描绘得了的呢！所以，原来不打算写诗的苏轼，当身临其境时，佳句却自然天成，情不自禁挥毫于西林寺壁之上：

横看成岭侧成峰，远近高低各不同。
不识庐山真面目，只缘身在此山中。

杨世昌反复吟诵后，惊叹苏轼《题西林壁》一出，大有穷尽天下吟庐山诗之势！参寥本是个诗僧，亦称道不已，此乃吟庐山诗中一绝！这是一首寓理于景的哲理诗，给人以当局者迷、旁观者清的提醒。读这首诗，令人有置身于这横看侧看、远看近看、高处看低处看的不同景色之中的感觉。然而，当真正身在庐山，往往只见树木，不见森林，看不到庐山的全貌；或常在庐山，反而熟视无睹，感觉不到庐山之幽，正如久居芳室而不闻其香一样。这首诗的观点，似乎与前一首的观点刚刚相反，但却是从不同角度讲的认识论，都以理趣见胜，从人们常见的事物中去揭示一个颇富哲理的问题。当然，苏洵万万不会想到事隔三十七年后，自己的儿子苏轼因官场失意独走庐山而留下咏庐山的千古绝句，以哲学家的思维和艺术大师的视角将庐山仙境微缩于短短的四句诗中，让后人品味无穷。

苏洵因考场失意独走庐山，苏轼因官场失意独走庐山，是巧合，还是天意？不得而知！

李白曾在五老峰下读书吟诗，这位唐代诗仙的命运自然会触动苏轼，他们骨子里都有“不肯附权幸以取容”的傲岸风骨。李白在庐山写有《寻阳紫极宫感秋作》诗，诗中有“四十九年非，一往不可复”之句。苏轼这次来到九江，恰好也是四十九岁，于是，便在《和李太白》诗中发出了“世道如弈棋，变化不可覆”的感叹。他还作了《李太白碑阴记》，赞赏李白“不肯附权幸以取容”，使高力士脱靴殿上，而“气盖天下”。实际上，苏轼在借李白以言己志。

从庐山下来，苏轼又专程去筠州探望苏辙，相聚十日。时值端午，苏轼心情相当愉快，要出游，苏辙因忙于公务未同行。苏轼《端午游真如，迟、适、远从，子由在酒局》有云：“一与子由别，却数七端午。……谓言必一醉，快作西川语。宁知是官身，糟麴困薰煮。独携三子出，古刹访禅祖。”苏轼对前景充满乐观，其得意之情流溢于诗中。五月八日，苏轼离开筠州前往汝州，苏辙有《次韵子瞻留别三首》云：“公来十日坐东轩，手自披云出朝日。……此行千里隔江河，何人更问维摩疾？”

六月九日，苏轼长子苏迈接到赴任德兴尉的诏令，苏轼送其至湖口时，得知鄱阳湖口有一座用“石钟”命名的山，就在此处。苏轼不相信《水经注》作者郦道元以湖波与石头相互磕碰，发出的声响像撞击大钟的声响一样，而以此命名的说法；更不相信唐代李勃以石击山，发出像钟鸣的声响，便断定此山因此获名。苏轼决定亲往考究，弄个水落石出。当“寺僧使小童持斧于乱石间择一二扣之，硿硿焉。余因笑不信也”，事实证明苏轼的猜想是正确的。那么，这声音又发自哪里呢？苏轼真是个率真的老顽童，带着苏迈，趁着暮色月明，驾一叶扁舟于绝壁下，弃舟登岸，不避“大石侧立千仞，如猛兽奇鬼，森然欲搏人”的险境，攀缘其间，定要弄出个究竟来。经一番涉险考查，原来“山下皆石穴罅，不知其浅深，微波入焉，涵溏澎湃而为此也”。此乃“大声发于水上，噌吰如钟鼓不绝”，绝非郦道元、李勃所言也。得出准确答案，苏轼写下名篇《石钟山记》。读这篇记，会被苏轼勇于探索、求真求实的精神所感动。

说苏轼是位吟唱着诗歌“赶路”的行吟者，毫不夸张。他刚从石钟山下来，船到金陵，一见到穿着素服、骑着毛驴、来江边迎接他的老相国王安石，便不顾舟船劳顿，与其相约去游览金陵名胜蒋山（钟山）。这便是苏轼“逢山未免更流连”的性情。苏辙在《武昌九曲亭记》中回忆少年时的苏轼说，只要“有山可登，有水可涉，子瞻未始不褰裳先之，有不得至，为之怅然”。可见，家乡眉山优美的自然环境从小就陶冶了苏轼崇尚大自然、热爱大自然的“野性”。王安石只得依了苏轼，先去游蒋山，并说：“苏子瞻呀，你这种‘野性’何时能改啊！”“改不了啦！”苏轼笑道，“这蒋山与庐山相比，又是一番情趣，想必荆公常来蒋山游玩？”王安石手捋银须，笑道：“老夫闲居金陵整整八年了，不到此游玩，又做什么呢？”

王安石虽与苏轼政见不合，但他们同出于欧阳修门下，二人私交甚深，个人情感是很真挚的，苏轼下狱时，王安石还出面相救。这就叫君子之交，不因政治观点不同，而影响个人交情。两位“政敌”相扶畅游蒋山，身后还有几位儒雅清客相随，大家相互唱和，不亦乐乎！蒋山古木参天，绿荫蔽日，冈峦起伏，白云出岫，苏轼漫步其间，佳句迭出。如在《同王胜之游蒋山》诗中的佳句：“峰多巧障日，江远欲浮天。”王安石读后拊掌赞叹道：“老夫平生所作诗，无此二句。”并在《和子瞻〈同王胜之游蒋山〉》序中说：“余爱其‘峰多巧障日，江远欲浮天’之句，因次其韵。”他赞颂苏轼是“墨客真能赋，留诗野竹娟”。王安石不但对苏轼的才华学识相当佩服，而且对苏轼的人品道德极为钦敬。当他面对苏轼时，深感愧疚当年苏轼对变法发表不同意见，自己却排挤贬斥，而顺从奉承自己的小人们，让其青云直上。后来，在关键时刻，正是这帮小人几乎置自己于死地。眼前的苏轼，谈笑风趣，仿佛熙宁间的事从未发生过。王安石不由得感慨道：“不知更几百年，方有如此人物。”苏轼有《雪后书北台壁》诗，结句为“空吟冰柱忆刘叉”。刘叉，唐人，其诗敢于揭露统治者的荒淫。王安石和这首诗多达六篇，称赞苏轼“直须诗胆付刘叉”，对苏轼的直言敢谏同样赞赏。

从蒋山下来，王安石邀苏轼到他隐居的半山园小住，苏轼欣然从命。在与王安石相处的日子里，从文学到佛学，从历史到时事，二公无所不谈。当谈到陈寿撰写的《三国志》时，王安石认为此书有遗憾不足之处，曾萌发重修《三国志》之意，只叹人老精力不及。他认为苏轼可当重修《三国志》的重任。苏轼认为要写好一部断代史，需严谨全面，要收集数十百年之事成一书，其间难免有小失误。苏轼不想做这件事，是怕后人又来补证。于是，他委婉推却。

当然，二公都有一颗忧国忧民之心，难免谈及当下时事政治。《宋史》本传有载，苏轼对王安石说："大兵大狱，是汉、唐灭亡的先兆。先帝以仁厚治理天下，而今西方边境连年用兵不断，而东南又兴数起大狱。公为何一言不发?"王安石说："这两件事皆吕惠卿引起。我现在朝外，安敢言?"苏轼正色道："在朝则言，在外则不言，是事君之常理。但皇上以非常礼待你，你怎么仅以常理对待皇上呢?"想到吕惠卿的告密，政治风云变幻，已成惊弓之鸟的王安石一下厉声道："不要说了。"随即警告苏轼："出在安石口，入在子瞻耳。"生怕苏轼无意中泄露二人的谈话，再遭小人算计。随即又说："人须是行一不义，杀一不幸，得天下弗为，乃可。"以传统道德而言，一个人干一件不义之事，杀一无辜之人，此事即便能得天下也不能做。苏轼戏谑道："今之君子，争减半年磨勘（官员政绩考核，升迁依据），杀人也干。"安石笑而不语。

一日，苏轼在王安石书房的书桌上看到一本已经翻得卷了边的书，便信手拿起来一看，原来是一本《离骚》，突然，书里掉下一张旧诗笺，苏轼拾起来一看，心里悠悠想道："这个拗相公，芝麻点小事还耿耿于怀，这么多年还不肯忘去!"原来，这诗笺上写着王安石吟菊花的两句诗和苏轼续上的两句诗。那是十多年前的一天，苏轼到相府，王安石当时不在，他便直接走到书房，见书案上压着一张诗笺，上面写着两句诗："西风昨夜过园林，吹落黄花满地金。"苏轼见了，不禁失笑："介甫怎么糊涂了？秋花不落春花落，谁见黄花落过瓣？让我来点醒你吧!"便提笔在后面添了两句："秋花不比春花好，说与诗人仔细听。"谁知这诗笺王安石十多年来还保留着。苏轼再次提起笔来，准备再写两句在上面，却发现旁边有一行小字："子瞻可能没有熟读《离骚》。"这使苏轼吃了一惊：难道《离骚》中有此出处？他立即翻开《离骚》，里面果然有这么两句："朝饮木兰之坠露兮，夕餐秋菊之落英。"这一下，苏轼才自觉惭愧："我自信一生读书务求深研，岂知也有不求甚解之处。"遂提笔在这诗笺上再次续上两句："楚辞一篇荆公教，十年方识菊落英。"

这次金陵相会，二公相得甚欢。陆游《放翁题跋·东坡谏草》云："天下自有公论，非爱憎异同能夺也。如东坡之论时事，岂独天下服其忠，高其辩，使荆公见之，其有不抚几太息者乎？东坡自黄州归，见荆公于半山，剧谈累日不厌，至约卜邻以老焉。公论之不可掩如此。"王安石劝苏轼买田置屋，在金陵安居下来，以便朝夕相见。这使苏轼很感动，他在《次荆公韵》中写道：

骑驴渺渺入荒陂，想见先生未病时。
劝我试求三亩宅，从公已觉十年迟。

苏轼本来打算听王安石的话，在金陵定居，但最后他还是去了汝州。一路上，苏轼想到王安石为“远祸”躲到金陵确是上策；自己去汝州，就在那帮新党人物眼皮子下，一举一动还有不被监视的！王安石劝他“远祸”，不必靠京师太近居住，看来是有道理的。于是，苏轼决定不赴汝州，乞居常州。船到泗州时，他向神宗上《乞常州居住表》，并在泗州坐等圣上恩准的诏命。他在表中说：

禄廪久空，衣食不继，累重道远，不免舟行。自离黄州，风涛惊恐，举家重病，一子丧亡。今虽已到泗州，而赀用罄竭，去汝尚远，难于陆行，无屋可居，无田可食，二十余口，不知所归。饥寒之忧，近在朝夕，与其强颜忍耻，干求于众人，不若归命投诚控告于君父。臣有薄田在常州宜兴县，粗给饘粥，欲望圣慈许于常州居住。

表中所言“一子丧亡”，即七月二十八日，苏轼正准备离开金陵继续北上时，幼儿苏遁不幸在这天病亡。这对苏轼是个非常沉重的打击，十分伤心：“去岁九月二十七日，在黄州，生子遁，小名干儿，颀然颖异。至今年七月二十八日，病亡于金陵，作二诗哭之”“吾年四十九，羁旅失幼子，幼子真吾儿，眉角生已似。”遁儿之母朝云失其爱子，更是悲伤，痛不欲生，苏轼哀叹道（《去岁九月二十七日，在黄州，生子遁，小名干儿，颀然颖异。至今年七月二十八日，病亡于金陵，作二诗哭之》其二）：

我泪犹可拭，日远当日忘。
母哭不可闻，欲与汝俱亡。
故衣尚悬架，涨乳已流床。
感此欲忘生，一卧终日僵。

神宗得《乞常州居住表》读之，仿佛穷困潦倒而又才华横溢的苏轼就站在面前，不禁动了恻隐之心，甚是不忍，于是当即发下允许苏轼居住常州的诏令。苏轼一接到诏令，万分激动，挥笔作《满庭芳》词，以感激神宗对自己的宽待：

余谪居黄州五年，将赴临汝，作《满庭芳》一篇别黄人。既至南都，蒙恩放归阳羡，复作一篇。

归去来兮，清溪无底，上有千仞嵯峨。画楼西畔，天远夕阳多。老去君恩未报，空回首、弹铗悲歌。船头转，长风万里，归马驻平坡。　无何、何处有？银潢尽处，天女停梭。问何事人间，久戏风波？顾谓同来稚子，应烂汝、腰下长柯。青衫破，群仙笑我，千缕挂烟蓑。

元丰八年（1085）二月，苏轼至南都，再次拜谒恩公张方平于乐全堂。至三月五日，神宗驾崩。这对苏轼是一个沉重的打击。苏轼原本心里清楚，神宗将他量移汝州，并将“人才实难，不忍终弃”之语写进诏书，不仅是给朝野发出信号，也是知会苏氏兄弟做好重新为朝廷效力的思想准备。本以为有出头的希望，今却泯灭。他在《与王定国书》中，哀叹道：“先帝升遐，天下所共哀慕，而不肖与公蒙恩尤深。固宜作挽词，少陈万一。然有所不敢者尔。必深察此意。无状罪废，众欲置之死，而先帝独哀之。而今而后，谁复出我于沟壑者？归耕没齿而已矣。”苏轼在绝望中，向常州进发。

第二十章

常州情结

惠泉山下土如濡，阳羡溪头米胜珠。
卖剑买牛吾欲老，杀鸡为黍子来无？
地偏不信容高盖，俗俭真堪著腐儒。
莫怪江南苦留滞，经营身计一生迂。

元丰八年（1085）五月二十二日，苏轼携家带口至常州贬所。

一到常州，苏轼仿佛置身于天高地阔的旷野中，心情格外的愉快舒畅。正如在去年十月二日书《楚颂贴》中所言："船入荆溪，意思豁然，如惬平生之欲，逝将归老，殆是前缘……当买一小园，种柑橘三百本。"这里就是快意人生的家，是羁旅后的归宿之处。

苏轼十分感恩神宗皇帝的关爱庇护，在《到常州谢表》中，肺腑之言可鉴日月："臣轼言。先蒙恩授汝州团练副使、本州安置，寻上表乞于常州居住，奉圣旨，依所乞，臣已于今月二十二日到常州讫者……只荷宠灵，惟知感涕……伏念臣所犯罪戾，本合诛夷。向非先帝之至明，岂有余生之今日。"

言犹未尽，苏轼再上《谢表》。"废弃六年，已忘形于田野"的他，"此盖伏遇太皇太后陛下，厚德载物，至仁代天……亦叨恩宥"。连上两谢表，这在苏轼仕宦生涯中少有。他抑制不住内心的激情，要感恩于垂帘听政的宣仁皇太后。从小就立下"奋厉有当世志"的苏轼，是不会就此归田，"真为田舍翁"的。神宗之死与高太后的听政，使他从绝望中似乎看到了一丝复出的希望之光。

高太后（1032—1093），亳州蒙城（今属安徽）人。曾祖高琼、祖父高继勋，皆有功于宋室，官至节度使。父高遵甫，母曹氏乃曹太后亲姐。高氏与英宗同龄，四岁时即养于宫中。她天生聪慧贤淑，幼时便显露出干练的才能，深得仁宗喜爱。庆历七年（1047），仁宗亲赐与赵曙（即英宗）完婚。生神宗皇帝、岐王颢、嘉王群、寿康公主。治平二年（1065）被立为皇后。神宗即位，尊其为皇太后。神宗病重，就立皇储之事，朝中重臣多有建议拥立岐王或嘉王者，高太后则按"子承父业”的祖宗家法，力排众议，立神宗之子赵煦（时年仅十岁）为太子。神宗对太后的深明大义深感欣慰。在他弥留之际，近臣提议依旧制，太子尚幼，需太后垂帘听政，得到其首肯。

神宗不失为一位励精图治的皇帝，对内以王安石变法，丰财强国；对外加强对西夏军事的防御和进攻，以收复失地，执掌政权近二十年。然而，《宋史·神宗纪·赞》说，神宗虽雄心勃勃，却志大才疏，以王安石变法，行天下十多年之久，不但敛财、开边两无成就，而且招致“天下汹汹骚动”“邪佞日进，人心日离，祸乱日起”，在忧愤中驾崩，扔下一个烂摊子而去。

高太后虽为妇人，却个性鲜明，以她做事思谋周全、果敢善断的治政才能，收拾神宗丢下的烂摊子。她当朝理政的第一件事，即罢王珪宰相之职，以司马光为门下侍郎，吕公著为尚书左丞，决定尽废新法，恢复旧制，贬斥新党派首要人物，起用旧臣。客观上讲，此时新法的实施，已经完全背离了神宗、王安石变法以富国强兵的初衷和目的，新法大都变异为害民之法，朝野上下，皆有异议，尤其在民间，百姓苦不堪言，怨声载道。高太后废新法，顺应民心，有积极的一面。但新法中也有利国利民的条例，仍发挥着积极的作用，全面废止，就走向极端了。

朝廷政局的变化，苏轼当然知晓七八。他更懂得历史的演变，始终顺应着“一朝天子一朝臣”的规律。就在神宗病重期间，其弟苏辙被起用为绩溪令。故苏辙有“行年五十治丘民，初学催科愧庙神”的慨叹。意思是说，他入仕近二十年来，才得以为地方一把手。

虽然苏轼把高太后听政与苏辙的被起用，看作是一个复出的好兆头，但他心里清楚，希望与现实的差距，政治风云的变幻，谁都难以料定。这使他不得不作好贬居常州的安排：“十年归梦寄西风，此去真为田舍翁。剩觅蜀冈新井水，要携乡味过江东。”（《归宜兴，留题竹西寺》）

能够得到神宗恩准常州居住，这已经使苏轼大感欣慰了。他与常州有着割舍不断的情结，早把这里当作自己的第二故乡了，回到这里，如同回家啊！

早在宋仁宗嘉祐二年（1057），在朝廷为祝贺新进士的琼林苑盛宴上，苏轼与同科进士常州宜兴（旧称阳羡）的蒋之奇（字颖叔）、单锡（字君赐），武进县的胡宗愈（字完夫）同席，四人一见如故，志同道合，结为知交。

在那次琼林宴上，蒋之奇等向苏轼描述了常州宜兴的风俗人情，山水风光，这使酷爱大自然美景的苏轼心向往之，由此订下“鸡黍之约”，相约卜居阳羡。就在苏轼这次往常州的途中，在《次韵蒋颖叔》诗中，苏轼回忆当时相约卜居的情景：

“琼林花草闻前语，罨画溪山指后期。岂敢便为鸡黍约？玉堂金殿要论思。”（“杀鸡为黍”是一个典故，见于《论语》《桃花源记》。唐代诗人孟浩然有诗曰：“故人具鸡黍，邀我至田家。”）说明苏轼对那次琼林宴的欢叙相当认真，故记忆犹新。

那次琼林苑御宴，四人相知，足可谓“琼林四君子”也。

琼林宴后，四君子虽各奔东西，但书信往来、诗词酬答一直不断，友谊如新。

蒋之奇后举贤良方正，神宗朝初为殿中丞侍御史，后为淮东转运副使。时遇灾荒年，他募集流民兴修水利，政绩卓著，升江淮荆浙发运使。苏轼与他酬答诗文多达数十篇。今存《送蒋颖叔帅熙河》等诗十八首。在诗中苏轼称颂他为“益友”“高才”，在《蒋之奇天阁待制知潭州》《蒋之奇集贤殿修撰知广州》等诗文中，赞扬他“少以奇才，辅之博学，艺于从政，敏而有功。使之治剧于一方，固当坐啸以终日。”

胡宗愈，神宗时任职同知谏院，后出判真州。熙宁七年（1074），苏轼过京口（今江苏镇江），“途中与完夫、正仲、巨源相会，所至辄作数剧饮笑乐”。苏轼把这次见到胡宗愈的激动情景特意告之李公择。对胡宗愈的人品道德，苏轼十分钦佩，在为胡宗愈母周夫人撰写的挽词中，盛赞道：“岂似凡人但慈母，能令孝子作忠臣。”元祐年间，胡宗愈任尚书右丞，曾多次请辞未准。苏轼承旨，撰不允诏有五篇，诏文中有“雅望在人，既非一日之积；历试而用，亦自群言之公”“卿雅望在人，纯忠许国，既以汇进，胡为力辞”“人才之难，古今所病。忠厚者多乏于用，强济者或凉于德。有德适用，如卿几人。方观卿谋国之良，以成朕知人之美”等等赞誉好评。苏轼与胡宗愈曾相约卜居常州，成为邻居。在《次韵完夫再赠之什，某已卜居毗陵，与完夫有庐里之约》中，写道：“雪芽我为求阳羡，乳水君应饷惠山……应容缓急烦闾里，桑柘聊同十亩闲。”可见情谊之深厚。

单锡就更不用多说了，苏轼爱其贤，将外甥女嫁给了他。单锡博览群书，通阴阳图纬星历之学，累官知德兴县。苏轼对单锡的评价非常高，在《祭单君赐文》中，称他“内齐于家，外敏于官。民谓父兄，吏莫容奸。信于朋友，人得其欢。博学工诗，数术精研。人涉其一，君有其全”。苏轼每次到宜兴，都要去单家巷探亲。

可见“琼林四君子”之交，使苏轼与常州结下不解之缘。在从海南岛贬所北归之前，苏轼曾有十次到常州，其间，他又结识了报恩寺长老、滕元发、邵民瞻、蒋公裕、钱公辅（字君倚）、钱世雄（字济明）、胡仁修等友人，并将侄女嫁与才子胡仁修。与常州友人的结交，都有诗文酬唱，情谊深厚真诚。特别与钱氏父子的交往，为世人所称道。苏轼在《跋钱君倚书〈遗教经〉》说：“人貌有好丑，而君子小人之态不可掩也。言有辩讷，而君子小人之气不可欺也。书有工拙，而君子小人之心不可乱也。钱公虽不善书，然观其书，知其为挺然忠信礼义人也。”苏轼以书品来自人品，赞美钱公辅是“挺然忠信礼义”的君子。苏轼通判杭州时，与钱世雄为同僚，结为知音。钱世雄一直追随苏轼，始终不渝。苏轼贬惠州时，钱世雄派人步行从江南代送家书与苏轼，遭到官府追究。苏轼北归，病逝常州前，钱世雄一直守候于病榻前。

苏轼钟情常州，用他在《钱君倚哀词》中所慨叹：“独徘徊而不去兮，眷此邦之多君子。”发自肺腑之言：“吾行四方而无归兮，逝将此焉止息。”终老常州。

除了“此邦多君子”外，苏轼还钟情于常州秀丽的山水风光、纯朴的人情风物。对延陵季子让国躬耕，唐宰相陆希声退隐颐山等故事，有着浓厚的兴趣。

苏轼通判杭州期间，多次来常州公干，足迹几乎踏遍常州宜兴的山山水水，这里给他留下极深刻的印象。如熙宁六年（1073）常州、润州发生旱灾，苏轼奉命前往赈灾。赈灾结束后，他来到宜兴，在单锡、单锷兄弟的陪同下，游览了张公洞、玉女潭、丁山等风景名胜。他见到丁山附近的独山酷似家乡眉山的形状，不由得发出“此山似蜀”的感叹。第二年春天，苏轼又来到宜兴，更是被这里的山色湖光、茶香水美所深深陶醉，欣然命笔，填词《踏莎行》：

> 山秀芙蓉，溪明罨画，真游洞穴沧波下。临风慨想斩蛟灵，长桥千载犹横跨。　　解佩投簪，求田问舍。黄鸡白酒渔樵社。元龙非复少时豪，耳根洗尽功名话。

宜兴不但茶好水美，而且紫砂壶尤为有名。苏轼深爱之，亲自动手制作了一把“三足提梁”的大紫砂壶，刻上“松风竹炉、提壶相乎”的题词。后人把这种壶式称之为“东坡提梁壶”。

由君子之交，到山水风物之爱，苏轼已决定在常州宜兴买田置屋，终老一生。“买田阳羡吾将老，从来只为溪山好”，这是他的由衷之言。

就在这年，由蒋之奇牵线，宜兴知县李去盈为苏轼在宜兴黄土村一曹姓地主手中买得一份田产。当年琼林宴上“鸡黍之约”初步履行，苏轼心情舒畅，将这一好消息特意告知好友陈述古（《风光无限好》）：

惠泉山下土如濡，阳羡溪头米胜珠。
卖剑买牛吾欲老，杀鸡为黍子来无？
地偏不信容高盖，俗俭真堪著腐儒。
莫怪江南苦留滞，经营身计一生迂。

这便是苏轼在《乞常州居住表》中，所言“臣有薄田在常州宜兴县，粗给饘粥，欲望圣慈，许于常州居住”之由。

然而，苏轼十年前买下的这份田产，由于“乌台诗案”的发生，曹姓地主见苏轼落魄失势，趁机赖账，“既鬻而造讼”，妄图毁约。后来，苏轼还朝任礼部尚书时，御史黄庆基还抓住这件事攻击苏轼，向圣上状告苏轼“结托常州宜兴知县李去盈，强买姓曹人抵当田产，致其人上下论诉，进状者凡八年，方与断还”。实际上苏轼当时在黄州贬所，曹姓地主一直追着要回卖出的田产。苏轼不愿与无赖纠缠，此次到常州，便舍弃了，曹姓地主也没把钱退给苏轼。于是，苏轼不得已，又在好友邵民瞻的帮助下，再去宜兴买田置屋。邵民瞻是宜兴的一位年轻书生，当时苏轼乃受贬之人，“生平亲故，莫敢与通”。而邵民瞻却与苏轼“晨夕周旋，不稍畏避，独与之游”。这使苏轼倍感欣慰，决定倾囊买田置屋。邵民瞻不仅为苏轼在宜兴永定里（今宜兴闸口乡）塘头村买了地，还在永定里买了一所房子，价值五百缗。这笔费用是苏轼变卖京师南园私宅所得。

苏轼永定里买屋，还留下了一个流传近千年的“折券还宅”的感人故事。苏轼准备择日搬进新居，在一个月夜，苏轼出门散步，来到一个小村庄，忽听一阵凄凉哭声，循声来到一座茅屋前，只见一位白发苍苍的老婆婆正在伤心哭泣。苏轼上前详询其由，方知其子吃了官司，把祖产卖了，没了居所，而其宅正是苏轼所买。面对此情此景，苏轼劝慰老人：“你不要急，也不要悲伤，买你房子的人就是我，我把房子还给你好了！”不料老婆婆连连摆手，哭泣着说：“卖屋所得的钱，已给不争气的儿子花光了，拿什么来赎屋？”苏轼慷慨答道：“屋还给你，钱就不要还了。”说完，使将房契当面烧了。

苏轼与邵民瞻的友谊，可说是延续到今天的邵氏后人。2001 年初秋，在苏轼后裔苏慎的陪同下，笔者曾前往常州宜兴寻访先贤苏轼遗迹。来到闸口小学，这里便是邵姓宗祠“天远堂”遗址，遗憾的是未见苏轼手书的“天远堂”匾额。但令人兴奋的是当年邵家庭园犹存，院中有一株枝干虬扎，高丈余的海棠，生机盎然，甚是壮观伟岸。守护庭园的老人，是邵民瞻的后人。他说，这株海棠是苏轼托人从家乡眉山带来，亲手栽种。该株海棠已六枯六荣，现存的新株是1954年主干被大风刮断后又长出的新枝，每年，海棠盛开，满树火红，观赏之人不绝。

苏轼与常州的情结，用宋人费补之的一句话，即可确切表达："出处穷达三十年间，未尝一日忘吾州。"苏轼的这份情结，引发后人无穷的追思。乾隆皇帝当属典型，他六次南巡途经常州，侍从问他在哪里下船，他说："苏东坡当年在哪里下船，朕就在哪里下船。"苏轼当年来常州，多走水路。据《宋人轶事·摭遗志》载："苏轼自海外南归，寓居毗陵，邑令于其舣舟处筑亭，榜曰'舣舟'。""舣舟亭"为苏轼系船处，成为常州一大胜迹。故，乾隆每至常州，即以过"舣舟亭"为快，且有四次作诗以颂。如《舣舟亭》诗云：

跋马过府城，至此应登艇。
云有苏子瞻，舣舟之旧境。
其然岂其然，但觉松筠静。
千秋称古迹，如是率堪省。
往来八州牧，留题成妙景。
斯亭而在斯，讵非毗陵辛。
绀宇栖金仙，瞻谒吾亦肯。
东坡喜逃禅，往往偈句警。
立朝乃刚直，正合进善猛。
今宁无颇牧，冯言会心永。
解缆遵川程，迥望风幡影。

乾隆还为舣舟亭题书"玉局风流"御匾，并以御笔亲书"坡仙遗范"，以表对苏轼的仰慕、怀念之情。

话说回来，正当苏轼忙于"买田阳羡，誓毕此生"之时，命运发生了转变，他希求复出、为国效力的愿望，终于露出了曙光。六月，苏轼接到朝廷诏命，起知登州。

第二十一章

五日登州

五日登州府，千载苏公祠。

苏轼接到朝廷恢复他朝奉郎官阶，起知登州军州事的诰命，吃尽苦头的家人甚为欣喜，生活总算又有了转机。唯独苏轼心事重重，矛盾极了，时运突转，反倒产生畏惧心理。他在给佛印书中说："如蓬蒿藜藿之径。"在与米芾的信中更说："某别登封郡，已达青社；衰病之余乃始人闹，忧畏而已。"多年的人生阅历使他懂得祸福相依的道理。然而，从小就立志"致君尧舜""奋厉有当世志"的苏轼，又不愿错过这一建功立业的大好机会，认为"登虽小郡，地号极边，自惊缧绁之余，忽有民社之寄"。在这种两难的矛盾中，苏轼又携家带口踏上去登州赴任的道途。

从这年开始，苏氏兄弟的政治命运由好转向巅峰。八月，朝廷以秘书省校书郎之职将苏辙召回朝。虽然这个职位是朝官的最低爵次，可苏辙在辛酸中仍感欣慰。他在《初闻得校书郎，示同官三绝》中自嘲说："奔走半生头欲白，今年始得校书郎。"令苏辙万万没想到，就在赴京途中，诏令又到，擢升为右司谏。"自是流落凡二十余年"的苏辙终于云开雾散，红日当照，从此便青云直上，四五年后就位至公卿。

此时的苏轼，正于道途加紧赶往登州赴任。十月，苏轼路经密州时，受到时任密州知州霍翔置酒超然台上的热情接待，更受到密州百姓的夹道欢迎。他将十年后与密州百姓久别重逢的喜悦之情录于《再过超然台赠太守霍翔》《再过常山和昔年留别诗》两诗中：

昔饮雩泉别常山，天寒岁在龙蛇间。

山中儿童拍手笑，问我西去何当还。

十年不赴竹马约，扁舟独与渔蓑闲。
重来父老喜我在，扶挈老幼相遮攀。
当时襁褓皆七尺，而我安得留朱颜。
问今太守为谁欤，护羌充国鬓未斑。
躬持牛酒劳行役，无复杞菊嘲寒悭。
超然置酒寻旧迹，尚有诗赋镵坚顽。
孤云落日在马耳，照耀金碧开烟鬟。
郑淇自古北流水，跳波下濑鸣玦环。
愿公谈笑作石埭，坐使城郭生溪湾。

面对热烈而感人的欢迎情景，苏轼不由得向霍翔倾情回忆当年离开密州时，也是这样感人难忘情景：那年离开时，虽然是天寒地冻之时，但密州的父老乡亲，不管男女老少都来送别，心里感觉如同春天般的温暖。很令我感动的是连山中儿童都不怯生惧官，蹦跳到我面前，拍着手笑问我好久回来呀！我开心地笑着和他们约定归期。可遗憾的是十年没有去赴儿童的约会，惭愧失信于他们啊！苏轼自熙宁九年(1076）十二月离开密州至此时，已为十年，故言“十年不赴竹马约”。“竹马约”这个典故出自《后汉书·郭伋传》。郭伋以公务到了西河美稷这个地方，有儿童数百，各骑竹马（儿童游戏时当马骑的竹竿)，道旁迎拜。公务完毕，这些儿童复送之，问郭伋何日当回来？伋计日告之。回来时，较原定时间早了一天。郭伋怕失信，有意在归途中多住了一天，到约定的那一天才回来。自古以来，百姓无不惧怕官威。而苏轼对密州百姓无丝毫官威，连小孩子都亲近他，可见苏轼为官平民化的亲和力少有人可比。一句“竹马约”的率真天性，令人仿佛目睹苏轼当年离密州时，俯身亲抚儿童头顶相约归期的慈爱笑容。

想不到世事难料。苏轼于“罪废”中被朝廷重新起用为登州太守，才有这路经密州的机会。而密州的百姓早听说苏轼于元丰二年被朝廷逮进御史台监狱以后，受尽折磨，以后被贬到黄州，就无音讯，以为他早已不在人世了。想到曾为密州百姓带来福祉的这位好太守还活着，真是喜出望外。当得知苏轼来密州的消息，人们扶老携幼，成群结队，早早地等候在苏轼要经过的道口，自发地夹道欢迎。苏轼一到，人们争相攀住车辕，询问别后之情。仅“喜我在”三字，包含着密州父老对苏轼无限深情，展现了热烈感人的迎接场景。

十年后，苏轼重回到密州。如今这里的物质生产有了很大发展，老百姓的生活有了改善，不用再像过去那样以杞菊为食了。当然，这与苏轼当年治理密州的功绩是分不开的。密州人民没有忘记他，连当年刻在超然台上的诗赋仍在，没被破坏，多值得高兴啊！同样，苏轼亦牵挂着密州百姓的生产生活。他郑重地向霍翔太守提出，希望他很好地利用邦淇河，修建一座水库，帮忙完成自己在任时还未来得及做的这件事。苏轼充满对密州百姓生活生产关切的深情，怎不令密州人民难以忘怀呢！

伛偻山前叟，迎我如迎新。
那知梦幻躯，念念非昔人。
江湖久放浪，朝市谁相亲。
却寻泉源去，桃花应避秦。

密州百姓都知道苏轼对常山有着深厚的感情，知道老太守去登州赴任要经过常山，必然要停留缅怀当年率民祈雨的情景。于是，一些脊背弯曲的老年人，自发地相约，早早地来到常山等候。

然而，当苏轼到来时，老人们对当年相熟相知的老太守却一点都不认识了。苏轼不由得感慨万端：自己自离开密州后，因诗罹祸，被朝廷派人从湖州逮捕入京，投入御史台监狱，受尽折磨，后蒙圣恩免于一死，谪贬黄州五年。总的计算起来，十年不到，却犹如一场“梦幻”，自己怎能不完全变了样呢！密州父老又怎能详细知道我这般经历呢！见面不相识，也就不足为怪了。

相迎的场景既使人十分感动，又使人心酸落泪。“江湖放浪”，实则是苏轼黄州贬居生活的写照。他由密州百姓的纯朴、善良、敦厚、真诚联想到在黄州五年与田父野老往来的欢乐情景，深刻感受到天下百姓都是最好的，在他们中间看不到世间混浊，只有真情高扬，哪像朝市之间毫无真诚可信，有的只是钩心斗角，争权逐利。只有生活在百姓中间，才能寻找到世外桃源的美景，那是属于另一个世界。

以上两首诗，深刻传递了密州人民对苏轼的真挚情感，表达了苏轼心系密州父老的率真。其相迎场景的生动描写，令人有一种穿越时空的现场感，无不扣人心弦。

怀着与密州父老的惜别之情，苏轼于十月十五日到任登州。

登州位于山东半岛最北部的海边，号为极边，辽国山川，隐约可见，是个边防重镇。苏轼历来重视边防建设，一到任，顾不上鞍马劳顿，即刻巡视登州的边防设施与水军驻防情况。他目见驻防空虚，兵将武艺堕废，存在严重的边防危机，一旦顺风，辽军驾战船顷刻间就可抵达登州城下。这使苏轼忧心忡忡。他了解到自大宋朝建立以来，就在登州屯驻重兵，“教习水战，旦暮传烽，以通警急”。每年利于船行的四月至八月，都要派兵戍守驼基岛，以防不测。从宋真宗景德（1004—1007）以后，登州驻军不下五千人，除本州诸军外，还从京师、南京、济州、郓州、兖州、单州调兵马屯驻。到宋仁宗庆历二年（1042），登州知州郭志高为强固边防，又设置了两个澄海水军弩手指挥（宋代军队编制单位，以五百士兵为一指挥），使辽国未敢轻举妄动。可近年来，因未见有入侵事件发生，有人便放松警惕，认为不会发生不测，而把驻平海兵调走六十名，分屯于密州的信阳、板桥、涛洛三处；去年，又从澄海调走二百士兵去莱州屯驻，调走一百士兵去密州屯驻。原本朝廷有令，不得抽调平海兵去别处屯驻。至于澄海水军，专为登州海防创置，更不能调动。这样随便调走登州防军，势必开启辽国入侵之心。到时，边境危也！苏轼将所了解的情况，写成《登州召还议水军状》，上奏朝廷，请求朝廷降旨，固定驻军，教习水军，加强海防建设。

登州近海，民众用海水晒盐，这是登州得天独厚的产业。但是，苏轼在巡视边防的过程中，发现一种怪现象，由于官府垄断经营权，产的盐卖不出去，而百姓又吃不起盐，以致盐乡的人都纷纷逃亡他乡。这种现象令苏轼十分忧心。他又向朝廷上《乞罢登莱榷盐状》，据实指出登州“地瘠民贫，商贾不至，所谓盐货只是居民吃用。今来既榷入官，官买价贱，比之灶户卖与百姓，三不及一。灶户失业，渐以逃亡，其害一也；居民咫尺大海，而令顿食贵盐，深山穷谷遂至食淡，其害二也；商贾不来，盐积不散，有入无出，所在官舍皆满，至于露积。若行配卖，即与福建、江西之患无异，若不配卖，即一二年间举为粪土，坐弃官本，官吏被责，专营破家，其害三也。官无一毫之利而民受三害”。而与登州相邻的莱州，食盐官卖出现的情况与登州相同，苏轼请求朝廷“先罢登莱两州榷盐，依旧令灶户卖与百姓，官收盐税”，很快获得朝廷批准。于是，登莱百姓因苏轼之功德而不食官盐的惯例延至清末。清代的盐政碑中记载：“有宋时，苏文忠公莅任五日即上榷盐书，为民图休息，士人至今祀之，盖非以文章祀，实以治绩也。”

苏轼上任仅五天，便完成了两件关乎大宋王朝国计民生的大事，可见办事效率之高，责任心之强。清代王文诰有评：“公无不言事之官，兹以五日之京兆，而两状所陈若此，足见其规模宏远矣。在高密时，深以议京东榷盐为非，逮一过文登，就便动手，亦见其机警而手辣也。”

奥斯特洛夫斯基说过这样一句话："人生最美好的，就是在你停止生命时，也还能以你创造的一切为人民服务。"苏轼正是这样的人。他在登州留下"士薰其化，民安其政"的政绩，州人莫不"恨其去之速"。后世专门建了苏公祠，留下"五日登州府，千载苏公祠"的千古佳语。清代诗人张弓拜谒苏公祠后，留下这样的赞诗：

清空蜃气像楼台，四海传闻几费猜。
赖有公来官五日，三山万古重蓬莱。

诗卷从来已折衷，古祠今又拜遗风。
果然日与山海对，公爱此间我爱公。

十月二十日，朝廷诏令又至，命苏轼即刻回朝，任礼部郎中之职。苏轼眷恋登州之风情，实不愿就此离去。

蓬莱因有海市蜃楼之胜，历史上曾是秦汉之君巡幸求仙的地方，且传说中"八仙过海"从这里启程。苏轼是位行吟者、热爱祖国山川的大诗人，哪能不吟诗呢！

东方云海空复空，群仙出没空明中。
荡摇浮世生万象，岂有贝阙藏珠宫。
心知所见皆幻影，敢以耳目烦神功。
岁寒水冷天地闭，为我起蛰鞭鱼龙。
重楼翠阜出霜晓，异事惊倒百岁翁。

苏轼还在《登州海市》诗的序言中说："予闻登州海市旧矣，父老云：常出于春夏，今岁晚，不复见矣。予到官五日而去，以不见为恨。祷于海神广德王之庙，明日见焉，乃作此诗。"登州"海市蜃楼"这一奇观，一般只在春夏出现，秋后便难现其景了。所以，连海神都要宠爱于苏轼，特意"安排"一场"海市幻景"让他一睹为快，了却遗憾。

第二十二章

出入禁闼

曾未周岁，而阅三官。

游离迁播，喘息未定，坐席未暖，苏轼又携家带口踏上去京师的道途。

一路走去，似如奔命。行至青州（今山东青州），真是冤家路窄。“方定鞠狱时，力欲置公于死”的李定，时知青州，却如无事一般，满脸笑容，热情恭迎苏轼，将其全家安排于驿馆住下，又设盛宴款待，极尽讨好巴结。他预感苏轼此次回朝，定会手握生杀大权，故谄媚于苏轼。李定所为，清代王文诰点批：“而发难者已欢笑而承迎之，何也？盖小人之所以必胜君子者，正以皆工此术之敌。而君子之终不能与小人争者，往往为气节廉耻所误。向见笑啼交作，而墨池雪岭者，多矣。”一针见血，道出真谛。苏轼用“相见极欢”来形容与李定的会面，并在当日便将这一场面写信告之好友腾达道，极具讽刺意味！

元丰八年（1085）十二月上旬，苏轼抵京师，安排全家租住于蒲池寺。

时朝廷的政治格局是：蔡确为左仆射，韩缜为右仆射，张璪为中书侍郎，章惇知枢密院事，李清臣迁左辖。群奸盘踞朝堂，独司马光在门下省，却常受章惇等辈谑侮。可见此时朝廷未完全清明。苏轼在这种政治格局中，赴任礼部郎中。

半月后，朝廷诰令下，加爵苏轼为起居舍人，又称右史，是掌记言的官，即负责记录皇帝的言行，包括指令、命令、决定、巡察行动等，后即撰写为起居注。作为皇帝的贴身秘书，起居舍人自然要接触中央的最高机密，要求人品、道德高尚，必须是皇帝最信任的人才能担当。说明高太后十分信任苏轼。

苏轼清楚这一职务，随时随地都要跟随皇帝左右，关注一言一行，虽然荣耀，责任同样重大，决不可有闪失。于是，他连连上书乞辞免。他在《辞免起居舍人状》中说：“臣受材浅薄，临事迂疏，起于罪废之中，未有丝毫之效。骤升清职，必致烦言。”一番客套之词，未能获准。接着再上一状，这才袒露心思：“今者出于九死之地，始有再生之心，危迹粗安，惊魂未返。若骤膺非分之宠，恐别生意外之忧。”苏轼不图荣华，只求不再生出意外之忧，在无过之中，平平安安过日子，故而请辞。

苏轼未能被辞免，于十二月下旬，以七品服入侍延和殿，勉强就任。皇帝随即赐予绯色官服和银鱼袋。古代官服的色彩式样是按官品定制的，如当今之军队的军衔制。宋代前期规定：三品以上官服为紫色，佩金鱼袋；四、五品官服为绯色，佩银鱼袋；六、七品官服为绿色；八、九品官服为青色。凡六品以下官员无佩袋。神宗元丰元年（1078）改定：四品以上官服为紫色，佩金鱼袋；五、六品官服为绯色，佩银鱼袋；七、八、九品官服为绿色，均无佩袋。唐代以鱼符代替古代的虎符，装在锦袋里，别于官员腰间，故称鱼袋。后来，锦袋不装鱼符，只作为官员的一种身份、地位象征。其实，苏轼早在知密州时，就已穿上紫色官服了，只因“乌台诗案”贬了官，才以七品服入侍哲宗。故有哲宗“赐银绯”，以提升苏轼身份与地位，表示恩宠。

元祐元年（1086）三月，苏轼加爵，朝廷诏命为中书舍人，正四品，属中书省官员，所以例兼知制诰。其职责为撰写诰命，参与国家机密，地位显赫，职权甚重。如朝廷下达的诰命有不合实情，中书舍人可拒绝撰写诰命，即有“封还词头”的权力。如当年苏辙任职商州军事推官，王安石不撰词，苏辙就不能赴任一样。担任中书舍人一职，必须是有出众的文学才华与资望的人。按规定还得通过严格的考试，合格后才能任命。朝廷却直接向苏轼下达任职书。在这之前，自大宋立国以来的一百二十多年间，只有陈尧佐、杨亿、欧阳修三人未经考试而担任知制诰。可见高太后是何等的看重与信任苏轼。

苏轼作为一贬官，竟升迁得如此之快，朝野惊讶，百官议论纷起。这使他倍感惶恐，再次上《辞免中书舍人状》：“臣顷自贬所，起知登州，到州五日，而召以省郎；到省半月，而擢为右史。……出入禁闼，三月有余，考论事功，一毫无取。今又冒荣直授，躐众骤迁。非次之升，既难以处；不试而用，尤非所安。”高太后接到苏轼辞状，放置不允。当年仁宗皇帝“朕今为子孙得两宰相”之金口玉言，犹在高太后耳边回响。像苏氏兄弟这样的人才，被弃置多年不用，实在是大宋王朝的损失。今再不起用，委以重任，实有愧先帝。高太后想到此，内心激荡，为赵氏百代基业大计着想，于八月，她再下诏令，升迁苏轼为翰林学士、知制诰，正三品，着紫服、佩金鱼袋。宋代宰相为二品，一品几乎未曾颁赠过。因此，任翰林学士、知制诰，往往是担任首相的前奏。同时，苏辙由右司谏迁升起居郎，再升中书舍人，兄弟二人数月间，均连升三级。用苏轼自己的话说："曾未周岁，而阅三官。"

宋代的翰林学士是皇帝侍从近臣中高级别的实职官，其主要职责是为皇帝撰写诰命，凡是大臣任命书、国书、赦书、重大号令等均由翰林学士撰写，并由宫中直接发出，称为内制。故翰林学士又称"内翰"，或谓之"内相"。而中书舍人撰写的诰命，是中书门下以皇帝的名义发出的，称为"外制"。翰林学士院设在宫中，又称玉堂，须从宫城北门进去，可以直通宫廷。翰林学士的公务通常都是在晚上进行，也被称为"锁禁深夜"。按惯例，翰林单日夜里在宫院值班。苏轼在这里，按照高太后的口述来拟就诏令，以备第二天颁布之用。这期间，苏轼对于政务相当勤勉，拟了约有八百道圣旨。

而其弟苏辙亦勤于政事，与苏轼一样，到了呕心沥血的程度。他一生所上奏状约一百五十余篇，绝大部分作于元祐年间。而元祐元年（1086）二月至九月任右司谏期间所上奏状竟占半数，共七十四篇，平均每月达十篇之多。右司谏有对朝政缺失、大臣及百官的任用、政府各部门的措施提出意见的职责和权力。苏辙这一时期奏状的内容主要涉及四个方面：一是对新党，主张严惩大臣，不问小臣；二是对新法，主张区别对待，慎重行事，反对司马光尽废新法；三是对西夏，主张归还神宗朝所占西夏土地，和睦关系（所占土地大都是不毛之地），加强边防，求得边境安稳，以利社会政治、经济的稳定发展；四是主张关心民间疾苦，反对与民争利。故宋人朱弁《曲洧旧闻》云："当时台谏论列，多子由章疏。"

在对待新党权重人物上，苏辙像个大公无私、实事求是、依法办事的"纪委书记"和称职的"组织部长"一样，力主罢黜罪过深重的新党权重者和无所作为的大臣，选用德才兼备的人执政。他在《乞选用执政状》中说："左仆射蔡确险佞刻深，以狱吏进；右仆射韩缜识暗性暴，才疏行污；枢密使章惇虽有应务之才，而其为人难以独任；门下侍郎司马光，尚书左丞吕公著，虽有忧国之志，而才不逮心。至若张璪、李清臣、安焘皆斗筲小人，持禄固位，安能为有，安能为无。……陛下新临天下，人材衰少，此数人者未可一朝而去也。则愿择其任最重而罪最大者去之，臣以为莫如蔡确、韩缜者也。"特别是对宰相蔡确、韩缜和枢密使章惇，苏辙指陈他们前则蔽塞神宗，逢君之恶，窃据尊位，今又将一切罪责之过归咎于神宗，使先帝一人独背恶名，如此厚颜无耻之徒，不引咎辞职，还窥俟得失。于是，高太后将此三人罢去，以司马光、文彦博、吕公著等为相。

令苏轼万没想到的是，神宗驾崩后，"谁复出我于沟壑者？归耕没齿而已矣"

的他，却有高太后挂怀，令其复出之快，迁升之速，唯有感激流涕。但苏轼又有忧虑："骤当殊擢，庆自不安""安以劳旧尚多，必有积薪之诮。"功勋元老之臣大多健在，且新党势力未绝于朝堂，兄弟二人一同被进用，连升高职，势必遭惹忌恨及讥诮非议。"伤弓之鸟，固已惊心"的他，怎能忘却"乌台诗案"之痛，安心就职呢！只得连上两《辞免翰林学士状》，向高太后道明心曲。

高太后心明如镜，自然理解苏轼心曲，可仍要对其大用重用，不准辞免。她不但派内臣董士隆到苏轼住处举行宣诏礼，宣读任其翰林学士、知制诰圣旨。同时，"特赐紫色服一对，金腰带一条，金镀银鞍辔马一匹。命服出笥，荣动搢绅"。以后苏轼出入朝堂，皆按所赐物件穿戴，佩金鱼袋，骑马上班，这是圣命，谁敢乱说一二。宣诏使一来，"里巷传呼"，看热闹的人围得是里三层外三层，为这隆重的典礼欢呼赞美。这典礼只有宰相和翰林学士初次任命时才举行的。当时，只要有人当了翰林学士，人们就会用"一佛出世"来形容。所以，这样的"极荣"场面多么难得一见。

苏轼不能再辞免了，只得接受任命与赐物。连上《谢宣召入院状二首》《谢翰林学士表二首》《谢赐对衣金带马表二首》，以表对高太后的知遇之恩。

元祐二年（1087）七月四日，朝廷又诏命苏轼兼侍读（皇帝的老师），这要求更高，必须人品、学识、才华、德操兼备。故苏轼在《谢兼侍读表二首》中言："分章摘句，则何以报非常之知。"侍读责任重大，学术浅陋者，是担当不起的。

在禁中，苏轼与高太后君臣相处之间，关系十分融洽。高太后为人温良宽厚仁慈，令苏轼心情大为快慰；高太后公私分明、严于律己的高尚品行和思谋远虑、果敢善断的政治才能，令苏轼对宋王朝走向繁荣富强充满信心。高太后当朝理政，即以休养生息为行政的当务之首，大刀阔斧地调整政策，采取一系列强国富民的措施，如"减放市易见欠息钱，罢人户养马，放积欠租税，差官体量茶、盐法"；遣散修筑京城的役夫，裁减兴建工程，诫中外毋苛敛扰民，还民于生产和生活的权利。她为政严明秉公，反对私情代国法，从父遵裕坐西征失律，臣下为之保位求情，她则坚持不以私恩而乱公议；其侄公绘、分纪转迁观察使，她竭力阻止，后经哲宗再三恳请，才迁一秩。她明辨忠贤，躬行节俭，体恤民生，礼贤下士，对己严格，文思院奉上之物，不论大小，终生不取其一。这些行为，有的是经苏轼之手，变成诏令，推行实施于全国，有的是苏轼亲眼所见。

高太后确实不愧为一代"明君"，人以为"女中尧舜"。在她的精心辅助下，宋代出现了为历史学家赞颂的"元祐之治"。

对于高太后的治政才能，苏轼于元祐二年（1087）十月二十日作《太皇太后》篇中，高度赞美她与天俱来的聪明睿智，为万民表率的慈爱俭约，让人肃然起敬；她让汉唐帝王黯然失色的功绩，比太任、太姒还要高的仁德，让人无限敬重。其文曰：

伏以消长有时，候微阳之来复；贤愚同庆，知君子之汇征。德化所加，神人并应，恭惟太皇太后陛下，睿明天纵，慈俭身先。振河岳以不倾，地无私载；顺阴阳而自化，天且不违。成功已陋于汉唐，论德盖高于任姒。《大有》上吉，方获助于三灵；《既醉》太平，当纯备于五福。妾等职参长御，心奉慈闱。庆阳德之方来，愿天寿之平格。

不久，苏轼又作《太皇太后》篇，以饱满的激情赞美讴歌高太后行仁政之治，教化六宫，表率万民；捐献私财钱粮，拯救饥民，德布海内；征求贤良，审察官吏，擢拔草野有德才之士。其文曰：

伏以太簇旋宫，既赞扬而出滞；勾芒司历，方布德以缓刑。恭惟太皇太后陛下，化始六宫，风行九有。捐财振廪，救民沟壑之中；求贤审官，拔士茅茨之下。方履端之资始，膺景福于无疆。妾等幸侍禁严，粗供妇职。愿献冈陵之寿，少输草木之诚。

到元祐三年（1088）十月二十日，苏轼再作《太皇太后》篇，盛赞高太后以柔和平静之心、以清净明察能洞万物之才辅佐圣上，其无为而治的圣德使海内祥和平静，使大宋迎接着文明古国的又一新春。其文曰：

伏以书奏清台，验历家之邃密；日移黄道，迎化国之舒长。寰宇和平，宫闱欢豫。恭惟太皇太后陛下，教隆阴礼，位正坤仪。嗣太任之徽音，道光千古；衣明德之大练，俭化六宫。体柔静以临朝，配清明而烛物。庆云可望，共占至治之祥；彤史何知，莫赞无为之德。妾等猥参女职，仰奉慈颜。因来复之一阳，祝无疆之万寿。

完全可以想象到，苏轼在禁中这段日子，是他一生中最为振奋、最为骄傲自豪、最值得回忆的时光。其中有一件事，让他感到人生之愉快莫过于此。因这件事印证了他曾寄希望于神宗而复出的正确性。

当值于禁中的一个夜晚，没有诏令可拟，苏轼闲得无聊，便与同僚饮酒吟诗，谈论书法绘画。突然，内侍太监奉旨召他入内东门小金殿听旨。苏轼随太监急忙赶到小金殿，太后与小皇帝哲宗已高坐殿上。太后微微含笑，说："有一件事我想问你，卿前年为何官?"

太后问及官职之事，事情很突然，苏轼心里陡然一惊："又是哪河水涨了?"但很快他就坦然了，回答说："臣前为黄州团练副使，后蒙恩量移汝州。"

"现在身居何职?"

"翰林学士。"

"何以遽至此?"

"仰赖太后的恩典。"

"这与老身无关。"

苏轼只好猜想，说："一定是皇上的恩典。"

"与皇上也无关。"

苏轼愣了片刻，又猜道："也许是有老臣推荐。"

太后说："与他们也没关系。"

苏轼大惊道："臣虽不才，但从不走不正之道以求升迁，还望太后明鉴。"

太后慈祥温厚地笑了，说："这是我老早就想对你说的。这是神宗皇帝的遗诏。先帝在世之时，每诵卿文章，必叹曰：'奇才！奇才！李白有苏轼之才，却无苏轼之学，以朕观之，还胜之一筹。'常想用你，但不幸未及如愿便遽尔崩逝。"

苏轼听罢，原来是这样！不禁深感先帝之情，俯伏于地，失声痛哭，情意切切。太后和小皇帝也感动得哭泣起来，左右侍臣一同悲咽感伤。哭毕，太后又命以锦墩赐坐、赐茶。然后说："苏爱卿，古人云：'吉人自有天相。'你乃三朝老臣，受尽磨勘，今日方得置宰国事，直须尽心为国家出力，以报先帝知遇之恩!"苏轼再拜，感激涕零道："苏轼不才，愿肝脑涂地，以报社稷、先皇、太后和陛下之恩。"太后随即赐犀带一条，紫袍一领，金镀银鞍辔马一匹，"被三品之服章"。最后，用御前金莲烛送苏轼回翰院。高太后对苏轼如此厚爱，这种至高无上的殊荣，在宋王朝的官场中，能享受到的恐怕就只有苏轼一人了。

第二十三章

不忘初心

功废于贪，行成于廉。

苏轼大难不死，今居高位，按常理，他应该认认真真总结二十余年来的官场经验教训，加倍珍惜和把握如今来之不易的大好前程，把官做稳做牢靠，只要稍加努力，委曲求全，或圆滑投机，便可登上宰相之位。或“轼稍自韬戢，虽不获柄用，亦当免祸”（《宋史》本传）。但是，别人做得到，苏轼绝对做不到。他决不会因“乌台诗案”的牢狱之灾，而改变“致君尧舜”“奋厉有当世志”的初心；不管身处高贵，还是身处低贱，历尽磨难真情在的苏轼，始终把国计民生的大义放在心中；他永远是一个不屈的战士，勇往直前。如陆放翁所赞：“公不以一身祸福易其忧国之心，千载之下，生气凛然。”

在仁宗朝时，苏轼曾上《进策》《进论》各二十五篇，并上《御试制科策》，针对朝政现实状况，提出过系统的改革主张与措施。神宗朝时，他又针对王安石变法的利与弊，两上皇帝书，提出不同的政治主张，招来牢狱之灾。今入侍哲宗，身居要职，在整个元祐年间，苏轼所上奏议不下百篇，皆涉及国计民生的大事、要事，为治国安民，更是倾尽心血。他未一日而忘初心，在哲宗即位之初，便代扬州知州吕公著作《上初即位论治道二首》，针对神宗撂下的烂摊子，站在一个政治家的高度，提出系列治理国家、安定民心、稳定社会、发展生产的措施。社会风俗的良性发展，是关乎国家稳固发展至关重要的问题，这是苏轼治政理念的核心成分，他历来十分重视。净化社会风气，关键是朝廷要广施仁政。为此，苏轼在论治道的第一首《道德》中，提出人君以至诚为道，以至仁为德。他以为新皇只要坚守这两条，以至诚仁德为治政之根本，就会成为尧舜那样的人主，使四海之内皆亲如父子，信如心腹，天下归于太平。

在论治道第二首《刑政》中，以古人“临下以简，御众以宽”的治政之道，要求新皇按此百世不变的道理，治理下属要简约，治理民众要宽厚。

苏轼针对朝廷当前存在具有法律效力的皇帝诏令多如牛毛，使人无法全部了解、全部遵守，反倒使法律不管用了的状况，指出昔日汉高祖约法只有三章，萧何制定的法律只有九章，到汉文帝、景帝时，竟然把刑罚搁置起来不用。经历曹魏到晋朝，断罪的法律条文滋长到两万六千二百七十二条，看似完备，却不能抑制奸人，反而使百姓手足无措。这就是宽、严所产生的不同效应。在朝廷问责方面，存在严重的疏漏，监察部门的御史专门搜求考察文书簿册，揭发、指责细微的毛病，使各级官员忙于改过，而对近年来，水旱连发、盗贼滋生、四方民众流亡、边境不安宁，却不问责宰相。尚书省的长官和各部门官员文牍如山，终日忙于签批文书。这种抓小放大的治政，如不改变，国家就难以治理好。

对于治理民众，苏轼提出必须宽厚。征收赋税必须正当，不可巧立名目，额外加税，断了百姓衣食。三代的君主食租衣税而已，所以民众心服，天下自然无盗。从汉代以来，盐、铁、酒、茶，即收归官榷，这种与民争利的结果是迫使民众为盗。如今朝廷实行兴利以聚财的政策，奖赏为国家聚财的臣子，可不是国家之福啊！必然会动摇国本，因为人民是国家之本。这些年，修筑宫室、城池，与西夏和南面小国开战，累计花费不少于五千万缗。如果用这些钱来购置粮食，足够边境九年的食用，边境自然安宁，西夏和辽国哪敢贸然入侵呢！不过人臣就无功可立、无赏可领了。所以那些想兴利而不想省费的官员，都是在为自己打算，不是为国家着想。人君不明白这些，而顺从人臣的私计，是十分危险的。朝廷只有改变兴利以聚财，实行省费以养财的政策，才是国家之福，百姓之福。这可是当前亟待改革的问题。

元祐三年（1088）五月初，苏轼又针对朝政得失，上《转对条上三事状》。

新皇继位以来，天下多事，灾荒饥馑，盗贼四起，边境不宁，人民劳苦，官吏冗杂，将帅骄横，士卒惰怠，财用匮乏，凡此弊端，不可胜数。而皇帝只是坐于龙庭之上，仅仅凭听取宰执、台谏官及开封知府等十余人陈说政事，以此决断实施国家法令。苏轼忧心这种政令出自内宫，决之于十余个朝廷大臣，十分危险。他认为天下这么大，事情千变万化，决不是这十几个人所能尽知的。如果他们再不称职，或敷衍了事，对于人民疾苦不能如实行报告，导致皇上误认为天下太平，无事可言，以致决策失当，可就误了国家大事了。于是，苏轼提出的第一件事，就是请求皇上恢复祖宗惯例，广开言路，认真听取各方面的意见，对于小官吏乃至布衣百姓，应不时特赐召见，这不单是了通下情，也是为了考察群臣真伪及能力状况。这样才能了解下情、民情，这关系到国家的最高决策符合实际，朝政少出纰漏，非常重要。

苏轼说，自大宋开国以来，冗官的弊病，从没有像现在这么严重的。朝廷对于名位爵禄，出手太简单，每次科考取士，另加特奏名等约八九百人，一次郊礼，要奏补子弟二三百人，而军官转补，杂色入流以及皇帝外戚所荐的还不包括在内。从近代以来，取人之多，得官之易，都没有像本朝这样的。现在吏部名籍上只要有一个缺，便有六七人排队等候，互相争夺倾轧，丧尽廉耻。中才小官，放任贫困地区，一到任，便侵扰勒索，无所不为。针对这种乱象，他提出减少官员录用名额，以才取人，以此解决冗官弊端，节省财政开支，使国家机器正常运转。这便是苏轼提出的第二件大事。

第三件事，主要针对"恩荫"的问题。苏轼主张受"恩荫"之人，需得经过考试，合格者方能任职，且三人中只能取一人。这种以减少荫子革除冗官弊端的举措，有着积极的现实意义。

苏轼请求朝廷尽快落实这三件大事。否则，"数年之后，当有不胜其弊者"。到那时，恐怕已经晚了。

对于时政弊端，苏轼不是睁一只眼、闭一只眼，明哲保身，而总是要发言，尽一个臣子之责。聪明的苏轼明知发言会得罪人，甚至遭来祸事，却不怕。高太后对他兄弟二人有再生之恩，他却对高太后执掌朝政以来，赏罚不明，举措不当，造成严重后果，提出严肃批评。当时，边廷传来捷报，熙河的将领们奋勇杀敌，俘获西蕃部落首领鬼章，立了奇功，得朝廷嘉奖。泾原的将领们闭门自守，让贼人如入无人之境，掠夺百姓财物无数；广东妖贼岑探反叛，围困新州，朝廷派将官童政前去救援，童政竟然屠杀几千平民，其祸害远过岑探，朝廷派江西提刑傅燮去查办，傅燮畏避权势，竟然颠倒黑白，归罪于新州官吏；蔡州捕盗的吏卒屠杀平民一家无辜的妇女五六口人，割其首级冒充男人首级请赏。对如此等等凶恶、狡猾、贪婪、残暴之事，州守、通判不查询，监司也不顾问，朝廷却反倒奖赏泾原将领，对童政处罚也只是降去一个实职，其余则不追责问罪。于是，苏轼严正指出："若不穷究曲直，惟务两平，则君子无告，小人得志，天下之乱，可坐而待，此臣所谓赏罚不明之咎也。"

治理黄河的问题，贯穿整个北宋时期。黄河几乎年年造成水灾，百姓苦不堪言。在仁宗朝时，黄河几次决口，使其下游形成北流、东流两条水道，导流向东还是向北，屡有争议。在元祐二年（1087），枢密院的长官安焘两次上书，皆言黄河故道具有天险作用，京城依赖它阻挡北边的强敌，所以必须让黄河复行故道，而不要怕费时耗钱。平章军国重事文彦博、中书侍郎吕大防持支持态度。因此，朝廷“兴役”黄河复行故道工程。苏轼反对这种不合实际的做法，将历史争议与现实相结合，论证如强行让河水东流“功必无成”。因为“故道高仰，势若登屋”，违反了水流的“就下”之性。苏轼指出安焘等人只知死守河水东流的规律，而不从河道已经变化的实际情况出发，犯了严重的教条错误。如此兴役强河东流（企图经今马颊河入海），并过早地将北流阻塞，必然后患无穷。而且，苏轼算了一笔账，自孙村到海口，原有堤埽四十五处，役使士兵一万五千人，管理使臣五十员，每年开销费用五百余万钱。自从小吴决口之后，原河道的各所堤埽都废弃了，仅余少数量官吏、役兵。如果开凿孙村河而不能使黄河复行故道，公、私财力就全部浪费了；即使有幸使黄河复行故道，可原有四十五处堤埽既以废坏，河水横流的灾害一定比今天更加厉害。现在王孝先打算修复四十五处废坏的堤埽，这是一项大工程，所花费用不计其数。而且，他把这项任务下达给北外监丞司，一旦出问题，则归咎于他人，“其为欺罔，实骇群听”。如果今年罢役，仅枉费价值九百万钱的物料，白用两万兵士、民工；继续兴修，明年将役使数十万人，花费三千余万钱，那么，严重的后果是，民众辛劳到极点不说，还将横遭水患。苏轼建议将三千万钱分作几年使用，顺水流之势，立一些堤防，低的增高，薄的加厚，数年之后，黄河必然逐渐安流。苏轼认为当年欧阳修有两篇《修河议状》，虽为当时的需要，而欧公所指明的利害之处，处理方法，仍能合今日之用。

就以上两件大事，苏轼不惜惹恼高太后，触怒朝中重臣，一针见血，向朝廷上《述灾沴论赏罚及修河事缴进欧阳修议状札子》。他以国事民生为重，用这样的方式来感恩高太后的知遇之恩，此乃君子所为也。

当然，至于朝廷是否采纳苏轼的意见，那是另一回事。就在元符三年（1100），被贬于海南岛的苏轼，听到黄河又一次决口，重复北流的消息，感慨叹息不已，写下《庚辰岁人日作，时闻黄河已复北流，老臣旧数论此，今期言乃验》二首。苏轼从实际出发，其经多次论证后的治理黄河的科学、正确的主张，为事实所验证。

苏轼历来重视吏治，认为社会发展，政权稳固，国家强盛，百姓安居乐业，皆决于吏治。吏治腐败，乃国家覆亡之祸。早在仁宗朝时，苏轼就提出了一系列整顿吏治的措施。如今的官场奢靡成风，官员素质低下，贪腐渎职，不思进取，争权夺利，为一己之私，置国计民生于不顾，整个官场一片乱象。而对这种现状，苏轼很忧心，他清醒地知道整顿吏治的关键是监察与择吏，可朝廷没有赋予他相关权力，整顿吏治也不是他职责范围之事。但提高为官者的思想素质、精神境界、道德操守，向官员们敲响“功废于贪，行成于廉”的警钟，这是他能办到的。于是，苏轼在入侍哲宗之初，便写了《六事廉为本赋》，以此作为提升百官思想觉悟的读本：

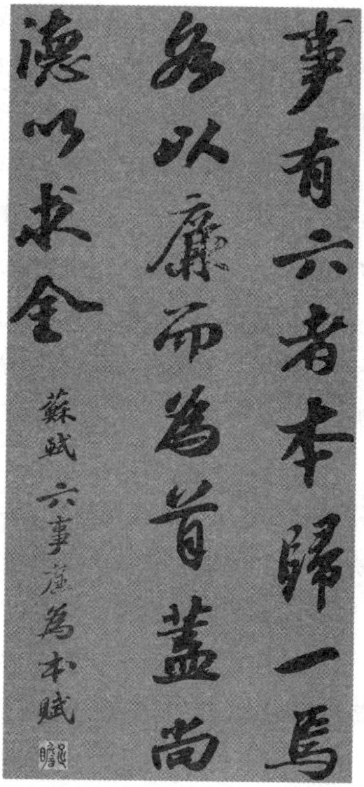

事有六者，本归一焉。各以廉而为首，盖尚德以求全。官继条分，虽等差而立制；吏功旌别，皆清慎以居先。器尔众材，由吾先圣。人各有能，我官其任。人各有德，我目其行。是故分为六事，悉本廉而作程；用启庶官，俾厉节而为政。善者善立事，能者能制宜。或靖恭而不懈，或正直而不随。法则不失，辨别不疑。第其课兮，事区别矣；举其要兮，廉一贯之。蔽吏治之否臧，必旌美效；为民极之介洁，斯作丕基。所谓事者，各一人之攸能；所谓贤者，通众贤之咸暨。拟之纲罟，先纲而后目；况之布帛，先经而后纬。于冢宰处八法之末，厥执既分；在西京同大孝之科，于斯为贵。乃知功废于贪，行成于廉。苟务渎货，都忘属厌。若是则善与能者为汗而为恀，恭且正者为诐而为俭。法焉不能守节，辨焉不能明贤。故圣人恶彼败官，虽百能而莫赎；上兹洁行，在六计以相兼。此盖周公差次之，小宰分掌者。考课则以是黜陟，大比则以为用舍。彼六条四曰洁，晋法有所亏焉；四善二为清，唐制未之得也。曷曰独摽兹道，分贯其余？始于善而迄辨，皆以廉而为初。念厥德之至贵，故他功之莫如。譬夫五事冠于周家，闻之诗雅；九畴统之皇极，载自箕书。噫！绩效皆烦，清名至美。故先责其立操，然后褒其善理。是以古者之治，必简而明，其术由此。

所谓六事，即：善（善良）、能（能干）、敬（恭敬）、正（正直）、法（守法）、辨（明察）。《周礼·天官·少宰》云：“以听官府之六计，以弊群吏之治：一曰廉善，二曰廉能，三曰廉敬，四曰廉正，五曰廉法，六曰廉辨。”六事皆以廉为首。廉为本，方能善其事。而廉者，在于去其私欲杂念。“人情”“物欲”“人欲”是人固有的本性，所谓“无私”非天生成。

怎样做到去私欲杂念呢？苏轼曾在《东坡易传》说：“君子之顺也，岂有他哉，循理无私而已。”世界是由物质组成的，它们的发展都有自身的规律，是不以人们的意志为转移的，社会发展也是同样的道理，国有国法，家有家规，只要充分认识到物质与社会发展的规律性，不违背规律，遵守规律，就会自觉做到无私，顺利干好事情。除此之外，另无他法。这就是“循万物之理，无往而不自得”的道理，有人为啥做不到呢？“物固有是理，患不知。”苏轼《答虔倅俞括奉议书》中说，这是因为有的人不去探究和认识事物发展的规律，自然就会认识不清物我之间的正负关系，从而受到私心杂念的干扰，走向反面。为此，苏轼又在《上曾丞相书》中，进一步阐述循理与无私的关系说：“以为凡学难者，难于无私，无私之难者，难于通万物之理。故不通乎万物之理，虽欲无私，不可得也，是故幽居默处而观万物之变，尽其自然之理，而出之乎中，其所不然者，且古之所谓贤人之说，亦有所不取。”苏轼在这里特别强调为官者一定要潜心研究事物发展的变化规律，真正掌握事物的本质，才能真正成为无私无畏、廉洁从政的好官，成为一个不被他人所左右，不被私欲所困的智者。只有以“廉”为官，才能心胸坦荡，为官一方，心系百姓，秉公办事，勤勉政务。而以“廉”为官，则要终其整个从政过程，一以贯之，不能半途而废。“举其要为，廉一贯之”，才是一个真正称得上廉洁自律的好官。

为此，苏轼振臂一击，向为官者敲响“功废于贪，行成于廉”的警钟，说明官吏的事功荒废于贪污，德行完成于廉洁。如果为官者追求财贿，就会贪得无厌。古代就有“晋有羊舌鲋者，渎货无厌，亦将及”的事例。善良和能干变成了贪污受贿而肆无忌惮，恭敬而正直变成了邪恶和阴险，知法者不能严守节操，明辨者不知贤与不肖。圣人憎恶那种腐败的官吏，虽有百般能耐也不饶恕，这种清廉的品行，要有善、能、敬、正、法、辨六种素质，且都须与廉相结合。这就是廉为六事之首，欲为恶之源的道理。官吏们的功劳多种多样，十分繁杂，而其中以“清廉”的名声最为美好。因此，对官吏要先要求他们树立清操，然后才表扬他们善于理政。所以，古代的治国之法简要而又明确，其方法就出于此。

苏轼不仅提醒皇上考察百官，制定以廉为首的治政方略，而且他对自己更是严格要求，为官四十余年，留下千古清廉美名。

第二十四章

高风亮节

一点浩然气，千里快哉风。

在苏轼身上，始终如一地体现出一种“未出土时先有节”的竹之节概。他一生行事，高风亮节，坚持原则，公而无私。其高尚的人品操守，为世人所称颂。

元祐三年（1088）正月十七，朝廷举行哲宗皇帝即位后的首届科举考试，苏轼以翰林学士、知制诰、兼侍读的身份，被高太后委派，同吏部侍郎孙觉、中书舍人孔文仲共同担当主考官。朝廷任命上官均、黄庭坚等为参详编排官。

正月二十一，苏轼等三位主考官“锁禁”贡院，切断与外界一切联系。苏轼撰写的试题两道：《省试策问三首》包括《汉文帝之行事有可疑者三》《宰相不当以选举为嫌》和《省冗官裁奉给》；《省试宗室策问》只有《汉唐宗室之盛与本朝教养选举之法》一篇。所有试题，都切入实际，紧密联系当朝现状，无故弄玄虚之状。

当考期临近时，一场倒春寒让雪压数千里，举子们行路艰难，各地赴省试的考生有一半不能如期赶到京师。苏轼心里着急，一心要为国家选贤，不愿漏考一人。于是，苏轼打破惯例，向朝廷上了《大雪乞省试展限兼乞御试不分初覆考札子》。其上疏云：“臣窃见近者大雪方数千里，道路艰塞，四方举人，赴省试者，三分中未有二分到阙，朝廷虽议展限，然迫于三月放榜，所展日数不多。至时若隔下三五百人赴试不及，即恐孤寒举人，转见失所，亦非朝廷急才喜士之意。欲乞自今日已往更展半月，方始差官，仍令礼部疾速雕印，出榜晓示旁近州郡，但未试以前到者，并许投保引试。”并要求添差小试官十人。仍依尚书省所定条式，不分初复考的办法，得到高太后允许。于是，朝廷任命单锡、郑君乘、廖正一、晁补之、舒焕、张耒等为点检试卷官，李伯时为考校官。

由于考期展限，准备充分，这次科考很圆满。终日驻守贡试院的苏轼，经过紧张而认真地阅卷、评分、排名，于三月十日完成。当时哲宗皇帝、高太后亲临集英殿主持殿试。二十二日，赐予进士及第二十四人、进士出身二百九十六人，同进士出身一百八十八人，共计五百零八人。《苏文忠公诗篇注集成总案》卷三十载：赐诸科及第、出身一千一百二十二人。

当时，高太后见榜名，章援为魁，章持名列第十，还有舒恒亦在榜上，不觉大为惊异，完全出乎她的意料。这章援、章持即章惇之子，舒恒为舒亶之子。高太后疑惑不解地问苏轼道："苏爱卿，据闻应试中有位才学俱佳，且拜于卿门下为学的李廌，为何榜上无名？而被贬出朝廷的章惇，还有曾置卿于死地的罪臣舒亶，今为何取二人之子也？"苏轼道："启奏太后，臣负国家选贤重任，必重社稷，避私仇。岂不闻春秋时晋国大夫祁奚'内举不避亲，外举不避仇'吗？臣之学生李廌确具才学，可这次应试未达录取标准，故臣不能徇私而取李廌，因私仇而废章、舒之子矣！"高太后听了，突然想起董敦逸等人，从苏轼领贡举事时起，就构造言语，上书论奏苏轼皆用其门人为参详编排、点检试卷官，取士必不会公允其事，以今日之事看来，全是一派胡言，不禁大感欣慰。说："苏爱卿真君子也！"随即御赐玉带一条、天厩马一匹。

李廌，字方叔，华州（今陕西华县）人，或谓阳翟（今河南禹州）人。其父李惇，字宪仲，与苏轼同年及第，二人还未交往，李惇便病逝。这时李廌才六岁，家庭非常困难，可李廌天生聪明，饿着肚子也要坚持读书学习。稍长，学问大进，受乡人称赞。《宋史·文苑传·李廌传》有载："廌六岁而孤，能自奋力，少长，以学问称乡里。谒苏轼于黄州，贽文求知。""乌台诗案"结案后，苏轼贬黄州的第一年，时李廌二十二岁，他拿着自己的文章跑到黄州请教苏轼，并拜其门下为学。苏轼读了他的文章，非常高兴，给予认真指教。后来，苏轼写信与友人李昭玘，介绍李廌说："近有李豸（后改为'廌'）者，阳翟人，虽狂气未除，而笔势澜翻，已有漂砂走石之势。"

此次李廌赴京应试，已经很有文名，举子们都认为他及第希望最大。可能是临场发挥不佳，竟然落第，令苏轼"无不骇叹"，甚是怅然。苏轼特意写了一首诗相送。题为《余与李廌方叔相知久矣，领贡举事，而李不得第，愧甚，作诗送之》：

与君相从非一日，笔势翩翩疑可识。

平生谩说古战场，过眼终迷日五色。

我惭不出君大笑，行止皆天子何责。

青袍白纻五千人，知子无怨亦无德。
买羊酤酒谢玉川，为我醉倒春风前。
归家但草凌云赋，我相夫子非癯仙。

苏轼在诗中说，参加应试的考生多达五千人，只能按卷面优者录取，你的落第，没有我的责任。相信你亦不会做隐居山林的术士，希望你继续努力，目的是一定会达到的。是的，作为考生，享受的机遇是平等的；作为主考官，择优录取，乃职责所为。李廌的落第，苏轼当然没有责任。故南宋魏了翁评说此事："苏公司贡，则不惟遗其门人，虽故人之子，亦例在所遗。观其与李方叔诗及今蒲氏所藏之帖，若将愧之者。然终未以一时之愧，易万世之所甚愧，此先生行己之大方也。"从这段话中可知，落第的故人之子不仅李廌一人。

李廌听从恩师教诲，继续努力读书学习。后来苏轼看了他的《子骏行状》，赞赏说："丰容隽壮，甚可贵也。有文如此，何忧不达。"照此下去，定有发达之日。元祐四年（1089），李廌再次举进士失败，自感无奈，遂绝意功名，以耕读了却余生。但见同门师友们皆有归宿，感觉老师没有尽力帮助他，便多次写信要求苏轼举荐他入仕为官，后来竟有责备之意。苏轼为此写了《与李方叔书》，回答说，你责备我不举荐你，我甚感惭愧。但话我要给你说明，我在朝没有单独举荐过谁，也没有授人爵禄的权力，这是人主专有的，连宰相也不敢侵占。况且，我在朝孤立言轻啊！至于举荐陈师道（字履常），是因为他本人在京城的影响，傅钦之、孙莘老举荐他，我才挂名其间。所以，你不可以责备我呀！苏轼一番解释后，又语重心长地鼓励他"信道自守，当不求自至"。同时耐心地指出他存在虚浮的毛病，说看了你的《兵鉴》，读到末尾，不知所云，衷心希望你不倦地积累学问，将来才有更大的成就。信中，苏轼特意以"古之君子，贵贱相因，先后相援"的道理，来开导教育他说，我深深地祝愿你成为礼义君子，不希望你才华横溢而缺少道德。"轼与足下非爱之深，期之远，写不及此，犹能察其意否？"苏轼说我若对你不是爱得很深，期望远大，是不会把话说到这个份上的。你能理解我一片苦心吗？苏轼这样犹如慈父般谆谆教导李廌不止一次。据李廌《师友谈记》自言："廌少时有好名急进之弊，献书公车者三，多触闻罢。然其志不已，复多游巨公之门。自丙寅年（元祐元年，1086）东坡尝诲之曰：'如子之才，自当不没，要当循分，不可躁求。王公之门，何必时曳裾也。'尔后常以为戒，自昔二三名卿已相知外，八年中未尝一谒贵人。"

后来，李廌终生未仕，为"苏门六君子"中唯一的布衣，有《济南集》传世。

《宋史》有《李廌传》。

所谓“苏门六君子”，指黄庭坚、秦观、晁补之、张耒、陈师道、李廌。其中黄、秦、晁、张史称“苏门四学士”。据南宋初陈亮所编《苏门六君子文粹》载，“苏门六君子”与“苏门四学士”之称谓，在宋代已响彻文坛。这些人称之为北宋时期的文学大师，当之无愧，《宋史》皆有传。足见当时，苏轼文坛霸主的影响力是多么巨大！

元祐四年（1089）三月，苏轼出知杭州时，高太后又赐予玉鼻骍。时李廌前来送行，师生二人洒泪惜别之际，苏轼将高太后御赐的天厩宝马送与李廌，同时想到李廌家贫，不得已时可能将马卖掉，于是立一字据：《赠李方叔赐马券》云：“元祐元年，予初入玉堂，蒙恩赐玉鼻骍（赤色的马）。今年出守杭州，复沾此赐。东南例乘肩舆（轿子），得一马足矣。而李方叔未有马，故以赠之。又恐方叔别获嘉马，不免卖此，故为出公据。四年四月十五日。”对此，黄庭坚在《山谷题跋》中说得更直接：“翰林苏子瞻，所得天厩马，其所从来甚宠，加以妙墨作券，此马价应十倍。方叔豆羹常不继，将不能有此马。……或又责方叔受翰林公之惠……安用汲汲索钱？此又不识痒痛者，从旁论砭疽尔。……使有义士，能捐二十万，并券与马取之，不惟解方叔之倒悬，亦足以豪矣。……忽遇人中磊磊者，试以予书示之。”黄庭坚的意思是说，皇家宝马，再加翰林学士的墨宝，其价值不可估量，想用重金得此马与墨宝者大有人在。如果李廌出手，不只是解决衣食之忧，而是要发一笔大财了。苏辙亦记其事：“方叔来别子瞻，馆于东斋，将行，子瞻以赐马赠之，方叔作诗，次韵奉和。”后来，宋人将苏轼字据刻石，曰“马券碑”。至今仍存在于四川眉山三苏祠内，千百年来见证苏轼高风亮节及与李廌的真挚情谊。

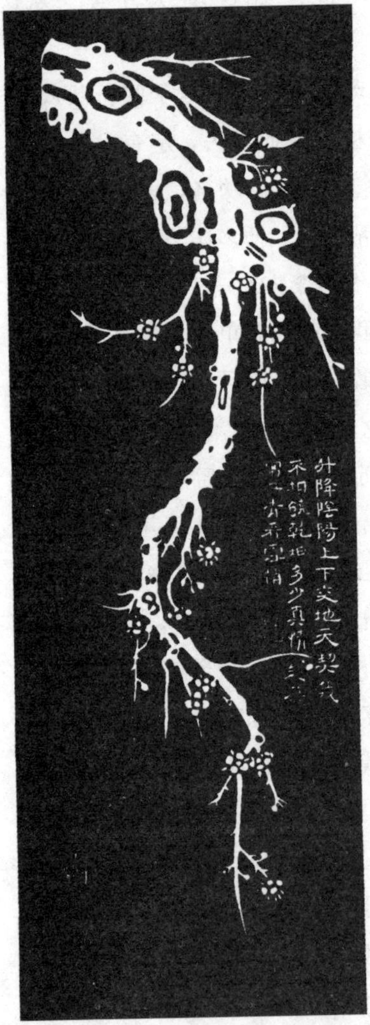

苏轼入朝，身居高位，亲朋故旧求他办事的自然少不了。可他从不以权谋私。对上门求情者，他不是拿腔作调拒之门外，而是耐心解释。对原则问题，总是以理拒之，使求情者高兴而去；对生活困难者，则倾囊以解。

据说有一天，苏轼年少时的老师刘巨之子刘厚盛，从眉山来到京师，希望苏轼兄弟为他谋个差事。他先到苏辙府上求情。数日过后，苏辙只是好酒好肉招待，不言他谋差之事。刘厚盛心想，苏辙内向，苏轼豁达，且乐于助人。于是，他便到苏轼府上，向苏轼言及谋差之请。苏轼哈哈大笑道："这个子由老弟，真是的，能帮则帮，不能帮则罢，为何多日无一言也！"说罢，便以好酒好菜招待刘厚盛，推杯换盏之间，苏轼讲了一个故事，说：过去在家乡时，听得老辈人讲，有一人因家贫，便去挖古墓。一日，寻到一座古墓群，便挖开一座大墓，只见一人裸身坐在墓中，对他说："你不知道我是汉代的杨王孙吗？"盗墓人很愤慨地说："你的子孙真不孝，衣服都不与你穿一件就埋葬了。"杨王孙说："所言差矣。吾欲裸葬，以返吾真。故而我裸葬以矫世，无物以济你也！"挖墓人只得重新挖开一墓，见是一个王。王对他说："我乃汉文帝也，在位时就倡导节俭，宫中女子穿衣不得曳地，帏帐不得文绣，我自己常穿绨衣，以示敦朴；宫中器皿都用瓦器，不得以金银铜锡为饰，不治坟，欲为省，毋烦民。故而这坟中所有陪葬品全是陶瓦器皿，无有金玉，拿什么来救济你呢？"挖墓人大失所望，忽见有二墓相连，心想可能有点搞头。于是又动手挖开左面一墓，但见一饿死鬼坐于墓中，对他说："我乃伯夷也，因耻食周粟，隐于首阳山，采薇而食，遂饿死，无以应汝之求。"挖墓人叹息道："我费了半天力气，一无所获，命亦苦也。不如再把右面这座坟挖开，或许有些搞头！"伯夷在墓中连忙劝道："旁边是我弟弟叔齐之墓，不要想在他那里能有所收获，你看我形骸如此，舍弟能有何物济你呢？"

刘厚盛听罢大笑不止，不再提求官之事。有说这件事发生在元祐八年（1093），也有说发生在元祐三年（1088）。不管是真是假，后人以此证明苏轼不因私情而废公事。但史料有载，苏轼确实向人讲述过这个故事。

苏轼高风亮节的政治品德，更为世人称颂。

元祐元年（1086）二月，左仆射蔡确罢职，司马光由门下侍郎升任宰相。司马光一上台，踌躇满志，要干一番大事。他在高太后的认可下，决定尽废新法，恢复旧制。事实证明这一举措还是颇得民心的。据《宋史·司马光传》记载，神宗去世，司马光赴阙，所至，民遮道聚观，马至不得行，曰："公无归路，留相天子，活百姓"。而辽、夏不敢轻举妄动："敕其边吏曰：'中国相司马矣，毋轻生事，开边隙。’”司马光死后，“京师人罢市往吊，鬻衣以致奠，巷哭以过车。及葬，哭者如哭其私亲。偏如岭南封州父老，亦相率具祭，都中及四方皆画像以祀，饮食必祝”。如此等等溢美之词，说明司马光废除新法并非倒行逆施、违背民众利益，他是赢得了百姓拥护的。苏轼在《辩试馆职策问札子》中也公正地说：“公所欲行者皆上顺天心，下合人望，无可疑者。”

然而，苏轼却反对司马光从一个极端走向另一个极端的做法，主张实事求是，对新法“参用所长”。在苏轼回朝之初，第一次与司马光相见时，便耐心地对司马光说，王安石行新法，并非全都是错，对取得好效果的该继续推行；对百姓已经适应的条例，不可轻易更废。就废免役法的问题，苏轼在《辩试馆职策问札子二首》中，记录下二人之间一段对话：

苏轼：公欲废免役法，恢复差役法，不妥！

司马光：当年你不也反对吗？今又为何呢？

苏轼：免役法与差役法各有利害。免役之害在于搜刮民财，致使民间十室九空，钱财都汇聚于官方，民间却闹钱荒；差役之害在百姓常为官府服役，不能专一从事农业，而赃官猾吏得以勾结为奸，借机敲诈百姓。这两害的轻重大略等同。现在用差役换免役，等于换汤不换药。况且免役行之久也，如更换，反倒会引发百姓怨恨之声，不利稳定。

司马光：照你这么说来，又该怎么办？

苏轼：法前后互相承接，才容易办成事情；办事情循序渐进，百姓才不会受惊。

司马光：老夫还是不解！

苏轼：我与公举例吧！三代之法（指夏、商、周三代），兵农为一，至秦始分为二，及唐中叶，尽变府兵为长征之卒。从此以后，民不知道如何打仗，兵不知道如何种田，农民出谷帛以养兵，兵出性命以保卫农民，天下所有人都认为这样有利。即使是圣人复出，也改变不了这种兵农分开的做法。今免役法，其实与此很相似。公欲骤罢免役而行差役，正如罢长征而复民兵，大概不是容易的事。

司马光不以为然，一点都听不进苏轼的劝导，一意孤行。不久，苏轼又于政事堂，对司马光说：熙宁中期，曾实行给田募役法，用收归官方的田和用免役宽剩钱收买民田，招募服役人，大约就像边境招募弓箭手的办法。我当时知密州，曾推行了这一办法，招募弓手，很受百姓欢迎。这种役法本为先帝考虑所创，推行时间不长，就因左右大臣提出异议而废除。今天下积累的免役宽剩钱粮估计总数约为三千万贯石，其中西边用兵支出一半。这笔钱出自百姓，应该返还用于百姓。如今皇家仓库钱物堆积如山，公应当极力向高太后请求，索还这些钱，再达到三千万贯石的原额，然后在河北、河东、陕西三路推行先帝买田募役法。几年后，这三路的募役负担可减少一大半，百姓从而富足起来，以应对边境紧急时期征用。这是万世之利，社稷之福！

使苏轼没想到的是，司马光不但听不进良言，反而怒斥苏轼说："你过去因反对王安石变法，受到他们的打击迫害，吃的苦头还不够吗？如今我要废除它，你又坚决反对，是何道理？"

苏轼劝止司马光不可"尽废新法"，激怒了司马光。苏轼回到家中，想到司马光的固执，连声怒斥"司马牛！司马牛！"他完全看透了以司马光为首的一批人"专欲变熙宁之法，不复较量利害，参用所长"。苏轼由此与司马光闹翻，惹来司马光要将他逐出朝堂的想法。

极具讽刺意思的是，这时，又有个如吕惠卿似的人物出现。此人即蔡京，亦被打入《宋史·佞臣传》之列，也是个伺机幸进的小人，原本攀附王珪，而今摇身一变，谄媚司马光。为迎合司马光"罢雇役、复差役"的主张，谎称其所知开封府属两县五日内即差百姓一千余人充役之事。苏辙一眼便看穿蔡京弄虚作假，糊弄司马光，便提醒司马光，说今蔡京"申请于数日之间一依旧法人数差拨了绝"，是"故欲扰民以害成法"，岂能采信于他。司马光却听不进去，反而大加赞赏蔡京说："使人人奉法如君，何不可行之有？"于是，遂决意恢复差役法。司马光犯了个与王安石同样的错误——被小人愚弄了。司马光做梦都不会想到，在他死后诬陷他为"奸党"之首、立党人碑、鞭他尸身、毁他祖祠、株连他子孙，并导致北宋亡国的，就是他所赞誉、表扬的这个蔡京！故方轸在《论蔡京书》中说："蔡京睥睨社稷，内怀不道，效王莽自立为司空，效曹操自立为魏国公，视祖宗为无物，玩陛下如婴儿，专以绍述熙丰之说为自媒之计。上以不孝劫持人主，下以谤讪诋诬天下。大臣保家族不敢议，小臣护寸禄不敢言。颠倒纪纲，恣意妄作，自古人臣之奸，未有如京今日之甚者。"

在对待变法与废法这个问题上，充分展示了苏轼高风亮节、是非分明的品格和坚定的政治原则。他在《与杨元素书》中说："昔之君子，惟荆（王安石）是师。今之君子，惟温（司马光）是随。所随不同，其为随一也。老弟与温相知至深，始终无间，然多不随耳。"苏轼说得非常诚恳，表现出他一生坦坦荡荡，激浊扬清，不管与王安石、司马光私交有多深，在原则问题上，正确的就支持，不正确的就坚决反对，他只认真理。如此聪明的苏轼如果在对待“变法”与“废法”上，只要“少加附会，进用可必”（《杭州召还乞郡状》），其仕途和人生结局自然是别一番光景了。但苏轼就是“不随”，因为这个“不随”，他在政治上付出了惨痛的代价；因为这个“不随”，他的人品高洁才光耀千秋！

而在有关国家大义上，苏轼总是站在一个政治家的立场上，抛开个人恩怨，以实事求是为原则看待问题。在蔡确诗案上，就充分表现他高风亮节的人品风范。

蔡确，字持正，泉州晋江人。此人行事历来奸猾，极善权术。在仁宗朝时，富弼在西京曾上言：“蔡确小人，不宜大用。”元丰后期蔡确为相，屡兴罗织之狱。神宗病危期间，伙同章惇、刑恕，就立储一事，玩弄权术未逞。神宗死后，王珪为山陵使，负责陵寝之事，不久王珪死，蔡确代为山陵使，有言者攻其恶行，不得不求避位。高太后听政后，即被罢去相位，贬出朝堂。

蔡确知安州时，因咏郝处俊《钓台》诗，用郝处俊论唐高宗欲传位武后事，以武则天比高氏太后，并吟其他一些诗作，被言官查出涉嫌诽谤，论罪当诛，高太后议发配岭南。苏轼知道这件事后，认为朝廷对蔡确诗案处理并不得当，关系重大。此时苏轼已受命出知杭州，但他不顾自己好不容易突出重围，跳出朝廷争斗的险恶漩涡，向高太后上《论行遣蔡确札子》。首先表明两个态度：一是不会因为蒙受太皇太后陛下恩典深重，被外放地方行政长官，就明哲保身，与一般人混同，该说的不说；二是今日上书不是为蔡确开脱罪责，而是这件事关乎国家体制，很是重大。

苏轼说，其实他与蔡确实无交情，而且很讨厌蔡确为人奸诈。但为了国家大义，必须要向太皇太后、陛下提出处理蔡确的建议。苏轼说：现在天下人都在观望朝廷怎么处置蔡确。如果处置不当，损害不小。对蔡确处罚太轻，则天下人一定要说皇上见别人诽谤太皇太后而不愤怒，这对于以孝治天下，危害不浅。对蔡确处罚太重，则有人会认为太皇太后与陛下本来宽宏大量，其度量可与天地比齐，然而不能容忍一个小人的批评话语，对于仁政也不无危害。这件事最好的处置就是由皇上降下赦令，命有司立案，对蔡确彻查，核准罪责，依法处置。同时，太皇太后再下手诏，表明态度，说自己常想听到一些批评意见以自我警示，今若处置蔡确不当，何以引来天下不同的声音，况且蔡确曾为辅助大臣，当知臣子的大义，现在缴上的这些诗作，不问是否蔡确所作，或涉嫌诽谤，一律贴于朝堂之上，由公众评议。苏轼说如果这样处理，太皇太后的仁道和皇上的孝道，得以两全其美，天下人见到，自然心服。

苏轼最后说：我按捺不住爱君忧国之心，所以越位上奏，谨候诛责。请圣上裁决。

就在苏轼上《论行遣蔡确札子》后的第七天，他在《乞将台谏官章疏降付有司根治札子》中说道，他因任中书舍人时，起草关于吕惠卿等人罪行的文书，极数其罪恶，而弟弟苏辙那时为谏官，也狠狠揭发了蔡确的罪行。蔡确与吕惠卿的同伙，遍布朝廷内外，共同仇恨我，下死力制造谣言，无所不用其极。在这种情况下，苏轼对蔡确都没有落井下石，以私废公，只是请求朝廷秉公处置。由此可见，苏轼是一个怎样被历史所大写的“人”！据《蓼花洲闲录》载，蔡确之子蔡懋，宣和六年(1124)为同知枢密院事，因奏事言及蔡确南迁时事，说“苏轼有章救先臣确，臣家尝传录”。其不忘感恩之情胜于其父。

忠君爱国，是儒家思想的表现，是古代君子追求的人生价值理念，苏轼很具代表性。

第二十五章

突出重围

如随众人，内愧本心，上负明主；不改其操，知无不言，则仇怨交攻，不死即废。

苏轼身在官场，立身行事，光明磊落，从不隐讳自己的政治立场。尤其有关国计民生的大事，从不“附会”“俯仰”。一旦认准有悖实情，便勇敢地站出来说话，旗帜鲜明地表明态度。即使得罪人，遭来风险，亦不惧怕。他在《题饮酒诗后》自我评说：“言发于心而冲于口，吐之则逆人，茹之则逆余；以谓宁逆人也，故卒吐之。”他“宁逆人”，是以“致君尧舜”“奋厉有当世志”之初心为原则，绝非个人恩怨，泄私愤发牢骚。李一冰先生评说得非常准确，说：“苏轼读书求知，总期望能以自己的才智照亮社会的黑暗，疏解人民的苦难，救助时代的孤危。”苏轼尽管身处孤危境地，屡遭围攻、诽谤、诬陷，依然对国家，对百姓一片赤诚；虽卷在政争的漩涡中，仍独行其间，抗言直论，以挺挺大节之概，“缘诗人之义，托事以讽，庶几有补于国”，敢“道天下之人不敢言而敢怒”。这是苏轼一生不可更改的本色。

这本色，在苏轼所处的政治环境中，实在耀眼。《宋史》本传曰：苏轼“自为举子至出入侍从，必以爱君为本，忠规谠论，挺挺大节，群臣无出其右。但为小人忌恶挤排，不使安于朝廷之上”。

苏轼于罪废中被起用，入朝三年半左右，虽深得高太后信任重用，却四遭围攻，险象环生，无有宁日。

什么原因呢？据宋人邵伯温的《邵氏闻见录》载，当时朝廷形成了以程颐为首，朱光庭、贾易等为羽翼的洛党；以苏轼为首，吕陶等为羽翼的蜀党；以刘挚、梁焘、王岩叟、刘安世为首的朔党，羽翼尤众。构成各自的利益集团，“诸党相攻击不已”。这便是有史记载的朋党之争，历神宗、哲宗、徽宗三朝不绝。

其实，苏轼并未结党，只是别人强加之说。有的还说苏轼属于司马光的旧党。

他什么党都不是，只属于自我，一个独立的个体。清人王文诰研究证明，“蜀本无党”，指出所谓“川党”“蜀党”之名，实则对方欲假借苏轼的名望抬高自己。而被指为“蜀党”的孔文仲、吕陶、顾临、胡宗愈、董敦逸等人，皆非“蜀党”之人。若论苏轼有“党”，也仅能以黄庭坚、秦观、张耒、晁补之、陈师道、毕仲游等一班文士为伙，这些人位卑言轻，生性不愿与志在钻营的政客往来。而史籍中未见他们有参与“党争”的只言片语，可见君子群而不党。而苏轼本人既无朋党言行，亦无主动出击，弹颏洛、朔两党人物的奏章，只是在遭受攻击时才做出自我辩解。

在洛、朔两党的权力之争中，苏轼被夹在中间，又成为他们共同的攻击的靶子，共同目的只有一个，就是阻止高太后升用苏轼为宰相。这便是苏轼在整个哲宗朝一直遭到攻击、打压的实质原因所在。

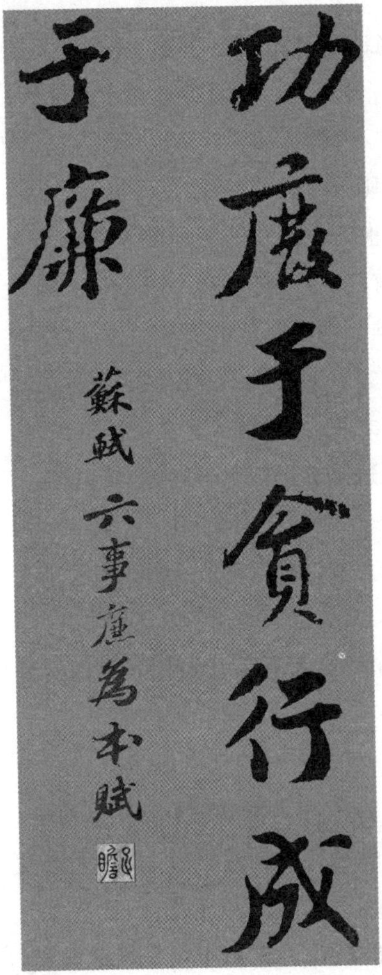

苏轼在元祐之初，以七品服入侍延和殿，“曾未周岁，而阅三官”，升任翰林学士、知制诰、兼侍读，升迁之快，一步之遥可登相位，自然引发群小忌恨与恐慌。原因很简单，因为苏轼行为处事原则性强，明辨是非，决不会因私废公，受高太后器重，一旦执掌朝政，这些人是不会有好日子过的。一本专门记载孙升谈话的《孙公谈圃》，就直白地说明这点。而且，孙升还公开上书说，苏轼当上翰林学士，已经达到他职务的顶点了，不可以再升迁了。如果让苏轼当上宰辅，则请陛下以王安石为诫。这时，王觌亦上书说，今执政大臣有缺，不可用苏轼补缺。否则，他会很快遭受灾祸。孙升、王觌上书阻止高太后用苏轼为相，连一块遮羞布都不用。

于是，洛、朔两党及朝中一些怀一己私欲的官员，便从一个共同点出发，你一砖，我一石地砌出一道围墙，将苏轼困于其间，让其跳不出去，以达到自己争权夺利的目的。

苏轼首先遭到朔党人物的攻击。起因于苏轼与司马光的役法之争。这些人物为迎合司马光“尽废新法”的主张，以打击苏轼，讨好高太后，达到借此事升迁的目的。苏轼在《乞郡札子》中如是说：“但以光所建差役一事，臣实以为未便，不免力争。而台谏诸人，皆希合光意，以求进用，及光既殁（司马光死后），则又妄意陛下以为主光之言，结党横身，以排异议，有言不便，约共攻之。”苏辙在《亡兄子瞻端明墓志铭》中追述说：“时台谏官多君实之人，皆希合以求进，恶公以直形己，争求公瑕疵。”一帮政治投机者像恶狗般争相搜求苏轼的差错，以图一击致命。

紧接着受到洛党人物的攻击。以右正言朱光庭、右司谏贾易为要，此二人更为鄙劣，重拾当年李定、舒亶、何正臣制造“乌台诗案”的无耻伎俩，“则因缘熙宁谤讪之说以病公”。从苏文中断章取义，挖掘“罪证”，用文字杀人。

元祐元年（1086）十一月二十九日，朝廷诏令举行馆职考试，命苏轼与邓温伯“锁禁”学士院撰写策题。邓温伯撰写了两道策题，苏轼撰写了一道策题，送高太后审定。苏轼所撰策题被御点为考试题。

苏轼所撰写的《试馆职策问》是：

师仁祖之忠厚法神考之励精

问。《传》曰：“秦失之强，周失之弱。”昔周公治鲁，亲亲而尊尊，至其后世，有浸微之忧。太公治齐，举贤而上功，而其末流，亦有争夺之祸。夫亲亲而尊尊，举贤而上功，三代之所共也。而齐鲁行之，皆不免于衰乱，其故何哉？国家承平百年，六圣相授，为治不同，同归于仁。今朝廷欲师仁祖之忠厚，而患百官有司不举其职，或至于偷。欲法神考之励精，而恐监司守令不识其意，流入于刻。夫使忠厚而不媮，励精而不刻，亦必有道矣。昔汉文宽仁长者，至于朝廷之间耻言人过，而不闻其有怠废不举之病。宣帝综核名实，至于文学理法之士咸精其能，而不闻其有督责过甚之失。何修何营可以及此？愿深明所以然之故，而条具所行之事，悉著于篇，以备采择。

这道策题引史贴切，结合现实，要求考生回答两个问题：一是为什么齐鲁三代皆行周公治鲁、太公治齐之策，“皆不免于衰乱，其故何哉”？二是如何才能做到效法仁宗皇帝的忠厚，使百官有司不至于苟且，效法神宗皇帝之励精，而使各级地方官员不犯苛刻的错误？并且在试卷上一条二款地列出该办的政事。

这次馆职考试有九人参加，与苏轼交往多年的毕仲游拔为第一，黄庭坚、张耒、晁补之亦录取，并擢馆职。黄庭坚为校书郎，迁集贤校理、著作佐郎，张耒为太学录、迁秘书省正字，晁补之为太学正、迁秘书省正字。“苏门四学士”中除秦观外，皆入馆职。

然而，朱光庭却从这次的策题中找出“偷”“刻”二字，曲解其意，硬是往仁宗、神宗身上扯。弹劾苏轼不应当拿仁宗、神宗来议论，是为不敬；不颂扬仁宗盛德和神宗有为的善志，反以“偷”“刻”讥议，独称汉文、宣帝之完美，以贬低二帝不足以效法，是为臣之大不忠，乞“正考试官之罪”，要求高太后对苏轼从重治罪。

中国文字内涵实在丰富。“偷”者，苟且之意；“刻”者，刻薄、不厚道之意。文字的应用，君子笔下彰显其义，小人则可曲解求义，用文字杀人的游戏玩得人心惊肉跳。朱光庭这一手，着实把苏轼惊出一身冷汗。他不可有丝毫大意，即刻上《辩试馆职策问札子二首》，说：“臣之所谓‘偷’与‘刻’者，专指今日百官有司及监司守令不能奉行，恐致此病，于二帝何与焉。至于前论周公、太公，后论文帝、宣帝，皆是为文引证之常，亦无比拟二帝之意。况且《策问》第一、第二首，邓温伯之词，末篇乃臣所撰，三首皆臣亲书进入，蒙御笔点用第三首。臣之愚意，岂逃圣鉴，若有毫发讽议先朝，则臣死有余罪。伏愿少回天日之照，使臣孤忠不为众口所铄。臣无任伏地待罪，战恐之至。取进止。”

苏轼所言“众口所铄”，即朱光庭弹劾苏轼当日，御史中丞傅尧俞和侍御史王岩叟相继上书，同样弹劾苏轼不应当拿祖宗来议论。他们妄图以“三人成虎”“众口铄金”的伎俩，混淆视听，使高太后认为是真，必欲论苏轼的罪才肯罢手。到元祐二年（1087）正月初八，二人又各自上书论苏轼之罪。同时，朱光庭又把苏轼与司马光役法之争的事翻出来，目的就是迫使高太后治苏轼的罪。苏轼在《辩试馆职策问札子二首》中的第二首，逐条逐款地进行了有理有据的驳斥。

面对朱光庭等人对苏轼的围攻，朝廷中正直的人都看不下去，认为这帮人用意实在险恶。这时，谏官吕陶站出来，向朝廷上《辩朱光庭弹苏轼策题事疏》，为苏轼辩污。他说苏轼策题中“偷”“刻”之意，明明是针对百官、有司、监司、守令而言，根本就扯不到仁宗、神宗身上。吕陶对高太后说，凡是弹劾都应实事求是，出于公心，如果假借权力以报私怨，或别有用心，势必导致纲纪败坏，邪正不分，给朝政带来严重损失。自己不避与苏轼同乡之嫌站出来说话，不是为了一个苏轼，而是要朝廷认识到朋党的危害性。

据《东都事略》载，高太后很清醒，她明白朱光庭等攻击苏轼的用心，不愿这些人借机把朝廷搞得乌烟瘴气，争斗不休，发话说：我“详览文意，是指今日百官有司监司守令言之，非是讥讽祖宗”。不但未治苏轼之罪，而后将朱光庭贬出朝廷。

然而，一波未平，一波又起。又是因策题而引发的祸端。元祐二年（1087）十月，苏轼再次主持馆职考试。他出的策题是《两汉之政治》：

> 问。古之君子见礼而知俗，闻乐而知政，於以论兴亡之先后。考古以证今，盖学士大夫之职，而人主与群臣之所欲闻也。请借汉而论之。西汉十二世，而有道之君六，虽成、哀失德，祸不及民，宜其立国之势，强固不拔，而王莽以斗筲穿窬之才，谈笑而取之。东汉自安、顺以降，日趋于衰乱，而桓、灵之虐甚于三季，其势宜易动，而董、吕、二袁，皆以绝人之姿，欲取而不敢，曹操功盖天下，其才百倍王莽，尽其智力，终身莫能得。夫治乱相绝，而安居之效，相反如此。愿考其政、察其俗，悉陈其所以然者。

苏轼是位政治家，政治家站的高度与别人是不一样的。他认为在治国理念上，一是为政者必须以民为本；二是为政者必须重视强化社会道德风俗。这两条，苏轼把它看作是治国理政的核心与根本，是治理一个国家的两大法宝。他早在《上神宗皇帝书》中就指出：“国家之所以存亡者，在道德之浅深，不在乎强与弱；历数之所以长短者，在风俗之厚薄，不在乎富与贫。道德诚深，风俗诚厚，不害于长而存；道德诚浅，风俗诚薄，虽强且富，不救于短而亡。”为此，苏轼在这道策题中，要求考生以史为鉴，回答如何考察西汉政治与风俗，吸取教训，强化社会道德风俗，使国家长治久安。

馆职试毕，监察御史杨康国、赵挺之等人，又重拾朱光庭等人伎俩，以偷梁换柱，曲解题义之为，上书弹劾苏轼所撰策题。尤以赵挺之上书，用语恶毒，用心之阴险。他说苏轼在策题中，借举忠臣烈士不耻的狠毒残暴奸臣王莽、袁绍、董卓、曹操等篡汉之徒事例，要求考生回答他们篡国的伎俩，目的何在？说今二圣在上，苏轼公然毫无畏惮地欺骗蒙蔽二圣的聪明，用心险恶，有负圣恩。假使苏轼得志，必将为所欲为。如此不忠不正，罪不可赦！并诬奏苏轼专门把轻薄、虚诞有如市井俳优那样的人召纳门下，举荐给朝廷，如王巩、黄庭坚两个轻薄无行之辈，除王巩已被逐出朝廷外，其罪恶尤其大的黄庭坚，现仍留职于史馆。接着王觌又来加一把火，上奏弹劾苏轼，除重复赵挺之所奏之言外，更进一步说苏轼一贯轻薄，贪利好权，其所学皆战国时期纵横捭阖之术，累以此玩弄朝廷，如不严加惩治，亦当逐出朝廷，派做地方官，公然要挟高太后将苏轼赶出朝廷。

赵挺之在奏状中肆意辱骂王巩、黄庭坚如市井玩弄杂耍滑稽剧的浪人，真是一派胡言乱语。

王巩，字定国，莘县（今山东莘县）人，北宋名相王旦之孙，少知名，从苏轼问学，工于诗，善画，能为文章。他与苏轼的交往十分密切，师生情谊深厚。受“乌台诗案”牵连，谪监宾州酒务，苏轼贬居黄州时，与他有书信十五封，告诫其“不以流落为戚戚”，以等待命运的转机。元丰八年（1085），高太后听政，司马光举荐王巩任宗正寺丞。元祐元年（1086）九月，苏轼举荐王巩参加“节操方正可备献纳科”的制科考试，受到台谏官攻击，说王巩奸邪，又说王巩离间宗室，谄媚苏轼。朝廷即把王巩派出去担任西京通判。如今赵挺之又提起这件事，再次诬王巩为奸邪。苏轼很气愤，于元祐三年（1088）十一月十五日，向朝廷上《辨举王巩札子》，辨明三件事：其一，当时几千吏民上书言事，朝廷委派司马光审查，选择可用之才十五人，又在十五人中选最优者两人，王巩即两人中的一个；其二，王巩上疏论皇帝宗室疏远问题，司马光深以为然，命礼部详议。现在竟然说这是离间宗室，何不说司马光与礼部长官亦是离间者，况且兵部侍郎赵彦若也曾提出过相同的建议，难道说赵彦若也是离间；其三，王巩与臣是老朋友，从小就互相了解，跟臣学习，这叫什么谄谀？王巩人品才学人皆知之，司马光曾当着臣的面，称赞王巩是忠义之士。令人痛心的是司马光才去世几个月，他所称赞的忠义之士就被诬为奸邪！苏轼这份奏状把赵挺之驳得哑口无言。

黄庭坚，字鲁直，号山谷道人，晚号涪翁，洪州分宁（今江西九江修水县）人，北宋著名文学家、书法家，为江西诗派的开创者。他与苏轼亦师亦友，为世人称道。苏轼知徐州时，黄庭坚仰慕苏轼人品才学，千里投书，执后学之礼结交，献古风二首。苏轼读后称赞其深得古诗人之风，“耸然异之，以为非今世人也……此人如精金美玉，不即人而人即之”。谓其“超逸绝尘，独立万物之表，驭风骑气，以与造物者游，非独今世之君子所不能用，虽如轼之放浪自弃，与世疏阔者，亦莫得而友也”。在《答黄鲁直》的回信中，苏轼对黄庭坚“今者，辱书词累幅，执礼恭甚”，深感“喜愧之怀，殆不可胜”的激动心情，在《次韵黄鲁直见赠古风二首》其一中，把黄庭坚引为与自己同调的真君子，而对排挤他的小人们进行了讽刺。其诗云：

嘉谷卧风雨，稂莠登我场。
陈前漫方丈，玉食惨无光。
大哉天宇间，美恶更臭香。
君看五六月，飞蚊殷回廊。
兹时不少假，俯仰霜叶黄。
期君蟠桃枝，千岁终一尝。
顾我如苦李，全生依路旁。
纷纷不足愠，悄悄徒自伤。

在“乌台诗案”发生时，受李定等人逼供，苏轼直言说寄诗黄庭坚之意，就是以讥今之小人胜君子，如稂莠之夺嘉谷；当今进用之人，皆小人也。可见苏轼的直白，在当时政治环境险恶的状况下，尚未亲见本人，就推心置腹地谈论当时政治，并抒发自己对君子小人爱憎分明，既可看出苏轼为人坦率，胸无城府，更表现他深谙古人“文如其人”的道理，一开始就把黄庭坚视为君子，引为可交心的朋友。后来，黄庭坚成为“苏门四学士”之首。

苏轼与黄庭坚神交已久，虽未曾见面，但因酬唱往来，“乌台诗案”黄庭坚仍受到牵连，被罚铜二十斤。直到元祐初年，苏黄二人才在京师相会面，共事朝堂。这次又受牵连，这样“如精金美玉”的人，却被小人赵挺之辱骂为“市井俳优”，苏轼自然愤慨。

这时，苏轼还受到新党残余势力的攻击。苏轼任中书舍人时，草拟贬斥吕惠卿的诏书，历数其罪过；弟弟苏辙为谏官时，曾弹劾蔡确等人的奸恶邪僻。特别是郓州教授周穜以小臣身份犯大奸之罪，上疏主张以王安石配享神宗，苏轼上章弹劾，指出周穜上书是奸党在试探朝廷。这一切引起了新党的再次痛恨，对苏轼“新仇加旧恨”，随时寻机加以攻击。

朔党、洛党、新党残余及朝中忌恨苏轼的官员，无形中结成联盟，同时“共出死力，构造言语”，攻击苏轼。虽然用心不一，但目的一致——将苏轼搞垮。

苏轼在政治上四面受敌，被围困得几乎喘不过气来，不禁怅然长叹：“如随众人，内愧本心，上负明主；不改其操，知无不言，则仇怨交攻，不死即废。”苏轼下决心要突围，只有突出重围，才有一线生机。于是，在元祐三年（1088）十月十七日，苏轼向高太后上《乞郡札子》，痛陈因由，请求高太后允许他出任地方官。

苏轼首先申言四件事：

一是再次申言其与司马光差役一事，引发迎合司马光、以求进用之人的攻击。

二是申言赵挺之挟私报复。元丰末年，赵挺之为德州通判，其时，黄庭坚在该州德安镇为监。赵挺之迎合提举官杨景棻，想在本镇推行市易法，而黄庭坚认为镇小民贫，不堪各种索求，如推行市易法，必然导致本镇百姓纷纷出逃。赵挺之与黄庭坚在推行与反推行市易法的往来公文，被士人读了便传为笑话。为此，赵挺之嫉恨黄庭坚，才攻击黄庭坚罪恶尤其大。其后，赵挺之因为大臣举荐，召试馆职，苏轼认为赵挺之为聚敛小人，学问、品德无一可取，不能选为馆职。另外，赵挺之岳父郭概担任西蜀提刑，西蜀提举官韩玠违法害民，朝廷下旨命郭概查办，郭概却附会掩饰，受谏官苏辙弹劾，二人被罢官职。因此遭赵挺之怀恨于苏轼，中伤尤其下力。

三是申言两年之中，四次无端受到中伤。起草的诏书，都被说成是诽谤；苏轼为主考官时，榜文尚未出，就被说成遗漏人才；所推荐之人，一例加以诬蔑；王觌说胡宗愈拉苏轼结党，孙觉说丁骘是苏轼的亲戚，这些人竟在意想不到的地方巧构曲成，以罗织罪名。

四是申言其所举荐黄庭坚、欧阳棐、王巩、秦观等人，都被诬陷有许多罪恶，皆为欲加之词，事实上全然没有。

申言完毕，苏轼说这些人罗织我的罪名，就是让我中伤于十夫之手，使太后陛下相信于各种谗言，朝廷内外的人都明白这个意思，如果我不早点离开现在的职位，前景必然险恶。

接着苏轼引征汉宣帝、唐太宗二位明主，皆因听信谗言，将忠直不阿、无畏强暴的盖宽饶、有魏征风骨的刘泊错杀，让后世天下人都说二主信谗言而害忠良，成为圣德的疵点。苏轼说我现在忖度陛下对我的了解，不过像汉宣帝对盖宽饶、唐太宗对刘泊那样。而献谗言的人，却是当时的十倍，虽然陛下的圣明宽厚超过了宣帝和太宗二位，然而我又怎敢依附着这就不赶快去职，以重蹈盖、刘二位的覆辙呢！假若盖、刘二位能够识别征兆而有所收敛，先自求去，岂不身名俱泰，臣主两全了吗！即使我不自爱，也要想到一旦获罪之后，让后世天下人因此而议论我的君主。

苏轼谈到这里，显然情绪很激动，也很气愤，说过去先帝召我上殿，询问古今事务，命我今后有事立即奏报。可是多次奏报，亦未蒙施行，于是又作了这些诗文来表达，觊求流传之后能够上达，以提醒圣上。而李定、舒亶、何正臣三人，却说成是诽谤朝政，以此获罪。而我起草的诏书上，有“民亦劳止”的词句，赵挺之就把这指为诽谤先帝，这简直就是颠倒黑白，以西为东，连近似于牵强附会都没有。可知赵挺之的险恶用心比李定、舒亶、何正臣还厉害，可见我所受的谗言远远超过了盖、刘二人啊！古人说过这样的话："为君难，为臣也不容易。"我想苟且偷安，迎合世俗，则内愧于良心，上对不起明主。而如果不改操守，知无不言，则仇敌相交攻陷，不死则废，我只有选择离去，恳请皇上慈爱，念臣下的不易，可怜我目前的情况，保全我得以善终，就让我离开朝廷吧，即使放到边远荒僻的地方，我都心甘情愿。如孔子曰："临大节而不可夺，君子之欤。"

高太后读了苏轼的《乞郡札子》，衷肠阵痛，心生怜悯。她深知苏轼生性耿直，为大宋社稷江山万年而知无不言、言无不尽，却四遭谗言。苏轼的无辜与处境，使她不得不忍痛割舍，让苏轼离开身边，放出朝廷，元祐四年（1089）三月十六日二圣下诏，命苏轼以龙图阁学士出知杭州。诏命一下，苏轼长长地舒了一口气，终于突出重围。

这时，给事中赵君锡于四月三日上疏："苏轼乞外任，遂除杭州，虽圣恩优渥，待轼不替，而中外之望，阙然解体。何者？轼之文追攀六经，蹈藉班（固）、马（司马迁）自成一家之言，国家以来，惟杨亿、欧阳修及轼数人而已。中间因李定、舒亶辈挟私妒疾，中伤以事，几陷不测，赖先帝圣明，卒得保全，洎二圣临朝，首被拔用，轼亦感激非常之遇，知无不言，言之可行，所补非一，故壬人畏惮，为之消缩，公论倚重，隐如长城，诚国家雄俊之宝臣也。今轼飘然去国，则俭邪之党，必谓朝廷稍压直臣，奸臣且将乘隙，侵寻复进，实系消长之机。轼领远藩，承流牧民，亦足发其所存，但设施有限，所利未广，岂若使之在朝，用其善言，则天下蒙福，听其谠论，则圣心开益，行其诏令，则四方风动，奸邪寝谋，善类益进。伏望收还轼所除新命，复留禁林，仍侍经幄，以成就太平之基。"赵君锡这番美言，可谓实事求是，确实说到问题的核心，苏轼在朝所起的积极作用是别人无法代替的。因此，赵君锡请求二圣收回对苏轼知杭州的任命，仍留职禁中。不过，赵君锡是一个典型的两面派，乃真小人之尤者也。他见高太后用执政之礼对待苏轼，以为不久苏轼必然会召还朝为相，就上了一份奏章讨好高太后和苏轼。后来他的预测落空，就反过来攻击苏轼。

从赵君锡实事求是的溢美之词中，可印证为何在整个元祐期间（也包括苏轼整个宦海生涯），苏轼一旦回朝，即遭攻击，原因有二：一是政敌攻击是出于阻止高太后任用苏轼为相；二是小人攻击是出于忌恨苏轼才学。很简单，就这两个原因，却使苏轼遭受了如此多的人生苦难。

当然，苏轼遭小人暗算攻击尤甚。作为堂堂君子的苏轼，岂能斗过小人，他只能退避三舍，求外放远离小人。正如苏辙在《再论分别邪正札子》中所言："君子小人不可并处朝廷"，原因是"君子小子，势同冰炭，同处必争。一争之后，小人必胜，君子必败。何者？小人贪利忍耻，击之难去；君子洁身重义，知道之不行，必先引退。故古语曰：'一薰一莸，十年尚犹有臭。'盖谓此矣"。"薰"，古书上说的一种香草，"莸"，一种臭味难闻的草，故"薰莸不同器而藏"，比喻好人和坏人搞不到一起。苏辙引喻入木三分。故有宋孝宗感慨："叹异人之间出，惊谗口之中伤。"

第二十六章

苏堤春晓

到处相逢是偶然，梦中相对各华颠。

还来一醉西湖雨，不见跳珠十五年。

苏轼于元祐四年（1089）四月二十一日朝辞二圣，出国门至郊外时，高太后诏遣内侍送去龙茶银盒，以执政恩例对待苏轼，慰劳甚厚，荣宠之至。

舟至润州（今江苏镇江），有两个故人迎候苏轼。一个是北宋科学大家，但品行却为小人的沈括。当年苏轼“乌台诗案”蒙冤，有他一份“贡献”。沈括的恭迎，犹如苏轼自登州还朝路经青州时李定之恭迎。此小人之举，可谓滑稽可笑。王铚《元祐补录》云：“元祐中，轼知杭州，括闲废在润，往来迎谒甚恭。”王文诰案有评：“括之甚恭有二。一曰趋势；二曰畏势。盖浙西路辖六州以钱塘、扬子二江为界，润在杭州所部中也。”故沈括常往杭州拜谒苏轼。可见其脸皮之厚，厚如城墙转拐之处。虽“轼益厌薄其人”，仍以君子之大度以待小人。

另一个是米芾，专程大老远地跑来润州，与苏轼饯行，并以诗相送。苏轼深为欣喜感激：“某以疾请郡，遂得杭州，荣宠过分。方深愧恐，重辱新诗为送，词韵高雅，行色增光，感服不可言也。”“昨日远烦追饯，此意之厚，如何可忘。”苏轼在《与米元章尺牍》中如此真情地说。

米芾除了远道来为苏轼饯别外，还带来一方砚台，请苏轼为之作铭。苏轼即以诙谐的戏语写就：“有盗不御，探奇发瑰。攘于彭蠡，斫钟取追。有米楚狂，惟盗之隐。因山作砚，其词如贯。”王文诰案云：“此即宝晋斋砚山也。相传今尚在人间。”由此可见苏轼与米芾情感之深厚。

米芾，字元章，襄阳（今湖北襄阳）人，以书画著称于世，为宋代四大书法家之一。书法有“苏（轼）黄（庭坚）米（芾）蔡（襄）”之称；绘画则世称其父子之山水画为“米家山水”。《宋史》本传云：米芾“特妙于翰墨，沉著飞翥，得王献之笔意。画山水人物，自名一家，尤工于临移，至乱真不可辨。精于鉴裁，遇古器物书画，则极力求取，必得乃已。”米芾与苏轼交往始于黄州。苏轼贬居黄州时，在故人皆惊散的情况下，恃才傲物、不轻许可的米芾仰慕苏轼人品风范、道德文章，千里赴黄，拜谒门下，与之畅论书法绘画，两人相得益彰，处之甚欢。由此诗词酬唱，书信往来不断，为终生至交。

七月三日，苏轼到任杭州。

杭州是苏轼情缘际会的地方，其治杭的功绩，是他宦海生涯中浓墨重彩的一笔。自熙宁七年（1074）离任杭州通判，今出知杭州，整整十五年，苏轼自然生发无限感慨（《与莫同年雨中饮湖上》）：

到处相逢是偶然，梦中相对各华颠。
还来一醉西湖雨，不见跳珠十五年。

一离开朝廷这个权力争斗的是非中心，苏轼犹如一只飞出笼子的鸟，浑身的筋骨全都舒展开来。天空是那么的湛蓝，大地是那么的葱绿，百姓是那么的善良可亲……苏轼融入青山绿水之中，诗人的灵感涌动，面对杭州山山水水，豁然开朗：“江山故园，所至如归，父老遗民，与臣相同。”（《杭州谢表》）是何等的亲切！

当年苏轼身陷“乌台”囹圄，杭州百姓设香案，为之祈福免灾；贬居黄州，又派代表一年两次给苏轼送去杭州特产，对他是难以忘怀。苏轼不禁想起黄州时的感怀诗《杭州故人信至齐安》：

昨夜风月清，梦到西湖上。
朝来闻好语，扣户得吴饷。
轻圆白晒荔，脆酽红螺酱。
更将西庵茶，劝我洗江瘴。
故人情义重，说我必西向。
一年两仆夫，千里问无恙。
相期结书社，未怕供诗帐。
还将梦魂去，一夜到江涨。

可眼下恰遇灾伤，给杭州百姓带来极大的困苦，这使苏轼忧心如焚，尽全力为百姓解困免灾。

苏轼刚到任所，即遇官舍数间房屋倒塌，压死压伤多人。苏轼一家老小幸免于难。杭州官舍修筑于五代末吴王钱镠时代，因百余年未曾修葺过，致使屋宇倾斜，破败不堪。九月初日，苏轼向朝廷上《乞赐度牒修廨宇状》，说明杭州历任长官都不愿花钱修整旧房，如再不修葺，前人留下如此宏大的建筑，将化为朽土，深可叹惜。请求朝廷赐度牒二百道为修葺之费。

可以说度牒就是钱。宋朝僧尼出家，官给文凭，叫作度牒，可免赋税，但要出钱买。宋神宗元丰年间规定，每道度牒百三十千钱，由朝廷专管专卖。这项收入有时竟超过朝廷税收的十分之一。据《宋会要辑稿》载，度牒价格可因时因地不同，在夔州路可卖到三百千钱，广西路则卖到六百五十千钱。一道度牒如此值价，是因为持有者享受特殊待遇，和尚道士可逃避兵役、劳役，不出身丁钱和其他苛捐杂税；寺庙田产可免付租税，有的地主也要买一张度牒，用来逃避役税的负担。

因此，苏轼向朝廷申言，如果现在不着手整修，杭州官员办公随时都处于危险之中，而且三五年之后，垮塌更为严重，就不是二百道度牒的钱所能办成的。

苏轼是一位重现实、重事实、重调研的官员，始终把民生放在首位。在请求朝廷乞度牒整修官舍的事情落实后，他又经过周密的调查了解，所领辖两浙西路的灾情十分严重，去冬今春积水很深，早稻无法下种，到五六月大水退去，才插晚稻，偏又遇上大旱，致使早、晚两稻大幅度减产，百姓缺粮相当严重，刚入冬就缺粮。市场上每斗米已经卖到九十钱。两浙地区为水乡泽国，很少种小麦，明年作物的成熟期为初秋，而年景如何未可知。苏轼担忧明年春夏之交会发生饥荒和强盗造反。熙宁八年这里就闹过一次灾荒，“人死大半，至今城市寂寥”，“人间天堂”昔日的繁荣不复存在。为防止熙宁八年惨祸的再现，防止饥民铤而走险，须早作准备，防患于未然，赈济黎民于水火，苏轼奋笔直书，于十一月四日，向朝廷上《乞赈济浙西七州状》，请求朝廷拨本路上米二十万石，赐度牒三百道，同时，准备将维修官舍的钱暂时用作购买大米储之，“先济饥殍之民，后完久坏屋宇”。果然如苏轼所预测，元祐五年（1090）初，灾荒来临时，由于准备充分，米价不但未上涨，反而下跌。为此，州郡之内“无一饿殍者”。

然而，嘉兴、芜湖等县官吏及两浙转运司和提刑司无意恤民，专事谄媚，见今春无一饿殍，即奏朝廷，夸称今年丰收在望，民户甚丰，别无流民，主动要求朝廷收回度牒钱粮。苏轼大为愤怒，在《奏户部拘收度牒状》中，严加驳斥。他说，去年灾伤严重，人所共知，即使今年大丰收，仍不能弥补灾害给百姓造成的损失。况且，天有不测风云，谁敢保证今年就是个丰收年？果不其然，五、六月间，浙西数郡大雨不止，数日内太湖泛滥，庄稼淹没，眼看到手的丰收毁于水灾。六、七月份米价开始往上涨，苏轼甚为忧虑着急。他估计“灾伤之势，恐甚于去年”，“民之穷苦”，将“实倍去岁”。在灾情如此严重的情况下，一些地方官吏仍忌讳言灾。秀州嘉兴县的官吏，因不受理灾伤词状，以致百姓动乱，踩死四十余人。苏轼非常清楚，熙宁八年（1075）遇灾，由于地方官吏不及时奏闻朝廷，不先做准备，灾疫既成朝廷才知道，当江西及本路上供的一百二十三万石救灾米运到时，人已饿死无数。杭州地区饿死五十余万人，苏州地区饿死三十余万人，弄得“城市萧条，田野丘墟”，这便是不预先做准备造成的惨痛事实。

苏轼从到任后的十一月起，至第二年底，其主要精力都用在救灾上面。为了凑足救灾钱粮，他既要与一些欺上瞒下、弄虚作假，“日夜奉行残伤其肌体，散离其父子，破坏其生业，为国敛怨”的州县官吏做斗争，又要与朝廷有关部门的长官争辩灾荒实情，以求得拨发钱粮。为此，半年之内，就有关于灾伤情况，苏轼竟连续七上奏状，可朝廷都无诏答。灾伤无情啊！苏轼心急如焚，不达目的绝不罢休。他不惜动用私人关系，向文彦博、宰相吕大防等写信讲述灾情急迫，请求督促有司的官僚们尽快将奏状呈送二圣之手，以蒙圣裁。

这次水旱灾害不亚于熙宁八年（1075）那次的严重程度，但因为通过苏轼不懈努力，做好充分准备，市场米价平稳，赈饥救治及时，人免流殍，朝廷所费钱粮只有熙宁八年（1075）拨发的六分之一。苏轼在《奏浙西灾伤第七状》中如是说，凡事预测立，不预则败，这是“事先处置之力”的结果。高太后两次表彰苏轼上奏的《浙西灾伤第一状》《浙西灾伤第二状》。

杭州是一个水陆交会的大都市，人口密集，各地往来人众，是个容易传染疾病的地方，加之饥荒与疾疫往往并作。于是，苏轼又防患于先，将二圣恩赐的五十两黄金捐出，又向朝廷申请到两千贯钱，合起来办了一个病坊，取名“安药坊”，专门收治贫困病人。在苏轼知杭州近三年中，医好了千余病人。苏轼离任多年后，这个病坊仍在，并从城中迁到了风景秀丽的西湖边上。直到苏轼去世后，病坊改名为“安济坊”，仍遵循苏轼留下的规矩，从懂医术的道士中选拔医生，医生费用由官府补贴。这可能是中国最早的公费医院。

在救灾过程中，苏轼忧虑着两件大事，并积极同时着手加以解决。

其一，苏轼要为贫苦百姓向朝廷要求减除积欠，还以生计的权利。积欠是压在百姓头上的一座大山，是贪官污吏中饱私囊的渠道。哲宗继位后，为收买民心，亦为有利于民休养生息、发展生产，曾先后下诏予以减免。然而，各级官吏以各种借口不予减免。苏轼通过调查发现，其之所以不执行朝廷诏令，是不愿断了肥私的财路，致使“朝廷德泽，十不行一”。苏轼在《应诏论四事状》中痛斥这些“缘而为奸，威福平民”的贪官污吏，要求朝廷严加督促，将减免积欠落到实处。

其二，治理杭州城水患，亦是当务之急。水灾过后，杭州城内外一片萧瑟，如同废墟：城内遍地污垢，泥沙横流；横穿杭州城的运河淤塞，舟不能行；城外闻名天下的西子湖淤塞过半，野草蔓生，湖水半涸，千余顷良田无法灌溉。苏轼通过民间走访，得知开浚西湖之利，上至运河，下及民田，关系到数万民生。于是，他向朝廷上《乞开西湖状》，陈说利害：“杭州之有西湖，如人之有眉目”“使杭无西湖，如人去其眉目，岂变为人乎?”指出，西湖一废，数以千顷良田不得灌溉，运河航运将受影响，杭州人民的饮水用水也将发生困难。现在的西湖已是“水浅葑横，如云翳空，倏忽便满，更二十年，无西湖矣”。奏状上去，却引发朝臣非议，有的公然攻击苏轼劳民伤财，反对朝廷下拨钱款，以资修湖之费。高太后细读苏轼奏状，认为苏轼下决心整治杭州西湖，乃千秋大业之举，没有不支持的理由。御笔一挥，批准苏轼整治西湖，拨钱款以资用。虽有御批，但钱款要落到实处，同样困难重重。当然，困难主要来自有司官员作梗。于是，苏轼再上《申三省起请开湖六条状》，反复陈述治理西湖关系到国计民生的重要性。在高太后的支持与苏轼的不懈努力下，治湖钱款终得落实。

彻底治理西湖，这可是一项前所未有的大工程，事关杭州人民百年之利。苏轼心里清楚，不敢有丝毫闪失。苏轼不愧为水利专家，经过多方论证，精心设计，绘制了一套完美的治湖工程方案。并采取以工代赈的方法，用赈灾粮米招募民工，既为百姓度过饥荒，又解决了用工问题，一举两得，充分调动起杭州百姓参与治湖的积极性。

第一步，疏浚茅山、盐桥二河各十余里，水皆深八尺以上，以茅山一河专受江潮，以盐桥一河专受西湖之水；并修一闸，江潮来时闭闸，以防江潮进入城中运河，江潮退后开闸。这样，潮水不能进城，城中便无潮水携泥沙淤塞河道，免开掏骚扰之患。

第二步，西湖南北三十里，若把湖中淤泥置于岸上，费功费时，如遇大雨倾泻，又会流入湖中重新淤塞。于是，苏轼提出天才创意，将湖中掏出的淤泥堆置湖中以筑长堤，长堤间架设孔桥，既去淤泥又利交通。据《杭州府志》记载，苏轼对他这一设计方案的实施非常重视，每天都要在湖上巡视检查筑堤的质量，有时到了中午吃饭时间，“遂于堤上取筑堤人饭器，满盛陈仓米一器，尽之。其平生简率如此”。可见苏轼整治西湖是非常认真勤苦的，把自己视同民工之中的一员。

第三步，为保护环境，防止湖面污染，保持湖水清澈，苏轼又于湖中立三塔为标志，禁止在三塔以内植菱种芡。于是，西湖又添“三潭印月”美景，与新筑长堤相互映照，成为苏轼治理西湖功绩的永久性标志，深深地融入杭州西湖的历史与文化之中。

第四步，疏浚钱塘六井。这次疏浚比他当年通判杭州时的工程更加彻底，并增设了引水管道和储水石槽，把六井之水引至以前不能到达处，使得“西湖甘水，殆遍全城”。

经过四个多月的紧张施工，用工二十多万个，西湖治理工程完工，一条新筑长堤近十里，纵横南北，犹如蛟龙横卧湖中。堤两旁满植芙蓉、杨柳，望之如画，成为西湖千年不变的一道风景，被杭州百姓亲切地称之为“苏公堤”。看着自己的杰作，苏轼兴奋不已：“我凿西湖还旧观，一眼已尽西南碧。”（《与叶淳老、侯敦夫、张秉道同相视新河，秉道有诗，次韵二首》）

堤成之日时，杭州百姓为感谢他，送去猪肉美酒。苏轼收下猪肉后，分割成块状，以家乡煨“膀”之法烹制，猪肉煨烂后，佐以姜、椒、酱、醋、葱等调料，再分送给民工们品尝。大家赞不绝口，称之为“东坡肉”或“东坡肘子”。现今在饮食业中，“东坡肘子”已成为一道风味独特的名菜，备受食客青睐。

治理西湖这样的大工程，苏轼仅用了四个多月完工，足见其了不起的组织才能，如无他在杭州百姓心目中的亲和力与感召力，百姓怎能积极参与，也很难达到预期目的的。明朝杨升庵的话足可证明：

> 宋之世修六塔河、二股河，安石以范子渊、李仲昌专其事。听小人李公义、宦官黄怀忠之言，用钱龙爪、浚川耙，天下皆笑其儿戏。积以数年，糜费百十万之钱谷，漂没数十万之丁夫，迄无成功，而独不肯止。至其绩败功圮，而奸人李清臣为考官，犹以修河策问，欲掩护之。甚矣，宋之君臣，愚且戆也。如东坡杭湖、颖湖之役，不数月间，而成不世之功，其政事之才，岂止什伯时流乎？

苏轼的好友，著名诗僧参寥亦有《观开西湖》诗赞曰：

伟人谋议不求多，事定纷纭绝唯阿。
尽放龟鱼还绿净，肯容萧苇障前陂。
一朝美事谁能继，百尺苍崖尚可磨。
天上列星当亦喜，月明时下浴清波。

参寥说，像治理西湖这样的功绩，只需一件就足可万事不朽了。这不是用笔记述得了的，也不是刻石崖壁保留得了的。它印照在天上人间，永恒不变。千百年来，人们泛舟西湖，畅游“苏公堤”，无不想到伟大的苏东坡！就连一代帝王乾隆下江南，亦动情于“苏公堤”，御笔写下“苏堤春晓”，刻石于堤上，表达对苏轼的崇敬和仰慕。

据《宋史》本传载：“轼二十年，再莅杭，有德于民，家有画像，饮食必祝，又作生祠以报。”杭州百姓为感恩苏轼，把他的画像悬挂在家中，像神一样供奉着，逢年过节拜祝；郡人还为他建生祠于堤上，四时享祀香火。自古以来，很少有像苏轼这样在百姓心中享有如此崇高地位的官员。

然而对于奸佞小人来说，苏轼在百姓心中的崇高地位，使他们妒火中烧，恨之入骨。《咸淳临安志》云：“郡守林希榜曰：‘苏公堤。’邦人祠公堤上。后十年，郡守吕惠卿奏毁之。堤间啮于水。……咸淳五年……亦治新之。仍补植花木数百本。”《湖山胜概记》又云：“苏公所筑之堤，堤亘十里。以防涧水。行者便之。上有六桥。……桥覆以亭。堤间桃柳，芳草铺茵，芰荷簇锦……则其当时民物之阜、风俗之美、政教之行，概可想而见。使惠卿有知，则含羞于地下矣。”奸人吕惠卿所为，毁得了祀祠，却毁不了苏轼在百姓心中的崇高地位。当然就更毁不了三苏父子在异域的崇高声望。

就在苏轼出知杭州后，苏辙便升为翰林学士、知制诰，顶替了兄长之职。其间，苏辙奉命以翰林学士身份为贺辽国生辰国信使。苏辙在辽国受到上至王公大臣，下至士林学子，及百姓在内的热烈追捧。用现在流行语说，他的“粉丝”是不分贵贱贤愚的。当然，这不仅是苏辙作为使节的身份，更重要的原因是苏氏三父子的文名在辽国所激发的空前热烈反响。父子三人的诗词文赋早就流行于辽国的官方民间，士人以诵读苏氏文章为荣。如苏辙说，在燕京时，辽国接待官员对他说：“《眉山集》已到此多时，内翰何不印行文集，亦便流传至此?”这位接待官员建议苏辙出版个人选集。到中京（大定府，在今内蒙古自治区宁城县）时，接待官员告诉他：苏洵的文字，“颇能尽其委曲”。到上京时，馆伴使甚至连苏辙的《服茯苓赋》也熟悉。其实辽人早就仰慕苏氏三父子的大名，曾不断打听他们的消息。元祐元年（1086）十二月，辽国使者耶律永昌、刘霄来汴京贺兴龙节（哲宗生日），苏轼做馆伴，他们就常诵苏氏父子的作品。一天会食，刘霄举杯道：“‘痛饮从今有几日，西轩月色夜来新’，公岂不饮者耶?”刘霄引用苏轼的诗句反来劝苏轼喝酒，可见场面是多么的热闹有趣，苏轼是何等的得意。当苏轼在杭州闻知苏辙出使辽国，自是兴奋不已，作《送子由使契丹》诗相送。因此，诗中故有“单于若问君家世，莫道朝中第一人”之句。其踌躇满志溢于言表。

苏辙在辽国受到的礼遇可说是空前的，从他《神水馆寄子瞻兄四绝》的其中一首可得知：“谁将家集过幽都？逢见胡人问大苏。莫把文章动蛮貊，恐妨谈笑卧江湖。”他说在幽州（辽南都，今北京市）看到苏氏文集，辽人见他就询问“大苏”的情况，苏辙开玩笑说：不要把文名传到异邦，名声太大，你想归隐江湖就不容易了。其实早在熙宁末年，高丽使者经过杭州时，就“求市子瞻集以归”了，故而金元时代，苏文盛行于北方，很多学者都推崇苏氏父子。当然，三苏中苏轼是最受欢迎的一位。苏辙在另一首诗中说，辽朝还是心向中原的，对待宋朝的使节很有礼貌：“虏廷一意向中原，言语绸缪礼亦虔。顾我何功惭陆贾，橐装聊复助归田。”自己没有什么功劳可言，出使积些钱财，快准备归田了。

苏轼得到苏辙诗很高兴，即作《次韵子由使契丹至涿见寄四首》：“老人痴钝已逃寒，子复辞行理亦难。要到卢龙看古塞，投文易水吊燕丹。”他在第一首诗中说，在元祐元年八月，朝廷曾让苏辙为皇帝贺辽国生辰使，他以年老痴钝为借口推辞掉了。这是针对苏辙诗“少年病肺不禁寒，命出中朝敢避难”而言，说你要再推辞出使辽国就难了。第二首说宋辽本共一家，那里定然也有很多遗老，他们看到你作为宋朝使节到来，会偷偷饮泣的：“胡羊代马得安眠，穷发之南共一天。又见子卿持汉节，遥知遗老泣山前。”苏轼在第三首诗中说，对于辽人还时时问及“三苏”，哪里知我老病无用，已准备辞官归隐了：“毡毳年来亦甚都，时时鴃舌问三苏。那知老病浑无用，欲向君王乞镜湖。”在第四首中，苏轼称赞苏辙的长子苏迟：“始忆庚寅降屈原，旋看蜡凤戏僧虔。随翁万里心如铁，此子何劳为买田。”那时苏迟正随父使辽，苏轼针对苏辙诗中所言陆贾使南越归，分金给诸子治生产的事，说像苏迟这样优秀的孩子，何须你为他买田。

苏辙在使辽期间，十分关注边境状况和辽国国情。当他来到宋辽交界的雄州

（今河北雄县），进入辽境后，一种真情实感在胸中燃烧，愤然而作《燕山》诗曰："燕山如长蛇，千里限夷汉……割弃何人斯，腥臊久不浣。哀哉汉唐余，左衽今已半。玉帛非足云，子女罹蹈践……"燕山在今北京至山海关一带，本为汉唐故土。自清泰三年（936）后晋石敬瑭割燕云十六州后，燕山一带遂为辽所统治。景德元年（1004），宋真宗与辽订立"澶渊之盟"，每年向辽交纳巨额的白银和绢，被割让土地上的人民又饱受践踏欺凌。这使苏辙将无比的愤恨化作一股巨大的力量："中原但长治，敌势要自变。会当挽天河，洗此生齿万。"他希望自己能为中原长治久安、国势强盛、早日收复失地、拯救生民而建功业。

对于辽国风俗民情，苏辙都有较详细的描写，如《虏帐》一诗云：

虏帐冬住沙陀中，索羊织苇称行宫。
从官星散依冢阜，毡庐窟室欺霜风。
舂粱煮雪安得饱，击兔射鹿夸强雄。
朝廷经略穷海宇，岁遗缯絮消顽凶。
我来致命适寒苦，积雪向日坚不融。
联翩岁旦有来使，屈指已复过奚封。
礼成即日卷庐帐，钓鱼射鹅沧海东。
秋山既罢复来此，往返岁岁如旋蓬。
弯弓射猎本天性，拱手朝会愁心胸。
甘心五饵堕吾术，势类畜鸟游樊笼。
祥符圣人会天意，至今燕赵常耕农。
尔曹饮食自谓得，岂识图霸先和戎！

苏辙使辽，往返约百日。"千里使胡须百日，暂将中子治书囊。"与他《将使契丹，九日对酒怀子瞻，并示坐中》的预计相差无几。元祐五年（1090）二月底，苏辙还朝后将使辽的情况写成《北使还，论北边事札子五首》，上报朝廷。这是一个比较具体、实在的总结报告。其中有两个方面，苏辙希望朝廷重视：一是北朝皇帝倾向于与宋朝和好，北朝视汉人于等同，且赋役颇轻，这些都应该作为朝廷制定对外政策的参考；二是宋朝的印本文字大量流入北方各民族，说明辽人向往和乐于接受汉文化，这是一件非常好的事情。但是，一些粗制滥造的翻印本"上则泄露机密，下则取笑夷狄"，应下令破版毁弃。另外，其中还表达了苏辙的外交思想和策略。

第二十七章

颍水写真

我性喜临水，得颍意甚奇。
到官十日来，九日河之湄。
吏民笑相语，使君老而痴。
使君实不痴，流水有令姿。
绕郡十余里，不驶亦不迟。
上流直而清，下流曲而漪。
画船俯明镜，笑问汝为谁？
忽然生鳞甲，乱我须与眉。
散为百东坡，顷刻复在兹。
此岂水薄相，与我相娱嬉？
声色与臭味，颠倒眩小儿。
等是儿戏物，水中少磷缁。
赵陈两欧阳，同参天人师。
观妙各有得，共赋《泛颍》诗。

苏轼一生奔波于道途，这在古代历朝官吏中是很特别的个例。或许是他命运注定，不可逆也！杭州任期未满，苏轼又得携家带口踏上去京师的道途。

时间定格在元祐六年（1091）初。当年洛、朔两党夹击苏轼的同时，亦相互攻讦，争权夺利。朔党之首刘挚极善权术，将洛党之首程颐击败，使其被逐出朝廷后，程颐的门人朱光廷、贾易、杨畏、赵挺之诸人，转而倒戈叛洛，投入刘挚旗下，朔党自此声势显赫，直到南宋不衰。故此时，刘挚为相，王岩叟签书枢密院，刘安世掌台谏，梁焘任礼部尚书……朝中多为朔党人物身居各部门要职，这使高太后难有安心之日。如何牵制、平衡朝中政治势力，高太后首先想到公忠体国、忠诚可信的苏轼、苏辙兄弟。元祐五年（1090）她两次任命苏轼为吏部尚书，因杭州灾伤事务，未能成行。元祐六年（1091）二月初四，高太后首先任命苏辙为尚书右丞，位列宰辅执政，特加护军，晋封开国伯，赐金鱼袋，食实封二百户。其父苏洵被追赠为司徒，母程氏为蜀国太夫人，又以故事（惯例）在祖坟侧修建庙堂以荐先福。荣耀之至，苏轼很为老弟感到骄傲。

为避亲嫌，高太后将苏轼由任吏部尚书改为任翰林学士承旨（宋代沿唐制，中央政权设置三省六部，即尚书、门下、中书三省；六部为吏部、礼部、兵部、刑部、户部、工部，为尚书省所辖。《宋史·职官志》云：“宰相不专任三省长官，尚书、门下并列于外，又别置中书禁中，是为政事堂，与枢密院对掌大权。”苏轼如任吏部尚书，则成为苏辙下级，故有改任。为此，苏辙还上《辞尚书右丞札子四首》，说因自己迁为执政，使兄轼不能担任吏部尚书，请求辞职，未被准许）。这是一个很重要的职位，为翰林学士院的长官，有“内相”之称，不但要起草重要诏令，还要在禁中职掌机密，为皇帝最亲近的大臣，职权不亚于宰相。

二月二十八日，诏下，苏轼以翰林学士承旨被召还，并被要求诏书到达之日，即行分割公事，乘驿马急速前来赴任。可见高太后以待苏轼回朝的急切心情。

苏轼接到诏书，心情很是复杂。想到元祐之初，一入朝堂就遭洛党、朔党及新党残余的夹击围攻，件件浮现眼前、犹如昨日之事，令其不寒而栗。如今三股势力纠集在一起，把持朝政，如果回去，将再次遭到围攻，陷入重围之中。苏轼确实没把官爵荣耀看在眼里，更不愿去蹚朝廷中那滩浑水，只求外任地方官为百姓办几件实实在在的事。于是，他在接到诏书的当天，就向朝廷上《辞免翰林学士承旨第一状》，以两眼昏花，左臂麻木不仁为由，请求辞免，到地方任职，以求安静地退下来稍养衰残之年。未被诏答。

苏轼无奈，在前往京师的途中，心有不甘，一路上章，以多种理由提出辞免。如在第二状中说："臣以衰病不才，难居禁近，兼以弟辙忝与执政，理合回避，奏乞除臣一郡。"前后共上了四份辞免状，都未被高太后允许辞免。苏轼不敢再违命了，只得于五月二十九日到阁门接受诰命。可他还是不死心，在高太后生日到来之际，又在《乞候坤成节上寿讫复遂前请状》中说："已于今月二十九日赴阁门祇受诰命讫。然臣衰病日加，心力难强，亲嫌之避，愚守不移。"请求等到太皇太后的祝寿完毕后，希望圣上答应他以前的辞免请求。然无果。

六月一日，翰林待诏梁迪到苏轼住处宣读圣旨，召苏轼再入翰林学士院，担任翰林学士承旨。圣上特赐衣一对、金腰带一条并鱼袋、镀金银鞍辔马一匹。可谓恩宠有加。苏轼上《谢宣召再入学士院二首》和《谢赐对衣金带马状二首》，向二圣表示衷心谢忱和忠心。但苏轼仍担心受人攻击，在谢表中说，自己"惊华发之半空，笑丹心之未折。宜投闲散，以养衰残"。只希望任一闲职。四日，又诏兼侍读，高太后是何等看重苏轼。

果然，不出苏轼所预料，一回到朝廷，刘挚即擢拔贾易为侍御史，以他为急先锋，直接对付苏轼。

苏轼虽然离任杭州知州，但他总是放心不下水灾给浙西百姓带来的困苦，希望朝廷加大赈济力度，以缓解民困。在回京的途中和回到朝廷后，苏轼"累次奏论，词意恳切，寻蒙圣慈采纳施行"。然而，贾易却"扇摇台官安鼎、杨畏，并入文字，以谓回邪人，眩惑朝廷，乞加考验，治其尤者"。他们共同上章弹劾苏轼"眩惑朝廷"，请求朝廷治苏轼之罪。苏轼真是哭笑不得，小人真是难缠，不得不上疏驳斥说，贾易等"但务快其私忿，苟可以倾臣，即不顾一方生灵坠在沟壑"。更可恨的是，贾易同时剑指苏辙，先人身攻击苏辙说："尚书右丞苏辙，厚貌深情，险于山川。诐言殄行，甚于蛇豕。"而后翻旧账说："昔以制科召试，而程文谓不应格。仁宗顾其直言极谏之名，不欲罢黜，亦容滥进。"同时翻出苏轼的旧账，重提几年前朱光庭等弹劾苏轼"试馆职策题"的问题。其用意是混淆视听，达到击垮苏轼的目的。

可笑的是，贾易再次重演当年李定、舒亶、何正臣的把戏，从苏轼诗文中构造罪名。这时，原本奉承讨好苏轼的赵君锡也参与进来。二人一同抓住苏轼在元丰八年（1085）五月，写于扬州竹西寺的一首诗大做文章。

当时，苏轼乞居常州获准，在前往的途中至扬州竹西寺，他写了三首《归宜兴，留题竹西寺》诗，并书于僧舍的墙壁上。其中第三首是：

此生已觉都无事，今岁仍逢大有年。
山寺归来闻好语，野花啼鸟亦欣然。

于是，贾易、赵君锡便抓住诗中的"闻好语"，诬奏苏轼是为得知神宗去世的消息而高兴，"有欣喜先帝上仙之意"，对此无不使人"痛心疾首，而莫之堪忍者也"。请求朝廷治其不忠不臣之罪。苏轼已经经历过小人玩文字游戏杀人的伎俩了，他坦然以对，上《辩题诗札子》，加以驳斥说，元丰八年（1085）三月六日，在南京时得知先帝遗诏，举哀换上丧服后，慢慢向常州走来。当时经过这场大变故，臣子之心，哪个不忧心忡忡？到五月初，至扬州竹西寺，见几个年老百姓相视而笑，其中一人双手加额，说："听说好一个少年皇帝。"听到百姓称颂新皇，做臣子的当然高兴。加上臣被允许归耕常州，托人在常州买田，途中得到买田成功的消息，自然高兴，便写了这首诗。再说神宗仙逝于三月，臣的诗写于五月，事理明白，无人不知，怎能与"闻好语"扯得上呢！况且，臣若稍有不善之意，岂敢复书壁上，以示人乎？苏轼最后义正词严地对高太后说，对赵君锡等人动辄就敢断章取义，公然诬陷欺骗，请求加以处罚，以正国法。希望通过此举使今后的臣子不敢平白无故地给人加上恶逆之罪。

苏轼回朝喘息未定，就遇上这样的致命之事，倍感处境十分危险，再待下去，谁知这帮小人还会使出什么手段来，自己必然凶多吉少，不死即废，还是赶紧离开这一险象环生之地吧！于是，苏轼连上三分乞外任奏状。他在《杭州召还乞郡状》中，对高太后恳切地说："臣若贪得患失，随世俯仰，改其常度，则陛下亦安所用？

臣若守其初心，始终不变，则群小侧目，必无安理。虽蒙二圣深知，亦恐终不胜众。所以反复计虑，莫若求去。”苏轼的乞郡状看得高太后于心不忍，见苏轼去意已决，只得允了。于八月十五日诏命苏轼除龙图阁学士，知颍州，并赐对衣一袭、金腰带一条、银鞍辔马一匹。

苏轼回朝仅三个月时间，又离去，却没有当年出知杭州时那种放飞的愉悦之情。从他到颍州写给王巩的信中可看出：

> 自公去后，事尤可骇。平生亲友言语往还之间，动成坑阱，极纷纷也。不敢复形于纸笔，不过旬日，自闻之矣。得颍藏拙，余年之幸也。自是刳心钳口矣。此身于我稍切，须是安处，千万相信……

看来文字之累给苏轼带来的伤痛确实不轻，他把出知颍州看作是“余年之幸”，得之不易啊！决心把嘴巴闭紧，以免“动成坑阱”，要王巩相信他说的是真，近似于发誓。这就是苏轼此时的心境。

就在苏轼出知颍州后的十一月，奸猾的刘挚被高太后罢去相位，其余等人皆有应得下场，苏轼得知后，只淡淡一笑，他所有的精力都用在治理颍州的政务上，无暇理会这帮奸人的下场。

宋之颍州治所在今安徽阜阳，有颍河绕流城邦。当时属京西北路，辖汝阳、泰和、颍上、沈丘四县。苏轼于八月二十二日到任颍州，这里是他崇敬而熟悉的地方，恩师欧阳修就隐居仙逝于此，还有名臣晏殊曾治理过颍州。故苏轼在《颍州谢上表》中，由衷地说，颍州在州级行政区中居于重要地位，士风兼备南北，古今人才辈出。这里的宾主都是贤才，因为宗资、范孟博曾经治理过这里。这里的文化发展前后相连，具有晏殊、欧阳修的遗风。

苏轼到任颍州，接交完公事后，即于九月一日前往欧阳修家祭拜恩公夫人。苏轼通判杭州时，欧阳修去世。后苏轼出知杭州，七月到任，八月就得恩师夫人薛氏去世的噩耗，难道是上天安排的吗？苏轼强忍悲痛之情，撰《祭欧阳文忠公夫人文》：“富词千里，侑此一樽。”苏轼只能在千里之外作此祭文，遥遥奉上清酒一樽。时间过去两年，今苏轼有幸出知颍州，又是天意啊！在恩公夫人灵前，苏轼泪洒衣襟，挥笔再作《祭欧阳文忠公夫人文》：

维元祐六年，岁次辛未，九月丙戌朔，从表侄具位苏轼，谨以清酌肴果之奠，昭告于故太师、兖国文忠公安康郡夫人之灵。

……凡二十年，再升公堂。深衣庙门，垂涕失声。白发苍颜，复见颍人。颍人思公，曰此门生。虽无以报，不辱其门。清颍洋洋，东注于淮。我怀先生，岂有涯哉？

苏轼宣读祭文，痛哭失声，回忆幼时就把欧阳修当作老师，白天诵读其文，夜晚梦见其人。十五年后终于得见欧阳公。欧阳公拍着他的肩膀说："这少年将来可以达到我辈的成就，其他人无法相比。我年纪已老将要退休，以后文章之道就交付给你了。"苏轼无时不以欧阳公的期望自勉。仕途艰难，时光流逝，苏轼终于在汝阳再次见到欧阳公。当时欧阳公身边子弟众多，他却把苏轼请到上宾之席，对苏轼说："你来到这里，我很满意。我所说的文章之道，一定是与大道并存。为了眼前的利益改变操守，那他就不是我的弟子。"苏轼叩拜说："学生至死不敢把此语忘记。"苏轼发自肺腑地说："欧阳公虽然亡故，他的教诲却如同天上的太阳。"作为欧阳修的门生，二十年来，苏轼的所作所为，确实不辱师门。

苏轼不仅是欧阳修的门生，还是欧阳修三儿欧阳棐的儿女亲家。欧阳修有四个儿子，老大欧阳发，老二欧阳奕，老三欧阳棐，老四欧阳辩。欧阳棐的一个女儿嫁与苏轼次子苏迨。

苏轼到任后，受命负责"八丈沟"水利工程建设。朝廷要他在颍州主持与陈州太守李承之、府界提刑罗适、都水监所差官及京西北路提刑、转运司各官商议有关开挖八丈沟的事宜。苏轼认为自己对八丈沟工程情况不知详情，难以会议，他急忙申报朝廷并通知参会人员暂不来颍州会议。得到朝廷同意。其实，朝廷早就制定了"八丈沟"工程方案，因种种原因而未能全面开工。历史上开封诸县常受水患，且危及京师。为解除京城等地被洪水淹没的隐患，朝廷负责这方面的官吏们在没有经过详细调查研究的情况下，就兴役放开陂泽，让其注入惠民河，惠民河也容纳不了，颍州一带遂多水，于是朝廷又想再开凿八丈沟，注入淮河。苏轼受命后，先向一些官员了解情况，得知工程有很大争议。既然有争议，说明其中就有问题。之前，这项开挖工程已于六处分段动工。本着对百姓负责，也对朝廷负责的态度，苏轼对工程重新进行了研究和审查。他将多年来很多人的奏议拿来认真审阅，这中间胡宗愈、罗适、崔公度、李承之认为可以开八丈沟，而曾肇、陆佃、朱勃认为不可以开。但他们都只是凭眼睛观察，没有进行科学的测量，仅以主观臆断而已。特别是苏轼翻阅了汝阳、万寿、颍上三县的上报官文，发现罗适、崔公度当初察看八丈沟时，只是骑着马沿途走走而已，真是典型的“走马观花”。这可是一项起用民夫百万，耗费钱粮万亿的工程，对这些官员视同儿戏般的荒唐之举，苏轼感到十分气愤。接着他亲自组织州县官吏和水利专家，实地调查，测量水文情况。当时虽然没有水文测量仪器，可苏轼有自己的办法。他“仔细打量，每二十五步立一（竹）竿，每竿用水平（尺）量见高下尺寸，凡五千八百一十一竿，然后地面高下、沟身深浅、淮（河）之涨水高低、沟之下口有无壅遏，可得而见也”。他测完“八丈沟首尾三百余里”的距离，弄清了与八丈沟有关的地面高低、各条水沟的深浅、淮河涨水的水位等详细的数据资料。经过两个多月的实地测量和考察，苏轼终于摸清了淮河汛期水位要比新开的八丈高出近一丈的情况。苏轼由此得出准确结论，八丈沟若开，大汛时不仅起不到排水作用，反遭倒灌，既解除不了京畿淹没之害，颍州更将因八丈沟上下游洪水的双重袭击而受灾加重。于是，苏轼向朝廷上《奏论八丈沟不可开状》和《申论八丈沟利害状二首》，阐明开挖八丈沟弊大害多、劳民伤财的道理。在苏轼通过科学测量的准确数据和实事求是的论证下，用事实批驳了罗适等人的错误，朝廷采纳了苏轼的正确意见，停止了这项工程，从而纠正了朝廷和颍州官府的这一重大决策错误，避免了巨大经济损失。八丈沟停挖后，使当年颍州免除十八万人服役，节省钱米三十七万贯石。苏轼这种重调研、靠群众、讲科学、不唯上、不蛮干、实事求是的作风，对于今天的我们仍然有着积极的现实教育意义。

其实，苏轼更认为实事求是的核心价值在于讲真话、讲实话、办实事。他把讲真话、讲实话、办实事提升到一个政治的高度。他在《讲田友直字序》中说：“夫直者，刚者之长也。千夫诺诺，不如一士之谔谔。”“诺诺”者，人云亦云，跟风说假话；“谔谔”者，无忌直言，求事实，讲真话。跟风的人再多，不如一个讲真话的人有用，因为真话可信。对于为官者来说，苏轼认为讲“真话”与“假话”，不单是一个人品问题，更是一个政治素质问题。“真话”利国利民，“假话”祸国殃民。因为“诺诺”的根子在“以得失为虑”，为官者如为一己之私利，势必欺上瞒下，做出有违事实、害国害民之事。如苏轼在《拟进士御试策》中指出：“所试举人不能推原上意，皆以得失为虑，不敢指陈阙政，而阿谀顺者又卒据上第。”这样的人，一旦进入官场，就只能“屈折拳曲，以合规绳，曾不得自伸其喙”（《送水丘秀才序》）。就是说，一个为官者以个人利益为目的，只求做违心唯上的顺臣，在政务处理上，根本就不可能做到实事求是，讲真话，办实事。

颍州有西湖美景，西湖为“颍河合诸水汇流处也”。据《中都志》载：“西湖在城西二里。袤十里，广二里余。清波浩荡，莲芰萍蓼，鱼跃禽鸣，美景不一。”难怪欧阳修选择颍州为隐居地。而苏辙晚年亦在颍水边隐居十二年，自号“颍滨遗老”，还曾邀兄苏轼一同隐居于此地。

颍州西湖在唐时已知名。以晚唐著名诗人许浑《颍州从事西湖亭宴饯》诗可知：

西湖清宴不知回，一曲离歌酒一杯。
城带夕阳闻鼓角，寺临秋水见楼台。
兰堂客散蝉犹噪，桂楫人稀鸟自来。
独想征车过巩洛，此中霜菊绕潭开。

诗中记叙了西湖旁宏伟壮丽的亭台楼阁建筑群，犹以“兰堂”为文人雅士迎送欢聚宴饮之佳处，而游湖已成颍人一大乐趣。到宋代，名臣蔡齐、晏殊、欧阳修相继出知颍州，他们都十分重视颍州西湖的治理。据《舆地要览》载：“颍州有西湖，浅而狭。晏元献公殊来知颍州，开浚有十顷之阔，既作北渚，又阙西溪。”在北渚之上西溪之旁建有清涟阁。蔡齐筹建西湖书院，晏殊续建，欧阳修最后完成，知名于当时。欧阳修又建造了飞盖、宜远、望佳三座拱桥。其聚星堂、六一堂、会老堂、清颍亭、双柳亭、竹间亭等建筑物体皆为西湖胜景。欧阳修还自号“六一居士”呢。

苏轼喜玩水，是他的天性；苏轼所到之地即有江河湖海相伴，是他与水有不解的情缘。今又身临颍州西湖，哪有不与水亲近的呢！这种真性情在他《泛颍》诗中，表现无遗：

我性喜临水，得颍意甚奇。
到官十日来，九日河之湄。
吏民笑相语，使君老而痴。
使君实不痴，流水有令姿。
绕郡十余里，不驶亦不迟。
上流直而清，下流曲而漪。
画船俯明镜，笑问汝为谁？
忽然生鳞甲，乱我须与眉。

散为百东坡，顷刻复在兹。
此岂水薄相，与我相娱嬉？
声色与臭味，颠倒眩小儿。
等是儿戏物，水中少磷缁。
赵陈两欧阳，同参天人师。
观妙各有得，共赋《泛颍》诗。

世上又有多少人能像苏轼这样了解水中真味呢？世人往往为荣华富贵、升官发财、声色货利所眩惑。正如苏轼《超然台记》所言："夫求祸辞福，岂人之情也哉！物有以盖之矣。彼游于物之内，而不游于物之外。"只斤斤计较于一物之得失，不能游于物之外。而苏轼都把这些看作是水中之物，顷刻间会变化；看作是儿戏之物，与流逝的水没有两样。颍水清流，淡泊明志。苏轼爱水，泛颍，是他不与世俗同流合污、"磨而不磷，涅而不缁"的品格表现。

因这首《泛颍》诗，苏轼的家乡人在他眉山城内纱縠行老宅院子里的瑞莲池中，修筑了一座亭子，取名"百坡亭"。意即希望眉山能出一百个"苏东坡"。亭子与回廊相连，映照池水中，妙趣横生，令人遐思悠悠。

苏轼既是一位恪尽职守、勤于吏职的好官，又是一位极喜游赏山水的玩家。公事之余，他总是邀朋结友去西湖游玩一番，把酒临风，诗酒酬唱，快意人生，自显诗人本性。可以说，因颍州西湖之缘成就了苏轼两大书法传世精品之作。

颍州通判赵令畤，字景贶，为皇室宗族子弟。他十分崇拜仰慕苏轼人品才学，苏轼亦欣赏赞美他"博学而文，笃行而刚，信于为道，而敏于为政"。虽出身尊贵，却无纨绔之习气，其人品、文品、才干俱佳，不只是一个"佳公子"。二人一见如故，相处如同手足。苏轼特意为他改字为"德麟"，并作《赵德麟字说》，说明改字的用意是向天下人推荐向这样"德""形"兼备如"麒麟"的人才，此人必是君王所求的国家栋梁之材。后来，苏轼曾向朝廷三次举荐赵德麟。他在《再荐宗室令畤札子》中说："承议郎赵令畤，儒学吏术，皆有过人，恭俭笃行，若出寒素。意望朝廷特赐进擢。"

一日，赵德麟的伯父安定郡王从京城寄来美酒"洞庭春色"。于是，赵德麟携美酒邀苏轼游饮于西湖之上。湖光山色配美酒佳肴，快哉！酒是"钓诗钩"，是"扫愁帚"，将人生不快之事一扫而空。苏轼喝着美酒，诗便随着酒香而出。"贤王文字饮，醉笔蛟龙走。"苏轼畅吟《洞庭春色》诗一首，仍未尽抒胸臆，美酒又浇出《洞庭春色赋》一篇，再“醉后信笔”，挥毫大书《洞庭春色赋》一幅，字字如玑，珠落玉盘，可谓古今书法艺术中的精品。明代张孝思评说有“郁屈瑰丽之气，回翔顿挫之姿，真如狮蹲虎踞。”

又一日，刘季孙，来颍州拜谒苏轼。好友千里来访，自然要游饮于西湖之上。

刘季孙，字景文，开封祥符（今河南开封）人，忠臣之后。苏轼很看重他的人品，称之为“慷慨之士”。与其交谊颇深。苏轼有《赠刘景文》诗：“荷尽已无擎雨盖，菊残犹有傲霜枝。一年好景君须记，最是橙黄橘绿时。”清人王文诰称“此是名篇，非景文不足以当之”。这次他来拜访苏轼，还带着一个任务呢！

庆历五年（1045），欧阳修贬知滁州时，写下了千古美文《醉翁亭记》：“醉能同其乐，醒能述以文者，太守也。太守谓谁？庐陵欧阳修也。”真是醉态可掬，醉得明白，醉得满心欢喜，醺醺然而号醉翁也。滁州人喜欢欧阳公这篇美文，将其刻于石。四十多年过去了，碑上字体因刻得浅而开始模糊，郡人担心难以传下去，希求现任知州王诏重新刻石，而王诏正有此意。真是机缘巧合，恰遇刘景文来颍州路过滁州，王诏就拜托刘景文向苏轼转达滁州人的心愿，请苏翰林书法欧公《醉翁亭记》，以刻石。

游船之上，苏轼诵读恩公美文，将对恩公的情感凝于笔端，庄严肃穆，以楷体大字书之，一气呵成，字字千斤，笔笔缜密，遒劲洒脱，气韵生动，力透纸背，成为古今楷体大字书法一绝，至今眉山三苏祠内碑廊里亦存有一方《醉翁亭记》的刻碑，观之，无不令人惊叹欧阳公美文与苏翰林书法的绝美合璧，非神功不可为也。历代名家对《醉翁亭记》碑佩服至极。赵孟頫赞叹说：“余观此帖潇洒纵横，虽肥而无墨猪之状，外柔内刚，真所谓绵里裹铁也。”

苏轼喜玩水，是他的天性；而治水，是他的职责，他从不懈怠。像苏轼这样的玩家与众不同，他往往在游山玩水中发现问题，了却公事。秦观就非常钦佩苏轼这一治政才能，曾作诗赞叹说：

十里荷花菡萏初，我公所至有西湖。
欲将公事湖中了，见说官闲事亦无。

这不，苏轼在游湖中，了解到颍州水患历来严重，境内沟渠垮塌淤塞，导致西湖逐渐干涸，水面缩减，不但严重影响到千顷民田灌溉，而且西湖美景，则悄然而逝。于是苏轼上奏朝廷，请求将开挖黄河的役夫一万人留下，用于疏浚颍州境内沟渠与西湖淤塞。当朝廷一批准，苏轼又拿出当年治理杭州西湖的干劲，走访民间，调查了解颍州西湖水系流向，制定全盘整治方案。动工之日，在苏轼的带领下，万人齐力，西湖又将变得更加秀丽。遗憾的是西湖治理工程即将完工之时，苏轼又改知扬州。无奈之下，苏轼只得将善后之事交代与赵德麟，叮嘱其一定要按期完成治湖工程。

苏轼是元祐七年（1092）二月离任，三月十六日，西湖疏浚完工。赵德麟寄诗报喜，苏轼闻讯大喜，即作《轼在颍州，与赵德麟同治西湖，未成，改扬州。三月十六日，湖成，德麟有诗见怀，次其韵》：

泰山秋毫两无穷，钜细本出相形中。
大千起灭一尘里，未觉杭颍谁雌雄。
我在钱塘拓湖渌，大堤士女争昌丰。
六桥横绝天汉上，北山始与南屏通。
忽惊二十五万丈，老葑席卷苍云空。
揭来颍尾弄秋色，一水萦带昭灵宫。
坐思吴越不可到，借君月斧修朣胧。
二十四桥亦何有，换此十顷玻璃风。
雷塘水干禾黍满，空钗耕出余鸾龙。
明年诗客来吊古，伴我霜夜号秋虫。

赵德麟在来诗中，赞美现在的颍州西湖很美，或可与杭州西湖争雄。苏轼对赵德麟赞美颍州西湖甚感欣慰。但他又以佛学之理回答赵德麟说，一微尘里亦有三千大世界，世界万物生而又灭，仅在眨眼间。又以《庄子·齐物论》“是亦一无穷，非亦一无穷”的观点说，泰山与秋毫，巨与细，都没有什么不同。杭州西湖与颍州西湖也就没有什么雌雄可分了。从诗中看出，苏轼治理颍州西湖与当年治理杭州西湖的用意是一样的，主要是为了发展农业生产。因此，到了四月，苏轼仍处于激动之中，又依赵德麟三月报喜的原韵，作《再次韵德麟〈新开西湖〉》诗：

使君不用山鞠穷，饥民自逃泥水中。
欲将百渎起凶岁，免使甂石愁扬雄。
西湖虽小亦西子，萦流作态清而丰。

千夫余力起三闸，焦陂下与长淮通。
十年憔悴尘土窟，清澜一洗啼痕空。
王孙本自有仙骨，平生宿卫明光宫。
一行作吏人不识，正似云月初朦胧。
时临此水照冰雪，英遣白发生秋风。
定须却致两黄鹄，新与上帝开濯龙。
湖成君归侍帝侧，灯花已缀钗头虫。

苏轼又于此诗前加注云："予以颍人苦饥，奏乞留黄河役夫万人，修境内沟洫，诏许之。因以余力浚治此湖。"

苏轼离任时，治湖工程已近扫尾，已在西湖水系建成三闸。三闸分别在大润河、小润河及白龙桥，其中白龙桥闸在西湖上。焦陂在颍州城南四十里。西湖水系疏浚后，颍州境内各水道相通，焦陂水与长江淮河相通，使航运畅通。

苏轼诗中所言"饥民自逃泥水中"，是指他到任颍州后的冬日，遇到大雪不止，发生严重的自然灾害，百姓以食榆树叶、马齿苋度日。来年春，必有流民扶老携幼充斥颍州城内。如何早作准备解救饥民？赵德麟在《侯鲭录》有记述，元祐六年(1091)，汝阴久雪。一日，天色未明，苏轼召他议事，说眼前久雪人饥，为解救民困，苏轼愁得一夜未曾合眼，只想出自己拿钱买一百余石粮，做成饼救济饥民。但也解决不了问题。问赵德麟有什么好办法。后来，他们决定以义仓之谷数千石（一石为一百二十斤），作院之炭数千秤（一秤为十五斤），酒务之柴数十万秤，依原价卖给饥寒中人，解决其"食与火"的问题。这也不能解决根本，只能求助朝廷了。于是，苏轼于十二月二十五日上奏《乞赐度牒籴斛斗准备赈济淮浙流民状》，据实奏报灾情说："淮浙累岁灾伤，来年春夏必有流民。而颍州正当南北孔道，万一扶老携幼，纷集境内，理难斥遣。若饥羸道路，臭秽薰蒸，饥民同被灾疫之害。弱者既转沟壑，则强者必聚为盗寇。"要求朝廷同意将本州常平仓粮米，在来春米价大涨时以低价卖出，用以赈济本州百姓；另将本州代储的陕西军粮和禁军军粮，除了粳米充作军粮外，其余小麦、绿豆、粟米、豌豆等杂粮全部买入，用以赈济流民。并要求赐度牒一百道，用作买粮之费。

为赈灾，苏轼一直忙到年后，终于做好充分准备。这就是苏轼"到官十日来，九日河之湄"的真实写照。"可怜扰扰雪中人，饥饱终同寓一尘。"（《次韵陈履常雪中》）把百姓的困苦总是放在第一位，像苏轼这样的官太少了。

第二十八章
烟花三月

二年阅三州，我老不自惜。

团团如磨牛，步步踏陈迹。

命运再次跟苏轼开了个悲剧性的玩笑。元祐七年（1092）二月朝廷诏令苏轼知扬州。令到之日，苏轼自然又是一番慨叹：

二年阅三州，我老不自惜。
团团如磨牛，步步踏陈迹。

所谓“二年阅三州”，是指他元祐六年三月还在杭州，还朝仅数月又于同年八月出知颍州，刚翻过年又改知扬州。政治风云变幻，仕途艰险莫测，“乌台诗案”历历在目，两次回朝即遭攻击，进出调离如此频繁，这一切，都是短短四句诗的背景。透过比喻形象生动的诗句，能看到苏轼有一种对自己命运将会遭遇不测的担忧。而这种担忧不久后便成为现实……

通过这首诗，我们很容易走进苏轼的内心世界。他面对变幻莫测的仕宦险境而“不自惜”，虽然“团团如磨牛，步步踏陈迹”，可一个彻底的民本主义者的胸襟包容了所有对命运不测的担忧，牢固的民本思想使他昂然阔步，使他跨越人生旅程中的不幸，他一如既往，为民解困鼓与呼。民本思想使他内心世界无比敞亮，为国计民生而终生努力不息。像苏轼这样的人，是决不会轻易放弃自己“致君尧舜”“奋厉有当世志”的初心。

扬州，在历史上是一座美丽温柔富贵的城市。自唐以来，扬州市井繁华，歌舞笙箫，绵延不变。其知名度可与苏、杭争雄，而灯红酒绿，声色犬马亦不亚于金陵秦淮河。唐代大诗人李白有佳句：“故人西辞黄鹤楼，烟花三月下扬州。”

北宋时，扬州越发繁荣，为长江之滨的重要交通枢纽、物资集散地。《平山堂》载曰："扬州常节制淮南十一郡之地，自淮南之西，大江之东，南至五岭、蜀汉，十一路百州之迁徙贸易之人，往还皆出其下。舟车南北，日夜灌输京师者，居天下之七。"

扬州又是一个风景秀丽、名胜众多的城市，这里有著名的大明寺、瘦西湖、平山堂、二十四桥等。苏轼多次到过扬州，有太多的追思与感怀。这次出知扬州，正是烟花三月时，大地一派春意盎然，花红柳绿，莺歌燕舞。酷爱大自然风情的苏轼，却少了闲情逸致，身在这烟花三月中的他，正思考着为百姓解决一个生存的大问题。在来扬州的途中，苏轼不摆排场，不要鸣锣开道，不坐官车官轿，不要随从相跟，独自一人走乡入村，他要作一次实地社会调查，访问父老乡亲，了解民生疾苦。这在古代官吏中实为少见。

苏轼沿途所见，麻麦如云，一派丰收景象，而百姓反倒面有忧色，都说丰年不如凶年好。父老乡亲告诉苏轼说，凶年天灾流行，节衣缩食，尚可糊口；而丰年官府要催收积欠，胥吏打门，枷棒加身，求死不得。所以粮食催缴殆尽，反而无活路。父老乡亲说时泪如雨下，苏轼也听得心酸落泪。

对于民间积欠的问题，苏轼历来十分重视，从初仕凤翔到以后任数郡州官，他都不遗余力地向朝廷上书求免。

一路走来，苏轼心情沉重。他于三月十六日到扬州任所，时晁补之通判扬州。师生二人相见，苏轼心情稍有快意，他们将要同心合力治理扬州政务。

这次扬州师生巧遇，为上下级关系，而苏轼为积欠问题，无暇与之叙情。苏轼喘息未定，就挥笔书写《扬州谢到任表》，除了感激圣恩外，特意在谢表中说他"已历三州，近八年间，复忝四郡。……信天命而自逐……恃圣眷以少安。恭惟太皇太后陛下，子惠万民，器使多士……乃眷江淮之间，久罹水旱之苦。邻封二浙，饥疫相薰；积欠十年，丰凶皆病。臣敢不上推仁圣之意，下尽疲驽之心，庶复流亡，少宽忧轸”。谢表中出现这样的文字，这在苏轼历任谢表中是少见的。可见其忧虑积欠给百姓带来困苦的心情何等沉重。清人王文诰对此有一段绝评：“此表自恭惟以下，竟入一段积欠文字，爱君从爱民发出，虽是奇文，实乃心中只有一个诚字在。若咬文嚼字，终日说诚，此诚之糟粕耳。得之于体，发之于用者，不同如此。观此文，知其途中已立意奏罢之矣。”何等深刻的文字，苏轼爱君立足在爱民之上。

写罢谢表，苏轼未搁笔，又奋笔直书，连向朝廷上《论积欠六事并乞检会应诏所论四事一处行下状》《再论积欠六事四事札子》（所谓“六事四事”指的是各种名目的积欠），可谓万言之书，陈述哲宗继位八年来，帑廪日益困，农民日益贫，商贾不行，水旱相继，根本原因就在于“民为积欠所苦，如负千钧而行”。过去他常常不大相信孔子“苛政猛于虎”之说，现在看来，苛政的危害确实比猛虎严重得多。加之水旱杀人又百倍于虎，而民畏催欠却甚于水旱。如此三面夹击，老百姓怎么生存，生产怎么发展？苏轼痛心疾首，说每年各州催欠的吏卒不下五百人，全国就有二十余万“虎狼”散于民间，“百姓何用安生”？“淮南东西诸郡，累岁灾伤，近者十年，远者十五六年矣。今来夏田一熟，民于百死之中，微有生意，而监司争言催欠，使民反思凶年。”奏状写到这里，苏轼已经痛哭流涕，“臣敢昧死请内降手诏云：‘访闻淮浙积欠最多，累岁灾伤，流殍相属，今来淮南始获一麦，浙西未保丰凶，应淮南东西、浙西诸般欠负，不问新旧，有无官本，并特与权住催理一年。’使久困之民，稍知一饱之乐。仍更别赐指挥，行下臣所言六事四事，令诸路安抚钤辖司推类讲求，与天下疲民，一洗疮痏，则犹可望太平于数年之后也”。

最后，苏轼义正词严，指责“今陛下膺此大庆，独不念积欠之民，流离道路，室家不保，鬻田质子，以输官者乎？若亲发德者，力行此事，所全活者不知几千万人”。五月十六日，哲宗册立皇后，在这举国庆贺之日，圣上却不想到解救积欠之民，故苏轼“昧死一言”。

举国上下，满朝文武大臣，独苏轼甘冒杀头之罪，为民请命。他在《与毅父宣德书》说：“熟观所历数路，皆积欠为大患……方欲出力理会，谁肯少助我者乎？”所幸朝廷终于接受了苏轼的建议，七月，高太后诏令天下，免除百姓积欠。苏轼得之喜讯，别提有多么激动、高兴，拿出酒来，举杯痛饮，一气吟唱出《和陶饮酒二十首》诗，他终于可以放心一醉：“诏书宽积欠，父老颜色好。再拜贺吾君，获此不贪宝。颓然笑阮籍，醉几书谢表。”多么可亲、可爱、可敬的苏轼啊！有这样的官，是朝廷之幸，百姓之福！

完全可以这样说，在苏轼为官的生涯中，他所要干的每一件事，无不以民利为出发点；民之疾苦安危，在他心中满满，无时不在牵挂中。在路经洛阳时，百姓向苏轼痛诉牡丹“万花会”带来的人祸。洛阳牡丹自唐代以来特盛，到北宋时，洛阳牡丹名品繁多，奇幻变异，钟天地之灵秀，萃造化之艳美，有“洛阳牡丹甲天下”的美誉。自钱惟演做洛阳太守时，每年一度牡丹盛开，便集花于城内热闹繁华之处，称之为“万花会”。同时置驿站，往宫中进贡牡丹花，以博后宫姬妾之欢，献媚圣上。于是，官吏奸商趁机敲诈勒索百姓钱财。

而扬州的芍药为天下之冠。蔡延庆知扬州时，为了搞排场、趋风雅，也效仿洛阳牡丹“万花会”之举，在扬州大搞芍药“万花会”。每年用花千万余枝，除扬州城内的花外，还要从周围的县乡运来，这就给那些贪官污吏与奸商提供了一个发财的机会，致使“吏因缘为奸”，乘机勒索，百姓深受其害。苏轼一到扬州后，便去民间了解，得知百姓对芍药“万花会”怨愤沸天。他想：洛阳我无权干涉，难为洛阳百姓解难；而扬州我却有主张，定罢芍药“万花会”，以断这帮奸吏的财路，为百姓解难。苏轼决心一下，便通令扬州百姓，自今年开始，罢除芍药“万花会”。扬州百姓高兴极了，无不拍手称快。苏轼当然同样高兴，他在《记以乐害民》中说：“扬州芍药为天下冠，蔡延庆为守，始作万花会，用花十余万枝。既残诸园，又吏因缘为奸，民大病之。予始至，问民疾苦，遂首罢之。万花会，本洛阳故事，而人效之，以一笑乐为穷民之害。”他还在给王定国的信中说：“花会检旧案，用花千万朵，吏缘为奸，乃扬州大害，已罢之矣。虽杀风景，免造业（孽）也！”

八月，朝廷诏令又到，召苏轼还朝，以龙图阁学士、守兵部尚书兼侍读。时苏轼已五十七岁。知扬州仅五个月时间里，苏轼可谓忙得不可开交，花费了相当精力从事调查研究，为保大宋社稷安危，真是殚精竭虑。从上任到离任，共向朝廷上奏状八篇，均涉及国计民生的大事。对朝廷政事存在的弊端，苏轼提出深刻的批评与整改措施。就在他回朝廷的途中，仍不忘调研民生国情，当他路经宿州时，调查得知该州将要把零壁镇改为零壁县，以及该州现在按照朝廷旨意拓展宿州外城两件事，苏轼认为都有很大的弊端。零壁镇改县的起因是该镇靳琮等豪户，为保财物不被盗贼强人所掠，先后向本路及朝廷陈情，祈求改镇为县，其费用均由零壁镇的大户来出。加上转运使张修等人以及宿州知州周秩另行奏请，使朝廷同意置县。事实上，预计置县要花费四千零五十多贯，到八月底，才交上来二千八百五十多贯，余下则让贫下农户来出。这是靳琮等有钱有势的豪户欺蒙朝廷的行为。同时，他们在零壁镇外有许多宅院，遂以奏请朝廷同意拓展外城十多里长，预计需要花费一万九千多贯，这笔费用最终还是要摊在穷民身上。而且拓展外城，一共需要民户迁走大坟墓六千九百多座，小坟墓还不包括在内。如果家贫无力改葬，便只有将尸骨抛弃，公私劳费，痛伤死人和活人。苏轼说以上这些数据材料都可以核实的。

苏轼奏请朝廷，应立即下令，停止还未动工的外城拓展工程，对已动工置县，最后工期所需费用，由朝廷特予拨款修盖齐备，对于没有交钱的民户，请求予以免除。苏轼回朝即上《乞罢宿州修城状》。

可见苏轼调查了解是何等的深入仔细，对国家民生是何等的负责，一切以事实说话，无虚妄之言。像苏轼这样的官员，确实令人钦佩敬慕。

第二十九章

山雨欲来

庭下梧桐树，三年三见汝。
前年适汝阴，见汝鸣秋雨。
去年秋雨时，我自广陵归。
今年中山去，白首归无期。
客去莫叹息，主人亦是客。
对床定悠悠，夜雨空萧瑟。
起折梧桐枝，赠汝千里行。
重来知健否，莫忘此时情。

苏轼接到朝廷诏令，只能苦笑，两年时间，转了一大圈，又要回到朝廷那个政治漩涡中。而这次回京，已非往昔，朝廷局势已是山雨欲来风满楼之状：主持“元祐政事”的高太后，病体缠身，常常数日不临朝；已经成人的哲宗皇帝端坐龙庭，他表面恭顺，而内心对高太后极为不满。窥伺已久的熙丰旧臣，见时机已到，便乘机构造言语，挑起事端，在哲宗面前诬奏元祐大臣诋毁神宗，尽变神宗法度，以离间皇帝与高太后的关系。当时，三省奏请李清臣为吏部尚书，蒲宗孟为兵部尚书，已迁门下侍郎的苏辙坚决反对，认为此二人与王珪、蔡确一伙，为新党旧人，“与今日圣政不合……且朝廷只贵安静，如用此人，台谏安得不言？”苏辙眼看势态就要发展到不可收拾的地步，便不顾个人安危，据理力驳，此事遂暂时搁置。朝中局势的变化，苏轼当然十分清楚。他预感自己一旦回朝，必然遭到攻击。

于是，苏轼在回京的途中，接连上章辞免，请求“除臣一郡”，任职地方。朝廷未予准辞，又诏命他兼差充南郊卤簿使。因上任南郊日期迫近，必须按时到位，苏轼不敢怠慢，只得急速赶往京城。走到南京时，苏轼又上书请求等南郊过后，放他出任地方官。可见苏轼十二分的不愿在朝为官。

九月，将至都门，苏辙奉诏来迎接苏轼。但苏轼没有去东府跟苏辙一起住，而到兴国寺浴室东堂去住。以向朝中群小表示他不会待在朝廷，一定要离去的决心，免得你们又来围攻。

苏轼到京就去兵部上任，又诏兼侍读，蒙恩赐衣一对，金腰带一条并鱼袋、镀金银鞍辔马一匹。“岂意晚年，屡膺此宠。”苏轼在《谢除兵部尚书赐对衣金带马状二首》中如此感慨，没想到了晚年，却多次获得这样的宠荣。在《谢兼侍读表二首》

中，苏轼更是感激涕零地说：“伏念臣以草木之微，当天地之泽，七典名郡，再入翰林。两除尚书，三忝侍读。虽当世之豪杰，犹未易居。矧如臣之孤危，其何能副。”可见苏轼人生经历是如此的丰富、曲折、多变，这在古代官场中实属少有。

苏轼上任首要干的一件事，就是尽职尽责尽力办好南郊大礼。他是这次活动的总指挥，是以兵部尚书的身份兼任的，这可是二圣对他的充分信任，同样是受人羡慕的一份殊荣。

所谓“南郊”，非指城市南面的郊区，而是代指古代帝王举行隆重的祭天礼仪。因为古代长期处于农耕社会，农业生产丰收，完全靠天说话。为求风调雨顺，人们总是祈求上天保佑。所以，帝王要代表天下苍生举行祭祀天地的隆重礼仪。自远古始，便成规矩。到宋代，皇帝每三年举行一次南郊祭天活动。所谓“卤簿”，卤是指帝王出行时仪仗，在古代又有大盾的意思，大盾起防护、保卫作用；簿就是册簿。因此“卤簿使”是临时负责安防、护卫、仪仗及诸种事项的官员，祭祀活动结束后就完成了使命。这次祭祀礼仪从十一月十二日开始，至十四日止。苏轼作为总指挥，组织安排非常到位，保证了整个祭祀的圆满完成，深得二圣嘉许。苏轼亦自高兴，特意向二圣《进郊祀庆成诗表》：“恭惟皇帝陛下，聿追来孝，对越在天……”并将所撰《郊祀庆成诗》一首，进奏圣上：“富国由崇俭，祈年在好生。无心斯格物，克己自消兵。”其实，苏轼提醒圣上只要勤俭持国，就能达到好生之德。后来，苏轼还描述了南郊大礼时，他“亲见百姓父老瞻望圣颜，欢呼鼓舞”，有人感动得流泪，有人说没想到“今日复见仁宗皇帝”。可见高太后主政元祐之治，深得百姓拥护认可。

南郊祭祀过后十天，苏轼又上书请求乞越州，不允。二十六日，诰下，命苏轼迁端明殿学士，兼翰林侍读学士，守礼部尚书。

苏轼又一次获得恩宠。在北宋，有观文殿、资正殿、端明殿、保和殿，有龙图阁、天章阁、宝文阁、显谟阁、徽猷阁等，殿、阁都可以配置学士、直学士、待制，当然，都无具体的职掌，是一种表明身份的荣耀职衔。其中殿学士资望最高，只有宰相、执政官一级离任外调才能享有。可见二圣对苏轼如此恩宠，这也是苏轼仕宦生涯中获得的最高级别的荣誉。而且“名冠两职之重”（同时身兼兵部尚书、礼部尚书两职），实属少有。所以，苏轼在《辞两职并乞郡札子》中说：“臣奏近乞越州，伏蒙圣恩，降诏不允。续准阁门告报，已除臣端明殿学士兼翰林侍读学士，守礼部尚书。闻命悸恐，不知所措……亦恐朝廷无以待有劳之士，岂徒内愧，必致人言。”

苏轼并未看重这一荣耀，他担心这更会招来朝中小人的妒恨攻击。于是力辞外任。他明确表示，即使出守一“重难边郡”都愿意。“若朝廷有开边伐国之谋，求深入敢战之帅，则非臣所能办；若欲保境安民，宣布威信，使吏士用命，无所失云，则承乏之际，犹可备数。”可以看出苏轼想尽快离开朝廷的心情是非常急迫的。

果然，不但苏轼很快便遭到奸人攻击，而且祸及苏辙。元祐八年（1093）三月，监察御史黄庆基、董敦逸重拾当年沈括、李定、舒亶、何正臣、李宜之、朱光庭、赵挺之、王觌、贾易、赵君锡、安鼎讪谤之说，连章弹劾。黄庆基三状告苏轼，董敦逸四状告苏辙。黄庆基在奏状中说：“苏轼天资凶险，不顾义理，言伪而辩，行僻而坚，故名足以惑众，智足以饰非，所谓小人之雄而君子之贼者也。”并列举其所谓的“罪状”，除了“援引党与王巩、林豫、张耒、晁补之、秦观等”以外，最重要的是攻击苏轼为中书舍人时，“因行制诰，公然指斥先帝时事，略无忌惮”。董敦逸攻击苏辙，说：“苏辙怀邪徇私，援引党与，怙势曲法，务与其兄相为肘腋，以紊乱朝政。”还指出党附苏轼兄弟的有吕陶、赵令畤、文勋、冯如晦、王巩、程之邵等。

黄庆基、董敦逸的言辞，大都不靠谱，纯属人身攻击。此时，高太后还时而听政于朝堂，她当然知道黄、董二人所状不实，乃小人做派，实恶此二人扰朝政于不安。五月，高太后遂以诬告罪将黄庆基责知南康军，董敦逸责知临江军。

对于黄、董二人的诬奏，虽有了结果，但苏轼、苏辙都很气愤这种人身侮辱，还是要上书辩诬的。因此，苏轼在五月十九日的《辩黄庆基弹劾札子》中说：“今者又闻台官黄庆基复祖述李定、朱光庭、贾易等旧说，亦以此诬臣，并言臣有妄用颍州官钱，失入尹真死罪，及强买姓曹人田等。虽知朝廷已察其奸，罢黜其人矣。然其间有关臣子之大节者，于义不可不辩。”

在这种情况下，苏轼还能继续在朝廷待下去吗？当然不能。他于六月八日，再上书请求知越州（今浙江绍兴）。其实，苏轼急于请郡，另有隐情。他三次作为哲宗的老师，深知这位小皇帝非善类，有不慈、不俭、不勤、不慎、不诚、不明的毛病，预感其一旦亲政，必然近小人而远君子。平时已感觉到哲宗不喜欢他这位老师。当然，苏轼仍要尽一个臣子加老师的职责，尽量教育、规劝小皇帝。于是，他才在《谢除两职守礼部尚书表》中写道：

……故于拜恩之日少陈有益之言。孔子曰：“一言可以兴邦。”而孟子亦曰：“一正君而天定。”昔汉文帝悦张释之长者之言，则以德化民，辅成刑措之功；而孝景帝入晁错数术之语，则以智驭物，驯致七国之祸。乃知为国安危之本，只在听言得失之间。恭惟皇帝陛下即位以来，学如不及，问道八年，寒暑不废。讲读之官谈王而不谈霸，言义而不言利。八年之间，指陈至理，何啻千万，虽所论不同，然其要不出六事：一曰慈，二曰俭，三曰勤，四曰慎，五曰诚，六曰明。慈者，谓好生恶杀，不喜兵刑；俭者，谓约己省费，不伤民财；勤者，谓躬亲庶政，不迩声色；慎者，谓畏天法祖，不轻人言；诚者，谓推心天下，不用智数；明者，谓专信君子，不杂小人。此六者皆先王之陈迹，老生之常谈。言无新奇，人所易忽。譬之饮膳，则为谷米羊豕，虽非异味，而有益于人；譬之药石，则为耆术参苓，虽无近效，而有益于命。若陛下信受此言，如御饮膳，如服药石，则天人自应，福禄难量，而臣等所学先王之道，亦不为无补于世。若陛下听而不受，受而不信，如闻春禽之声、秋虫之鸣，过耳而已，则臣等虽三尺之喙，日诵五车之书，反不如医卜执技之流，簿书奔走之吏，其为尸素，死有余诛。伏望陛下一览臣言，少留圣意，天下幸甚。

这样苦口婆心的话，小皇帝要听得进去，苏轼知道很难。而此时，高太后的病情在加重，趁哲宗还未亲政之时，乞求外任是明智的选择。当然，高太后深知苏轼乞外的用心，更知孙子哲宗皇帝禀性，跟她不是一条心，同时预感小皇帝一旦亲政，她苦心经营的元祐之政将被改弦更张，皇帝必不会用元祐旧臣。于是，高太后最后恩准苏轼，于六月二十六日，诏命苏轼出知定州。以后发生的事情，证明苏轼、高太后的预感完全正确。

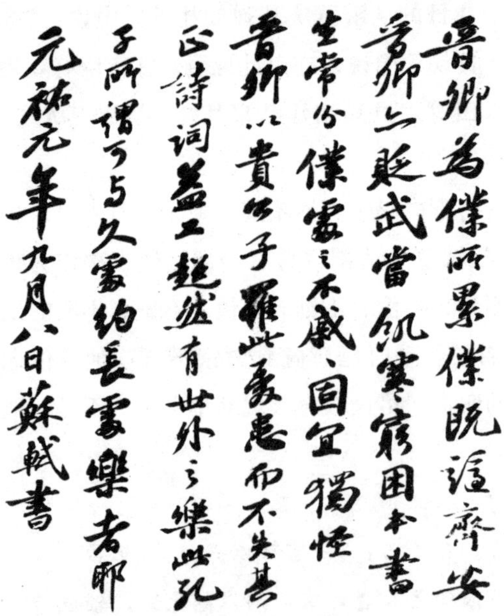

苏轼本意是乞越州，因他曾三次在浙江任职，对这片土地很有感情。他希望由定州改越州。便于七月二十四日向高太后上了《乞越州札子》：“及近者蒙恩知定州，虽宠眷隆异，而自早衰多难，心力疲耗，实非所堪。但以求州得州，若便辞免，是有拣择。……今复念，定虽重镇，了无边警，事权雄重，禄赐优厚，若辞定乞越，于义无嫌。伏望圣慈察臣至情，特赐改差臣越州一次，则公私皆便。”正因为定州是边防重镇，高太后才认为只有才德双馨的苏轼能担当重任，没有同意苏轼的请求。

这期间，因夫人王闰之重病，苏轼才暂时没去定州赴任。到八月一日，王闰之告别人世，享年四十六岁。这使苏轼悲恸欲绝，肝肠寸断，其衰老羸弱之躯几乎不能支撑。

苏轼一生所留下的文字中，对王闰之提及的文字极少，但这并不能说明他对妻子就缺少关注。相反，王闰之是活在他心中的一首最美的诗。我们从苏轼通判杭州时所作《明日重九，亦以病不赴述古会，再用前韵》《与述古自有美堂乘月夜归》两诗中，看到他赞美王闰之并非是一个“村姑”形象，而是具有“香雾凄迷著髻鬟”的气质和“共喜使君能鼓乐”的艺术修养的女子。同时，看到夫妻二人恩爱情深：“可怜吹帽狂司马，空对亲春老孟光。”《穀梁传·文公十三年》：“礼。宗庙之事，君亲割，夫人亲舂，敬之至也。”孟光、梁鸿，是古代夫妇相敬如宾的典范。苏轼因频繁的官场应酬酒会，常常晚归，使他对温柔体贴、贤淑深情的“老孟光”因担心而倚门盼归深感愧疚。就在苏轼人生最为得意的时候，这位跟随他二十五年，在他经历大起大落的人生沉浮中，认同了他的人生价值观，为之竭尽心力，一切以丈夫、家庭为生活准则，自己吃尽苦头而使苏轼深切感受到了家庭的温暖与和谐的王闰之，却过早地离他而去。

生活中突然失去了贤德的妻子，使平时生活无后顾之忧的苏轼，顿时感到心中一片茫然和空虚。妻子平常的种种贤德之举，件件清晰可见地浮现在眼前。使他尤为感激的，是王闰之所表现的伟大而无私的母爱。王闰之为苏轼生了两个儿子，苏迨和苏过。大儿苏迈是前妻王弗所生。但是，王闰之对待苏迈，如同自己所生，一样地疼爱，从未分过彼此，辛辛苦苦，毫无半点怨言，把苏迈抚养成人，确实做到“三子如一，爱出于天”。王闰之在对待苏迈的问题上，使苏轼从未因家庭问题有过半点不快。想到这些，苏轼心情更加难过，悲痛不已，将自己对亡妻的一腔挚爱真情，倾注于悼文《祭亡妻同安郡君文》之中：

维元祐八年，岁次癸酉，八月丙午朔，初二日丁未，具位苏轼谨以家馔酒果，致奠于亡妻同安郡君王氏二十七娘之灵：

呜呼！昔通义君，没不待年。嗣为兄弟，莫如君贤。妇职既修，母仪甚敦。三子如一，爱出于天。从我南行，菽水欣然。汤沐两郡，喜不见颜。我曰归哉，行返丘园。曾不少须，弃我而先。孰迎我门，孰馈我田？已矣奈何，泪尽目干。旅殡国门，我实少恩。惟有同穴，尚蹈此言。呜呼哀哉！

苏轼在祭文中，高度赞美王闰之天性温柔、宽厚、仁爱、慈祥，有伟大母爱，称颂她行为处世所表现出的高尚人品美德，影响了两郡之民。这篇祭文，是苏轼对王闰之一生的评价和总结，令人抚文沉思，感慨不已。

苏辙对兄嫂王闰之的病亡亦是悲痛不已，特作《祭亡嫂王氏文》，表示深切的哀悼：

元祐八年岁次癸酉，九月丙子朔十八日癸巳，太中大夫守门下侍郎苏辙与新妇德阳郡夫人史氏，谨以家馔酒果之奠，致祭于亡嫂同安郡君王氏之灵。辙幼学于兄，师友实兼。志气虽同，以不逮惭。兄刚而塞，物或不容。既以名世，亦以不逢。辙骤而从，初未免忧。嫂以妇人，处之则优。兄坐语言，收畀丛棘。窜逐郴城，无以自食。赐环而来，岁未及期。飞集西垣，遂入北扉。贫富戚忻，观者尽惊。嫂居其间，不改色声。冠服肴蔬，率从其先。性固有之，非学而然。族人咨嗟，观行责报。谓必多福，继以寿考。中岁而殂，理有莫知。三子俱良，聊以慰之。兄牧中山，始殡而往。谓我在兹，属以时享。距城半舍，旁抚仲妇。无戚无惧，祭遣诸子。呜呼哀哉！尚飨。

苏辙在祭文中高度赞美兄嫂王闰之的人品美德，对兄嫂的人品美德，苏辙一直难以忘怀。在王闰之死后九年，即宋徽宗崇宁元年（1102），苏辙又作《再祭亡嫂王氏文》，以表其深切的哀思之情：

维崇宁元年岁次壬午，四月乙酉朔二十三日丁未，具官苏辙与新妇德阳郡夫人史氏，谨以家馔酒果之奠，致祭于亡嫂同安郡君王氏之灵。呜呼！天祸我家，兄归自南，没于毗陵。诸孤护丧，行于淮、汴，望之拊膺。自嫂之亡，旅殡西圻，九年于今。兄没有命，葬我嵩山，土厚水深。迈往告迁，及迨初妇，灵輀是升。道出颍川，家寓于兹，迎哭伤心。远日孟秋，水潦方降，畏行不能。茔兆东南，精舍在焉，有佛与僧。往寓其堂，以须兄至，归于丘林。虽非故乡，亲族不遐，勿畏勿惊。呜呼！尚飨。

我们由此不能不得出这样一个结论：王闰之在苏轼生命运行中起到不可或缺的重要意义；在生活的磨砺中，王闰之完全融入苏轼的生命之中，她认同了丈夫的所作所为，并为之献身。

生活中突然失去了贤德的妻子，苏轼顿时感到茫然和空虚。就在王闰之死后不久，苏轼再次遭受沉重打击，且大有命悬一线的危险。九月初三，主持“元祐更化”长达九年之久的高太后病逝。这不仅宣告一个时代的结束，而且决定着苏氏兄弟后半生命运的走向。

高太后一死，哲宗即日亲政。以苏轼对哲宗的了解，他担心哲宗会背离高太后的政纲，便约同执政大臣范祖禹一同上书劝谏哲宗坚守太皇太后的政纲。当他写好后，看到范祖禹写的奏章更为可行，便采用范祖禹写的奏章，以他们两人的名义上奏，名为《听政札子》。苏轼与范祖禹都担忧朝中一些政客小人乘机害政。朝堂之上，范祖禹面谏哲宗：“陛下亲政，务守元祐之政，当坚如金石，重如山岳。”哲宗大怒：“范卿所言何为？朕乃三岁幼童吗？”遂不再听元祐执政大臣的意见。礼部侍郎杨畏，人称“杨三变”，此人善于见风使舵，初尊王安石之政，元祐又贬之，吹捧司马光，司马光死后又说他“于政事未尽”，转而拥苏辙为相，未成，又诬陷苏辙。此时，他已揣知哲宗有尽废元祐政事之意，便乘机对哲宗说：“神宗更法立制以垂万世，乞赐讲求，以继承祖述之道。”哲宗很高兴，问道：“依卿所言，先朝旧臣谁可用？”杨畏赶忙答道：“章惇、吕惠卿等可大用，章惇为相甚好。”哲宗为了把朝中大权全部从“后党”手中夺过来，便把已下台的新党作为利用对象，听从杨畏的建议，即刻下诏。苏轼再次以老师的身份对哲宗苦谏道：“章惇、吕惠卿乃乱朝之臣，陛下切莫引狼入室。”哲宗冷笑道：“苏爱卿勿多言，朕意已决。”苏轼不再言语，只得默然而退。对于章惇此人，《宋史》本传说他“尽复熙事旧法，黜逐元祐朝臣。肆开边隙，诋诬宣仁后”。看来苏轼此时的预感是正确的。以后他险些丧命于章惇之手。

哲宗自懂事那天起，就特别痛恨高太后临朝听政。对于皇祖母控权下的傀儡日子，早就感到厌恶和不满。他一亲政后，便把痛恨统统转嫁到高太后所倚重的大臣们身上，即“元祐”党人。不久，哲宗就拿苏轼开刀。亲政不到十天，他便诏令苏轼出知“重难边郡”定州，即刻离京赴任。这次不是苏轼自请离开朝廷的，而是被逐斥，性质起了根本的变化。

苏轼于二十六日离开京师。作为哲宗的老师、朝廷重臣，出守边郡重镇，应按礼节上朝辞行，哲宗却不愿再见苏轼，以“本任官阙，迎接人众”为借口，拒绝苏轼上殿面辞。苏轼不禁仰天长叹道：“臣备位讲读，日侍帷幄，前后五年，可谓亲近。方当戍边，不得一见而行，况疏远小臣，欲求自通，亦难矣！”

即便这样，苏轼为保大宋基业，为感恩高太后的信赖，为天下苍生计，仍怀着一腔赤诚之心，抱着一线希望，决定再尽一次臣子之责，向哲宗皇帝上《朝辞赴定州论事状》：

右臣闻天下治乱，出于下情之通塞。至治之极，至于小民，皆能自通。大乱之极，至于近臣，不能自达。《易》曰：“天地交，泰。”其词曰：“上下交而其志同。”又曰：“天地不交，否。”其词曰：“上下不交，而天下无邦。”夫无邦者，亡国之谓也。上下不交，则虽有朝廷君臣，而亡国之形已具矣，可不畏哉！臣不敢复引衰世昏主之事，只如唐明皇，中兴刑措之君也，而天宝之末，小人在位，下情不通，则鲜于仲通以二十万人全军陷没于泸南，明皇不知，驯致其事，至安禄山反，兵已过河，而明皇犹以为忠臣。此无他，下情不通，耳目壅蔽，则其渐至于此也。

这篇《论事状》，苏轼可谓苦口婆心，以自然界发生、发展、演变的规律，喻国家治理之道，以小人害政的历史教训劝诫。哲宗却听不进苏轼的金玉良言。而南宋孝宗皇帝读后，慨叹：“王佐之才可大用，恨不同时；君子之道暗而彰，是以论世。倘九原之可作，庶千载以闻风。惟而英爽之灵，服我衮衣之命。”故清人王文诰评说此《论事状》是继孔明《出师表》后，“乃复有此文也。如当时稍用其言，则党祸无自而兴，‘靖康之难’亦无由作矣。此孝宗所以屡读封章，为之流涕也”。

苏轼心情沉重，离开京师，奔赴定州任所。弟弟苏辙前来送行，兄弟二人执手泪眼相看，无数话语涌至喉头，却又无从说起。苏轼想到自己在整个元祐年间颇受朝廷重用，又有谁能料定，今日一出京师，还有返回的日子吗？苏轼情伤于怀，潸然泪下，口占一首，以别苏辙（《东府雨中别子由》）：

庭下梧桐树，三年三见汝。
前年适汝阴，见汝鸣秋雨。

去年秋雨时，我自广陵归。
今年中山去，白首归无期。
客去莫叹息，主人亦是客。
对床定悠悠，夜雨空萧瑟。
起折梧桐枝，赠汝千里行。
重来知健否，莫忘此时情。

苏轼这一去，确实是“白首归无期”。随后，哲宗和陆续重返朝廷的新党重要人物便开始对“元祐党人”大开杀戒，苏轼在定州任上仅六个月后，其政治生命便就此画上句号，再次奔波于贬谪的道途中。

第三十章

定州戍边

至矣吾三后，功高汉已还。
复推元祐冠，盖得永昭全。
有作犹非圣，无私乃是天。
侍臣谈要道，家法信家传。

九月二十七日，苏轼离京赴定州任。

十月二十三日，苏轼到定州任所，一直沉浸在高太后仙逝的悲痛之中。这位历英宗、神宗、哲宗三朝的女性，是宋代历史上一位出色的女政治家。苏轼不仅感激于她的知遇之恩，更敬重于她治国安民的政治才能。当他在定州得知太后谥“宣仁圣烈皇后”，牌位归宗时，不禁泪如泉涌，提笔作《大行太皇太后灵驾发引文》，对高太后高度称颂：

> 因山告成，同轨毕至。玉衣永闷，风驭莫追。万国山河，尚凭于坤载；四方老稚，遽失于母慈。欲强名言，难形德化。积此九年之泽，辅成百世之安。乃眷中山，控临朔野。华戎异服，涕慕同声。目断东朝，永绝帘帷之望；神驰西洛，想闻笳鼓之音。臣等各守边垂，莫亲馈奠。徒因僚吏，以致攀号。

苏轼在哀痛之中回忆，在回忆中更加哀痛。是高太后改变了他的政治地位，决定了他后半生命运的走向。的确，这位历经英宗、神宗、哲宗三朝的女性，她的人生每一个阶段，都是足以让人酣畅描述的传奇。她于苏轼的恩典，既出于政治因素，又出于人性温厚的慈爱。她的执政，同时也大大影响了苏轼的命运，使苏轼在生命运行中享受到最直接的恩典，在苏轼一生中留下许多值得回味留恋的往事。他怀念死去的高太后，把她过去给予自己的恩典，看作是一种恩德。他在《大行太皇太后高氏挽词二首》中尽情表述这一心境：

至矣吾三后，功高汉已还。
复推元祐冠，盖得永昭全。
有作犹非圣，无私乃是天。
侍臣谈要道，家法信家传。

却狄安诸夏，先王社稷臣。
固应祠百世，何止活千人。
定策天知我，忘家帝念亲。
万方何以报，得疾为勤民。

这两首挽词远未表达他对高太后的哀思之情。他内心十分清楚，高太后一去，自己的政治生涯也就画上了句号。

虽如此，苏轼深知出守定州，是高太后寄予厚望，不敢有丝毫懈怠。他很快从悲伤中走出来，将精力投放于政务。他在《定州谢到任表》中如是说："伏念臣一去阙庭，三换符竹。坐席未暖，召节已行。筋力疲于往来，日月逝于道路。"即便这样，"臣敢不勤恤民劳，密修边备。苟无大过，以及期年"。苏轼诚恳地请求圣上，在自己没有大错的情况下，允许他任职一年，便可暗里重整边防，以御来犯之敌。

定州是大宋王朝北临契丹的军事边防重镇，如果契丹大举进犯，一旦突破定州防线，可直取中原，攻陷东京。苏轼深知其战略重要性。

苏轼历来就是一个主战者，大宋疆土的捍卫者，他从青少年时，便关注国家大事。从宋真宗至宋仁宗时期，国内政治风气败坏，地主豪强兼并土地日趋严重，官僚机构臃肿，人浮于事，朝廷上下苟且偷安，无思进取。正如范仲淹知延州时所奏：军队"武备废而不修""庙堂无谋臣，边鄙无勇将，将愚不识干戈，兵骄不知战阵，器械朽腐，城郭隳颓"。在"国际"上，辽和西夏不断挑起事端，边境不宁。根据北宋王朝存在的这一现实状况，苏轼完成了一部应对契丹、西夏的军事理论专著——《进策》二十五篇。其系统的军事战略思想与战术思想，具有极强的现实实用价值。他在应制科试时，就已连同所撰《进论》二十五篇一同上奏朝廷。

这里对《进策》稍作归纳，便知青年时的苏轼就具备军事才能。

其一，战略御敌：

一、"养兵""卫民"。这是苏轼战略思想的核心。他在《上知府王龙图书》中说："国家畜兵以卫民，而赋民以养息，此二者不可以有所厚薄也。"而此两者之间，"薄于养兵者，其患近而易除；厚于赋民者，其忧民远而难救"。执政者如"徒知畏其易除之近患，而不知畏其难救之远忧"，则薄于养兵有近患；疏于赋民者有远忧"养兵"与"卫民"二者，这个关系处理不好，势必导致"兵"（军队）不能强，何以解除边患？而民亦困，国家怎能长治久安呢？苏轼初仕凤翔时，所作《思治论》，就这个问题，透彻地阐述了"兵强"与国家"丰财""择吏"之间的关系，此为国家存亡之三要事。

二、"定军制"。苏轼针对朝廷军制之弊于"聚兵"，在《策别·厚货财二·定军制》中说："今天下之兵，不耕而聚于京畿三辅者，以数十万计，皆仰给于县官。……其弊皆起于不耕之兵聚于内，而食四方之贡赋。"这种聚兵无事而食的状况，势必导致"武夫悍卒……一逆其意，则欲群起而噪呼"的恶果。欲革其弊，"可以渐训而阴夺其权，则禁兵可以渐省而无用"。

三、"蓄材用"。苏轼认为大宋军队软弱不振，打仗胜少输多，这不在于士兵多少，兵器利钝，关键是没有真正能用的人才。所以战事一开，朝廷四顾无人而感到不知所措。就这个问题，他在《策别训兵旅一》中作专门论述。"夫国之有材，譬如山泽之有猛兽，江河之有蛟龙……"泱泱大宋，虽然有的是人才，却为何没能充分起用呢？原因在"患所以求才之道不至"。"古之圣人，以无益之名，而致天下之实，以可见之实，而较天下之虚名。二者相为用而不可废。"这是因为没有像古人那样有正确的求才方针。苏轼认为发现真正懂得军事的将帅，只需通过三个方面的考察：一是通过武举考察技艺；二是通过测试考察谋略；三是通过用训练新兵的手段来检验他的才干。此三项合格，即可录为人才备用。"往者西师之兴，其先也，惟不以虚名多致天下之才而择之，以待一旦之用。"

四、"练军实"。苏轼在《策别·训兵旅二》中，针对骄兵、冗兵的状况，提出以"练军实"之方，力主精兵策略。"臣以谓：五十已上，愿复而为民者，宜听。自今以往，民之愿为兵者，皆三十以下则收，限以十年而除其籍。民三十而为兵，十年而复归，其精力思虑，犹可以养生送死，为终身之计。"苏轼认为将终身服役的兵制改为"十年"为期，并用新老相互教习，循序更替之法，则缓急可以无忧。这样既减轻养兵费用，又除骄兵、冗兵之弊。更为重要的是使军队始终充满青春活力与战斗激情。

五、"特设专任官以待二虏"。苏轼在《策断一》中，提出一个全新的战略理念，要解除"二虏为中国患，至深远也"的问题，首先要使自己不可战胜，再等待可以战胜敌人的机会。要做到这点，朝廷应当特设一个官位，赋予全权处理应对“二虏”事务，承担责任。这样，执政大臣就可以专以用心治理国内事务，实现纪纲修明，粮食充足，兵强马壮，让百姓安居乐业，懂得敬爱国君，从精神到物质做好不可战胜的准备。如此分工明确，各司其职，国家大事没有办不好的，边患问题没有不能解决的。

六、“用兵有权”（掌握用兵的主动权）。苏轼在《策断一》后半篇，以现实与历史事件相结合，全面透彻论述掌握战争主动权，是制敌取胜的关键：“用兵有权，权之所在，其国乃胜。是故国无大小，兵无强弱，有小国弱兵而见畏于天下者，权在焉耳。”长期以来，“二虏”之所以任意侵犯大宋边境，掠夺边民财物，任意向大宋朝廷索取钱物，如不满足其“无厌之求”，便以武力相威胁，这都是大宋朝廷没有掌握战争主动权所致。如此下去，它所产生的后果不是银两物货输出的问题，而是亡国。对这个问题，苏轼具有高度的政治远见。他在《休兵矣而国益困》中，振臂疾呼：“中国以禽兽视二虏，故每岁啖以厚利，使就羁绁。……然夷狄贪惏，渐不可启，日富日骄，久亦难制。故自宝元以来，赋敛日繁，虽休兵十有余年，而民适以困者，潜削而不知也。”虽然朝廷用钱买得一时的安稳，但向百姓征收的赋税越来越多，百姓逐年贫困，国力逐渐削弱，而“二虏”却被养得越来越肥，到时就会掉转头来一口吃掉你，多么可怕的后果啊！因此，在这个问题上，苏轼主张对付“二虏”，在战略上应取主动：“先发而后罢，则权在我矣。”主动出击，举全国之力战胜仅占据几个县的敌寇，这是舍弃有限的财力，而堵住“二虏”永不满足的贪婪血盆大口。“此天下之所明知而易达之理，惟上之人实图之。”如此简单的道理，为啥就不去干呢？

其二，御敌战术：

一、“备战”。要取得战争的胜利，做好备战工作，是关键环节。首先要做好物资准备。苏轼在《关中战守古今不同与夫用民兵，储粟马之术》所言应对措施：“戍边用东北之人，籴粮用内郡之钱，骑战用西羌之马，是以一郡用兵而百郡骚然，此又不可不论也。”这样的备战是不妥的，必须认真对待。为今之计，当在“使被边之郡，自用其民，自食其粟，自乘其马”。主张备战物资就地解决。

同时提高警惕，随时保持高度的战争意识，要有危机感，做到有备无患，信赏必罚。苏轼在《策别·安万民五·教战守》中说：“当今民生之患，果安在哉？在于知安而不知危，能逸而不能劳。”如何提高全民防范意识，加强备战，苏轼主张“使士大夫尊尚武勇，讲习兵法。庶人之在官者，教之以行陈之节。役民之司盗者，授以击刺之技。每岁终则聚于郡府，如古都试之法，有胜负，有赏罚，而行之既久，是又以军法从事”。

二、“倡勇敢。”苏轼在《策别·训兵旅三·倡勇敢》说：“臣闻战以勇为主，以气为决。”打仗除了谋略外，还要靠军士的勇敢与全军的气势决定胜负。苏轼倡言以“勇”“气”提升军队素质，而“致勇之术”在“致勇莫先乎倡，倡莫善乎私”。他主张朝廷要制定相应的激励机制，才能达到“倡勇敢”的目的。这很重要，他说，如果“天子无皆勇之将，而将军无皆勇之士”，则不足以御敌。苏轼在这里指向非常明确，在宋代，武将不管立了多大功勋，也难有文臣那样的风光。在当时，即使一个率兵十万、收复幽蓟十六州的将军，也不及一个状元及第的荣耀：“状元登第，虽将兵数十万，恢复幽蓟，逐强藩于穷漠，凯歌劳还，献捷太庙，其荣亦不可及也。”

三、“因敌异术”。苏轼认为实战中，克敌取胜的关键在采取正确的战术。他在《策断二》中详细论述国之大小，皆有各自的长处与短处。“西戎之于中国，可谓小国矣。向者惟不用其所长，是以聚兵连年而终莫能服。”过去朝廷多次出兵而始终不能征服对方，就在于没有发挥自己的长处。因此，交战时，要认真分析敌我态势，制定正确的战术。苏轼主张“用吾之所长”击彼之短。西戎既为小国，则取分兵策。此由劳逸寡而设计，以应小国。在《策断三·论北狄之势》中，苏轼分析契丹形势，认为有三处可乘之机，一是契丹国主视公卿大臣如家奴，任意侮辱谩骂，鞭抽棍打，使其惋叹愤懑，因此心情郁结而心存异志者，大有人在；二是民间豪杰及契丹民众，即有归附大宋之心；三是契丹国内情形犹如“鼠不容穴，衔窭薮也”。且“华夷杂居”“一旦之急，易以生变。如此，则中国之长，足以有所施矣”。苏轼主张针对契丹短处，在战术上可取“攻心之术”“离间之术”“归附之术”。苏轼又从另一个角度分析说：“夫蛮夷者，以力攻，以力守，以力战。顾力不能则逃。中国则不然。其守以形，其攻以势，其战以气，故百战而力有余。形者，有所不守，而敌人莫不忌也。势者，有所不攻，而敌人莫不惫也。气者，有所不战，而敌人莫不慑也。”如果放弃这三个方面的长处，而与对方角力，那么，大宋朝就不敌对手了。

然而，他一到定州，见市井萧条，民生困苦。更为严重的是边备薄弱，禁军营房年久失修，士卒终年处于上漏下湿的破屋中，十有六七的士卒衣不蔽体，饥寒交迫，日有逃亡，甚至聚为“盗贼”。武备松弛，军纪败坏，军人一律都酗酒赌博。作为大宋王朝的边防重镇，竟如此“不堪开眼”，这使苏轼忧心如焚，一旦边陲事起，何以应对？苏轼通过调查，了解原因，得知其将校不法，官吏贪腐成风，不但克扣军饷，勒索聚敛，而且坐放债务沿袭成风。为了彻底整治军队乱象，加强边郡建设，重振军威，苏轼果断从重、从快、从严，重拳出击，采取六大措施予以整治。

一是肃贪，“苍蝇老虎”一齐打。查实云翼指挥使孙贵，到任四个月就贪赃九十八贯八百文，依法移交司理院，予以严惩；查实武器库管员张全、田平等监守自盗，偷卖军需设备共计八百多件，得赃银二百五十多两，依法惩处，并通告所有将士，“以警众革蔽”。

二是禁赌。对城中开设赌坊，公开张榜，招引军民前来赌博的一百多家赌坊，颁布禁令，全部予以取缔。王京等四十多家在禁令的威慑下，表示愿意改过自新，其余畏法皆逃出城去。城中再无一家赌坊。

三是整饬军纪，重树军威。针对军纪涣散，士气不振，军礼久废，将吏不识上下之分，恢复春季大阅兵，集众将士官吏于演武场，苏轼身着帅服，腰佩利剑，登台点将，宣布号令。独禁军副统领王光祖自谓老将，不把苏轼放在眼里，称疾不出。苏轼即召书吏作奏，将上奏朝廷，王光祖震恐而出。至此，无敢轻慢者，“众皆畏服”。故定人言，“自韩魏公去，不见此礼至今矣”。

四是恢复军事禁区。对有关部门为达征税目的，允许寨民砍伐禁区山林、开挖种庄稼，坚决禁止，恢复山林，保证所划定的军事禁区的完善。并追究首犯罪责，依法处理张德等九人。

五是练兵。针对军队骄傲懒惰太久，军士已缺失胆气力量，体弱难支的状况，苏轼制定训兵条例，严格训练，昼夜练习，作息时间安排得紧张有序，使其能够忍耐辛苦，以强军威，强士卒体魄胆量，以备战争。

六是整修营房。苏轼命州府官吏李之仪、孙敏行二人负责查实登记修复军营破损所需费用，据实向朝廷上《乞降度牒定州禁军营房状》，请求圣上赐度牒一百七十一道，为修补之费。

经过苏轼快刀斩乱麻的强硬整治，军民始知朝廷法纪不是儿戏，军威得以振奋，整个定州边防得以巩固，市井又呈现一派祥和景象。

接下来，苏轼要做的另一件巩固边防的大事，即重整健全“弓箭社”。自“澶渊之盟”以后，边境百姓为保家园，自己组织起了“弓箭社”，不论家业高下，每户出一人，推选家资富有且武艺出众的人为社头、社副和录事，他们自立赏罚，严于官府。平时“带弓而锄，佩剑而樵”，一面耕作，一面备边，分番巡逻。遇有外敌小股越境骚扰抢掠，就击鼓集合，顷刻可至千人追捕，既保卫边防，又保护祖业田产。苏轼认为这种“人自为战，虏甚畏之”的农民自卫队，是保境安民的重要措施之一。但自熙宁变法期间，因推行保甲法，大大削弱了这种民间组织，有的已经解体。苏轼认为“弓箭社实为边防要用，其势决不可废”。决定加强“弓箭社”的建立健全。他经过秘密调查，了解到本路沿边定州和保州，安肃军、广信军和顺安军，临边的七县一寨、五百八十八个村子共有自相结成的“弓箭社”六百五十一家，总计三万一千四百一十一人。于是，苏轼向朝廷上《乞增修弓箭社条约状二首》，说明他已命令本路将吏，对现存在的“弓箭社”，严加赏罚，着意安抚，重新整理庞籍的旧有规定，稍加删改，另立规定。请朝廷立法稍加优待，明确设立赏罚标准，对“弓箭社”民户卫边御敌实行奖惩。如果朝廷认为可行，立法之后，再命将吏予以训导操练，这三万多人将会是一支不可小视的边防自卫力量。

哲宗初理政事，还算明智，同意苏轼的做法。

苏轼一面着手巩固边防建设，一面积极着手准备赈济饥民。元祐八年（1093），河北诸路均受灾。苏轼预计到来年春夏之交，必得缺粮，必须事前做好准备，以解百姓饥困。为此，他特向朝廷上《乞减价常平米赈济状》，请求朝廷减价十分之二出卖官仓储备米，使米价不致上涨，百姓人人受惠。但民间大多数百姓又缺乏现钱买米，仍不免有饥饿之人。苏轼又向朝廷上《乞将损弱米贷与上户，令赈济佃客状》，要求朝廷允许他将仓中陈米贷与各户，候丰收时以新米还官。这样，“不惟乘此饥年，人户缺粮，优加赈济，又使官中却得新好白米充军粮支遣，及免年深转至损坏，尽为土壤”，可谓一举三得。足见苏轼考虑之周全仔细，为民着想之情真。

苏轼既考虑眼前景况，又着眼于百姓生活的长远打算。他到农村访贫问苦时，发现定州农村的水资源很丰富，但这里的农民只知种旱粮，不知种水稻。当他到南定村访问时，看到龙泉喷涌，一派江南水乡的景色，但因百姓种旱粮而招致十年九涝之灾，百姓生活十分贫困。于是，苏轼便派人从四川眉山老家运来水稻种子，劝导定州百姓种植水稻，并亲自在南定村做示范，向农民传授种植技术，获得成功，有了好收成。同时，苏轼为了减轻劳动量，加快插秧速度，还设计制作了一种先进农具——秧马机。自此开创了定州种植水稻的历史。后来，人们为了感谢和纪念苏轼，将南定村改名为“苏泉村”，如今村里还建成了“东坡广场”。

为了调动农民在劳动中的欢快心情，苏轼还从自己“少年辛苦事犁耕”的切身体验中，把定州民间传唱的小调填以新的内容，整理成欢快上口的“插秧歌”，让百姓边劳动边歌唱，以缓解疲劳。迄今，“插秧歌”已逐渐发展成为一种独特的民间剧种——定州秧歌。

苏轼知定州仅六个月时间，他明知自己的命运将有不测，却没有消沉悲观，而是以积极进取的态度，博大无私的胸襟，干练的治政能力，主动作为的超常办事效率，整治军纪、加强边备、解民于困、发展农桑种植等，在定州留下千古称颂的政绩。

苏轼在定州还留下众多的遗迹与美好传说。如他在定州文庙祭奠孔子时，亲手栽下的两棵槐树，被后世称为“东坡双槐”，至今千百年过去了，历经风霜雪雨，仍郁郁葱葱，傲岸挺拔，向世人昭示苏轼勤于政事的精神。

在众多遗迹与传说中，唯“雪浪石”最使人动容。苏轼到定州不久，便发现了一方形象生动、酷似雪浪的奇石，他视其为珍爱之物，置其于盆中，激水其上，又似浪花飞溅，遂名之“雪浪石”，书斋亦因石而名“雪浪斋”。苏轼并作《雪浪斋铭并引》记之：

予于中山后圃得黑石，白脉，如蜀孙位、孙知微所画石间奔流，尽水之变。又得白石曲阳。为大盆以盛之，激水其上，名其室为“雪浪斋”云。

尽水之变蜀两孙，与不传者归九原。
异哉驳石雪浪翻，石中乃有此理存。
玉井芙蓉丈八盆，伏流飞空漱其根。
东坡作铭岂多言，四月辛酉绍圣元。

苏轼将他的雪浪石与唐代以善画山水著称的处士孙位，和善于作山水画于墙壁的宋代孙知微两位画家的山水画媲美，可见他对此石欣赏至极，倍加喜爱。

苏轼寄予一方石头如此情深，当然有他深刻的蕴涵。苏轼一生对石头情有独钟，他最早的诗作中就有一首著名的《咏怪石》，以“怪石”高风亮节的品德和不畏权势的铮铮铁骨之气自喻，其“怪石”“震霆凛霜我不迁”的“节概”是苏轼一生的写照。当他在定州又得此奇石，回视自己当前的处境，虽然仕途危艰，命运有不测之忧，但其胸襟如雪浪之无垢，其精神似雪浪飞空，不为命运所折困。这才是苏轼钟爱雪浪石的原因。就在他流放岭南的艰苦岁月中，仍以《雪浪石》自慰：

太行西来万马屯，势与岱岳争雄尊。
飞狐上党天下脊，半掩落日先黄昏。
削成山东二百郡，气压代北三家村。
千峰右卷矗牙帐，崩崖凿断开土门。
揭来城下作飞石，一炮惊落天骄魂。
承平百年烽燧冷，此物僵卧枯榆根。
画师争摹雪浪势，天工不见雷斧痕。
离堆四面绕江水，坐无蜀士谁与论。
老翁儿戏作飞雨，把酒坐看珠跳盆。
此身自幻孰非梦，故园山水聊心存。

可见苏轼寄予雪浪石的精神情感之深。正因如此，雪浪石才因苏轼而名扬天下，引得无数文人骚客纷至沓来，赏石咏诗。最具代表的当数乾隆皇帝了。

苏轼贬知英州时未来得及带走雪浪石，此后盆石逐渐埋没在历史的变迁中。据定州市文物保管所的张玉橙先生介绍，直到明万历八年（1580）原盆才为真定令郭衢阶至定州时发现，原石也于万历十年（1582）被知州唐祥兴发现，清康熙四十一年（1702），州牧韩逢庥将盆石移至众春园内。

众春园是定州有名的园林建筑。据定州古志记载，众春园早期毁于战乱，后曾被豪劣侵占，至明万历十四年（1586）州牧唐祥兴寻获旧址，将其恢复，并在园内建韩、苏公祠，以祀韩、苏二公。清代康熙、雍正、乾隆、嘉庆皇帝相继巡幸定州时，皆置行宫于众春园旧址。

乾隆皇帝是自北宋以后历代帝王中最崇敬苏轼的人，是苏轼的铁杆粉丝。因此，酷爱古玩的乾隆对“东坡雪浪石”达到痴迷程度。他曾六次驻跸定州，把玩观赏此石，作雪浪石咏诗达三十余首。赵州刺史李文跃在临城掘得一块白色太湖石，发现石上篆书“雪浪”二字。李文跃知道乾隆皇帝甚爱雪浪石，便进呈给乾隆。乾隆见此石与“东坡雪浪石”极相似，大喜，命迁石于众春园，并为此写了一篇《御制雪浪石》记述此事，御题此石为“后雪浪石”，将“东坡雪浪石”题为“前雪浪石”。如此仍觉不能尽意，乾隆又先后命张若霭、董帮达、张若澄、钱维城绘《雪浪石图》，前后共绘制了四幅。第一幅图以“东坡雪浪石”为蓝本，图成，乾隆皇帝给予了很高评价，赞道：“若霭昔图石，谓已传其神”“壁张欲出云烟气，烛照曾无笔墨痕”。并在张若霭所绘《雪浪石图》上三次题诗。

当然，乾隆皇帝以“雪自天上降，浪从海面生”的佳句赞誉张苦霭所绘《雪浪石图》的高超绘画技艺，仅此而已；把玩观赏“东坡雪浪石”，乃出于对苏轼的崇敬与性情使然而已，但未必能解“东坡雪浪石”之真味！

第三十一章

西湖秋色

三处西湖一色秋，钱塘颍水更罗浮。
东坡原是西湖长，不到罗浮便得休。

苏轼知定州仅半年后，他任职一年为彻底强固大宋边防重镇建设的愿望落空了，朝廷局势的变化远比他初到定州时预想的要来得快。

哲宗亲政后，首用内臣（宦官），此亡国之兆，这可是历朝历代禁忌的。此时，门下侍郎苏辙不顾安危，挺身而出，上疏苦谏哲宗。说："陛下方亲政，中外贤士大夫未曾进用，而推恩于近习，外议深以为非……盖谓亲政之初，中外拭目以观圣德，首先擢用内臣，故众心惊疑耳。"苦谏无效。绍圣元年（1094）二月，哲宗又以李清臣为中书侍郎，邓温伯为尚书左丞。此二人一获得职权，立即撕去他们过去表面拥护元祐之政和悔过自新的面纱，大放厥词，诋毁元祐之政，并肆意挑拨离间哲宗与已逝高太后的关系，使得有些心理变态的哲宗更加充满了对皇祖母高氏及元祐大臣的仇恨。这种仇恨燃烧得他完全不顾江山安危、朝政稳定，将范祖禹、吕大防、苏辙等一大批朝中元祐重臣罢职，以章惇为相，安焘为门下侍郎，追复蔡确官职。

四月十二日，哲宗改年号为绍圣，正式宣告了元祐时代的结束。一时间，新党上台，他们首要干的一件事，就是彻底清除"元祐党人"。他们已经完全背弃了王安石当年的变法精神，一切以争权夺利为目的，对"元祐党人"大开杀戒，对三十多位元祐执政大臣进行报复，章惇、蔡京等人甚至要把司马光从棺材里拖出来鞭尸，以解心头之恨。

苏辙是三月被逐出朝堂，贬知汝州。邓温伯却仍不肯放过苏辙，他向哲宗进谗言，说："先帝法度，为司马光、苏辙坏尽。"要求哲宗严惩苏辙。于是，哲宗不分黑白，又将苏辙降授左朝议大夫、知袁州。

令苏辙更痛心的是他降官知袁州的制词为林希所撰。林希是苏辙为宰执时擢拔起来的。他在《苏辙降官知袁州制》中，对有恩于他的苏辙是毫不留情，用必欲置之于死地的恶毒语言，攻击苏辙制科考试时以“贤良方正对策于廷，专斥上躬”，在条例司“与轼大倡丑言”，为言官“以君父为仇，无复臣子之义”“援引猬浮，盗窃名器”，任执政“与（吕）大防中分国柄，罔上则合谋取胜，徇私则立党相倾，排嫉忠良，眩乱风俗”。如此等等，不仅颠倒是非黑白，而且最为可恶至极、毫无人性可言的是连苏辙已死去多年的父亲苏洵也一起攻击，说什么“父子兄弟挟机权变诈之学，惊愚惑众”。当年也就是这位林希，为讨好位居宰执的苏辙，唯恐不尽其美言，说“父子以文章冠世，迈渊、云、司马之才；兄弟以方正决科，冠晁、董、公孙之对”。称颂父子有超越王褒、扬雄、司马相如之才；兄弟如西汉以清正廉明对策得遇的政治家、大儒晁错、董仲舒、公孙弘。前后对照，林希算什么东西呢？像林希这样为名利忘恩负义，翻手为云、覆手为雨，不惜出卖灵魂的卑鄙无耻小人，在当今现实生活中仍不乏其人。《宋史》本传载：章惇为相后，要林希典书命，“且许以执政”。于是，林希在草司马光等元祐大臣制词时极尽丑诋，甚至以“老奸擅国”之语阴斥高太后，朝野无不为之愤叹。他自己也知道这样做是丧失人格，狗彘不如，“一日，希草罢，掷笔于地曰：‘坏了名节矣！’”据王楙《野老记闻》载，对林希制词，“子由捧之泣曰：‘某兄弟固无足言，先人何罪耶？’”命运多蹇，漂泊沉浮半生都难以动容的苏辙，这次竟如此悲愤，老泪纵横，可见令人痛心疾首，莫过于被人骂其先人啊！人伦情理，遇到此等事，谁都会一样。当然，卑鄙小人，一般是没有好报应的。《宋史》云：“徽宗立，以其词命丑正之罪，夺职知扬州，徙舒州，未几卒。”林希遂得身败名裂，忧愤以死。

元祐执政大臣都已尽皆被赶出朝堂，远谪贬官。然而，章惇、蔡确等仍不罢手，大有赶尽杀绝之势。七月，三省又上言，说哲宗太慈厚了，对吕大防、刘挚、苏辙等人的惩罚太轻了，应该加大责罚，并又数列新罪，连死去的司马光、吕公著所被赠予的荣誉也要一并夺去。苏辙还在去袁州的途中，又接到朝廷以“讥斥先朝，不减于轼”降授试少府监，分司南京，筠州居住的诏令。

数月之内，苏辙不仅官降三级，而且成为被编管的“罪臣”。这打击来得如此猛烈而沉重，使苏辙骤然惊悟政敌们是要将他置于死地而后快。“岁更三黜，始悟愆尤。”他在《分司南京到筠州谢表》中虽已惊悟，但仍未惧怕，他要为自己作一番申述：自己原本是一介书生，本无意于功名，只是当时朝廷正缺人，才将我从一个小小的绩溪令擢为言官，历经九年而身居要职，难免遭人嫉恨升迁之快，加上自己为朝廷尽职尽责，便“不明利害”“不达几微”，不知“扪心自省”“任意直前”，如今都成了“罪所从出”，落到今天这步田地的原因，我还有啥话可说呢！自认倒霉吧，只希望朝廷念及我兄弟二人对皇上、对国家人民的一片忠心，留下性命，能生还团聚，归扫祖坟。如果生不能为国捐躯，死亦当结草以报。

苏辙的申述当然不会打动政敌们的心，政敌们也决不会对他兄弟二人发慈悲之善的。更大的打击还在后面呢！

苏辙于九月二十五日到达筠州贬所，随他前来的只有幼子苏逊夫妇，其余家小全都安排去颍川（今河南许昌）就食。苏辙任京官九年中，以其俸禄之余在颍川置地二顷，以为异日生活所寄，今果然派上用场。

回过来说苏轼吧！四月下旬，时朝局大乱，侍御史虞策、殿中侍御史来之邵等人老调重弹，复述沈括、何正臣、舒亶、李定、李宜之、朱光庭、傅尧俞、王岩叟、杨康国、赵挺之、王觌、贾易、赵君锡、安鼎、董敦逸、黄庆基讪谤之说，摭两制语论奏。弹劾苏轼在知制诰期间所作之诰词“谤讥先帝”，说：“轼凡所作文字，讥斥先朝，援古况今，多引衰世之事，以快忿怨之私。”于是，在闰四月三日，诰命下达，罢去苏轼端明殿学士、翰林学士两馆职，降下一等官阶，撤销定州知州之任，以承议郎知英州（今广东英德）军州事。官职从从二品降至六品，苏轼面对命运又一次突变，他只有对天慨叹（《被命南迁途中寄定武同僚》）：

人事千头及万头，得时何喜失时忧。
只知紫绶三公贵，不觉黄粱一梦游。
适见恩纶临定武，忽遭分职赴英州。
南行若到江干侧，休宿浔阳旧酒楼。

不久前圣上还派翰林医官王宗吉到定州“赐衣袄”，今日便“落两职，降一官”，真个是“世事一场大梦，人生几度新凉？”

苏轼是个明白人，除了感叹几声外，他的心胸永远都是开阔的；他也是个清醒的人，对时局演变洞如观火，预测“英州之命，未保无改”。于是，他命长子苏迈带领全家去常州就食，自己只带三子苏过远赴英州，侍妾王朝云死活要随他而去，苏轼万分感动，大感欣慰。然而，侍御史虞策仍不放过苏轼，上奏说：“苏轼既坐讥斥之罪，犹得知州，罪罚未当。诏轼降充左承议郎。”于是，苏轼在赴英州途中，又被贬为宁远军节度副使，惠州（今广东惠阳）安置。苏轼在《与程德孺书》中无奈说："然业已如此，但随缘委命而已。"

惠州在岭南，当时属于边远蛮荒之地，此时的苏轼已年近六旬，对他无疑是一次生存的考验。然而，苏轼深受老庄思想影响，善于"随缘委命"。十月二日，苏轼到达惠州贬所。他在《到惠州谢表》中说："仁圣曲全，本欲畀之民社。群言交击，必将致之死亡。尚荷宽恩，止投荒服。"感激圣慈，留他一条老命，已是万幸了。他初到惠州时，便觉"仿佛曾游岂梦中，欣然鸡犬识新丰"，就如回到久别的家一样，连这里的鸡狗都还认识自己；父老就更不用说了，手牵手地来欢迎自己，以"岭南万户酒"相待。苏轼的心情就更加释然了，他觉得惠州的风物非常美好，打算在这里终老天年（《食荔枝》）：

罗浮山下四时春，卢橘杨梅次第新。
日啖荔枝三百颗，不辞长作岭南人。

苏轼在这里又以"逆向思维"的方式面对命运突变带来的不幸遭遇，使心态保持平和，获取精神上的自由。他是以一个诗人的身份来到惠州，而不是以"罪臣"的身份谪居惠州，只有伟大的诗人才有这种胸襟，只有像苏轼这样的人才有如此的气魄。他谪居惠州三年，为后世留下诗作达一百九十多首。他初到惠州时，被安排在惠州的东门楼居住，又称合江楼。这里位于东江和西江汇流处，江对岸便是号称岭南名山仙境的罗浮山，此山江流环绕，鸟语争鸣，远望如一幅浸润着诗意的水墨画，自然引发苏轼诗兴勃发，朗声吟诵，诗句如珠玑落玉盘（《寓居合江楼》）：

海山葱茏气佳哉，二江合处朱楼开。
蓬莱方丈应不远，肯为苏子浮江来。
江风初凉睡正美，楼上啼鸦呼我起。
我今身世两相违，西流白日西流水。
楼中老人日清新，天上岂有痴仙人。
三山咫尺不归去，一杯付与罗浮春。

在这纯净的大自然中，他睡得如此的香甜，还是楼上的"啼鸦"将他唤醒。这种随遇而安的思想境界，古今能有几人达到？

我们说黄州东坡的数十亩营房故地、黄冈赤壁、临皋亭等，成就了千古苏东坡；而惠州呢，“陶渊明”则成就了苏轼晚年诗歌创作的最高精神境界。在这里，他将诗歌创作转入一个全新的领域——《和陶诗》。这既从另一个方面反映了苏轼丰富的内心情感和精神追求，又展示苏轼在诗歌创作领域的开拓创新精神，开一代“和诗”之先河。正如他在《与苏辙书》中所自豪地说：“古之诗人，有拟古之作矣，未有追和古人者也；追和古人，则始于东坡。”谪居惠州三年，苏轼为后世留下的一百九十多首诗作中，其中《和陶诗》就有四十七首，而且对《和陶诗》的创作锲而不舍，直到贬居海南儋州，总计创作数量达一百零九首，后又写了十五首，共计一百二十四首，这要容纳多少情感啊！如无大海一样的胸襟、天空一样的高远，如无学富五车、如椽的诗笔，焉能达此境界，实属古今罕见。苏轼自视其《和陶诗》的艺术价值、思想蕴涵不亚于陶诗：“吾前后和其诗，凡一百有九篇，至其得意，自谓不甚愧渊明。”可见苏轼把他的《和陶诗》当作千古文坛的一种首创而进行严肃的创作。他一生所创作诗歌两千七百六十余首，却把这仅占总诗数二十分之一的《和陶诗》亲自编纂成集，并交付其弟苏辙为之作序，“以遗后之君子”，充分说明苏轼是十分地看重他晚年创作的《和陶诗》的价值。

陶渊明，又名潜，字元亮。浔阳柴桑（今江西九江西南）人，生于晋哀帝兴宁三年（365），卒于宋文帝元嘉四年（427），享年六十三岁。陶渊明年轻时，有“大济苍生”的宏伟抱负，希望有一番作为。但他生活的年代民族矛盾、阶级矛盾却空前尖锐，政治极为黑暗、腐朽，他虽入仕为官，先后任祭酒、参军、县令等官职，终因性格正直耿介，与官场的腐朽风气格格不入，最后辞官归隐，“躬耕自资”。

苏轼谪居惠州，在这一特定的生存环境中，他的精神情感、社会经历与傲岸风骨，便自然地与陶渊明达到一种契合。这种契合主要表现在四个方面：

一是寻找新的精神支撑点。苏轼谪居黄州时，躬耕东坡而觅白居易为人生知音，谪居惠州则觅陶渊明为精神情感知音，这无疑与他在惠州的现实境况有着密切关联。在黄州贬所，苏轼自信有“东山再起”的机会，而贬居惠州，则十分清楚“今年中山去，白首归无期”。在这种前程渺茫无望，且已年逾六旬的现实中，苏轼这样古今罕见的生命个体，自然不会甘于沉沦，要在精神上寻找新的支撑点，通过这个支撑点来完美人生信念，排遣不幸遭遇带来的痛苦惆怅，凸显自我本性，升华人格魅力。

二是这个精神支撑点唯与古人陶渊明达到一种契合。他们的社会经历、思想性格及处世态度极其相似。对此，朱靖华在《论苏轼的〈和陶诗〉及其评价问题》中作了比较评说：陶渊明“少而穷苦，每以家弊，东西游走”；苏轼出身“布衣”，

“生于茅草尘土之中”，为求出路，“身行万里半天下”。陶渊明生活在政治动乱的东晋时代，“性格才拙，与物多忤”；苏轼终生被卷进北宋变法与反变法的激烈斗争漩涡中，直言敢谏，刚正不阿，“以犯世患”，而屡遭迫害。陶渊明不肯为五斗粟一束带见乡里小儿，而解印归田，“俯仰辞世”；苏轼则出仕三十余年，为狱吏所折困，终不悔改，而欲致仕买田，“五亩渐成终老计”。所以，苏轼曾一再说过：“渊明形神似我”，甚至说：“我即渊明，渊明即我也。”对这个问题，苏轼在《与苏辙书》中说得直白：“吾于诗人，无所甚好，独好渊明之诗。渊明作诗不多，然其诗质而实绮，癯而实腴，自曹、刘、鲍、谢、李、杜诸人，皆莫及也。……然吾于渊明，岂独好其诗也哉，如其为人，实有感焉。渊明临终，疏告俨等：‘吾少而穷苦，每以家弊，东西游走。性刚才拙，与物多忤，自量为己，必贻俗患，俯仰辞世，使汝等幼而饥寒。’渊明此语，盖实录也。吾真有此病，而不早自知，平生出仕，以犯世患，此所以深愧渊明，欲以晚节师范其万一也。”

三是追求“质而实绮，癯而实腴”的艺术造诣。陶渊明诗歌创作具有独特的艺术风格，在平淡质朴的语言中彰显“率真”“任情”的美学思想，自然达到一种情景交融的最高艺术境界。萧统评价其“词采精拔”“独品众类”（《陶渊明集序》）。梁启超在《陶渊明之艺术及其风格》中说“他是一位极热烈、极有豪气的人”“是一位缠绵悱恻最多情的人”“是一位极严正——道德责任心极重的人”。因此，苏轼除了敬仰陶渊明的“为人”外，还倾心于陶诗的艺术风范，把陶诗的“质而实绮，癯而实腴”看作是诗歌创作的最高艺术造诣，看作是个人终生追求的最高艺术目标。苏轼说：“意尽而言止者，天下之至言也；然言止而意不尽，尤为极至。”（潘之驷《宋稗类钞》引东坡语）陶诗就属于这种“言止而意不尽”的艺术范例。所以，苏轼认为李白、杜甫的诗虽已“凌跨百代”，但却缺乏陶诗“高风绝尘”的气质。他多次盛赞陶诗的“用意深微”“妙想非俗虚”的突出特点，就是“意不在诗，诗以寄其意耳”！纵观苏轼一生诗歌创作，惠州之前大都追求一种豪放的风格，而贬居惠州，其风格为之一变，追求一种诗歌艺术的最高境界，这种境界就是苏轼对其侄所说：“大凡为文，当使气象峥嵘，五色绚烂，渐老渐熟，乃造平淡。”（周紫芝《竹坡诗话》）

四是借《和陶诗》以抒概。苏轼是一个积极主张创意的文学大师，他在《净因院画记》中就曾提出“千变万化，未始相袭”的创作原则，反对止步于模拟陶诗表面语词章句的相似，把自己的创作束缚于陶诗的既定题旨之中，他是借《和陶诗》以抒节概，倾诉内心深处的隐痛，向不平世道发出愤怒的呐喊和控诉。苏辙就深知苏轼《和陶诗》的要旨："嗟夫！渊明隐居以求志，咏歌以忘老，诚古之达者，而才实拙。若夫子瞻仕至从官，出长八州，事业见于当世，其刚信矣，而岂渊明之拙者哉！"（苏辙《东坡和陶诗引》）纵观苏轼的《和陶诗》，无不发自勖自愧的悲鸣："我不如陶生，世事缠绵之""每用愧渊明，尚取禾三百"（苏轼《和陶饮酒》其一、其十五）。陶渊明《神释》言："纵浪大化中，不喜亦不惧"；苏轼《和陶岁暮和张常侍》却说："纵浪大化中，亦为化所缠"。他常把自己比作一棵被藤葛盘绕的大松树："有如千丈松，常苦弱蔓缠。养我岁寒枝，会有解脱年。"可谓长歌当哭，欲哭无奈：既想解脱又无法解脱，既欲排遣而反成戏谑。因此，苏轼《和陶诗》旨在追求一种艺术境界，其倾诉的内心情感要远比陶渊明复杂得多，沉重得多。

当然，苏轼自比陶渊明，是因他们的社会经历、性格风貌、处世态度相似，而从一个文学大师的角度去审视，他们同样有相似处，但从本质上讲，却有相当的差别。苏轼从小就立下"奋厉有当世志""致君尧舜"的远大政治抱负，具有牢固的"民本主义思想"，当他面临人生不幸遭遇时，不是采取消极的"归隐避世"，而是以积极向前的人生态度去应对，为民鼓与呼终生不渝。就这一品质，在古代文人官吏中是难有几人。可以说，这是苏轼与陶渊明在处世哲学上存在的根本差异，故苏轼的《和陶诗》还带有很强烈的政治诗的色彩，这便是苏轼"和陶之作，如海东青，西极马，一瞬千里，了不为韵束缚"（刘克庄《后村诗话》）的要旨所在。

所以，苏轼谪居的日子虽然相当艰苦，又回到了当年贬居黄州时"廪入既绝""穷到骨"的困窘中，到了"门薪馈无米，救我炊无烟"的境况。苏轼却没把这些放在心上，而他想的是这里的百姓。在古代，清正廉洁的为官者大都遵从儒家"达则兼济天下，穷则独善其身"的原则，一旦政治上失意，便抱着"不在其位，不谋其政""无官一身轻"的态度度日。苏轼却另类，仍然甘冒"僭越"之罪，时时处处关心政事，忧国忧民，并尽一切可能为民做好事谋利益。这一切都印证了苏轼《和陶诗》的精神实质。就在他赴惠州贬所途中，过太和县时，还向致仕的曾安止传授经他在定州设计制作的先进生产农具插秧机"秧马"。并特意作《秧马歌并引》加以广泛传播推广使用：

过庐陵，见宣德郎致仕曾君安止，出所作《禾谱》。文既温雅，事亦详实，惜其有所缺，不谱农器也。予昔游武昌，见农夫皆骑秧马。以榆枣为腹欲其滑，以楸桐为背欲其轻，腹如小舟，昂其首尾，背如覆瓦，以便两髀，雀跃于泥中，系束藁其首以缚秧。日行千畦，较之伛偻而作者，劳佚相绝矣。《史记》禹乘四载，泥行乘橇。解者曰，橇形如箕，擿行泥上。岂秧马之类乎？作《秧马歌》一首，附于《禾谱》之末云。

春云濛濛雨凄凄，春秧欲老翠剡齐。
嗟我妇子行水泥，朝分一垅暮千畦。
腰如箜篌首啄鸡，筋烦骨殆声酸嘶。
我有桐马手自提，头尻轩昂腹胁低。
背如覆瓦去角圭，以我两足为四蹄。
耸踊滑汰如凫鹥，纤纤束藁亦可赍。
何用繁缨与月题，朅从畦东走畦西。
山城欲闭闻鼓鼙，忽作的卢跃檀溪。
归来挂壁从高栖，了无刍秣饥不啼。
少壮骑汝逮老黧，何曾蹶轶防颠隮。
锦鞯公子朝金闺，笑我一生蹋牛犁，
不知自有木驶騠。

到惠州贬所后，苏轼又向当地官员和农民介绍推广这种先进的插秧工具。据《周益公题跋》载："东坡年五十九，南迁，过太和县，作《秧马歌》赠曾移忠（即曾安止，字移忠）。心声心画，惟意所适，殆是得意之作。既到岭南，往往录示邑宰。近岁，移忠侄孙名之瑾者，已谱农器，成公素志，余尝为之序，其与《禾谱》并传无疑。"

苏轼谪居惠州，奇在惠州亦有西湖（由南湖、丰湖、平湖、鳄湖、菱湖组成）。大千世界皆有与苏轼人生经历巧合的事情。正如一位诗人所写："北客几人谪南粤，东坡到处有西湖。"更奇的是作为无职无权、被严密监视的"罪官"苏轼，却把惠州西湖治理得如同杭州西湖。

惠州地处广东南部，东江下游，紧靠南海。惠州虽是一座历史悠久的古老城市，但在当时，仍属蛮荒之地。这里最使苏轼感到快意和慰藉的是有西湖。然而，当他每天来到湖边散步游玩时，发现西湖湖面开阔又长，犹如一条江横在惠州城外，因无桥，给城内外百姓的生活生产带来诸多不便；而且，一湖好水却未被利用浇灌农田，甚是可惜！苏轼心想：要是把这西湖治理好，该是一件多好的利民之事啊！可叹自己乃"待罪"之人，怎能做得了这件事！想到此，苏轼心情十分沉重。

奇迹发生了。

苏轼被逐出朝廷，贬谪惠州后，政敌章惇仍不放过苏轼，他又想出一计，要来个“借刀杀人”，欲置苏轼于死地。这把刀就是急功近利、心狠手毒的程正辅，此人素有“悍吏”之称。章惇与苏轼原本是好朋友，最清楚程、苏两家有着四十多年的仇怨（苏轼的姐姐八娘嫁与程正辅，因不堪程家虐待，被折磨而亡。苏轼之父苏洵召集亲族，对天盟誓，痛骂程家。宣布永世断绝两家亲戚关系。程正辅既是苏轼的表兄又是姐夫）。于是，章惇便将程正辅放任广东提刑，明确指示他去广东后，加紧审理处置苏轼“谤讪先帝”的要案。

被贬居筠州的苏辙得知消息，急忙给兄长写信，告之要千万当心。苏轼却不以为然。心想你来得正是时候，我就要利用你的“急功近利”来为惠州百姓和国家做几件好事。当程正辅一到广东，苏轼便写了一封言辞诚恳、和解两家关系的长信。同时，在信中还冒着干涉公务的危险，希望程正辅能帮助修桥和整修军营房屋。苏轼小心言明：“某得罪居此，岂敢僭管官事？但此事俗吏所忽，莫教生出一事。即悔无及也。兄弟之情不可隐，故别具纸冒闻，千万亮其本心，恕罪，幸甚。此数十年积弊，难以责俗吏，非老兄才气，常欲追配古人，即劣弟亦不轻发也。然千万密之、若少漏泄，即劣弟居此不安矣。”苏轼一再申言“不揆僭言，非兄莫能容之，然此本乞一详览，便付火，虽二外甥亦勿令见，若人知其自劣弟出，大不可，不可。”（《与程正辅书》）他还以岭南米贱钱荒扰民事向程建议说：“某目见之事恐可以助仁政万一，方敢僭言。”苏轼让三儿苏过亲自将信送去。程正辅看过信，深为苏轼博大的胸怀和其以戴罪之身仍为民为国着想的行为所感动，虽然受章惇的“嘱托”，但他亦想借此机会弥补过去的裂痕，与表弟重修旧好。于是，程正辅便随苏过到惠州合江楼拜望表弟苏轼。

程正辅到惠州后，表兄弟一见如故，情同手足，谈吐甚是投机。此时的程正辅已是六十岁开外的人了，性情已大有改变，他主动向苏轼提及信中所言之事，请教如何做才好。苏轼很感动，说他自到惠州后，发现百姓丰年反而愁得不得了，其因乃官吏之害矣。过去收免役钱，为了方便百姓，丰年收米，歉年收钱。今年广南丰收，谷价甚贱，官吏为饱私囊，却收钱不收米，从中折价克扣百姓，弄得黎民敢怒不敢言，真是痛苦不堪。苏轼说：“我希望表兄出面，依旧丰年收米。解除百姓疾苦，这是一件大功德。不但百姓对你感恩戴德，就是圣上知道也会嘉许你的。”说得程正辅不停地点头称是，当即叫随行差官通知所属各州府县衙，布告百姓，收米不收钱，违者必究。

苏轼接着又说："岭南边防营房破烂，士卒衣不蔽体。武艺荒疏，且常骚扰百姓，很不安宁。如能上奏朝廷拨款维修营房，严惩官吏克扣军饷，整饬军纪，加固边防，表兄功在国家，圣上亦高兴啊！"程正辅突然动了情，握着苏轼的手说："表弟身处逆境，还想着这些，我难道还能推却吗？"苏轼又趁机说道："惠州乃广州通衢之邑，却被东江所隔，交通甚是不便。表兄可与太守詹范说之，让他动用些府库银钱，再出面募捐，在惠州东门外的西枝江遗址上修建一座东新桥，好造福于百姓。"程正辅爽快地说："一切但求放心，我自有处置。"

程正辅见苏轼好像还有事要说，便直截了当道："表弟，你还有什么需要帮忙的，尽管提出来！"苏轼已经很感动了，说："惠州的西湖非常有治理的必要。根据西湖的地理环境，从湖对面的孤山脚下修筑一道长堤，将西湖从中横断，长堤上相间构筑洞孔，既抬高上游的水位，灌溉良田千顷；又降低下游水位，解除万顷良田湿害，且方便百姓往来，乃一举三得。如再在堤上修一座西新桥，就更好了！"

程正辅着实被苏轼诚恳所感动，当即亲书一封信与苏轼。等他走后，让苏轼带此信去见詹范。程正辅离开惠州时，苏轼亲自送至博罗县，并以诗赠别（《追饯正辅表兄至博罗，赋诗为别》）：

孤臣南游堕黄菅，君亦何事来牧蛮。
舣舟蜑户龙冈窟，置酒椰叶桄榔间。
高谈已笑衰语陋，杰句尤觉清诗孱。
博罗小县僧舍古，我不忍去君忘还。
君应回望秦与楚，梦涉汉水愁秦关。
我亦坐念高安客，神游黄蘗参洞山。
何时旷荡洗瑕垢，与君归驾相追攀。
梨花寒食隔江路，两山遥对双烟鬟。
归耕不用一钱物，惟要两脚飞孱颜。
玉床丹鼎记分我，助我金鼎光斓斑。

自苏轼谪居惠州，为人处事和睦谦虚，从不以翰林学士身份自居，且处处为黎民着想的人品风范，深得詹范敬重。二人诗酒唱和，相交甚厚。当詹范看了程正铺的亲笔信后，爽朗地对苏轼说："苏学士倡议修建'两桥一堤'，乃百年之利，下官岂有不资助之理。"随后从府库中拨出一定钱款资用。

为了凑足修桥治湖钱款，苏轼带头募捐，将皇帝赐予自己的犀带捐出，还动员弟媳史氏捐出朝廷所赐黄金钱。苏轼的倡议得到惠州各界人士支持响应，有钱的出钱，有力的出力。在苏轼的建议下，由栖禅寺主持希固和尚任总管，罗浮山道士邓守安负责工程。于是，绍圣二年（1095）十月，由苏轼提出的“两桥一堤”工程同时开工实施。而惠州西湖的治理与东新桥的修建乃苏轼亲自主持，除了治湖利农一面外，在景观布局上，苏轼仍十分考究，一道长堤从西村至孤山把湖面划为两片，湖水清波荡漾，百舸争游，往来穿梭于堤孔；沿堤种植花草垂柳，远看犹如贴水彩虹，色彩纷呈，与当年修筑的杭州西湖之堤可比美，此堤亦被惠州百姓命名为“苏公堤”。其堤上所修之桥命名为西新桥，使西湖更为壮观。

经过半年多的施工，于绍圣三年（1096）六月，惠州有史以来的两座大桥落成，分别取名为东新桥和西新桥。新桥落成，百姓为此奔走相告，欢欣鼓舞，杀鸡庆贺。苏轼万分激动，即赋诗以记（《西新桥》）：

父老喜云集，箪壶无空携。
三日饮不散，杀尽西村鸡。

好一个“杀尽西村鸡”，把苏轼的高兴和百姓的高兴描绘得声情并现、淋漓尽致。乾隆本《归善县志》卷六引宋许骞《西新桥记略》，对西新桥有较详细的记载：

环惠皆水也，左合三江。右并长湖，江以东为桥，湖以北为堤，皆往来之冲，舍斯二者弗济。乃若自湖以西，不过祷祀游玩者往焉，樵苏者往焉，虽一苇可航，亦必筑堤建桥。意者导湖山之胜，据登览之会，以成此邦之伟观耶！桥故千柱横跨一湖，雨潦弗支。绍圣二年冬，僧希固筑进两岸而堤之，东坡苏公捐腰犀以倡其役，黄门公遗金钱以助其费，而西新之名遂为南州甲。阅岁寖久，所谓顶桩者屹如砥柱，不可动摇，盖其度材用功不苟如此。

南宋诗人杨万里游惠州西湖时，不无感慨，吟诗赞曰（《游丰湖》）：

三处西湖一色秋，钱塘颍水更罗浮。
东坡原是西湖长，不到罗浮便得休。

程正辅与苏轼重修旧好，支持苏轼为民办好事传至京师，章惇得知后，暴跳如雷，十分恼火。真是偷鸡不成蚀把米，让苏轼在惠州百姓中又博得了好名声，他悔恨不已，不久便将程正辅调离广东。

苏轼与水的缘，还创造了中国古代史上的一个“第一”呢！

广州知州王古（字敏仲）与苏轼交谊甚厚，他于绍圣三年（1096）出知广州，对苏轼十分关照，馈问无虚月，两人诗词唱和，书信往来不断。王古向苏轼请教施政问题，苏轼对他说，首要问题是解决广州人的饮水难。广州城内缺淡水，无钱人只能饮又苦又咸而又不卫生的水，特别是春夏之交，疾疫多发，就更影响人民的健康与生命。只有少数官员和有钱人才能喝到刘王山的井水。苏轼从罗浮山道士邓守安那里了解到，蒲涧山（今白云山）有个滴水岩，水量丰沛，且地处高位，水可直引入广州城，其长度不过二十里。可在滴水岩下作一个大石槽，用五管大竹接起来，外面用麻绳缠住，涂上油漆，随着地势，一直引入城中，然后又做一个大石槽来盛接引来的水，再用大竹分引，散流到各处，用小石槽贮存起来，以便打水的人去取用。这项工程不过用大竹万多杆，费用不过数百千钱即可。同时，还可在循州（今广东龙川）置少许良田，令其岁入可得租课五七千左右，以便每年买一万杆大竹，做筏送到广州，以备抽换的费用。专门派遣几个兵匠，巡视检修。这样，就可使广州一城人民，不论贫富，都可以饮用到甘凉卫生的淡水。

王古当即采纳了苏轼的建议，着手实施。引水工程动工后，苏轼又针对出现的问题，提出解决方法：“闻遂作管引蒲涧水，甚善。每竿上须钻一小眼，如绿豆大，以小竹针窒之，以验通塞。道远，日久，无不塞之理，若无以验之，则一竿之塞，辄累百竿矣，仍愿公擘划少钱，令岁入五十余竿竹，不住抽换，永不废。”（《与王敏仲·十五》）可以说，这是苏轼建造的中国历史上第一个“自来水”工程。

引水工程完后，苏轼又向王古建议说，广州是商旅所聚之地，人流复杂，易患传染病，如设立一医院，可及时救治病者。可见苏轼为百姓事想得是何等的周全。

对苏轼这种身处逆境而仍关心民生疾苦的精神品格，南宋人费衮大加赞扬，说：“陆宣公谪忠州，杜门谢客，惟集药方。盖出而与人交，动作言语之际，皆足以招谤，故公谨之。后人得罪迁徙者，多以此为法。至东坡则不然。其在惠州也，程正辅为广中提刑；东坡与之中外，凡惠州官事，悉以告之。”“凡此等事，多涉官政，亦易指以为恩怨，而坡奋然行之不疑，其勇于为义如此。谪居尚尔，则立朝之际，其可以死生祸福动之哉。”（《梁谿漫志·卷四》）

第三十二章

痛失朝云

玉骨那愁瘴雾，冰姿自有仙风。海仙时遣探花丛，倒挂绿毛幺凤。

素面翻嫌粉涴，洗妆不褪唇红。高情已逐晓云空，不与梨花同梦。

苏轼费尽心力为惠州百姓谋福，刚完成了惠州西湖治理与二桥建成不久，人生之大不幸再次降临苏轼头上。与他一生相随、贫富不移、患难与共的红颜知己，侍妾王朝云病逝。这在苏轼心中留下永远的痛。

王朝云作为苏轼的侍妾，与其有着一段不同寻常的情缘。往深度说，是有一定的历史背景。侍妾，顾名思义，就是伺候丈夫起居之类的日常生活的女子，但和通常所说的小老婆，或侧室、偏房有所不同。当然，侍妾在宋代还有另一层意思，即女主人的贴身使唤佣人。在家庭中，通常侍妾是没有地位的。但侍妾又与使唤丫头的性质不同，地位也要高出一头。凡官宦、有钱人家，纳妾是平常事。一妻两妾不嫌少，三妻四妾不嫌多。所以纳妾与侍妾不同，侍妾大多来自一种买卖关系，或朋友间的相互赠予，被纯粹当作商品和物品。王绍玺先生曾写过一本《小妾史》，对中国旧时男人纳妾的缘由、社会性质及其历史演变等，说得比较清楚透彻。

王朝云，便是别人赠予苏轼的。程义伟《苏轼——一个人生与艺术的结构文本》便有记述。

王朝云，字子霞，钱塘（今浙江杭州）人。她幼时的人生际遇，与南齐时钱塘名妓苏小小有相似之处，也是父不知何人，母亲又早死，七八岁时，被杭州教坊行首素娘买为歌妓。自古西湖山水养美女。王朝云亦与苏小小一样家住西泠桥畔，日受西湖秀丽山水的熏陶，夜受湖光月影的浸润，其心性清纯，聪慧机敏，姿容如画，远望如晓风杨柳，近观似深谷幽兰，在整个教坊之内，如一朵出淤泥而不染的含苞待放的莲花。行首素娘除了对她悉心教授技艺之外，更是怜爱有加。

王朝云既然出身于歌妓，我们就很有必要对歌妓的产生和整个历史演变过程做一番简述，这样，才能从一个客观的历史背景中，全方位地把握苏轼生活的氛围，更真切实在地理解苏轼生命运行中与王朝云结下的一段情缘，并认同这段情缘在他的人生旅途中所展现的魅力，所释放出的生命与爱情的全部价值和意义。

歌妓与娼妓有一定的区别。歌妓主要以艺娱人，亦不排除有性行为。而娼妓纯粹以性为职业。娼妓，是人类社会中长期存在的一种特殊现象。早在公元前一两千年时的古代犹太、埃及以及希腊、罗马社会里，就有了关于妓女活动的记载。《圣经》中也有耶稣为妓女人格辩护的故事。在我国，几乎自信史时代开始，就有了娼妓的记载。它是随着人类社会开始步入私有社会阶段、家庭婚姻开始步入一夫一妻制婚姻形式阶段而同时产生的。

娼妓的产生又与音乐有着密切的关系。可以这么说，娼妓最早是从歌妓中分化出的。公元前11世纪，商代的亡国之君纣王曾命“北里舞靡靡之乐”，北里之人即歌妓，时称“倡优”，专以艺娱人。这可能就是我国古代歌妓的始祖。随着历史的进程，歌妓单以艺娱人的性质起了变化，从中分化出了“性妓”。所以，后世也因此以“北里”作为妓院的代称。对于上流社会的达官贵人、文人雅士，把性的要求放在其次，而把才艺放在首位，追求妓女娴熟高超的吹拉弹唱和吟诗作画的技艺，享受一种婚姻家庭之外的风流才情。比如在唐代，嫖客嫖妓，犹以“艺”为主要内容。选择的标准首先是妓女能“谈论风雅”“巧言应对”，通音律会画艺，其次是妓院的环境条件，讲究曲中“居住及饮食”，而对妓女的色相并不看重。当时不少妓女以“色”为副品，努力使自己成为多才多艺、能诗善赋的才女。嫖客也多狎年长的妓女，而无嫖雏妓的嗜好。教坊行首也特别看重这点，凡是新入籍的妓女，都要进行专门培训。而行首买妓，都是买年龄小的，一般不超过十二三岁，主要便于“调教”。要是遇到出类拔萃的好苗子，还以专人“教授”。王朝云便属此例。她被教坊行首素娘买回后，闭门三年，由行首亲授予各种技艺。朝云心性灵透，聪慧机敏，一学就会，待到十二岁时，已经完全可以“出道”了，尤其是其歌喉一展，雏凤声清，圆润甜畅，特能悦人耳目。

即使是诗界领袖、文坛巨匠及众望所归的正人君子，无不以拥妓酬唱为尚。就苏轼所生活的宋代来说，不仅韩琦、欧阳修留下有关妓女的诗，甚至连极其严肃的宰相如范仲淹、司马光也都写下了妓女诗；再如精忠报国的民族英雄岳飞，也曾在一次宴席上写诗赠予歌妓。有了这样的历史因由和社会环境，我们就不难理解苏轼一生在爱湖游湖中，乐此不疲地与歌妓唱和应对，也就不难理解苏轼与歌妓王朝云结下的一段情缘，也就不难理解王闰之能容下歌妓出身的王朝云。其实王朝云还不能算作歌妓，她还没到列籍的年龄，只是被收养在教坊而已。由此，王朝云在苏轼生命运行中演绎了一曲忠贞不贰、生死相随、情真意切、精神与肉体相融的伟大爱情诗篇，不但令当时之人，也令后世之人无不感动至深。

苏轼未任杭州通判之时，早已声名远播，天下谁人不识大苏。神宗熙宁四年（1071）七月，苏轼一到杭州通判任上后，便引起整个杭州府大小官员、文人学子，以及教坊行首歌妓的热情关注。按官场一般礼仪和习俗，同僚和下属要为之接风洗尘，酒宴自然是摆在西湖的游船上了，同时也少不了官府提供的歌妓侑觞助兴。苏轼登上游船，众同僚下属及歌妓们对他的赞扬溢美之词，并未引发苏轼多大兴致。而当他将目光从酒桌上投向船外时，西湖的美景使他生发出无限感慨："故乡无此好湖山啊！"当然，酒桌上有一个人一直在留意他、观察他，并寻找机会与他攀谈，这个人就是教坊行首素娘。王朝云与苏轼的结缘将由这里开始。

从此，苏轼爱上了西湖。闲暇之时，美丽的西湖湖面上，总有苏轼豪放的笑声、飘逸的身影；游船画坊内，管弦声乐和着酬唱应对，使政治上郁郁不得志的苏轼，才有了怡然自得的一份心境。

因有杭州西湖，增加了苏轼与歌妓的交往，也使苏轼的赠歌妓诗词在历代文人学士中以其清新的意韵雅趣、怜香惜玉的浓郁人情而独树一帜，成为他所有文学作品中华彩的一页，尤其能体现出苏轼善解歌妓情怀、尊重歌妓人格的高节品行和人格精神。比如苏轼在《天际乌云帖》中详细记述了这样一件事。在一次朋友的宴席上，有位侑觞的营妓叫周韶，因仰慕敬重苏轼的人品，想趁此机会借重于苏轼，请求脱除妓籍，特意于宴席之上，与苏轼举杯，并吟唱绝句一首：

陇上巢空岁月惊，忍看回首自梳翎。
开笼若放雪衣女，长念观音般若经。

席上诸客都为周韶的诗情所感动，纷纷写诗为念。苏轼灵机一动，及时声言周韶因正在居丧而穿白衣，使得在场的客人们都为周韶的美好心灵所感动。而主持这次酒会的正是苏轼的好友，杭州知州陈襄，他已经完全明白了苏轼的用意，于是周韶遂脱籍从良。苏轼还有一首专门赠送给好友王定国侍妾寓娘的词，高度赞颂她高尚的人格品节。寓娘原为歌妓，后被王定国赎身收为侍妾。王定国遭贬谪到荒僻落后的岭南，她毅然相随，同甘共苦，无有怨言。后来他们一起回到东京。元祐元年（1086），刚回到京城不久的苏轼过访王定国，二人喜相逢，饮酒唱和，相互感慨。

王定国特意叫陪伴自己度过苦难岁月的寓娘为苏轼斟酒，苏轼问她："广南风土，应是不好?"寓娘却回答说："此心安处，便是吾乡。"苏轼听了，好生感动，当即写了《定风波·南海归，赠王定国侍儿寓娘》词相赠。词云：

常羡人间琢玉郎，天应乞与点酥娘。自作清歌传皓齿，风起，雪飞炎海变清凉。　　万里归来年愈少，微笑，笑时犹带岭梅香。试问岭南应不好？却道：此心安处是吾乡。

苏轼在赞颂寓娘的"岭梅"品格和超凡脱俗的人生境界的同时，不同样也在赞颂不辞辛劳、千里相随自己到荒僻小镇的黄州贬所的侍妾朝云吗！她们都有同样的"岭梅"风骨。苏轼深为好友王定国和自己都有一位红颜知己而骄傲、自豪、快慰。人生旅程中能拥有一位红颜知己，确实是人生一大幸事。当然，这是可遇而不可求的。苏轼永远忘不了初遇王朝云时，那双深情注视自己的天真无邪中透露着忧郁之情，清澈如镜中渴求着一种新生的目光。

那是通判杭州任上，在送别知州陈襄离任的酒会上，教坊行首素娘专门挑选了十来个精于歌舞的官妓侑酒助兴。苏轼主持了这一盛大的送别酒会。就在这次送别陈襄的酒会上，苏轼饱含深情作了一首《菩萨蛮·西湖送述古》词，以送陈襄：

秋风湖上萧萧雨，使君欲去还留住。今日漫留君，明朝愁杀人。
佳人千点泪，洒向长河水。不用敛双蛾，路人啼更多。

席间众人无不被苏轼词中表露出的真挚情感所感动，纷纷要求教坊行首素娘即兴演唱，以表达对陈知州的送别之情。素娘心中大喜，此乃天赐良机。她急忙起身道："苏大人的词，音韵谐婉，乐感极强，借古曲配此词，演唱一定很优美。"素娘边说边把身边的一位小女孩推到桌前，目光有意对视着苏轼说："让这位小姑娘来演唱吧。她叫朝云，刚满十二岁，聪慧机敏，禀赋俱佳，雏凤清声，当能邀赏于列位大人!"

朝云往苏轼面前一站，一点儿也不显得局促，大大方方，手执牙板，轻启朱唇，顿时余音绕梁，于声情并茂中，把词中那深沉感情和分别的惆怅表现无遗。曲终，满座的文人士大夫仍沉浸在声情与词情之中，随后才爆发出一片热烈的掌声，人人为小朝云喝彩，为小朝云的才艺惊叹!

苏轼与朝云的目光相遇，相互注视良久。朝云虽然年幼，但目光显得深沉，忧郁中隐着一种对世道的厌恶与憎恨，同时又显露出一种新生的渴望与追求。对苏轼，她无数次听素娘谈论起，于是逐渐加深了对这个名字的印象，至于人长得怎样，她曾在大脑里勾画出很多幅图像。如今，她不但目睹了大名鼎鼎的苏轼，而且就站在他的面前，近在咫尺，连气息都听得十分清晰。宽厚平滑的前额下一双大眼，炯炯有神的目光流泻出善解人意的心曲，一张总是快活着的脸，除了那只挺拔的鼻子和富有动感的双唇外，两腮挂着密密的胡须，像戏文中的关云长，与自己想象中的苏轼相差不离。她就喜欢这种面相。而苏轼只是想，这孩子小小年纪，哪来这种目光！也许是青楼的生活环境所致吧！心中陡然生出一丝悲凉与怜悯之情：如此才貌出众、清纯可爱的小姑娘，这么早就落入风尘之中。

苏轼与朝云相互注视的目光，素娘读懂了它们的全部含义，内心感到十分欣慰。她走到苏轼面前，庄重地说："朝云这姑娘，心性清纯，聪慧娴雅，有情有义，非同凡器。素娘我有心将她相赠予你，希求苏大人动怜悯恻隐之心。"

苏轼吃惊不小，急忙说道："这可使不得，我苏某有家有妻有子，从未想过纳妾之事。"

"苏大人差也！"素娘正色道，"若真要纳妾，我万不能把朝云给你，她才十二岁，连列籍也还够不上，岂能谈得上纳宠？我是看苏大人是个堂堂君子，能救朝云于青楼。"素娘随即幽幽地叹一口长气，便把自己的心曲和盘托出。素娘年约二十五六岁，本出身于官宦人家，因父获罪，六岁时便被罚入官妓之列。多年切身的青楼生活体验，使她极富同情心。前年，她坐上教坊行首之位后，买了朝云和琴操两个可爱的女孩。相处间，发现两个人的性格和心性都很不同。朝云天性沉静，聪慧机敏，却不喜热闹繁华，处处表现出一种非凡的气质，不似青楼中人。琴操恰恰相反，活泼大方，喜欢出局凑热闹。素娘待她们如同亲妹妹。对于朝云，素娘实不忍心让她列籍青楼，坠入红尘，毁了一生的幸福。如此，几年来，她亦未曾让朝云在公开场合露过面。素娘有心要为朝云寻一个可靠之人，让她超脱风尘。苏轼来杭州后，在多次的接触中，素娘凭生活经历，觉得这是个表里如一、心地宽厚善良、才学与人品等同的君子，值得女人依附和信赖。今天，真是天赐良机，撮合苏轼与朝云有这段缘分。借苏轼之词，让朝云当筵一曲，与苏轼会面，就是素娘特意有心为之。

以朝云的相貌技艺，将来毫无疑问会成为素娘的一棵摇钱树，而她却要朝云脱离风尘，这使苏轼大为感动，想不到青楼之中，还有这等轻财好义、心地善良、情重如山之人。苏轼的心灵受到极大震颤，慨然接受素娘相赠，心甘情愿地将朝云收在身边作为侍女。

苏轼与朝云由此结下终身之缘。

缘，本义是指事物相互间的因由。苏轼与朝云的缘，在于他们的心灵相通。二人很短的相处时间内，都有一种同样的感觉。苏轼高洁的品格、才华气质，深深吸引了朝云，在她心中是座永不坍塌的丰碑。跟随这样的男人，是一个女人一生的骄傲、自豪和幸福。朝云庆幸自己与苏轼的缘分，决心终身相随，哪怕今后千辛万苦也不后悔。朝云心性纯良，沉静稳重，聪颖好学，无浮躁习气，有一种出淤泥而不染的清纯天质。苏轼以丰富的人生阅历测定朝云将来必定成为他精神生活的全部内涵，内心自然感到十分的欣慰。于是在公务之余，便教授朝云读书习文。而朝云聪明好学的精神深得苏轼赏识，二人又成为一种密切的师生关系。

互为理解，是爱情发展的牢固基础。几年后，有一件事使苏轼大感快慰，同时也证实了他预测的准确性。那日苏轼在府衙官舍的后花园饮酒时，正巧朝云与两个侍婢走来，苏轼一时酒兴上来，指着自己已肥的大腹，问她们说：

"你们说我这肚中藏的是什么?"

一个侍婢抢先说：

"大人腹中当然藏的是锦绣文章啰!"

苏轼摇摇头。

另一个侍婢掩鼻而笑，说：

"老爷腹中藏的是天下民情和国事。"

苏轼仍摇摇头，不禁笑对朝云说：

"你说这腹中藏的何物?"

朝云笑了，笑得有点苦涩，说：

"你看你满腹的不合时宜的牢骚哩!"

苏轼一听，心灵为之一颤，眼圈都红了，感慨至深地说：

"知我者，朝云也!"

只有有了精神上的超越，心灵的相互感应，情爱才富有真正的生命和活力，朝云就像"幽独"深谷的海棠花，天姿自然，高洁美丽。

苏轼与朝云思想上达到的默契和心灵上的互相感应，使二人结下的人生情缘，恰似一颗共同种在心田的爱情种子。这颗爱情之种，随着时间的催生，茁壮成长，他们既共同享受到了甜蜜与欢乐，又共同承载了不幸与苦难，使情爱达到了一种和谐的完美，展示了全新的意义。

朝云追随苏轼二十三年中，正是苏轼生命运行中最为艰险曲折的时段，这使她很少享受到安静、平稳的生活，而颠沛流放、担惊受怕的日子却常伴着她。但她从未想到过退缩，而是勇敢地直视它。为了心中这座丰碑，她宁愿献出生命的全部。就在苏轼跨出“乌台诗案”的鬼门关，贬谪黄州后，她义无反顾地彻底走进了苏轼生活的全部空间。

黄州，犹如是苏轼生命运行轨道中的一个“空间站”。这个“空间站”自然而愉快地接纳了他。从物质到精神，从精神到物质，苏轼与朝云共同完成了这个循环过程，精神境界达到了极致的升华，灵与肉的结合，得到了最完美的超越——朝云正式成为苏轼的妾。

这里自然要提到王闰之。她是苏轼明媒正娶的妻子。她的为人品性，前面已经述说。当然，爱情是自私的，这个道理，作为古代妇女的王闰之同样是知道的。由于处在古代社会的特定生活环境里，夫权思想一直占据着社会意识的主导地位，男人是女人的天，享有至高的权力，男人纳妾讨小老婆，是一种正常的社会现象。而苏轼的生活态度一直是非常严谨的，虽然常在官场应酬中，接触过许多青楼女子，还从未迷恋过哪个歌妓，这是王闰之最为感动和欣慰的。对朝云在家庭生活中的出现，她乐于接受这个现实，完全出于她那菩萨般的心肠，对朝云这个小姑娘的同情与怜悯。她最初把容纳朝云当作是在做一件善事，待之如亲妹妹，或当成自己的女儿看待。朝云在她宽厚慈善的关爱下，同样感受到一种家庭的亲情和温暖。随着岁月的流逝，两个女人在伺候苏轼的日常生活中所达到的默契配合，使她们成为情同手足的亲姐妹。苏轼谪贬黄州，昔日的荣华显耀成为泡影，过去苏家众多的亲朋故旧都不再上门，唯恐躲避不及。而朝云，一个侍女，却深明大义，不辞艰难困苦，一心一意追随苏家来到贬所黄州，王闰之为之感动不已。同时，她感觉到丈夫对朝云在平和的生活中所产生的感情，完全出自于一种精神情感的自然交流。在这偏僻的贬居地，丈夫已经完全不能没有这种交流，只有二人在一起闲聊，丈夫才会露出开心的微笑。只有看到丈夫脸上有了笑意，王闰之那颗为丈夫总是担着的心才会放下。因为她深爱着自己的丈夫，怕刚从鬼门关回来的丈夫再有什么闪失。于是，王闰之已不再把苏轼看作是自己绝对的拥有，而看作是她与朝云两个人的共同拥有，为了更加便于伺候好丈夫的生活起居，她主动提出并主持了苏轼与朝云的“圆房”仪式。我们不得不承认王闰之这种对丈夫淳朴的、独特的爱情方式，不失为一种牺牲个人绝对拥有权的伟大义举，是另一种值得赞颂的精神境界（当然，这是一种在特定社会环境中的精神境界）。

其实，苏轼一生受“诗书传家”的影响较深，具有根深蒂固的儒家思想，他一直反对官宦人家买妾行为。如他在杭州通判任时，得知当代大词人、忘年交张先打算“买妾”之事，便写了《张子野八十五，尚闻买妾，述古令作诗》，用“诗人老去莺莺在，公子归来燕燕忙”等文史典故劝阻。苏轼“收朝云为妾”完全是他们精神情感的自然融合，并得到王闰之的支持和安排。苏轼在与好友蔡景繁的信中如是说：“凡百如常，至后杜门壁观，虽妻子无几见，况他人也？然云蓝小袖者，近辄生一子，想闻之，一拊掌也。”蔡景繁曾到临皋亭看望过苏轼，并派人帮他建造南堂，自然见过喜欢穿蓝色小袖的朝云。故苏轼以“云蓝小袖”称之。既告诉了朝云生子一事，又对王闰之的非凡器量倍加赞赏和感激。

苏轼在定州任上接到贬知英州的诏令，即刻做出决定，不能让朝云再跟随自己去过流亡困苦日子，他让朝云带着三儿苏过回常州宜兴乡下居住。朝云没有听从他的安排回宜兴居住，而是坚定地跟随苏轼同往。

正当朝云搀扶着苏轼奔命于途中时，苏轼再次接到朝廷诏令，又被贬为宁远军节度副使，惠州安置，不得签书公事。苏轼心中彻底明了，从此永无出头之日，北归无望，只有尸存异乡，不禁慨然作歌曰（《南康望湖亭》）：

八月渡长湖，萧条万象疏。
秋风片帆急，暮霭一山孤。
许国心犹在，康时术已虚。
岷峨家万里，投老得归无？

秋风萧瑟中，苏轼报国心存，救国无门，岷峨远隔，垂老难归的心绪，通过一行行诗句，从内心发出的痛苦呐喊，撕裂着朝云的心，她强忍着悲伤凄凉的泪水，搀扶着年已六旬的苏轼，一路走去，一路劝慰。她使苏轼在心灵上得到了极大的慰藉。

哲宗绍圣元年（1094）十月二日，苏轼带着朝云、三儿苏过和老佣妇阿蓉到达贬谪地惠州。

贬谪的生活是相当艰苦的，朝云挑起了整个生活的担子，仿佛又回到黄州时的日子，开始自食其力地生活。她亲自在合江楼边开垦出一片菜园，种上萝卜、青菜、芥蓝等蔬菜。平时与佣妇阿蓉一道缝补洗涤，克勤克俭，为苏轼分忧解愁。

春去秋来，贬谪的日子既困苦又枯燥乏味，朝云无怨无悔，倾尽自己所有的力量和热情细心照料着苏轼的生活起居。一天，苏轼出外归来，见朝云正躬身菜园锄草松土，两袖挽至手肘，带补丁的长裙绾在腰间，纯属村妇一般。苏轼心中一酸，不禁潸然泪下，慨然叹，一个人在他名赫爵显时，侍随左右，阿谀奉承者不乏其人；而当他落魄逆境之际，仍有将自己一腔忠贞和盘托出、追随相助者，方显其品德高洁，情真意切。况自己已是身衰体弱的六旬老翁，她才三十多岁，其情更为可贵啊！苏轼不禁轻轻呼唤道："朝云，快过来歇歇气！"朝云见苏轼回来，连忙放下锄头，擦掉额角上的汗珠，走出菜园，将苏轼扶坐于庭院的台阶上，微笑着说："我一点都不累，让我给你弄杯茶喝吧！""不用了。"苏轼摆摆手说。他抚着朝云粗糙的手，端详着她瘦弱憔悴的面容，心又疼痛起来，流出一行老泪。

忽然，一阵秋风吹来，将庭前那棵高大的木棉树的枯叶吹得飘飘飞舞，转眼间便洒得满院一片焦黄。它使苏轼触景生情，想到自己宦途坎坷，酸甜苦辣，直钻心头。为了不让朝云察觉自己的不快情绪，惹她伤心下泪，便强作欢颜道："朝云，前些日子我作那首《蝶恋花》词，可曾记得？"朝云笑道："学士老爷的诗词，我一念便会永远记住。"说罢便轻转歌喉，以清丽婉约之声唱道：

> 花褪残红青杏小，燕子飞时，绿水人家绕。枝上柳绵吹又少，天涯何处无芳草。　　墙里秋千墙外道，墙外行人，墙里佳人笑。笑渐不闻声渐悄，多情却被无情恼。

朝云唱着唱着便泪如泉涌，泣不成声。她悲伤难忍地说："官人，咱们家不就像那'枝上柳棉吹又少'吗！从浙江钱塘吹到湖北黄州，又从黄州吹到惠州，千里迢迢吹个不停，吹得合家流离，还不知要吹到哪儿去才是个归宿啊！"苏轼默然无语，心同样被牵痛。词中情与情之间的矛盾谁能解其个中之味？词中一幕情趣盎然的爱恋喜剧的背后，那更为深沉的寓意，又有谁知呢！这寓意唯有了解苏轼的朝云解得最彻。对此，《林下词谈》即有记载："子瞻在惠州，与朝云闲坐。时青女（霜雪之神）初至，落木萧萧，凄然有悲秋之意，命朝云把大白，唱'花褪残红'。朝云歌喉将啭，泪满衣襟。子瞻诘问其故，答曰：'奴所不能歌，是"枝上柳棉吹又少，天涯何处无芳草"也。'"后来，"朝云抱疾而亡，子瞻终身不复听此词"。苏轼强忍心酸，抚慰朝云说："'天涯何处无芳草'，我们不管吹到哪儿，都有好朋友，都有好百姓欢迎咱呢！你还记得吗？咱们刚到惠州那天，父老乡亲便来欢迎我们。我当场感动得高唱道：‘仿佛曾游岂梦中，欣然鸡犬识新丰。吏民惊怪坐何事，父老相携迎此翁。苏武岂知还漠北，管宁自欲老辽东。岭南万户皆春色，会有幽人客寓公。’”

苏轼与朝云的心境都沉浸在一种痛苦着的幸福之中。在这瘴气四溢的惠州，身边有着心爱的朝云相伴，还有惠州的百姓爱戴，苏轼幸福着，愉快着；而朝云，再苦涩的泪水也无法淹没爱情给她带来的幸福。在这棵木棉树下，他们有一段发自内心的对话：

“官人，你真是天底下最好的人，心地最善良最宽广的人，为啥总遭不幸呢?”

“你太淳朴了，岂不闻‘人生自古多磨难’啊！你不也是天底下最好的女人吗?跟着我总是吃苦。”

“不，官人，我跟着你感到很幸福。”

朝云深情的话语使苏轼感情的闸门突然大开，动情地抚着朝云的双手说：“有你在我身边，我总感年轻，无限幸福。让我吟诗一首来感激你的一片忠贞吧：‘不似杨枝别乐天，恰如通德伴伶玄。阿奴络秀不同老，天女维摩总解禅。经卷药炉新活计，舞衫歌扇旧姻缘。丹成逐我三山去，不作巫阳云雨仙。’（《朝云诗》）”苏轼吟罢，深情地望着朝云，朝云亦深情地望着苏轼，许久许久……二人目光仍不愿移开，啊！好一对患难真情的老夫少妻。

苏轼这里所说的“杨枝”代指唐代诗人白居易的侍妾樊素，她因唱《杨枝》出名。别乐天，指白居易晚年辞去家中歌妓，樊素不愿离去，但从后来白居易《别杨枝》诗“病与乐天相伴住，春随樊子一时归”看，樊素最后还是离开了白居易。而朝云却无怨无悔地跟随苏轼到这蛮荒落后的岭南，所以苏轼以“不似杨枝别乐天”赞她。伶玄即伶元，《赵飞燕外传》的作者；通德即樊通德，伶元之妻，“能言飞燕子弟故事”，伶元的《赵飞燕外传》即根据她所讲的故事写成的。苏轼以“恰如通德伴伶玄”赞朝云随他南迁。苏轼真诚的感激与赞美，融入朝云心田，浸润着温暖着她的心灵与肉体。充分展示着他们之间的一种超越时空、超越肉体之外的情感，这种情感具有生命意义。

也许是命中注定，苏轼这位旷世奇才总是在苦难中度日。绍圣三年（1096）七月五日夜晚，嘉祐寺内笼罩着悲凉的气氛。朝云已经病得奄奄一息，苏轼伏在病榻前，紧紧握着她的手，悲痛的泪水止不住往下掉。惠州这地方瘴疠逼人，朝云柔弱的身体经受不住瘴毒的袭击，身染时疫时，已经很久了，终于病入膏肓。

夜已深。厢房内，苏轼独自守着气息微弱的朝云。蜡烛的火苗在黑夜中跳跃闪烁，像是一线希望，又像是什么不祥的预兆。昏黄的烛光下，苏轼脸色忧郁，心如刀绞。想自己仕途坎坷，一生命运多蹇，大半时光奔命于谪贬、迁途之中，常常“坐席未暖，召节已行，筋力疲于往来，日月逝于道途”，第一位妻子死后，被御封为“通义郡君”，继妻死后，被御封为“同安郡君”，她们跟随自己虽已备尝艰辛，但总的还是享尽荣华富贵，体验到了夫贵妻荣的尊贵。可朝云呢，却没有她们幸运啊！我哀叹自己的不幸，更悲叹你的命苦！在我名赫爵显时，你恪守自己的身份；在我落魄逆境之际，你忠贞不贰，投身相助，万里追随到南疆。在这“门薪馈无米，救我炊无烟”的困境中，一晃两年多来，你躬耕菜园，洗衣浆裳，用你那体弱力薄的身子，支撑起沉重的生活担子，为我分忧解愁，从无怨言，向我和盘托出一颗赤诚之心。“不似杨枝别乐天，恰如通德伴伶玄”，你我是患难姻缘，义重情深，你使我身处逆境却志不消沉。如今我风烛残年，北望无归日，你却要离我而去。朝云啊！苏轼想到这里，再也控制不住悲伤，痛哭失声，泪如泉涌。

苏轼的悲声，使昏迷中的朝云清醒过来，她微微睁开双目，呆滞的目光突然放出温柔的光，深情地望着苏轼，断断续续地说道：“官人，莫为我伤悲……生死有命……我不能为你研墨了……”说着，又慢慢闭上双目，她太累了，生命已经游离于阴阳之间。昔日那绰约的风姿已被病魔夺走，蜡黄的脸上渗着汗珠。苏轼掏出手帕，轻轻地将其汗珠抹去，放下帐子。白天，郎中看了朝云的病，私下对苏轼交了底：“能够好转，除非真有灵丹妙药。”苏轼想起，不禁又潸然泪下。

突然，朝云一阵剧烈地咳嗽。苏轼一把掀开帐子，连声呼唤：“朝云！朝云！”朝云却毫无反应，她已奄奄一息，呼吸极度微弱。苏轼痛不欲生，俯身抱着朝云，摇动着：“朝云呀，你醒醒吧！有什么话，请留给我……”

殿堂内，希固和尚和父老乡亲们闻声赶到朝云床前，见她已在弥留之际，苏轼泣不成声，大家悲痛万分。

不知是苏轼凄厉的呼唤催醒了朝云的灵气，还是她不忍心一下子就丢下年老的苏轼，她突然又睁开温柔的双眼，看着她一生敬重深爱的苏轼，露出了最后的一丝欣慰。苏轼心领神会，忙将耳朵贴近她嘴边，终于听到了朝云那微弱的声音：“你一生遭受磨难……我不能再陪伴官人……先走一步，把我葬在西湖对岸孤山栖禅寺下……”一阵喘息后，朝云接着以微弱却清晰的声音，喃喃念道：“浮屠是瞻，伽蓝是依。如汝宿心，惟佛之归。”诵完金刚经，那颗善良美丽的心就这样停止了跳动，可脸上还漾着微笑，似乎她与苏轼永远在一起。苏轼抱着朝云的遗体，悲恸欲绝：“朝云呀！你不能去呀！我们不能分开，苍天！”

那撕裂人心的痛哭声，传出嘉祐寺外，震撼了鹅城万户千家，那送葬的队伍从嘉祐寺一直拉到了栖禅寺下。

朝云的去世，对苏轼精神上是个无情而沉重的打击。他病倒了，一个月卧床不起。一天晚上，窗外月光昏蒙，秋风习习，这使苏轼更加感到孤独和悲怆。他挣扎着爬起来，要到朝云的墓前去尽情倾诉思念的悲苦。

那坟前的墓碑，月光照耀着行行苍劲的碑文。这是苏轼亲笔所书《朝云墓志铭》：

东坡先生侍妾曰朝云，字子霞，姓王氏，钱塘人。敏而好义，事先生二十有三年，忠敬若一。绍圣三年七月壬辰，卒于惠州，年三十四，八月庚申，葬之丰湖之上栖禅山寺之东南。生子遁，未期而夭。盖常从比丘尼义冲学佛法，亦相识大意。且死，诵《金刚经》四句偈以绝。铭曰：

浮屠是瞻，伽蓝是依。如汝宿心，惟佛之归。

朝云走了，走得太匆忙！两行凄苦的老泪从苏轼的脸颊流淌下来，他禁不住在孤坟前放声悲歌（《悼朝云诗》）：

苗而不秀岂其天，不使童乌与我玄。
驻景恨无千岁药，赠行惟有小乘禅。
伤心一念偿前债，弹指三生断后缘。
归卧竹根无远近，夜灯勤礼塔中仙。

苏轼含泪离开朝云墓，蹒跚着回到嘉祐寺，怀着一种无以言状的心绪，用笔录下这首心灵呐喊之歌，题为《悼朝云并引》。苏轼觉得诗远未能彻底表白自己的心情，特意作引言以补之。其“引”曰：“绍圣元年十一月，戏作《朝云诗》。三年七月五日，朝云病亡于惠州，葬之栖禅寺松林中东南，直大圣塔。予既铭其墓，且和前诗以自解。朝云始不识字，晚忽学书，粗有楷法。盖尝从泗上比丘尼义冲学佛，亦略闻大义，且死，诵《金刚经》四句偈而绝。”由此看出苏轼在朝云病亡的心绪中，一个旷世奇才处在痛苦地告别情侣的艰难境地，他从内心的悲痛中，清醒地认识到了朝云的人生悲剧与自己的悲剧的某种契合。在与朝云共同生活的二十三年中，饱尝了欢乐和痛苦的苏轼，对朝云充满了感激和伤心。二十三年的悲欢浓缩于悼亡诗，仅仅用情爱一词，已无法概括苏轼与朝云的精神内涵。

苏轼不能忘怀朝云，他在思念的煎熬中苦度时日，那人去屋空留下的凄苦时时袭上心头，总在梦境中与朝云会面。又是一个难眠的夜晚，苏轼躺在床上辗转难眠，四更天后，才慢慢合上眼。朦胧中朝云手捧一束梅花向他走来。苏轼陡然坐起，向前一拉，扑了个空，身子往前一倾，倒于床下。一惊醒来，原是一场梦。苏轼心中顿时感情奔涌，翻身下床，提笔疾书《西江月·梅花》一首：

玉骨那愁瘴雾，冰姿自有仙风。海仙时遣探花丛，倒挂绿毛幺凤。
素面常嫌粉涴，洗妆不褪唇红。高情已逐晓云空，不与梨花同梦。

苏轼对朝云寄予的无限哀思，是多么的深沉；对朝云高洁人品的赞美，是多么的感人至深。“玉骨那愁瘴雾，冰姿自有仙风。”苏轼以纯情的笔调描写梅花的风骨，咏叹、赞美梅花生长在这瘴疠之地的恶劣环境中，毫不惧怕瘴雾的侵袭，仍然保有“仙风”，以着力刻画梅花的姿态，来歌颂朝云的高洁品质，赞美她就像姑射山之神人，“冰姿自有仙风”，在岭南恶劣的环境中，面对瘴雾弥漫而泰然处之。朝云那仙姿玉态，不怕瘴雾的高洁品格使海仙都羡慕、敬重，并派遣使者到梅林中探望朝云。苏轼曾有诗云：“蓬莱宫中花鸟使，绿衣倒挂扶桑暾。”自注云：“岭南珍禽，有倒挂子，绿毛红喙，如鹦鹉而小，自东海来，非尘埃中物也。”苏轼喻朝云与仙人往来，不同凡俗可比，以此高度赞美朝云“非尘埃中物”的高洁和神仙般的风度。这仍不能表达苏轼的全部心情，他又把梅花与梨花对比，说梨花凋谢而委于地，与泥为伍，而梅花凋谢则升天，以“晓云”为伴，突出梅花的高洁不凡。苏轼慨叹爱梅的高尚情操已随“晓云”而成空无，不会像王昌龄那样“落落寞寞路不分，梦中唤作梨花云”，去做梦见梨花那一类梦了。苏轼在这里追思随“晓云”而升天的朝云，感怀内心的空虚寂寞。一个“空”字，已极尽苏轼满腔刻骨铭心的无限哀思，这里又是《悼朝云》诗中那种凄然伤怀之情的再现。

哲宗绍圣四年（1097）四月十七日，苏轼接到朝廷诏令：责授琼州别驾，昌化军安置，不得签书公事，即日启程。

苏轼怀着沉重的心情去和朝云泣别。他伫立在朝云墓前，心中默语道：朝云，我就要离开惠州，去一个很远很远的地方。那地方便是我生命运行的终点，今生再也无缘到你的坟前倾诉衷肠。栖禅寺边只得留下你孤独的灵魂，我无法面对残酷的现实，心中无限地愧疚。朝云，你等着吧，前生冤债已偿，后世姻缘无期，不久我也将“归卧竹根”，再与你魂系阴间……

为了使朝云的亡灵得到超度，早升天界。临行前，苏轼特意向神灵作了《惠州荐朝云疏》，乞求保佑。其文曰：

> 千佛之后，二圣为尊。号曰楼至如来，又曰师子吼佛。以薄伽梵力，为执金刚身。护化诸方，大济群品。为悯海隅之有罪，久住河源之栖禅。屡显神通，以警愚浊。今兹别院，实在丰湖。像设具严，威灵如在。轼以罪责，迁于炎荒。有侍妾王朝云，一生辛勤，万里随从。遭时之疫，遘病而亡。念其忍死之言，欲托栖禅之下。故营幽室，以掩微躯。方负浼渎精蓝之愆，又虞惊触神祇之罪。而既葬三日，风雨之余，灵迹五踪，道路皆见。是知佛慈之广大，不择众生之细微。敢荐丹诚，躬修法会。伏愿山中一草一木，皆被佛光；今夜少香少花，遍周法界。湖山安吉，坟墓永坚。接引亡魂，早生净土。不论幽显，凡在见闻。俱证无上之菩提，永脱三界之火宅。

朝云的孤魂独自留在惠州栖禅寺的松林中，苏轼泣血难忍，一步一回头，松林从中那座孤坟渐渐隐没于苏轼的泪眼中。这是生者与死者的最后告别。我们仿佛听到苏轼心灵撕裂的痛苦声，听到他心灵的独白。阴阳之间又怎能隔断生者与死者心灵的交汇呢！是的，他们的灵魂共系于一个情字，早已超越了肉躯之身，达到人生绝对的完美。如果苏轼的生命在整个运行过程中，没有结缘于朝云，其人生意义必然显得苍白。这是我们从苏轼写给朝云的所有文字中看得到的。苏轼一生写给女人的文字屈指可数，而写给朝云的却最多。如《哭干儿》《朝云诗并引》《悼朝云并引》《南歌子》《西江月·梅花》等，无不抒发对朝云人品的尊敬和对她真挚的情爱。朝云在苏轼生命运行中所占分量是多么的厚重啊！

王朝云与苏轼同时生活在惠州百姓心中。孤山栖禅寺希固和尚为永久地怀念为惠州百姓做好事的王朝云，特意在朝云墓前修建了一座小亭，名为“六如亭”，并在亭柱上刻了一副对联：

如梦如幻如泡如影如露如电

不生不灭不垢不净不增不减

后人又在朝云墓旁竖立了几块石碑，刻有朝云像和朝云简介。并有一首诗写道：

死士生王论未休，西湖歌哭亦千秋。
钱塘苏小浑无迹，输与朝云葬惠州。

而今，朝云墓、“六如亭”已成为苏轼在惠州的重要遗迹。历代文人墨客瞻仰朝云墓时，无不发出由衷的慨叹。如清代何降的《朝云墓》写道：

试上山头奠桂浆，朝云艳骨有余香。
宋朝陵墓皆零落，嫁得文人胜帝王。

行文至此，还需有一个完美的结尾。对情感丰富的大文豪苏轼来说，他在对“两妻一妾”时，感情是一致的真诚率直，不存在厚薄之分，只是情感的侧重不同罢了。对王弗的情感侧重于“其言多可听”，一曲“十年生死两茫茫”，尽诉心曲，恻然动人。对王闰之的情感侧重于夫妻风雨同舟、相濡以沫的患难之情。苏轼在贬居黄州时所作《菩萨蛮·新月》《菩萨蛮·七夕》两词，尤为感人：“佳人言语好，不愿求新巧。此恨固应知，愿人无别离。”“相逢虽草草，长共天难老。终不羡人间，人间日似年。”无不充满对王闰之的感激和赞赏。对王朝云的情感侧重于精神上的慰藉与交流。虽然三种情感侧重不同，但仅以一个“情”字是无法包容苏轼伟大的“人性美”，无法包容“两妻一妾”在苏轼生命运行中的无私付出。苏轼为她们付出一腔挚爱真情，她们完美了苏轼人生意义的真谛。

第三十三章

白鹤新居

白发萧散满霜风，小阁藤床寄病容。
报道先生春睡美，道人轻打五更钟。

苏轼被谪贬至惠州之初，一直抱有北归中原的希望，这在他很多诗文中都有这种心情的表露。例如他在《和陶贫士七首》中说："我家六儿子，流落三四州。辛苦见不识，今与农圃俦。买田带修竹，筑室依清流。未能遣一力，分汝薪水忧。坐念北归日，次劳未易酬。我独遗以安，鹿门有前修。"其思念北归心情犹可见。

然而，残酷的时局演变，远非苏轼所愿。绍圣二年（1095）九月，朝廷大享明堂，大赦天下，这于流寓惠州的苏轼本是一个好消息。可没想到的是，皇帝刚下了"大赦天下"的诏令，紧接着章惇却特奏："元祐臣僚独不赦，终身不徙。"十一月间，朝廷便正式颁布了诏令。事实上给元祐党人判了"无期"，这使苏轼北归的希望彻底破灭，确实要"长作岭南人"了。他在给程正辅的四封书信中分别说道：

轼近得子由书报，近有旨，去岁贬逐十五人，永不叙复，恐赦书量移指麾，亦未该也。行止孰非命者？譬喻元是惠州人，累举不第，虽欲不老于此邦，岂可得哉！私心如此，兄必亮之也。

北徙已绝望，作久计矣。……开岁忽将一月，瞻奉无时，临书惘惘。兄北归，别得近耗否？

某睹近事，已绝北归之望。然心中甚安之。未说妙理达观，但譬如元是惠州秀才，累举不第，有何不可。知之免忧……

兄去此后，恐寓行衙，亦非久安之计，意欲结茅水东山上，但未有佳处，当徐择尔。

苏轼只得“随缘委命”“随遇而安”了。他在这里又是“逆向思维”，把自己看成是惠州本地一个秀才，屡试不中，便在这儿待一辈子，有何不可呢！心情也就释然了。

于是，苏轼决计落籍惠州，买地造屋，终老此地。但买地造屋的钱从哪里来呢？他给王古的信中两次谈到这个问题：“某为起宅子，用钱六七百千，囊为一空，旦夕之忧也。有一折支券，在市舶许节推处，托勘请……”“某虑患不周，向者竭囊起一小宅子。今者起揭，并无一物，狼狈前去，唯得折支变卖得二百余千，不知已请得未？”此时的苏轼已是一贫如洗，家无积蓄，只得想到他宁远军节度副使的俸禄，欲将朝廷发给的折支券请领实物，然后变卖成现金。此时不但贬官的俸禄减半，而且还不能如期兑现。苏轼申请了一年多，也未领到。他只好请知广州的王古帮忙了。

宋代官员的俸禄支付并非全是现金，而是有一部分折成实物，叫折支。官员再用折支领取俸禄，然后变卖成现金。官府在以实物折支时，往往压低其价值，故官员领取的俸禄实际不足。

经过一番筹划，终得有了造屋的钱。苏轼便托人在归善县城东的白鹤峰买得一块地皮，这可是一块风水宝地。危太朴《东坡书院记》云：“白鹤峰，在归善县北十余步，下临大江，远瞰数百里，惠之胜处也。”这里水光山色，景象万千，幽美静雅，空气清新，苏轼好不高兴，亲自规划，设计图样，特意从河源请来手艺精湛的木工师傅王皋，负责房屋建造。谁知工程进行一半，爱妾王朝云病逝，只得停工。

此时，长子苏迈已经得授广东韶州的仁化县令，已挈家南来，不日将至惠州。骨肉分离三年终得团聚，真是大幸事也。然儿孙数十人到来，住哪里呢？苏轼只得从痛失爱妾的悲伤中走出，加快房屋建造。到年底终于完工，一家老小方有一席安身之所。

苏轼对他设计建设的新居十分满意，《与王敏仲书》云：“小窗疏篱，颇有幽趣。”他还特意作了一篇《白鹤新居上梁文》：“鹅城万室，错居二水之间；鹤观一峰，独立千岩之上。海山浮动而出没，仙圣飞腾而往来。古有斋宫，号称福地。……古邑为邻，绕牙樯而南峙。送归帆于天末，挂落月于床头。”如此优美的环境，如此美妙的名字——白鹤峰，乃神仙驾鹤翔云的地方，美得苏轼将书斋命名为“思无邪斋”，并作《思无邪斋铭并叙》：“东坡居士问法于子由，子由报以佛语曰：‘本觉必明，无明明觉。’居士欣然有得于孔子之言曰：‘《诗三百》，一言以蔽之，曰：思无邪。’夫有思皆邪也。无思则土木也。……于是得道，乃名其斋曰‘思无邪’。而铭之曰：大患缘有身，无身则无病。廓然自圆明，镜镜非我镜。如以水洗水，二水同一净。浩然天地间，惟我独也正。”

苏轼是位十分讲究环境养生的人，尤爱在居屋周边栽果植树。他曾说：“吾性好种植，能手自接果木，尤好栽橘。”（《楚颂帖》）新居建成后，他要在房前屋后广植花木。但因无钱买花木，便写信给程全父（天倅），请他送些花木来：

> 白鹤新居成，当从天倅求数色果木。太大则难活，太小则老人不能待，当酌中者。又须土碪稍大不伤根者为佳。不罪不罪。柑、橘、柚、荔枝、杨梅、枇杷、松、柏、含笑、栀子，漫写此数品，不必皆有，仍告书记其东西。

可见苏轼多讲究。不久，博罗县令林抃、接任詹范知州职的方子容都给他送来了花木苗，新居得到了很好的绿化和美化。

程全父，字天倅。苏轼有《书程全父诗后》云：“读其诗，知其为君子，如天倅者，岂易得哉。予识之于罪谪之中，不独无以发扬其人，适足以污累之，乃书以属过子，善藏之。异时必有知此子者。”

苏轼的新居与林行婆、翟秀才为邻，因居所离河较远，取水很辛苦。苏轼又打了一眼水井，使林、翟二邻同饮此井，免其江路之苦。能与邻居共同分享一井甘泉，这是苏轼最为高兴的事。他在《白鹤峰新居欲成，夜过西邻翟秀才二首》中写道：“瓮间毕卓防偷酒，壁后匡衡不点灯。待凿平江百尺井，要分清暑一壶冰。”这口井至今仍存，后人称为“东坡井”。

绍圣四年（1097）三月五日，苏轼《与范淳父书》云：“丁丑二月十四日，白鹤峰新居成，自嘉祐寺迁入。……长子迈与予别三年，挈携诸孙，万里远至，老朽忧患之余，不能无欣然。”又迁新居，又迎来儿孙相聚，对流寓蛮荒的苏轼来说，子孙环绕，真是天大的喜事。

这次苏迈携自己与苏过两房家小来到惠州，有数十人之多。苏迈的大儿子苏箪已二十岁，次子苏符已十七八岁，眼前见孙儿们都已长大成人，苏轼喜极而泣，在《和陶时运四首》中写道：“旦朝丁丁，谁款我庐。子孙远至，笑语纷如。”苏轼年前得知苏迈要来惠州的消息后，就一直渴望“明年更有味，怀抱带诸孙”（《新年五首》）的情景，终成现实，白鹤新居之中，怎能不高兴得热泪盈眶呢！

苏轼与子孙团聚仅月余，不幸再一次降临。章惇等以仁化与惠州近邻，贬官亲属不得在责地的邻邑为官作由，使苏迈不得赴。故苏迈尚未到任便被罢去。这一来，苏轼一家的生活来源就更成问题。这使他心中甚是苦闷，向王古写信说："自幼累到后，诸孙患病，纷纷少暇，不若向时之阒然也。小儿授仁化，又碍新制不得赴，盖惠、韶亦邻州也。食口众多，不知所为计……"接着又是更大的打击袭来。二月，章惇等人再动杀机，加重对"元祐党人"的迫害。凡"元祐党人"皆行罢职、流放、贬谪，并追贬司马光、吕公著等官，将吕大防、刘挚、梁焘、范纯仁等远谪于岭南，贬韩维等三十人官，降以太师致仕的文彦博为太子少保，苏辙再贬雷州。苏轼得知消息后，担心自己可能亦遭其害。他在《与王敏仲书》中说："又见自五羊来者，录得近报，舍弟复贬西容州。诸公皆有命。本州亦报，近贬黜者，料皆是实也。闻之忧恐不已。"苏轼的担忧很快变为现实。四月十七日，诰命到惠州，苏轼责授琼州别驾昌化军安置，不得签书公事。知州方子容怀着沉痛的心情，将诏书交到苏轼手中。

据曾秀狸《艇斋诗语》记载，苏轼迁入白鹤峰新居，身处有着陶渊明描绘的那种"采菊东篱下，悠然见南山"的田园诗情画意，甚感快慰，兴之所至，提笔写了一首《纵笔》诗：

白发萧散满霜风，小阁藤床寄病容。
报道先生春睡美，道人轻打五更钟。

这首《纵笔》很快传至京师，章惇读后，忌妒的邪火烧得他心魔作祟，恨声道："好一个'春睡美'！苏子瞻还这般快语呀！我要让你死无葬身之地。"于是，把苏轼再次贬到更为荒远的海南儋州。《舆地广记》亦有此说："东坡谪惠州，有诗云：'报道先生春睡美，道人轻打五更钟。'诗传京师，章子厚笑曰：'苏子瞻尚尔快活耶?'遂贬昌化。"陆游《老学庵笔记》另有说法："绍圣中贬元祐人苏子瞻儋州，子由雷州，刘莘新州，皆戏其字之偏旁也。"

苏轼再贬儋州，当然不仅仅是他的"春睡美"扰得章惇妒忌陡起，更不是他的"瞻"与"儋"相形声，而是出于政治目的，以防苏轼东山再起，重回朝堂。据《宋稗类钞》载："绍圣初，逐元祐党人，禁中疏出当谪人姓名，及广南州郡，以水土之美恶，较量罪之轻重而贬窜焉。"由此看出章惇贬苏轼于儋绝非儿戏之作，乃包藏险恶用心。《儋州县志》云："盖地极炎热，而海风甚寒，山中多雨多雾，林木荫翳，燥湿之气郁不能达，蒸而为云，停而在水，莫不有毒。”“风之寒者，侵入肌窍；气之浊者，吸入口鼻；水之毒者，灌于胸腹肺腑，其不死者几稀矣。”足见这一场政治大迫害，是章惇之流欲置苏轼于死地而后快。对于这一历史事实，在《宋史·章惇列传》中是这样记载的：

哲宗亲政，有复熙宁、元丰之意，首起惇为尚书左仆射兼门下侍郎。于是专以“绍述”为国事，凡元祐所革一切复之。引蔡卞、林希、黄履、来之邵、张商英、周秩、翟思、上官均居要地，任言责，协谋朋奸，报复仇怨，大小之臣，无一得免。死者祸及其孥。甚至诋宣仁后，谓元祐之初，老奸擅国。又请发司马光、吕公著冢，断其棺。哲宗不听，惇意不惬，请编类元祐诸臣章疏，识者知祸之未弭也……又议遣吕升卿、董必察访岭南，将尽杀流人。

这段史料足可说明一切问题。十九日，苏轼携幼子苏过离开惠州前往新的贬所，好不容易建起的白鹤新居，仅住了月余；好不容易子孙相聚，又要骨肉分离。对于一个六旬老人来说，其悲伤离别之情真是难以言状。

此时，苏辙亦动身前往雷州贬所。在《苏辙散官安置制》中，对他是这样定罪的，说他“朋奸擅国……操倾侧孽臣之心，挟纵横策士之计，始与兄轼，肆为抵巇；晚同相光、协济险恶。搆无根之词而欺世，聚不逞之党以蔽朝”。再贬化州别驾，于雷州安置。苏辙亦带幼子苏逊相随。北宋的州别驾这个官职，属正九品，苏轼从节度副使降为州别驾，又降了一个品级，苏辙从试少府监降为州别驾。可见苏氏兄弟的官职被一降到底。故苏轼《和陶止酒》诗云：“萧然两别驾，各携一稚子。”

苏轼不日到达广州，本想与王古辞别。时言者论王古妄赈饥民，“夺职知袁州”。令苏轼叹惋不已。但王古还是约苏轼在半路上见一面，苏轼怕对他不利，婉言谢绝了。只苏迈带领其子箪、符、籥直送其至广州码头，苏轼与子孙在江边痛哭诀别。他强忍悲伤，对苏迈又作了一番交代，将一封《与王敏仲书》交与苏迈，要他亲手交与王古太守，以代面谢。

苏轼在这封信中，这样写道：

某垂老投荒，无复生还之望，昨与长子迈诀，已处置后事矣。今到海南，首当作棺，次便作墓，乃留手疏与诸子，死则葬于海外，庶几延陵季子赢博之义。父既可施之子，子独不可施之父乎？生不挈棺，死不扶柩，此亦东坡之家风也。此外宴坐寂照而已。所云邂逅，意谓不如其已，所欲言者，岂有过此者乎？故视缕此纸，以代面别尔。

苏辙被贬至雷州，即今雷州半岛之海康，与儋州隔海相望，因此兄弟俩赴贬所时走的是同一路线，赶巧在藤州相遇（今广西藤县），真是喜出望外："谁知瘴雾中，乃有相逢喜！"藤州相遇，兄弟俩才得知是同被再贬。故而苏轼在《呈谪海南，子由雷州，被命即行，了不相知。至梧乃闻其尚在藤也。旦夕当追及，作此诗示之》中，不无调侃和讽刺地说："莫嫌琼雷隔云海，圣恩尚许遥相望。"调侃中亦难掩兄弟俩当时内心的痛楚和无奈。

陆游《老学庵笔记》载："东坡先生与黄门公南迁，相遇于梧藤间。道旁有鬻汤饼者，共买食之，粗恶不可食。黄门置箸而叹，东坡已尽之矣。徐谓黄门曰：'九三郎，尔尚欲咀嚼耶？'大笑而起。"从这则记述中看出兄弟俩奔赴贬所途中是何等艰辛困苦，同时也看到兄弟俩性格的不同。苏轼不改豪爽性情，山珍海味与粗恶之食于他是同一个味，没啥区别，苏辙则不然也！还很挑食。

兄弟俩于五月十一日相遇藤州，六月五日同行至雷州。知州张逢是个具有君子风范之人，他早就仰慕三苏的道德文章，亲率本州官吏至门首迎接，次日设盛宴为之接风洗尘，并安排二人住宿于监司行衙，甚是礼遇，佯不知其为逐客。后苏轼《与张逢书》云："兄弟流落，同造治下。蒙不鄙遗，眷待有加。"

兄弟俩受到张逢如此礼遇，甚感欣慰。相聚一月，尽情倾诉手足深情。苏辙对兄长更是无微不至地关怀，此时苏轼已是六十二岁的老人了，严重的痔疮痛得他彻夜难眠。苏辙就通宵陪着他，给他诵读陶渊明的诗，并劝苏轼不要再喝酒了。苏轼在《和陶止酒并引》中记述当时的情况说："丁丑岁，予谪海南，子由亦贬雷州。五月十一日相遇于藤，同行至雷。六月十一日相别渡海。余时病痔呻吟，子由亦终夕不寐，因诵渊明诗，劝余止酒。乃和原韵，因以赠别。"诗云："劝我师渊明，力薄且为己。微痾坐杯酌，止酒则瘳矣。"苏辙亦有《次韵子瞻和陶公止酒》诗云："今年各南迁，百事付诸子。谁言瘴雾中，乃有相逢喜。连床闻动息，一夜再三起。"

六月十一日，皇命难违，苏轼再不能滞留了，启程奔赴贬所，苏辙送至海滨。苏辙尽情宽慰兄长，以《次韵子瞻过海》相赠云：

我迁海康郡，犹在寰海中。
送君渡南海，风帆若张弓。
笑揖彼岸人，回首平生空。
平生定何有，此去未可穷。
惜无好勇夫，从此乘桴翁。

苏辙鼓励兄长说，你是一个年过六旬的老翁，乘扁舟漂洋过海，纵无勇夫撑舵，这亦是壮举也！此时，苏辙唯一能做的就是表现出乐观的情绪，他把兄弟生离死别的痛苦深深地埋在心底，并抱着有朝一日能北归团聚的希望。他曾作此绮想："有问何时归，兹焉若将终。"后又觉不太现实："众人指我笑，缰锁无此工。一瞬千佛土，相期兜率宫。"（《次韵子瞻过海》）还是求佛以超升吧！

苏辙抬眼望去，那一叶载着兄长侄子的扁舟，渐渐隐没在那天水相连的茫茫无际的大海之中。那碧绿湛蓝的海水突然喧腾起来，白浪翻滚，苏辙心中一惊，蓦地想起兄长旧诗曾云："我家江水初发源，宦游直送江入海。"莫非这就是兄长南迁之谶？就是他自己诗中之意？确实是，兄弟俩此次别离便是永诀，从此再无见面的机会，而有的只有兄弟俩魂归极乐世界，相叙手足深情于兜率宫了。

第三十四章

走向完美

生长茅间有异芳，风流稷下古诸姜。
适从琼管鱼龙窟，秀出羊城翰墨场。
沧海何曾断地脉，白袍端合破天荒。
锦衣他日千人看，始信东坡眼力长。

苏轼再次被谪贬至蛮荒的海南岛儋州，这对于一个体弱多病且年已六十二岁的老人来说，无疑是残酷的。然而，儋州却成为苏轼精神境界和人格魅力走向完美的最后里程。原因在于他了悟洞彻人生真谛，把痛苦与不幸看作是人生的一段历程，而不是人生的结局。他在超越中放射出人生理想和生命的光和热，这是最伟大之处。

七月二日，苏轼登上远离大陆的孤岛，踏入原始生态般的椰树丛林，不是悲切流涕，而是高唱："莫嫌琼雷隔云海，圣恩尚许遥相望……他年谁作舆地走，海南万古真吾乡。"（《谪海南，作诗示子由》）犹如回到故乡！苏轼曾在《志隐》中记说，有友人来信，问他说，海岛与大陆相比，地理环境如此恶劣，你能过得安否？苏轼则风趣地说："子知鱼之安于水也，而鱼何择乎河汉之与江湖？知兽之安于薮也，而兽何择于云梦之与孟诸？松柏之后凋，萑苇之易枯，乃物性之自然，岂土地之能殊乎?"这是多么深刻的生存哲理啊！

据《儋县志》载："先生在儋耳云：吾始至南海，环视天水无际，凄然伤之。曰：'何时得出此岛耶?'已而思之，天地在积水中，九州在大瀛海中，中国在少海中，有生孰不在？岛者，覆盆水于地，芥浮于水，蚁附于芥，茫然不知所济。少焉，水涸，蚁即径去。见其类出涕曰：几不复与子相见！岂知俯仰之间，有方轨八道之路乎？念此可为一笑。"苏轼以蚂蚁做比喻来排解自己悲叹命运的心绪：在茫茫宇宙中，整个中国看起来也就一个小岛而已，谁又不在岛上呢？倒一盆水在地上，小草浮在水上，蚂蚁附在小草上。对蚂蚁来讲，这一盆水就是茫茫大海，不知怎样才能爬到岸上。但不一会，水就干了，蚂蚁自己出来见到别的蚂蚁，眼泪汪汪地说，几乎不能再与你们见面了。岂知俯仰之间，有方轨八道之路乎！苏轼开怀笑了。他以大视角的思维方式，揭示一种宇宙人生的至理，超越于“子孙恸哭于江边，已为死别；魑魅逢迎于海上，宁许生还”的悲痛绝望，坚信一切逆境终将过去。

精神上的超迈，使苏轼心态平和地面对“并鬼门而东骛，浮瘴海以南迁”的现实，“俾就穷途，以安余命”。这就是他在《到昌化军谢表》中的表述。

关于昌化军，需简要说明。根据《宋朝典章制度》的记叙，北宋行政区划主要以州、县二级为主。同时又设置少量的府、军、监一级行政，基本上与州属同一级别，差异不是很大。但所治理的事务不相同。如监，主要在矿冶、铸钱、牧马、产盐地区设置。再如军，则是在军事或交通要道而不成州的地区设置。因此，苏轼贬居地为昌化军。而昌化军又在海南岛的哪里呢？即今儋州中和镇。唐代曾设儋州，改昌化郡，北宋又改昌化军。所以，苏轼贬儋之说，实际上与“儋州”是不沾边的。而“儋耳”之说，据《琼州府志》载，乃本地人的称呼。这就是说所谓昌化军、儋州、儋耳，其实都是指一个地方。连苏轼本人都混用了。

苏轼初到昌化军时，面对的是怎样的生存环境呢？在宋代，这里是比较落后荒凉的地方，称作“南荒”“非人所居”。用苏轼的话说，这里是食无肉、病无药、居无室、出无友、冬无炭、夏无泉，几乎什么都没有。更苦的是昌化军气候炎热潮湿，很容易生病，吃的就不用说了，米贵如珠，只能顿顿吃芋头。物质生活的极度匮乏，使苏轼父子过着“苦行僧”的日子。他《与程全父书》中说这里“黎、蜒杂居，无复人理，滋养所给，求辄无有”。在惠州时，他尚可买来羊脊骨解馋，挑出骨缝间残留的碎肉屑，居然可吃出螃蟹味。在儋耳却连骨头也买不到。这里倒是有一种花猪，但其肉却腥臊不可食用。特别使人难以接受的是这里土人把蛤蟆、老鼠、蝙蝠等当作肉食，用火烤吃。尤其是刚生出的小鼠，光溜溜的，儋耳人把它用蜜一沾，放在嘴里咀嚼，其小鼠发出唧唧叫声，听之令人毛骨悚然，让人恶心呕吐。而土人却嚼得有滋有味，还取个漂亮的名称叫“蜜唧”呢！苏轼在《闻子由瘦》诗中记叙道：“五日一见花猪肉，十日一遇黄鸡粥。土人顿顿食薯芋，荐以熏鼠烧蝙蝠。旧闻蜜唧尝呕吐，稍近虾蟆缘习俗。”苏轼对这一近乎原始时代的习俗，在他三年后离开儋耳、被移廉州时，仍心有余悸。在《移廉州谢上表》中说：“考图经止曰海隅，其风土疑非人世。”

在这种生存环境下，苏轼仍“超然自得，不改其度”，笑谈人生苦雨腥风，“回首向来萧瑟处，也无风雨也无晴”。他又以“吾生何处不安生”的心态，让自己的生命在精神超迈平和中得以延伸，从暗淡中寻找生活的亮点，从苦日子中寻找甜美，他终于找到了《谪居三乐》：

安眠海自运，浩浩潮黄宫。
日出露未晞，郁郁濛霜松。
老栉从我久，齿疏含清风。
一洗耳目明，习习万窍通。
少年苦嗜睡，朝谒常匆匆。
爬搔未云足，已困冠巾重。
何异服辕马，沙尘满风鬃。
雕鞍响珂月，实与杻械同。
解放不可期，枯柳岂易逢。
谁能书此乐，献与腰金翁。

第一乐为“旦起理发”。沉睡一夜的大海，清早又迎接太阳。苏轼随着太阳的升起而起床。他要尽情地沐浴上苍的恩泽，要让太阳的精华进入大脑，以目接送太阳，要梳通头发，让太阳从发根通入脑宫。

苏轼天天如此，清晨面向太阳升起的地方，慢慢梳头。意念中每一个梳齿上都带着阳光，含着清新的海风，每梳一下，清风送来生气，送来阳光。梳啊梳啊，“一洗耳目明，习习万窍通”。一日不少，其乐无穷。

蒲团蟠两膝，竹几阁双肘。
此间道路熟，径到无何有。
身心两不见，息息安且久。
睡蛇本亦无，何用钩与手。
神凝疑夜禅，体适剧卯酒。
我生有定数，禄尽空余寿。
枯杨不飞花，膏泽回衰朽。
谓我此为觉，物至了不受。
谓我今方梦，此心初不垢。
非梦亦非觉，请问希夷叟。

第二乐为“午窗坐睡”。双膝盘于蒲团之上，双肘搁于竹几之上，闭上眼睛，平心静气，身体放松，想象着让心去到“无何有”之乡。像和尚坐禅，像藐姑射之山的神人，精神完全凝结了，犹似蛇冬眠，安安稳稳，一动不动，又像喝了卯酒三杯，已进入沉沉醉乡。苏轼想老天爷很公平，一个人很难福禄寿齐全。我今谪居儋耳，福禄全被剥去，只剩下寿命了。“非梦亦非觉，请问希夷叟”，我这种午睡，是睡着了呢，还是醒着呢？只有像希夷叟那样的睡功，才能挽救自己的衰朽。

长安大雪年，束薪抱衾裯。
云安市无井，斗水宽百忧。
今我逃空谷，孤城啸鸺鹠。
得米如得珠，食菜不敢留。
况有松风声，釜鬲鸣飕飕。
瓦盎深及膝，时复冷暖投。
明灯一爪剪，快若鹰辞鞲。
天低瘴云重，地薄海气浮。
土无重膇药，独以薪水瘳。
谁能更包裹，冠履装沐猴。

第三乐为“夜卧濯足”。晚上睡觉前洗脚真是一件最愉快的事情。海南岛像沧海一粟，被天海包裹着，天气湿热，地气蒸褥，夏秋之交，样样东西都腐烂朽坏。不适应的人患上瘴毒，先是双脚浮肿，浮肿向上发展，肿到心胸部位，那就无药可救了。“然儋耳颇有老人。年百余岁者，往往而是，八九十者，不论也。乃知寿夭无定，习而安之，则冰蚕火鼠，皆可以生……百余岁，岂足道哉……”（《书海南风土》）于是，苏轼想，要使瘴云毒雾不进入自己体内，让自己的身体耐得住北方的严寒、南方的酷暑，那么才能求得长生。如何保护脚不浮肿呢？苏轼找到了用热水泡脚的养生保健方法。用松枝将水烧开，倒入瓦瓮中，双脚放入，水浸至膝盖，让热水浸泡得全身发热，微微出汗，夜夜如此，功效奇特。

梳头、午睡、洗脚，这些生活俗事，却成为苏轼谪居海南生活中快乐的事情。他以艺术化的处理，表现自己平和、悠闲的良好精神状态，让自己的精神思想进入庄子描绘的“无何有”之乡，从精神上战胜一切折磨，终于迎来了北归之日。

从苏轼的谪居三乐中，我们清楚地看到他能够直面人生，洞彻人生真谛，这完全是经过生死体验的结果。这结果使他进入无我空明的境界，让他不仅能无忧无虑地享受生活，也能超越死亡的黑暗。正如曹孟德所言："盈缩之期，不但在天，养怡之福，可得永年。"

苏轼要延长自己的生命，不为别的，只为能给儋耳百姓做一点好事。他是一个民本主义者，随时随处都不忘"致君尧舜""奋厉有当世志"的初心。苏轼初到儋耳时，便发现这里学舍荒芜，学风甚弱。自"儋耳为汉武帝元鼎元年置郡，阅汉魏六朝至唐及五代文化未开"。他在《和陶示周掾祖谢》中描叙道："摄衣造两塾，窥户无一人。邦风方杞夷，庙貌犹殷因。先生馔已缺，弟子散莫臻。"儋州教育的落后令苏轼食不甘味，夜不能寐。他了解到海南岛之所以被称为"蛮荒之野"，主要是文化落后所致。"永愧虞仲翔，弦歌沧海滨。"虞仲翔为三国时吴国人。《三国志》载，虞仲翔"虽处罪而讲学不倦，门徒常数百人"。苏轼在《书付过》诗中，惭愧自己虽然不能像虞仲翔那样，但仍要面对生活困境，用自己仅存的知识尽力为南荒的教育做出贡献。他决定开办学堂，传播中原文化，教化一方。

课堂设在那里？苏轼早已做好了打算，就设在桄榔林中的茅舍里。

苏轼到儋耳时，"初僦官屋以居"。然官屋破漏，一夕三迁。他在《怨诗示庞邓》云："如今破茅屋，一夕或三迁。风雨睡不知，黄叶满枕前。"不久，张中到任昌化军使，"役兵修伦江驿，以就房店为名，与别驾苏轼居"（《续通鉴长编》）。苏轼父子这才安稳居住。为了解决吃饭问题，苏轼又向张中要了一块官地耕种。他在《籴米》一诗中说：

籴米买束薪，百物资之市。
不缘耕樵得，饱食殊少味。
再拜请邦君，愿受一廛地。
知非笑昨梦，食力免内愧。

苏辙贬居雷州，知州张逢，亦非常礼遇苏辙，出面赁下太庙斋郎吴国鉴宅，县令陈谔又派夫为之整修一新，让苏辙居住。不久，苏辙在雷州快乐的日子和苏轼居住官舍的事被广西经略安抚司段讽告发，章惇即命专靠阿谀奉承以求富贵的提举湖南常平董必查办张中、张逢礼遇罪臣苏轼兄弟一事。张逢被勒停职，苏辙移循州安置；苏轼被赶出官舍，张中以"宠信罪臣"被罢官赴阙。

就在苏氏兄弟被赶出官舍，居无定所时，苏轼有个同乡巢谷，字元修，知兵法，重然诺，笃于风仪。他和苏氏兄弟虽是旧交，二苏在朝居官高位时却未尝求一见。当得知二苏落难时，他却不远万里前往宽解。当年苏轼“乌台诗案”贬官黄州时，巢谷亦从眉山徒步去黄州宽解苏轼，并带去苏轼爱吃的一种俗称“苕尖”的家乡菜种子。苏轼为感激巢谷的一片真挚情谊，故将此菜命名为“元修菜”，以诗记之，并作叙说明其因：“菜之美者，有吾乡之巢。故人巢元修嗜之，余亦嗜之。元修云：‘使孔北海见，当复云吾家菜耶？’因谓之元修菜。”今巢谷又徒步数千里先到循州，见到苏辙时已是七十三岁的高龄了。相聚逾月，巢谷决意过海见苏轼，苏辙苦劝不听，果死于途中，苏辙悲痛万分，挥笔写下脍炙人口的《巢谷传》：

巢谷字元修，父中世，眉山农家也。……予之在朝，谷浮沉里中，未尝一见。绍圣初，予以罪谪筠州，自筠徙雷，自雷徙循。予兄子瞻亦自惠再徙昌化。士大夫皆讳与予兄弟游，平日亲友无复相闻者。谷独慨然自眉山诵言，欲徒步访吾兄弟，闻者皆笑其狂。元符二年春正月，自梅州遗予书曰：“我万里步行见公，不自意全。今至梅矣，不旬日必见，死无恨矣。”予惊喜曰：“此非今世人，古之人也！”既见，握手相泣，已而道平生，逾月不厌。时谷年七十有三矣。瘦瘠多病，非复昔日元修也。将复见子瞻于海南，予悯其老且病，止之曰：“君意则善，然自此至儋数千里，复当渡海，非老人事也。”谷曰：“我自视未即死也，公无止我。”留之不可，阅其橐中，无数千钱。予方乏困，亦强资遣之……至新（州），遂病死。

读此文，无不令人感慨至深，巢谷当为交友做人之楷模也。

苏轼父子被赶出官舍后，只得偃息城南污池之侧的桄榔林下，其情景虽然十分凄楚，但对于从羊脊骨里都能吃出螃蟹味的苏轼来说，他面对此情景是绝不会悲观绝望的。他上可陪玉皇大帝、下可陪卑田院乞儿的强大亲和力，让苏轼一到儋耳，便把那些“化外之民”都变成了朋友。苏过《论海南黎事书》记说：“仆侍亲海南，实编于民，所与游者，田父野老，闾阎之民耳。”有趣的是，就连流浪在乡间田野的一条凶猛的野狗，都被苏轼驯化成忠实的朋友。他记述说：“余来儋耳，得吠狗，曰乌嘴，甚猛而驯。”成为“昼训识宾客，夜悍为门户”的“贴身保镖”。后来，苏轼获赦北归，乌嘴竟为主人高兴得摇头摆尾要跳舞：“知我当北还，掉尾喜欲舞。跳踉趁僮仆，吐舌喘汗雨。”

因此，成为苏轼朋友的儋耳百姓们，一齐动手，砍树伐竹，张中亦助畚锸，为苏轼父子在桄榔林中盖起五间茅屋。苏轼很是感动，以诗记之（《和刘柴桑》）：

万劫互起灭，百年一踟躇。
漂流四十年，今乃言卜居。
且喜天壤间，一席亦吾庐。
稍理兰桂丛，尽平狐兔墟。
黄橼出旧枿，紫茗抽新畬。
我本早衰人，不谓老更劬。
邦君助畚锸，邻里通有无。
竹屋从低深，山窗自明疏。
一饱便终日，高眠忘百须。
自笑四壁空，无妻老相如。

苏轼高兴呀！快活得像神仙。他把新居命名为“桄榔庵”，并作《桄榔庵铭》：“东坡居士谪于儋耳，无地可居，偃息于桄榔林中，摘叶书铭，以记其处。”“神尻以游，孰非吾居？”这里是神仙车驾所临之处，又有谁能说我苏轼不得居住于此？“日月旋绕，风雨扫除。”太阳和月亮在头上绕行，风和雨替我扫除尘污，我就像住在楼宇厅堂一样习惯。苏轼就安身在这天然庐室之中，“以动寓止，以实托虚”。他以活动之身置于静止的林中，把实在的自我寄托在虚空之中。放眼这凡尘万物，心归虚空。“六十三年，吾其舍此。跨汗漫而游鸿濛之都乎？”苏轼把不幸遭遇带来人生痛苦的死结轻而易举解开，将痛苦转化成生存的勇气与快乐。因此，继《桄榔庵铭》又作《新居》诗以记：

朝阳入北林，竹树散疏影。
短篱寻丈间，寄我无穷境。
旧居无一席，逐客犹遭屏。
结茅得兹地，翳翳村巷永。
数朝风雨凉，畦菊发新颖。
俯仰可卒岁，何必谋二顷。

苏轼入住新居时，正是张中离开海南岛进京受责之日。他到桄榔庵向苏轼辞行，夜坐达晓，恋恋不忍离去。苏轼甚是过意不去，因自己而使张中丢官，他写了三首诗送张中："汝去莫相怜，我生本无依""悬知冬夜长，不恨晨光迟"。感谢他对自己的友情，并高度称赞张中是"海国奇士"。

于是，桄榔庵既是苏轼父子栖身之处，又是用作教学的校室。但是，当地百姓却对苏轼办学不感兴趣，热情不高。苏轼经过了解，得知海南从未出过读书人，原因是百姓认为沧海把大陆与海南岛一分为二，截断了地脉。为了消除他们的迷信思想，苏轼走村串户做思想工作，讲解学习文化知识与风水地脉毫无关系的道理，使百姓们都踊跃向学。

苏轼便在桄榔庵里开始传播中原文化，"以诗书礼乐之教转化其风俗，变化其人心"。"当时经义初行，海外无书可读，编成经说，传诵当时也；辨析经传，异义参求也；所成史论，分明易晓也；所成史断，浅近易解也。"《儋县志》记载苏轼自编教材，又托人从大陆买书和学习用具。讲授内容除了经史百家之说和"应试"之文外，还结合当地实际情况，讲授天文、地理、耕织、酿造、医学等。渐渐地，人们感兴趣了，儋耳主动求学的人越来越多。不久，桄榔庵便成为海南岛上一个传播文化知识的中心，吸引了儋耳本地外的大批学子慕名前来求学，如琼州的姜唐佐、潮州的吴子野、江苏的葛延之等，不远千里，跨海而来，拜苏轼为师。

苏轼的苦心没有白费，儋州人的苦学，让他看到儋州未来的希望。"九龄起韶石，姜子家日南。吾道无南北，安知不生今？"他在《迁居之夕，闻邻舍诵书，欣然而作》诗中，充满信心，像张九龄和姜公辅那样的人怎么知道会不出现在今天的儋州呢？

苏轼自信儋州能出人才很快成为现实，在他死后不久的大观三年（1109），儋州人符确成了海南历史上第一个进士。到绍兴二十四年（1154），赵荆亦中进士。当时举明经进士的尚有王霄、李迪。宋靖康（1126—1127）以来，"人之教子，学习儒风，青衿之士，日以增盛"。据记载，元代儋州荐辟者有符王黎、谢有奎、黄珍、陈乾辅、羊倚等五人；明代中进士者薛远（官至户部尚书），中举者三十五人，举岁贡、恩贡、拔贡、副贡二百四十五人；清代中进士黄河清、王云清，中举者六十六人（含武举），举岁贡、恩贡、拔贡、优贡、副贡者二百八十六人。这些数据均载于《儋县教育在海南教育的地位》和《古郡新葩》，充分说明"吾儋自宋苏文忠公开化，一时州中人士，王、杜则经术称贤，应朝廷之征聘，符、赵则科名济美，标琼海之先声。迄乎有元，荐辟卓著。明清之际，多士崛起……人文之盛，贡选之多，为海外所罕见”（《儋县志·选举志》）。

所以，王国宪《重修儋州志叙》说，苏轼居儋三年，“以诗书礼乐之教转移其风俗，变化其人心，听书声之琅琅，弦歌四起”。又《琼台记事录》载：“琼州人文之盛，实自苏公启之。”其中有个叫姜唐佐的学生，最具代表性。据《舆地广记》载：“姜唐佐，字君弼，琼山人。苏轼贬儋耳，唐佐从之游，轼尝称之。黄门（苏辙）曰：‘不谓海南有此佳士。’”苏轼在《书柳子厚诗后》亦说：“己卯闰九月，琼士姜君来儋耳，日与予相从。”姜唐佐聪明好学，刻苦勤奋，苏轼特别喜欢他，题赠一诗句：“沧海何曾断地脉，白袍端合破天荒。”并说，如果他以后中了榜，再把诗补全。姜唐佐结果不负苏轼厚望，据《琼台志·姜唐佐传》：宋徽宗崇宁二年(1103)，“游广州，学有名，登乡荐”，成为海南历史上第一个举人。但那时苏轼已仙逝。姜唐佐来到已从循州移居汝南的苏辙处，展示其题诗，苏辙“览之流涕”，对姜唐佐说：“先生九泉之下为你中举定感欣慰，让我代兄长为你续完这首诗吧！”隧即提笔写道（《补子瞻赠姜唐佐秀才》）：

生长茅间有异芳，风流稷下古诸姜。
适从琼管鱼龙窟，秀出羊城翰墨场。
沧海何曾断地脉，白袍端合破天荒。
锦衣他日千人看，始信东坡眼力长。

苏轼为了鼓励儋耳百姓发展生产，改变落后习俗，他把桄榔庵变成儋耳的一个科普中心。他看到“海南多荒田，俗以贸香为业，所产秔稌不足于食，乃以薯芋杂米作粥糜以取饱”，而思“劝农”，以“告其有知者”，努力发展稻米生产。苏轼对农民说：要“千箱一轨”“其福永久”，必须“听我苦言”。他不只在口头上劝农，而且付诸行动，帮助农民改进农具，推广改进耕作方法。在他的大力鼓动劝导下，儋耳百姓开始重视农田耕作，在苏轼北归时，已听到“野老已歌丰收语”。

要劝导儋耳人发展农耕，自然离不开耕牛。当地有杀牛祭鬼的迷信习俗，大量的耕牛被杀掉。为了破除迷信，苏轼还走村串户进行宣传。他还规劝儋耳父老改变“坐男使女”（男人不干活，女人干活）的土风俗，惩戒游手好闲、偷摸赌博之徒。为了改变当地饮用河塘污水的不卫生习惯，苏轼动员村民挖井取水，他带头在桄榔庵附近挖了一口井，让邻里共同饮用。至今这口井仍为当地百姓所用，亦被呼之为“东坡井”。

桄榔庵还成了一个卫生所。海南医药奇缺，百姓一旦生病，无药可医治，往往只能坐等死亡。苏轼在这里不仅向当地百姓传授治病医术，而且亲尝百草，制成药剂，并从大陆托人买来贵重药品，散给百姓。他写信给程全父说："有粗药以授病者，入口如神。"凡有生病者，即往桄榔庵向苏轼求医问药。

同时，苏轼大力开展劝导民族团结、和睦相处的工作。儋州是个"民夷杂糅"之地，有多种少数民族栖居生存，以黎族为多。据《儋县志》载："儋州诸黎村峒凡二百有九。"自古以来，这里的少数民族都被汉族官吏欺压、剥削，常引起反抗。王佐《平黎记》载："弘治十四年夏，儋州七坊峒黎符南蛇倡乱，环海州县黎峒皆应之，攻儋州、临高、昌化县、陷感恩县，抗拒官军，恣行劫掠，撼动海外三千里地。"苏轼认为引起黎族同胞的反抗，理由在汉族人身上，他一针见血地指出（《和劝农六首并引》其二）：

咨尔汉黎，均是一民。
鄙夷不训，夫岂其真。
怨忿劫质，寻戈相因。
欺谩莫诉，曲自我人。

在海南历史上，为黎族同胞伸张正义，主张民族平等的，苏轼是第一人。他言行一致、身体力行，脱下儒服，穿上黎服，学说黎语："鴂舌尚可学，化为黎母民。"与黎族同胞结下深厚友谊，亲如一家。为促进民族团结做出表率。苏轼初到儋州时，便访贫问苦于百姓，想方设法关心其生活疾苦。例如有一次他与张中一同访问黎子云兄弟，见其"茅茨破不补，嗟子乃尔贫"的境况，"坐客"便提议大家凑钱建屋，改善黎氏兄弟的居住条件，"坐客"当然也包括苏轼在内，因此他当即以《汉书·扬雄传》中"载酒肴从游学"的典故为拟建中的房子起了个名字，叫"载酒堂"，并在《和陶田舍始春怀古二首并引》中记叙其事：

儋人黎子云兄弟，居城东南，躬农圃之劳，偶与军使张中同访之。居临大池，水木幽茂，坐客欲为醵钱作屋，予亦欣然许之，名其屋曰载酒堂。

后来，载酒堂成为海南岛十大名胜之一，蜚声史简、闻名遐迩，为历代所修葺、保护，为世人所崇敬缅怀，就因为它是苏轼贬居儋州期间热爱百姓、关心民生疾苦的见证。正如王佐《重建载酒堂记》所云：“是故堂不废者，此理存也；不废之者，存此理也。此理存，是人心之不亡也；存此理，是人心之不能亡也……斯堂一区，阔不盈亩，而可以该半部《宋史》也。”对比之下，历史上那些曾不可一世、炙手可热的权贵显要们，便相形见绌，有谁还去提起他们呢？

说到苏轼与黎子云兄弟的交往，还引出一幅传承千载的《东坡笠屐图》呢！据《梁溪漫志》载：“东坡在儋耳，一日访黎子云，遇雨，乃从农家借箬笠戴之，着屐而归。妇人小儿相随争笑，邑犬群吠。今时亦有写此者。”后世者据此将苏轼头戴斗笠、脚穿木屐、冒雨而行的风趣潇洒形象，以及其与黎族同胞和睦友善相处、情同一家的情景入画，绘制出一幅《东坡笠屐图》。据朱玉书考证，最早将“东坡笠屐”事入画的是南宋的周紫芝。明代文学家宋濂曾为《东坡笠屐图》题词曰：“东坡在儋耳，一日访黎子云，途中遇雨，从农家假笠屐着归。妇人、小儿相随争笑，群犬争吠。东坡曰：‘笑所怪也，吠所怪也。’觉坡仙潇洒出尘之致，数百年后犹可想见。”明代著名画家唐伯虎又画一幅《东坡笠屐图》，并题诗云：“东坡在儋耳，自喜无人识。往来野人家，谈笑便终日。一日忽遇雨，戴笠仍着屐，逶迤还到家，妻儿笑满室。歆哉古之人，光霁满胸臆。图形寄瞻仰，万世谁可及。”时至今日，这幅《东坡笠屐图》收藏者众。凡苏轼足迹所到之处的有关文物保护单位，即有此图；凡有关苏轼研究的刊物图籍大都刊印此图。甚至连国外出版的一些有关苏轼的书籍上也附有这幅图。其流传之广，影响之大，可见一斑。这幅图印证了苏轼贬儋期间与黎族同胞深厚的情感。

其实，苏轼居儋三年中，还有一大功业，那就是用他如椽之笔，写出了我国古代文学史上仅有的反映黎族同胞风俗生活和精神面貌的完整诗篇。据《海外集》统计：苏轼居儋其间共有诗作一百七十四首、散文一百二十九篇、赋五篇、颂十八篇、铭四篇、传三部。平均近两天就有一篇新作问世，可见苏轼之勤奋，其思想之活跃、精神状态之佳、情感之丰富、心胸之博大。要知道这些大作是苏轼在儋州饥寒交迫、纸墨紧缺、意欲“焚笔砚断作诗”的恶劣境遇下完成的，着实令人感奋和崇敬。所谓：“秀句出寒饿，身穷诗乃亨！”正印证了苏轼一生创作的经验之谈。

苏轼儋州之作，是继贬居惠州《和陶诗》的深化，在艺术风格上随着思想感情的变化而转向平淡清新。苏轼尝有“大凡为文，当使气象峥嵘、彩色绚烂、渐老渐熟，乃造平淡”之说，但这里说的“老”，绝非完全指自然规律的“老”，而是指阅历丰富、成熟的“老”。苏辙在《追和陶渊明诗引》中评得非常准确：“东坡谪居儋耳，独善为诗，精深华妙，不见老人衰惫之气。”可见“平淡”不是“老人衰惫”的表现，而是“渐老渐熟”的反映。

更为难能可贵之处，苏轼在儋耳完成了《易传》《论语说》《书传》三部鸿篇巨著，终于了却先父苏洵遗愿。据苏辙《东坡先生墓志铭》：“（苏洵）作《易传》，未完。疾革，命公（轼）述其志。公泣受命，卒以成书，然后千载之微言，焕然可知也。复作《论语说》，时发孔氏之秘。最后居海南，作《书传》，推明上古之绝学，多先儒所未达。既成三书，抚之叹曰：‘今世要未能信，后有君子，当知我矣。’”可见这书中的思想观点，也颇多创见和新的贡献。

我们说儋州是苏轼精神境界和人格魅力走向完美的最后里程，就在于他能洞彻人生真谛，把痛苦看作是人生的一段历程，而不是人生的结局。苏轼精神境界和人格魅力走向完美，不仅在于超越苦难和人生的不幸遭遇，更在于他与陶渊明那种“采菊东篱下，悠然见南山”的超越有质的区别。苏轼在超越中仍然放射出他人生理想和生命的光和热，这就是苏轼与其他历史文化名人不同之处。他在超越中使精神达到至高的境界，在超越中使人格魅力走向完美，在超越中成就伟大。

一个人的伟大，在于他所创造的功业影响着世界。苏轼无疑是一个伟大的历史人物。他的伟大，体现在他高尚的精神境界和完美的人格魅力，影响着后世民间百姓，感召着一代一代士林学子，具有独特的个性意义，赋予伟大另一种生命定义。

第三十五章

死必不坠

心似已灰之木，身如不系之舟。
问汝平生功业？黄州惠州儋州。

苏轼在儋州的最后一年，他为了测试自己的心境是否宁静，是否还有自控毅力，将平生所作的八篇赋的代表作，重新抄写一遍，如果没有抄错，则表明心境达到了“宁静致远”的境界，北返中原有望。结果他一气呵成，抄完后，朗读一遍，竟无一字差错，不禁心中暗喜。不久，果真获得了北返中原、不做贬官的自由。“人生自古多艰辛，有谁相安过百年。”人生之路从来就不是平坦无阻、永远风和日丽充满阳光的，生活中的艰难曲折，事业上的成败得失伴随着整个人生。一位哲人说过，痛苦是人生的一部分。生活本身就是由痛苦与欢乐、成功与失败交叠而成的。要想摆脱痛苦，从痛苦中得到快乐，就要像苏轼那样，将命运掌握在自己手中，在精神上求得自由，就能做生活的强者，任凭坎坷志不改。

元符三年（1100）正月，“驯致党籍祸兴，君子尽斥”，造成“宋政益敝”的哲宗死了。哲宗无子，谁继大统？曾布、蔡卞等执政，当然不可能拥立一位明主。他们选中轻佻的花花公子端王继位，是为徽宗。也就是《水浒传》中将泼皮无赖的高俅用为太尉、最终导致北宋覆灭的赵佶，他是北宋最荒淫的一个皇帝。

赵佶以藩王继位，不悉朝政，故继位之初，由向太后（神宗皇后）权同处分军国事。两宋三百年，精明能干、善辨忠奸的皇太后倒不少。向太后听政，即以韩忠彦为门下侍郎，黄履为尚书右丞，着手起用哲宗所黜旧臣，追复文彦博、王珪、司马光、吕公著、吕大防、刘挚等三十三官，大赦和内移流人；随后，罢黜助君为恶的佞臣章惇、安惇、蔡京、蔡卞等辈，又擢升颇具乃父韩琦风范的韩忠彦为相，并听其言“广仁恩，开言路，去疑似，戒用心”“省赋息兵，崇俭爱民”，朝政为之一变，史称“小元祐”。

苏轼的命运再次出现转机。五月，诏令其内移廉州（今广西合浦）。微云终散，九死生还，苏轼相当激动："拜望阙廷，嘉溢颜面。否极泰遇，虽物理之常然，昔弃今收，岂罪余之耿望。伏膺知幸，挥涕无从。"（《移廉州谢上表》）他以《儋耳》诗表达心境：

霹雳收威暮雨开，独凭栏槛倚崔嵬。
垂天雌霓云端下，快意雄风海上来。
野老已歌丰岁语，除书欲放逐臣回。
残年饱饭东坡老，一壑能专万事灰。

清人汪师韩评说东坡精神在这首诗中的展现："蝤崒雄姿，经挫折而不稍损抑。浩然之气，于此见其心声。"诗中同时表现了苏轼与海南百姓结下的深厚友谊。他居儋三年，劝导农业，鼓动百姓发展生产，如今已见成效，丰年在望。"野老"的高兴，就是苏轼的高兴。"我本海南民，寄生西蜀州"，他在《别海南黎民表》如是说，表明与海南人民休戚与共、生死相依的情感。百姓喜庆丰收，他又接到内移诏书，逐臣即将北归，真是双喜临门，此时苏轼的高兴是不难想象的。

苏轼怀着对儋州百姓的惜别之情，于六月二十日渡海北归。从绍圣四年（1097）六月十一日渡海来儋州，苏轼在海南岛度过了整整三年。此时的苏轼，人生感悟却是那样的透彻，苦难把他的精神境界冶炼提升到极致。这一切都包蕴在《六月二十日夜渡海》一诗中：

参横斗转欲三更，苦雨终风也解晴。
云散月明谁点缀，天容海色本澄清。
空余鲁叟乘桴意，粗识轩辕奏乐声。
九死南荒吾不恨，兹游奇绝冠平生。

我们仿佛看到苏轼高大伟岸的身影在诗句中浮现，其超旷、豪放、豁达的胸襟和对政敌的蔑视直透纸背。"九死"，多次死去也！《楚辞·离骚经》："亦余心之所善兮，虽九死其犹未悔。""兹游"，即"这次出游"或"这番游历"。苏轼把被贬谪的生活当作是一番游历。虽然"九死南荒"是由于政敌的迫害所致，但也看到了内地看不到的"奇绝"景色，才使自己的人生经历变得丰富多彩，故而"吾不恨"

也。这是何等的幽默，极尽对政敌的调侃蔑视，更道明了即使“苦雨终风”也不能磨去他“雕不加文磨不莹”的本来面目和“震霆凛霜我不迁”的节概。对人生的不幸遭遇与苦难，能做到“一笑了之”，古今能如苏轼者，实属罕见。

苏轼这种经历的戏剧性和曲折性在古代历史中是少有的。要是没有坚定的信仰、坚强的毅力、开阔的胸怀、超然达观的精神力量的支撑，难以想象苏轼能活下去。“曾见南迁几个回？”在古代，大凡被流放到岭南者，得以生还的实在很少，大多死在流放途中或贬谪之所了。苏轼活着回来了，奇迹啊！据曾敏行《独醒杂志》载，苏轼在归程中路经大庾岭，在岭头一家小客店休息时，年已七十的小店老板见苏轼银须飘飘，白发如霜，面相和蔼可亲，心中不免疑虑，便向前问道：“官人可是从大海那边过来的？”苏轼拱手还礼道：“正是。”老板又问道：“官人可曾听说谪贬在儋州的苏轼苏学士？”苏轼哈哈笑道：“正是本人。”老板又惊又喜，向苏轼连连拱手作揖，激动得泪流满面地说：“老朽在这岭下常听过往客贩说，朝廷中有一帮奸佞小人，想尽法子要将你害死在岭南。我在这里天天为你祷告，求观音菩萨保佑你。后来，有一伙过路的海南客商说你已经饿死在岭南了，当时我听说后心里多难受啊！整整三天三夜在观音菩萨面前为你超度。没想到你今天竟然又活着回来了，这可是老天爷有眼，知道你是个大好人啊！”苏轼感激地笑着说：“谢谢你，老人家，我确实是死过一次了。当时朝廷派人渡海，把我撵出官舍，不给粮食吃，阎王知道后，便派小鬼来请我去，说：‘人间不分曲直，难以容你，还是到阴间来吧，少却无限烦恼。’但是走到半路上，我却碰到了章惇。我一看章惇在前面，就对小鬼说：‘章惇去的地方我不去！’于是，我扭头又回来了。”

小店老板听苏轼说得十分逼真有趣，破涕为笑：“对，你说得对！章惇去的地方你千万不能去，防着他将来还要害你哩！”

苏轼被这岭上老人的一片痴情深深感动，当即便写了一首诗赠送给他，题为《赠岭上老人》，诗云：

鹤骨霜髯心已灰，青松合抱手亲栽。
问翁大庾岭头住，曾见南迁几个回？

苏轼面对死亡是多么的坦然，多么的幽默风趣。现代生活中也有这样的典型。著名表演艺术家李默然和王秋颖在电影《甲午风云》中，分别扮演邓世昌和李鸿章。王秋颖临终前提出想见李默然一面。当李默然赶到医院与阻拦他的护士发生争执时，从昏迷中醒来的王秋颖猛然喝问："谁在二堂喧哗?!"李默然应声而入，抢步上前低头道："回大人，是属下邓世昌拜见中堂大人!"听罢此言，王秋颖面露喜色，溘然而逝。

七月四日到达廉州，坐席未暖，又被改授舒州（今安徽安庆）团练副使，永州（今湖南陵零）安置。形势的变化是无法预料的，虽然苏轼的官职升了一个品级，居住的条件也更好一些，但苏轼登舟后的兴奋渐渐冷却下来。八月二十九日，他离开廉州向广州出发时，作《将至广州，用过韵，寄迈、迨二子》诗，表露当时的心情："我亦困诗酒，去道愈茫渺。纷纷何时定，所至皆可老。"到达广州后，苏轼在《和答广倅萧大夫见赠》诗中，更袒露了心情的忧郁："生还粗胜虞，早退不如疏。垂死初闻道，平生误信书。风涛惊夜半，疾病送灾余。赖有萧夫子，幽怀得少摅。"苏轼在广州没几天，又匆忙启程，登舟继续前行。十一月五日上午到达英州，下榻驿馆。

此时，英州知州何智甫得到苏轼下榻驿馆的消息后，心中大喜："真是苍天有眼，恰在这时候来了苏翰林。"原来有一条三四丈宽的江水把英州城一截为二，交通极为不便，"坐使此邦，画为两州。鸡犬相闻，胡越莫救"。过往行人深受其苦。何智甫知英州后，便动员英州百姓修桥，并从官府中拨出一定数量的钱财，自己身先士卒，亲自组织工程设计和参与劳动，很快在江上修建一座十分坚固而又美观大方的大石拱桥。今日正好是石桥落成典礼，因而何智甫特别高兴，当即派人前往驿馆请苏轼为刚刚落成的英州大桥写诗文以作纪念。

谁知派去的衙吏空手而回。他对何智甫禀报说："苏学士说，他因未到桥所，难以想象落笔。"何智甫听后，猛然醒悟，说："要请名重天下的苏翰林撰写诗文，本当亲自登门相求才是。苏公借故推托，是本官失礼了。"衙吏摇头道："我看不会是这样。久闻苏学士向来不分贵贱，总是有求必应。""不管怎样，作为晚生，我也得亲自登门问候也。"何智甫说罢，忙命人驾车前往驿馆。

车到驿馆门前，何智甫忙跳下车，这时苏轼已迎出门外。何智甫连忙赔礼道："苏公，实在对不起，刚才晚生正忙于操办大桥的落成典礼，来不及亲自登门请您老为英州新桥撰写诗文。"苏轼一听，哈哈大笑道："何知州大人，你误会了老夫的意思，实在是因为我未到桥所，难以想象落笔。要不然岂不是'闭门造桥'吗?"何智甫听了，这才恍然大悟："苏公说得有理。好，我这就陪你到桥头上去看看。"

于是，二人便同乘一辆车子前往大桥。当他们穿街过巷时，只见街上的百姓们"欢呼填道"，有人竟把拉车的马足抱着，纷纷赞扬何知州的功德。再到新桥上看，更是热闹非常。只见这座新砌石拱桥不仅宏伟壮观，而且精美无比。桥的两侧店肆罗列，百货琳琅，红男绿女；人人张口夸赞新桥之美，个个争相称颂知州之贤……

苏轼见这如此壮观的场面，大为兴奋，对何智甫朗声说道："诗已有矣!"何智甫一听，欣喜若狂，马上叫衙吏在桥上排开桌子，展开纸，研好墨，浸润狼毫。苏轼走上前来，袖子一挽，提笔在手，一口气写下了一首五十六句的四言长诗，题曰《何公桥》：

天壤之间，水居其多。
人之往来，如鹈在河。
顺水而行，云驰鸟疾。
维水之利，千里咫尺。
乱流而涉，过膝则止。
维水之害，咫尺千里。
沔彼滥觞，蛙跳儵游。
溢而怀山，宰禹所忧。
岂无一木，支此大坏。
舞于盘涡，冰折雷解。
坐使此邦，画为两州。
鸡犬相闻，胡越莫救。
允毅何公，甚勇于仁。
始作石梁，其艰其勤。
将作复止，更此百难。
公心如铁，非石则坚。
公以身先，民以悦使。
老壮负石，如负其子。
疏为玉虹，隐为金堤。
直栏横槛，百贾所栖。
我来与公，同载而出。
欢呼填道，抱其马足。
我叹而言，视此滔滔。
未见刚者，孰为此桥。

愿公千岁，与桥寿考。

持节复来，以慰父老。

如朱仲卿，食于桐乡。

我作铭诗，子孙不忘。

何智甫一看，连连叫绝："好诗！好诗！'疏为玉虹，隐为金堤。直栏横槛，百贾所栖。'寥寥数语，就把大桥的形状、造型的精美坚固及桥市的繁荣景象一一写出。'我来与公，同载而出。欢呼填道，抱其马足。'真是生动逼真，毫无夸饰之笔。如非苏公亲临目睹，确实是'难以想象落笔'啊！""是呀，"苏轼捋着银须说，"如果老夫'闭门造桥'，定然'造'不出《何公桥》来，而是什么《张公桥》《李公桥》《王公桥》了！"何智甫被深深地感动了。

十月初一，苏轼北归途中，得旨复朝奉郎、提举成都府玉局观，任便居住，即为自由之身，可随便选择居住地（提举某宫观属于祠禄官，这是宋代专为年老不能担任实职或因其他原因不能、不宜执掌军政事务的官员设置的。朝廷对于这类官员"罢之伤恩，留之不宜"，故安排为祠禄官，只领俸禄，不管事。即仍在官职，不致仕。《过岭二首》中有句云："剑关西望七千里，乘兴真为玉局游。"他这是渴望回到家乡蜀地重游玉局观，岂知至死也就挂了个提举成都府玉局观的虚衔而已，也是他一生最后的官职。所以他的人生从玉局观始，至玉局观终）。不久，苏辙亦复告官太中大夫，提举凤翔府上清太平宫，外州军任便居住。兄弟俩七年远谪终得北归与家人团聚，获得人身自由，这是非常值得庆幸的事情。

苏辙首先考虑的是与兄长的团聚，他寄书苏轼，希望兄弟俩同居于许昌。苏轼北归途经真州时，得到苏辙托人捎来的书信，非常高兴，决定依照苏辙的意思，同居许昌。于是，昼夜兼程前往。

谁知天有不测风云，建中靖国元年（1101）正月十三日，向太后去世。徽宗便反其道而行之，忠彦遭斥，蔡京复用，蔡卞、安惇、赵振之、张商英等相继进入执政行列，再次掀起了迫害元祐旧臣的恶浪。六月初，苏轼在赶往许昌途中，恰逢时为两浙路监司的表弟程德孺，其时程德孺巡按至常州、润州，特意过金山与之会面，谈起朝廷变故，苏轼顿感大事不妙，为远离京师而避祸，就原舟返航，去常州宜兴居住。故《与子由书》云："兄近已决计从弟之言，同居颍昌。行有日矣。适值程德孺过金山，往会之，并一二亲故皆在坐。颇闻北方事。有决不可往颍昌近地居者。……今已决计居常州……此行不遂相聚，非本意，为省力避害也。"

途经金山寺，苏轼是这里的常客，也是贵客，寺庙住持参寥禅师是他终生挚友。金山寺与苏轼有佛缘和情缘。进入寺庙，却空无一人。大殿中，众僧全集中在这里念经敲木鱼，似在为谁超度。苏轼没在意，径直来到后堂，只见参寥禅师盘坐于一幅七尺长卷的东坡画像前，手握经卷，双目微闭，口中念念有词。苏轼心中甚是纳闷。等参寥微微睁开双眼，见苏轼站在面前，大吃一惊："子瞻呀，你还活着？老衲夜来一梦，你已死于归途，故而为你超度。"苏轼笑道："苏子瞻七年远谪好不容易盼得北归，岂能死于归途。"参寥高兴地说道："子瞻大难不死，此乃上苍庇佑矣！"

这时，苏轼抬头细看那供倖于神龛上的画像。那是他当年再莅杭州时大画家李龙眠所作，一二十年过去了，画像却在这金山寺里被参寥保藏得如此完好。画像上的自己，飘逸潇洒，风流豪放，栩栩如生；而眼前的自己，却已老态龙钟，步履维艰。苏轼凝目细望，触景生情，几滴浑浊的老泪从眼眶中流淌下来：真是生不逢时，命运多蹇，垂暮之年，仍继续奔波于坎坷的道途上，此生已无所作为了啊！想到这里，苏轼提笔在画像上题诗一首（《自题金山画像》）：

心似已灰之木，身如不系之舟。
问汝平生功业？黄州惠州儋州。

参寥见苏轼在诗中抒发了抑郁不平的心情，自己心中也为之愤然不平。这样的天下奇才，这样一生为民的好官，人生却有三分之一的时间奔波于道途，生活于贬所，使人痛心啊！

不过上天还算公平，向太后权同听政时，对"元祐党人"实行宽赦，已死的追复官职，录用其子孙；未死的逐渐内迁，对新党人物实行严惩。章惇罢相，贬潭州，建中靖国元年（1101）二月，再贬雷州司户参军，本州安置，并削去一切封赐。而当年苏轼、苏辙被贬至琼、化别驾，封赐犹存。政局的瞬息万变给章惇开了个天大的玩笑。如今苏轼兄弟俩正往回赶着与家人团聚，章惇却孤身前往贬所。更具讽刺的是，苏辙贬雷州时，赁吴国鉴宅居住，恰巧章惇又去赁吴国鉴宅。而两年前章惇命董必查办张逢礼遇苏辙案时，为诬苏辙强夺民居，逼吴国鉴为证。吴不忍做此伤天害理之事，出示赁券乃止。而今这个滥施淫威的佞臣落到比昔日苏黄门更难堪的境地，自己前来向吴乞求赁屋，吴却对他讥嘲道："前苏公来，为章丞相几破我家，今不可也。"一口回绝了章惇的乞求，"砰"的一声，吴国鉴关上大门。章惇竟吓出一身冷汗，自叹息：“天意啊！”也是现世的报应呢！

六月十四日，苏轼到达京口时，章惇的儿子章援因公亦在京口逗留，闻得恩师到来，心中甚是高兴，很想亲自前往驿馆探望。可是，转念又想，自己的父亲章惇为了党争之利，几次陷害苏公，几乎置他死于荒岛，自己去看望他，必然会勾起恩师的恶感。于是，决定写一封信去慰问。

章援在信中首先指陈了父亲章惇的罪过，然后说道，虽然家父于恩师有不可饶恕的罪责，但这已成为过去。如今他罪有应得，亦遭谪贬，流放于雷州荒远之地，且齿发尤衰，常吃药，饮食减退，苟且岁月。我与恩师相别九年，“学不益博，文不益进”，有负于恩师厚望，实在惭愧。

苏轼看了章援来信，慨叹道：“如此君子之风，非章惇鼠辈所能为者也！”当即给章援回了一封信：

某顿首致平学士。某自仪真得暑毒，困卧如昏醉中。到京口，自太守以下，皆不能见，茫然不知致平在此。得书，乃渐醒悟。伏读来教，感叹不已。某与丞相定交四十余午，虽中间出处稍异，交情固无所增损也。闻其高年，寄迹海隅，此怀可知。但以往者，更说何益，惟论其未然者而已。主上至仁至信，草木豚鱼所知也。建中靖国之意，可恃以安。又海康风土不甚恶，寒热皆适中。船到时，四方物多有，若昆仲先于闽客、广舟准备，备家常要用药百千去，自治之余，亦可以及邻里乡党。又丞相知养内外丹久矣，所以未成者，正坐大用故也。今兹闲放，正宜成此，然只可自内养丹，切不可服外物也。（舒州李惟熙丹，化铁成金，可谓至矣，服之皆生胎发，然卒为痈疽大患，皆耳目所接，戒之！戒之！）

某在海外，曾作《续养生论》一首，甚欲写寄，病困未能。到毗陵，定叠检获，当录呈也。所云穆卜，反复究绎，必是误听。纷纷见及已多矣，得安此行，为幸！为幸！更徐听其审。又见今病状，死生未可必。自半月来，日食米不半合，见食却饱，今且速归毗陵，聊自憩。此我里，庶几且少休，不即死。书至此，困备放笔，太息而已。某顿首再拜致平学士阁下。

章援，字致平。苏轼在这封回信中，谈到人间事难以预料，至于过去与其父章惇之间的仇恨早已记不得了，只记得过去的友谊，雷州那地方我住过，风土人情好，寒热适中，海运方便，物产丰富，不像我在海南苦岛那样生活无保障。苏轼在信中真诚地提出建议，要章援兄弟给父亲章惇多带些药，并送他在岛上作的《续养生论》，说这都是自己在养生实践中的经验之谈，要章援转送章惇，对他养生有好处，并要章援转告章惇，只可修炼内丹（气功），不可服用外丹（一种药石）。中晚唐韩愈时代，官吏、文人因大量服用外丹，死去无数人。如今，服外丹者只有李惟熙等少数人了。可见苏轼心胸宽广，令章惇等鼠辈汗颜！苏轼这种宽容，是一种人生大境界，确是世间少有。

苏轼从元符三年（1100）五月诏令内移，“窜流岭海，前后七年，契阔生死……今兹北还，粗有生望……余年之无几”（《南华寺六祖塔功德疏》）的他，仍不忘为百姓做好事。何薳《春渚纪闻》云：“先生自海外还至赣上，寓居水南。日过郡城，携一药囊，遇有疾者，必为发药，并疏方示之。每至寺观，好事者及僧道之流，有欲得公墨妙者，必预探公行游之所，多设佳纸，于纸尾书记名氏，堆积案间，拱立以俟。公见即笑视，略无所问，纵笔挥染，随纸付人。至日暮笔倦或案纸尚多，即笑语之曰：‘日暮矣。恐小书不能竟纸，或欲斋名及佛偈，幸见语也。’及归，人人厌满，欣跃而散。”苏轼这一路走来，真个是格外的光鲜，虽为“罪臣”，其人格魅力与文名感召世人，不管是山村野老、凡夫文士，还是新老旧识与官场中人，无不迎来送往。自古南迁者，诗文酬达，翰墨留香，丹青浸染，留存诗文数以百计，唯苏轼一人也。

七月一日，苏轼到达常州。当船到常州码头时，沿河两岸万人欢迎着这位声誉响彻北宋大地、九死一生归来的苏翰林。邵博《闻见后录》云：“东坡自海外归毗陵，病暑，著小冠，披半臂，坐船中，夹运河岸，千万人随观之，东坡顾坐客曰：‘莫看杀轼否？’其为人爱慕如此。”

苏轼宦海四十余年，居无定所，到常州后，便寄居于孙家宅。十五日，苏轼暑毒发作，一下便卧床不起，到了“病不能冠带”的状况。苏轼深得医道，知道自己的病“专是热毒，根源不浅”。苏轼贬谪岭南整七年，长年气候湿热，染上了湿热症；后又经过近一年的舟中生活，受湿热更重；而一到常州，又正值酷暑，“卧病五日，日以增剧，已颓然待尽矣。两日始微有生意，亦未可知也。……某扶行不过数步，亦不能久坐”。“岭南万里不能死，而归宿田野，遂有不起之状。”苏轼虽病势沉重，但他的思维还是相当清晰的，他在《答毕先辈》《与米元章书》《与钱济明书》《与经山长老惟琳》中如上所说，知道自己活的时间已经不多了。但面对死亡，苏轼却是非常的平静，他对惟琳说：“然死生亦细故尔，无足道者。惟为佛为法为众生自重。”

好友钱世雄来探望苏轼。苏轼握着钱世雄的手，说："世雄兄，你来得正好，我万里生还，今以后事相托。《易传》《书传》《论语说》乃我半世心血，现托付与你，宜藏之名山，三十年后人们会知其价值的。"钱世雄万分感动苏轼对他的信任，倾尽心血收藏这三部巨著，使其方得留传于后世。苏轼认为他在这三部著作中花费的心血，超过了孔子"韦编三绝"。他在《答苏伯固》书中说："抚视《易》《书》《论语》三书，即觉此生不虚过……其他何足道！"可惜这三部书为他的诗、词、散文的成就所掩，后人特别是今人很少研究。

七月二十日夜，苏轼做了一个梦。梦中，曾任中书舍人、因与苏轼是好友而被贬为海州团练副使蕲州安置的朱行中，问苏轼"和氏之璧"的故事。他便对朱行中说：春秋楚人卞和拾得美玉一块，前去献于国君楚厉王，而楚厉王勃然大怒，砍卞和双足。后来楚文王即位，听人说卞和抱着美玉在荆山下痛哭，便派人将美玉拿来加以雕琢，果然是一件熠熠闪光、价值连城的宝玉。讲罢，他又写了一首诗来赞美这块美玉。梦醒后，苏轼还记得全诗的句子，便强撑着身子记录下来，题为《梦中作寄朱行中》：

舜不作六器，谁知贵玙璠。
哀哉楚狂士，抱璞号空山。
相如起睨柱，头璧相与还。
何如郑子产，有礼国自闲。
虽微韩宣子，鄙夫亦辞环。
至今不贪宝，凛然照尘寰。

这首诗便成了苏轼的绝笔，也是他对自己一生的总结和充满自信的预言。他坚信：他的品质洁如美玉，虽曾一时被遮蔽，但终将以那灿然的光芒辉耀"尘寰"！正是："出而从君，道直言忠。行险如夷，不谋其躬。……公心如玉，焚而不灰。"苏辙在《墓志铭》中评说："平生笃于孝友，轻财好施。……其于人，见善称之，如恐不及，见不善斥之，如恐不尽。见义勇于敢为，而不顾其害。用此，数困于世，然终不以为恨。孔子谓伯夷、叔齐：'古之贤人曰，求仁而得仁，又何怨？'公实有焉。"

徽宗建中靖国元年（1101）七月二十八日，苏轼病情突然加重，"不能动口亦不欲言"。时至日落西山，他方才微睁双目，将苏迈、苏迨、苏过三个儿子叫到病

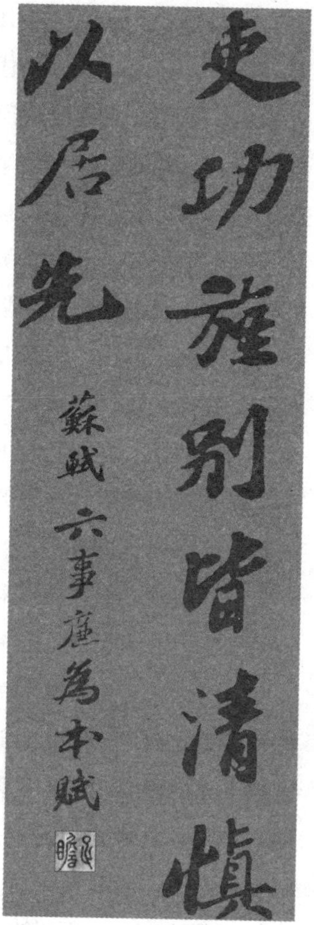

床前，不无遗憾地说：“我将去矣，却不能见你子由叔叔最后一面，此痛难堪耳！待我死后即葬于嵩山下，子由为我作墓志铭。”过了一会儿，他又说：“吾生无恶，死必不坠也。”说完，溘然仙逝，终年六十六岁。苏轼前所作《潮州韩文公庙碑》所云：“其生也有自来，其逝也有所为，故申、吕自岳降，傅说为列星。……孟子曰：‘吾善养吾浩然之气。’是气也……不依形而立，不恃力而行，不待生而存，不随死而亡者矣。故在天为星辰，在地为河岳，幽则为鬼神，而明则复为人。此理之常，无足怪者。”可以说：“论天人生死之际，乃公一生得力在是。”故，“生无恶，死不坠”，即此意也。

一代文豪苏轼卒于常州，其子谨遵遗命，将他葬于汝州郏城钧台乡上端里嵩阳峨眉山（今河南郏县三苏坟）。

对兄长之病亡，苏辙痛彻难抑，悲曰：“我初从公，赖以有知。抚我则兄，诲我则师。皆迁于南，而不同归。天实为之，莫知我哀。”

苏轼逝世的噩耗传到各地，百姓、士子无不悲恸万分。“讣闻四乡，无贤愚皆咨嗟出涕”：在常州，人们“相与吊于家”；在吴越，百姓“相与哭于市”；在京城，“太学之士数百人，相率饭僧惠林佛舍”；在荆州，黄庭坚痛不欲生，朝夕涕流而不思食；在颍州，张耒一路号哭，到佛寺去祭奠先生亡灵；在黄州乡野，李方叔对天设祭，作祭文曰：“……道大难容，才高为累。皇天后土，鉴平生忠义之心；名山大川，还千古英灵之气。识与不识，谁不尽伤，闻所未闻，吾将安放？”据宋朱弁《曲洧旧闻》载，李方叔这段祭文，称颂了苏轼的道德文章，慨叹了苏轼一生的不幸遭遇，抒发了对苏轼之死的哀痛。这段祭文当时是“人无贤愚皆诵之”。苏轼躯体虽然没了，但他的精神永远活着，他的人品风范、他生命的光芒永远光照人间。正如他自己所说：“吾生无恶，死必不坠。”“呜呼，先生文章为百世师，而忠义尤为天下大闲。加之好贤乐善常若不及，是宜讣闻之日，士民惜哲人之萎，朝野嗟一鉴之逝，皆出于自然之诚，不可以强而致也。”对此，朱靖华先生在《苏轼是旷世无双的全能文士》

中有一段精妙的论说："因此，随之而产生了一个奇异的现象，即凡是苏轼足迹走过的地方，在民间世世代代都流传着对他歌颂的美好传说，这在文学史上也是罕见的事例。苏轼在封建时代颠沛流离，'身行万里半天下'，他每到一个地方顶多呆上两三年，有的地方仅只住半年、几个月、几天乃至过路暂住，而他的名字却永远活在了这些地方的牌匾上、口头上、方志书上。拿他晚年贬谪的海南儋县来说，那里不仅有东坡书院，还有东坡村、东坡田、东坡井、东坡路、东坡桥、东坡小学、东坡公园，连说的话都叫东坡话、戴的斗笠叫东坡笠、吃的蚕豆叫东坡豆等等。在苏轼的故乡四川眉山，无论是新开张的店铺、旅馆、餐厅，还是旧有的公共设施，也都高悬牌额，以'东坡''苏轼'命名。这里还有一个事实，突出说明黎民百姓对东坡老人的铭心怀念：即凡是东坡走过的地方，都有'东坡井'。这些井多是东坡手凿或是教人凿成，尽管现代人饮水条件早已改善，以自来水代替了井水，但当地人民（如惠州、儋县等）仍然喜欢汲用东坡井水，他们虔诚地告诉孩子们说：'喝了东坡井的水，会使人变得聪明。'总之，东坡的纪念碑不是用大理石雕制的，而是由千千万万人民的心灵铸造出来的。"

自古以来，中国人特别看重"落叶归根"。尤其对于苏轼兄弟俩来说，他们的故乡情无比深厚。自入仕途以来，他们无时不在思念家乡，期望归耕故土。在兄弟俩数十年的诗文唱和中，随处可见他们不忘归乡颐养天年之约。特别在远谪蛮荒之地时，归乡之情尤为强烈。如苏辙在《次韵子瞻寄贺生日》中说："归心天若许，定卜老泉室。凄凉百年后，事付何人笔！"老泉室，即故乡眉山之老翁泉，为苏洵夫妇墓葬地。兄弟俩仍决计生当归隐，死当归葬于父母坟旁。

临终时，苏轼却又为何遗命于子，归葬于嵩山下呢？这个问题多年来有关专家学者都有探究，有几种论说：一是朝官葬制之说。在古代，朝官葬于京城百里之内，是一种无上的荣耀。当然，要达到一定品级的朝官才有资格。苏轼是够格的，但他不是贪图虚荣的人，故此说不可信。二是家贫无资返川之说。这话可能在理，苏轼死时，确实家无别资。但苏辙的家资虽不富有，也足可支付兄长灵柩返川之需。故家贫无资返川之说也是不成立的。最接近历史真相的，是迫于形势之说。此说见庞俊《养晴室笔记》，笔记中有《书赵谂事》引《朱子语类》一段话："蜀中有赵教授者，因二苏斥逐，以此摇动人心，遂反。当时也自响应。但未几而哲宗上仙，事件皆变了，所以做来也没巴鼻（没理由）。"赵教授，即赵谂，为渝州（今重庆市）洞夷赵庭臣之子，元祐九年（1094）擢进士第二名，为太常博士。元符中，赵谂谒告省父返渝，"与其党李造、贾时成等"打着苏轼兄弟被贬斥的旗号，"宣言欲除君侧之奸”，起事造反。哲宗一死，大赦和内移流人，二苏北返，赵谂造反的理由不存在了，加之叛徒出卖，很快被镇压，赵谂等为首者也被诛灭。据《宋会要·刑法六》载，徽宗崇宁元年（1102）二月十六日诏：“赵谂谋反，从坐者既已伏诛，应曾诖误人未在吏者勿推，亲戚不当缘坐者释之。”可见此狱株连很宽。这是苏轼死后才结的案。可见，苏轼兄弟俩北归之前或北归途中，自然会得知赵谂以他们兄弟俩为由谋反的事。这种诛灭九族之事，岂有不惧之理，兄弟俩唯恐避之不及，哪敢提出返川终老之愿，授人话柄呢！所以，北归途中，苏辙邀苏轼同居于颍川，当苏轼得知朝中有变时，为远祸，便急急返航，没有前往。在他临终前，也是出于避祸、不殃及子孙后辈之由，才只字不提死后归葬故乡老泉室，遗命于子，葬于郏县。这一临终违背心愿的遗命，在苏辙《再祭亡兄端明文》中可证实：“先垄在西，老泉之山。归骨其旁，自昔有言。势不克从，夫岂不怀！地虽郏鄏，山曰峨眉。天实命之，岂人也哉！”苏轼生前素志是归葬眉山老泉室先茔，而今遗命葬之郏县，虽此地也有小峨眉之称，却非苏轼本愿，乃“势不克从”素志，“天实命之”势所逼，只得无奈抛骨异乡，逝而含恨了。

后来，苏辙去世后也葬于郏县，兄弟俩的子孙死后亦归葬于此。奇的是，郏县苏坟山有一大片千年松柏，干枝苍翠遒劲，都向西南方向倾斜着，倾斜的幅度有三十多度，微风吹过，枝叶摇曳，恰似苏轼兄弟的灵魂在向故乡招手示意，以示他们对故乡的眷恋和“落叶不能归根”的遗恨。